传统文化概论

王霞晖　王贺玲　主　编
王　静　王碧君
朱玉洁　李　旭　副主编
肖熙妍

清华大学出版社
北京

内 容 简 介

全书一共 7 章，分文化和民俗两方面内容，包括中国食俗文化、中国茶俗文化、中国酒俗文化、中国烹饪文化、物质生产民俗、社会生活民俗、精神生活民俗。各章注重将知识性与趣味性相结合，文字通俗易懂，每章由若干小节组成，并配备多媒体学习资源。通过本书，读者可以更好地学习和了解中国优秀传统文化，拓宽文化视野，提高人文素养和艺术涵养，提升个体审美能力，坚定文化自信。

本书适用于人文艺术素质教育，可作为应用型本科、高职或中职院校各专业学生素质拓展课程的教材，也可作为对中国传统文化和民俗感兴趣的读者自学参考用书。

本书封面贴有清华大学出版社防伪标签，无标签者不得销售。
版权所有，侵权必究。举报：010-62782989，beiqinquan@tup.tsinghua.edu.cn。

图书在版编目(CIP)数据

传统文化概论/王霞晖，王贺玲主编. —北京：清华大学出版社，2022.7(2024.1 重印)
ISBN 978-7-302-60505-8

Ⅰ. ①传⋯ Ⅱ. ①王⋯ ②王⋯ Ⅲ. ①中华文化 Ⅳ. ①K203

中国版本图书馆 CIP 数据核字(2022)第 055880 号

责任编辑：章忆文
封面设计：李 坤
责任校对：周剑云
责任印制：丛怀宇

出版发行：清华大学出版社
网　　址：https://www.tup.com.cn, https://www.wqxuetang.com
地　　址：北京清华大学学研大厦 A 座　　邮　　编：100084
社 总 机：010-83470000　　邮　　购：010-62786544
投稿与读者服务：010-62776969，c-service@tup.tsinghua.edu.cn
质量反馈：010-62772015，zhiliang@tup.tsinghua.edu.cn
课件下载：https://www.tup.com.cn, 010-62791865

印 装 者：小森印刷霸州有限公司
经　　销：全国新华书店
开　　本：185mm×260mm　　印　张：18.25　　字　数：441 千字
版　　次：2022 年 9 月第 1 版　　印　次：2024 年 1 月第 2 次印刷
定　　价：49.00 元

产品编号：089682-01

前　言

中国传统文化是中华民族在中国古代社会形成和发展起来的比较稳定的文化形态，是中华民族智慧的结晶，是中华民族的历史遗产在现实生活中的展现。中国传统文化始终与灿烂的中华文明历程紧密地联系在一起，是中华民族安身立命的精神家园，是人类社会文明的宝贵财富。中国传统文化所蕴含的中华民族的强烈认同感是超越社会变迁、维系情感交融的特殊纽带。

为了帮助青年学生提高人文艺术修养和审美能力，领略中国传统文化的博大精深，深化青年学生对中国优秀传统文化的理解，提高其学习、鉴赏、运用、传播中国传统文化的能力，本书编委会结合多年的课程教学和教材编写经验，按大中专院校人文素质教育教学要求，将中国传统文化中最具代表性、最灿烂的元素钩沉出来，介绍了具有中国典型特色的饮食习俗、佳肴药膳、工匠技艺、节气节日、传统服饰、民居建筑、姓氏谱牒、书画文学、音乐曲艺等内容。这些内容体现了中国传统文化特有的价值观、审美观，让学习者能够感受到中华文明古国灿烂文化的魅力，增强青年学生社会责任感和使命感，做中国传统文化的传承者。

本书为中国传统文化知识的立体化读本和教材(本书前一版名为《中国元素》，2015年由中国轻工业出版社出版)，具有以下特点：

一、结构清晰，章节体系安排充分考虑读者认识规律和学习路径。每章都编写了学习要点及目标，配套难易适中的思考讨论题目和综合实践题目，构成完整的教学体系，具有很强的实用性和可操作性。

二、内容丰富，知识面宽，语言通俗易懂。从素质教育的高度出发，在编写过程中自觉体现素质教育的理念，精心设计、选取和优化教学内容，实现了教材科学性、趣味性、可读性的统一，提高读者学习兴趣。

三、图文并茂，教学资源丰富。每章均配有多媒体学习资源，主要包含PPT、微课、音乐和视频链接等；每章都精心设计了嵌入式知识拓展内容——"小提示"，帮助读者延展阅读、发散思维、扩大阅读视野，提升阅读的趣味性，为读者提供了一个令人愉悦的立体化阅读和学习空间来品味中国传统文化之美。

四、编写团队结构合理，经验丰富。主编从事中国传统文化传承教育与研究多年，具有较高的学术理论水平，建有中国传统文化国家级精品在线课程；团队中有从事汉语言文学教学、英语语言文字教学、中式烹饪教学、艺术教育教学等学科一线教师，还有第三产业的专业人士，在相关领域具有丰富的教学和实践经验，保证了内容的科学性、准确性和趣味性。

本书由王霞晖、王贺玲担任主编，由王贺玲统稿，江苏食品药品职业技术学院教授翟玮玮担任主审。第一章由王霞晖编写，第二章由王静、王霞晖编写，第三章由朱玉洁编写，第四章由李旭编写，第五章由肖熙妍编写，第六章由王贺玲编写，第七章由王碧君编写。为本书的教学设计和编写风格提出宝贵意见的还有李媛、拾以超等老师，在这里表示感谢。本书在编写过程中，借鉴参考了许多国内同行论著、研究成果和网上资料，在此对原作者谨致衷心感谢。

由于编者水平有限，虽然倾注心力，书中难免存在疏漏和不足，敬请读者不吝赐教，以便我们进一步提高。

编　者

目 录

第一章 中国食俗文化 ... 1

第一节 中国饮食文化 ... 1
一、饮食文化的概念与内涵 ... 1
二、饮食文化的历史沿革 ... 2
三、饮食文化的特征 ... 5
四、古今食礼 ... 8

第二节 节气食俗 ... 16
一、春季养生食俗 ... 16
二、夏季养生食俗 ... 18
三、秋季养生食俗 ... 20
四、冬季养生食俗 ... 22

第三节 岁时食俗 ... 24
一、春节 ... 25
二、元宵节 ... 27
三、清明节 ... 28
四、端午节 ... 29
五、中秋节 ... 30
六、重阳节 ... 31

【思考讨论】 ... 32
【综合实践】 ... 32

第二章 中国茶俗文化 ... 33

第一节 中国茶俗文化的产生与发展 ... 33
一、茶俗文化的产生 ... 33
二、茶俗文化的形成 ... 35
三、茶俗文化的拓展 ... 37
四、茶俗文化的历史回流 ... 39

第二节 中国茶艺文化 ... 40
一、茶的种类与制茶方法 ... 40
二、茶水 ... 42
三、茶器 ... 45
四、烹制与品饮 ... 50

第三节 茶与健康 ... 56
一、茶的保健功效 ... 56

二、健康的饮茶习惯 58
　　三、饮茶的禁忌 58
第四节　中国茶德与茶道 59
　　一、中国茶德的传统特征 59
　　二、中国的茶道精神 60
　　三、茶中礼仪 61
第五节　茶与中国传统文化 65
　　一、茶与儒家礼义 65
　　二、茶与道家精神 66
　　三、茶与佛教 67
　　四、茶馆文化 67
【思考讨论】..70
【综合实践】..71

第三章　中国酒俗文化 72

第一节　酒的渊源 72
　　一、人工酿酒的起源与发展 73
　　二、酒的定义 74
　　三、有关酿酒起源的传说 75
　　四、酒的分类 77
第二节　酒的酿造 80
　　一、酿酒原料 80
　　二、酿造用水 82
　　三、酒曲 82
　　四、制酒工艺 83
第三节　酒的品评 85
　　一、常见酒的鉴别 86
　　二、酒礼酒俗 88
　　三、常见酒的饮酒知识 92
　　四、品酒器具 93
第四节　酒与中药 95
　　一、当之无愧的"百药之长" 95
　　二、炮制用酒 96
　　三、常见药酒的制作方法 97
　　四、酒与健康 99
第五节　酒与艺术 100
　　一、酒与诗词 100
　　二、酒与戏曲 102
　　三、酒与书画 103

四、酒与对联......104
　　【思考讨论】......105
　　【综合实践】......105

第四章　中国烹饪文化......106

　　第一节　中国菜系......106
　　　　一、中国菜系的形成背景......107
　　　　二、中国菜系的分类......109
　　　　三、代表性菜系......109
　　第二节　肴馔文化......114
　　　　一、肴馔的审美鉴赏......115
　　　　二、肴馔的风味层次......116
　　第三节　中医药膳......120
　　　　一、中医药膳的发展历史......120
　　　　二、中医药膳的饮食科学内涵......121
　　　　三、中医药膳的分类......121
　　　　四、不同体质的调养药膳......122
　　　　五、中医药膳的常用烹饪方法......123
　　第四节　饮食养生......124
　　　　一、五味调和......124
　　　　二、大味必淡......125
　　　　三、四季养生......126
　　　　四、孔子与饮食养生......127
　　　　五、老子与饮食养生......129
　　第五节　烹饪典籍......129
　　　　一、烹饪典籍的分类......129
　　　　二、代表性烹饪典籍......131
　　【思考讨论】......136
　　【综合实践】......136

第五章　物质生产民俗......137

　　第一节　农业民俗......138
　　　　一、农业民俗的类型和特征......138
　　　　二、二十四节气......141
　　　　三、传统农具......145
　　第二节　渔猎畜牧民俗......149
　　　　一、渔业民俗......149
　　　　二、狩猎民俗......152
　　　　三、畜牧民俗......157

第三节 工匠民俗 159
- 一、工匠种类 159
- 二、工匠特质 160
- 三、技艺传承 161

第四节 商贸民俗 163
- 一、交易场所的民俗 163
- 二、商业方式的民俗 166
- 三、招幌与市声 168

第五节 交通民俗 172
- 一、陆路交通民俗 173
- 二、水路交通民俗 178

【思考讨论】 181
【综合实践】 181

第六章 社会生活民俗 182

第一节 节日民俗 182
- 一、春节 183
- 二、清明 186
- 三、端午 187
- 四、七夕 188
- 五、中秋 189
- 六、重阳 192
- 七、那达慕大会 193
- 八、火把节 194

第二节 民居文化 195
- 一、民居主要类型 195
- 二、民居建筑材料 197
- 三、民居建筑饰物 202
- 四、民居陈设物件 207

第三节 人生仪礼 211
- 一、诞生礼 212
- 二、成年礼 213
- 三、结婚礼 214
- 四、丧葬礼 216

第四节 姓氏谱牒 217
- 一、姓氏的来历 217
- 二、姓氏文化的内容 220
- 三、谱牒文化 221

第五节 传统服饰 222

一、秦汉服饰		222
二、唐代服饰		224
三、宋代服饰		226
四、清代服饰		227
【思考讨论】		229
【综合实践】		229

第七章　精神生活民俗 ... 230

第一节　吉祥文化 ... 230
一、福文化 ... 231
二、禄文化 ... 232
三、寿文化 ... 233
四、喜文化 ... 235
五、财文化 ... 237
六、平安文化 ... 239

第二节　民间游艺 ... 242
一、民间游戏 ... 242
二、民间杂艺 ... 245
三、民间体育竞技 ... 247

第三节　音乐曲艺 ... 250
一、中国音乐 ... 250
二、中国戏曲 ... 255

第四节　书画文学 ... 258
一、古典文学 ... 258
二、中国书法 ... 264
三、中国绘画艺术 ... 270

第五节　中华武术 ... 276
一、武术的起源 ... 276
二、太极拳 ... 277
三、少林武术 ... 277
四、咏春拳 ... 278

【思考讨论】 ... 278
【综合实践】 ... 278

参考文献 ... 279

第一章 中国食俗文化

【导论】

古人云"王者以民为天,而民以食为天"(班固《汉书·郦食其传》),后董必武先生应国情改为:"国以民为本,民以食为天,食以安为先。""天"者,至高之尊称,"悠悠万事,唯此为大"。饮食,是人类生存和提高身体素质的首要物质基础,也是社会发展的前提。老百姓日常生活中的第一件事情就是吃喝,故有"开了大门七件事,柴米油盐酱醋茶"之说。于是,人们都喜欢把美食与节庆、礼仪活动结合在一起,这些都是表现食俗风格最集中、最有特色、最富情趣的活动,从而形成了多姿多彩的中国食俗。

【学习要点及目标】

1. 了解中国饮食文化的概念和发展历史,掌握饮食文化的主要特征。
2. 了解节气食俗的来源及特色食俗,掌握二十四节气的饮食养生要点。
3. 了解岁时与节日的关系,掌握岁时食俗的主要内容。

【关键词】

饮食文化　食俗　食礼　节气　岁时

第一节　中国饮食文化

一、饮食文化的概念与内涵

"饮食"一词,在汉字中,既可作名词也可作动词,作名词时指各种饮品和食物,作动词时指喝什么、吃什么,或者怎么喝、怎么吃。"文化"一词的含义广泛而复杂,出现了很多种定义,不论人们对文化的论述有怎样的不同,其基本意义是大致相同的,即文化是由人所创造、为人所特有的东西,是人类在适应和改造自然的过程中发挥主观能动性,创造出来的财富和成果,它有广义和狭义之分。广义的文化,是指人类社会历史实践过程中所创造的物质财富和精神财富的总和;狭义的文化,是指社会的意识形态以及相适应的制度和组织机构。

文化注重从饮食角度看待社会与人生,饮食文化成为人类文化的一个重要组成部分。从生食向熟食的转化是人类发展史上一个重要的里程碑,是人类与动物相区别的显著标志之一，也是人类饮食文化的开始。由此，人类饮食的历史成为人类适应自然、征服与改造自然以求自身生存和发展的历史，而在这个历史过程中便逐渐形成人类的饮食文化。其含义也有广义和狭义之分。广义的饮食文化，是指人们长期在饮食品的生产与消费实践过程中，所创造并积累的物质财富和精神财富的总和。狭义的饮食文化，是基于饮食和烹饪具有相同之处而言，与烹饪文化相对应。一般来说，烹饪文化是指人们长期在饮食品生产、加工过程中创造和积累物质财富和精神财富的总和，涉及食品原料、烹饪工具、烹饪技艺等，是一种生产文化。狭义的饮食文化，则是指人们长期在消费饮食品过程中创造和积累物质财富和精神财富的总和，涉及饮食品种、饮食器皿、饮食习俗、饮食服务等，是一种消费文化。但是，饮食品的生产和消费是密切相连的，烹饪和烹饪文化是饮食和饮食文化的前提，饮食文化是由烹饪文化派生而来的。因此，人们习惯上使用广义的饮食文化加以阐述。

中国饮食文化依附着中国传统文化发展，受传统阴阳五行哲学思想、儒家伦理道德观念、中医营养摄生学说，还有文化艺术成就、饮食审美风尚、民族风俗特征诸多因素的影响，造就了独特的烹饪技术，并随着时间逐渐演变形成了自己独特的文化形式。中国饮食文化涉及食源的开发与利用、食具的运用与创新、食品的生产与消费、餐饮的服务与接待、餐饮业与食品业的经营与管理，以及饮食与国泰民安、饮食与文学艺术、饮食与人生境界的关系等，深厚广博，源远流长。因此，饮食文化是指特定社会群体食物原料开发利用、食品制作和饮食消费过程中的技术、科学、艺术，以及以饮食为基础的习俗、传统、思想和哲学，即由人们食生产和食生活的方式、过程、功能等结构组合而成的全部食事的总和。本章主要是指汉族的饮食文化。

二、饮食文化的历史沿革

中国饮食文化历史悠久，其发展演变是由单一到多样，由简单到复杂。中国饮食的发展经历了萌芽、形成、发展、成熟、繁荣、传播时期，或者从中国烹饪发展历史上看，可以分为生食、熟食、自然烹饪、科学烹饪4个发展阶段。中国饮食文化源远流长，是我国各族人民辛勤的劳动成果和智慧的结晶，是中华民族传统文化的一个重要组成部分。

总体而言，中国饮食历史呈现出大一统式发展格局，各主要地区的饮食烹饪在每个重要历史阶段的发展都较为平衡，主要是因为中国自身的政治、历史、经济、文化等方面因素造成的。首先，从政治上看，中国在数千年的历史发展过程中合多分少，大部分情况下都处于统一局势，并且长期实行封建的中央集权制，中央直接控制全国各地、各方面的发展，从而使各主要地区相互关联、发展相对平衡。其次，从经济文化上看，经济的繁荣是文化昌盛的物质基础，同时又受到政治的制约。在远古时代，北方的黄河流域文明和南方的长江流域文明是中华民族共同的发源地，其经济和文化的繁荣程度相差无几。因此，尽管地域、气候、食材、风俗等大不相同，在南北风味流派上有明显的差别，但中国的饮食历史还是呈平衡稳定的发展态势。

(一)萌芽时期(原始社会)

从人类发展的历史长河来看，原始社会的历程最为漫长，人们的生活也最为艰辛。人类在艰难中慢慢地进步，从被动的采集、渔猎到主动的种植、养殖(尽管是原始的)；餐饮方式从最初的茹毛饮血到用火熟食;从无炊具的火烹到借助石板的石烹,再到使用陶器的陶烹;从原始的烹饪到调味品的使用;从单纯的满足口腹到祭祀、食礼的出现。原始社会时期的人们在饮食活动中开始萌生对精神层面的追求,食品已经初步具有文化的意味。

生活在文明时代的人们很难想象物质匮乏、时时为饥饿所困扰的人们,竟然还有精神上的追求。人类在饮食生活上的精神追求主要体现在审美意识的觉醒。大量出土的新石器时期文物证明当时的人们已经具备了初步的审美意识。原始人在炊具、食器上的装饰和美化,说明他们认为进餐不仅是生理需要的满足,还是一种精神上的享受,也是对美好进餐环境的追求。所以,这一阶段被称为饮食文化的萌芽阶段。

(二)形成时期(夏商周)

夏商周时期的饮食文化在很大程度上沿袭了原始社会饮食文化的特点,又在发展过程中形成了自己的时代特点。2000年间,食品源得到进一步扩大,农业、畜牧业进一步发展。陶制的炊器、饮食器依然占据重要地位,但在上流社会,青铜制品已经成为主流,开始注重餐具、食器(如图1-1),即后世所谓的"美食不如美器"。烹调技术更加多样化,烹饪理论已形成体系,奠定了后世烹饪理论发展的基础。许多政治家、思想家、哲学家以极大的热情关注和探究饮食文化,并各自从不同的角度阐明自己的饮食观点。在这一阶段,饮食与单纯果腹充饥的目的距离越来越远,其文化色彩越来越浓,人们普遍重视饮食给人际关系带来的亲和性,宴会、聚餐成为人们酬酢、交往的必要形式,食品的社会功能表现得越来越明显。中国饮食文化的特征在这一阶段都基本具备。所以,这一阶段被称为饮食文化的形成阶段。

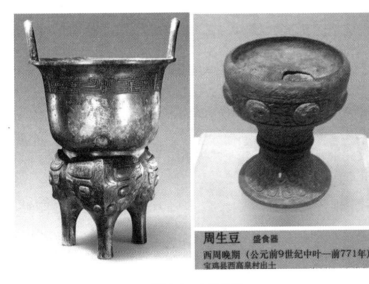

图1-1 古代食器

(三)发展时期(秦汉唐)

公元前221年秦王嬴政经过多年的兼并战争,建立了秦王朝,统一中国,为不同地区的贸易和文化交流,包括饮食文化的交流奠定了基础。汉朝初年采取了休养生息政策,重视农业,兴修水利,普及铁质农具,推广农业生产技术,减徭役,轻赋税,从而促进了农业的发展,为饮食文化的发展提供了重要的食品原料。张骞出使西域,开启了中外食品文化的交流历程,丰富了中国的食物种类。和先秦的饮食文化相比,秦汉时期在食品原料的开发引进、烹饪技艺及烹饪产品的探索与创新等方面都表现出前所未有的兴旺发达的景象。

唐朝是我国历史上非常活跃的时期之一,社会经济的进步与发展、对外开放程度的提高,使中外、国内不同区域、不同民族之间的食品文化交流频繁,促使食品原料结构、进餐方式的改变。佛教、道教崇尚的素食、植物油的使用、发酵技术的运用等,进一步推进了饮食市场、烹饪工艺的发展,体现出丰富的历史文化内涵。这一阶段的饮食文化体现出全面发展的特征。

(四)成熟时期(宋元明清)

从北宋建立到清朝灭亡,这一时期是中国传统饮食文化的成熟阶段。在这一时期,中外饮食文化交流频繁,许多对后世影响巨大的粮、蔬作物传入中国,食品加工和制作技术日趋成熟,商品经济空前繁荣,中国传统饮食文化在各个方面都日趋完善,呈现前所未有的繁荣和鼎盛。这可以从北宋宫廷画家张择端的《清明上河图》中得到印证。从两宋到明清,中国烹饪理论已达到相当高的水平,从元代忽思慧的《饮膳正要》到清代袁枚的《随园食单》,特别是袁枚的《随园食单》,更是将中国烹饪理论推向了一个成熟阶段。元代还从海外引进蒸馏技术,开始出现蒸馏酒酒种。茶文化在宋代成为一种高雅的文化活动,到明清时,全民流行饮茶之风尚,这个时期的饮食思想的总结和理论研究日趋成熟。满汉全席代表了清代饮食文化的最高水平。

(五)繁荣时期(民国)

中国饮食文化在辛亥革命的炮声中进入了繁盛时期。这一时期的时间虽然最短,但饮食文化的发展是最迅速的。民国是个美食绚烂的时代:八大菜系最终定型、区域之间的美食交流更加频繁、菜品普遍大众化。要说民国美食,则大多与那些鼎鼎大名的民国名流有关。他们好吃、能吃、爱琢磨吃,无论是政坛要人还是文人墨客,都为这舌上味道下足了功夫。在世界科学技术的飞速发展和中国的对外开放双重作用下,中国饮食文化的内容发生了天翻地覆的变化,多元饮食文化成为民国饮食文化的基调,饮食文化的交流与融合,奠定了当代饮食文化繁荣的基础,这一时期中国饮食文化开始在世界范围内产生影响,是传播中国传统文化的先声。

(六)传播时期(现代)

中国饮食文化对外传播的历史悠久,从先秦时期开始,中国文化就以饮食为先导,担负起了文化传播的使命;汉代的张骞出使西域,促进了我国与西域之间的饮食文化交流;丝绸之路的开通,中国与中亚、西亚以至欧洲的经济交往日趋密切,中国饮食文化源源不断地被介绍到西方。现在世界各国基本上都有中国餐馆,中国饮食文化的传播也促进了中外文化的交流,外国人士在品尝中国美食时,就开始了对中国文化的了解,无形之中,中国饮食成为中国文化传播的媒介和渠道。中国饮食文化博大精深、历史悠久,随着我国经济社会的发展,注入了新的活力和创造力,使之越来越具有国际影响力。

现在,人们一方面在大力挖掘古代饮食文化的精髓,以期更好地继承祖先的文化遗产;

另一方面,又对传统饮食文化进行重新审视和"扬弃",整理了一大批富有中国特色和民族特质的饮食文化遗产,与时俱进,兼收并蓄,博采众长,加以创新,将现代意义的手工烹饪与工业烹饪完美结合,将营养卫生与美感完美结合,满足人们对饮食科学、方便、省时、愉快、有趣的新要求,创造出更加辉煌的未来。

三、饮食文化的特征

中国历史悠久,历来重视饮食,"民以食为天"的思想根深蒂固,因此勤劳的中华民族创造出了光辉灿烂而又具有鲜明特色的饮食文化。

(一)饮食历史悠久

从烹饪原料到烹饪工具,从食品制作方式到食品制作理念,中国饮食文化的内容正在进行着划时代的变革。从生食向熟食的转化是人与动物相区别的标志之一,是人类发展史上一个重要的里程碑。而用火进行食物加工更是人类进化的一个重要标志,也可以说是人类饮食文化的起点。火的运用和控制促使了陶器的产生。陶器发明以后,就被用作炊具和食具,釜、鼎、鬲、甑是最早出现的陶制炊具,陶器的发明标志着烹饪技术的第一次飞跃,人类真正进入了烹饪时代。

中国的饮食历史悠久而辉煌,它起源于人类早期的用火熟食,历经了新石器时代的孕育萌芽时期、夏商周的初步形成时期、秦汉唐宋的蓬勃发展时期,在明清成熟、定型,然后进入近代繁荣创新时期。而在每个时期,中国的饮食不论是在物质上还是精神上,尤其在餐饮器具、食物原料、烹饪技法、饮食成品、饮食著述等方面都有自己的独特之处,并对世界饮食产生了一定影响。

(二)饮食科学合理

中国的饮食科学内容比较丰富,其核心是独特的饮食思想以及受其影响形成的食物结构,在饮食思想上,由于中国哲学讲究气与有无相生,在文化精神和思维模式上形成天人合一、强调整体功能、注重模糊等特色,使得中国人在饮食科学上产生了独特的观念,强调饮食与自然的和谐统一、食用养生与审美欣赏的和谐统一,讲究饮食的色、香、味、形、器与养协调之美,既满足了人们的生理需求,也满足了人们的心理需求。从这些饮食思想出发,中国人选择了"五谷为养,五果为助,五畜为益,五菜为充"的食物结构,即以素食为主、肉食为辅。长期的历史实践证明,这个结构是比较科学和合理的,是有益于人体健康的。

受中国哲学思想、文化精神和思维模式的影响,中国饮食科学得以形成,其主要内容有两个方面,一是饮食科学思想,二是食物结构。

中国传统的饮食科学思想主要包括三大观念,即天人相应的生态观念、食治养生的营养观念和五味调和的美食观念。它们具体表现在食物的选择、搭配,菜点的组成、制作和风格特色上。天人相应的生态观念,指人取自然界的食物原料烹制肴馔来维持生命、营养身体,必须适应自然,适应环境,在宏观上加以控制,保持阴阳平衡,使天与人相适应。如《礼记·内则》言:"凡和,春多酸,夏多苦,秋多辛,冬多咸。"食治养生的营养观念,是指人的饮食必须有利于养生,以食治疾,辩证施食,饮食有节,以此保正气、除邪气,从而使人健康长寿。它具体表现在食物的搭配上,是从天人合一与整体功能出发,着重强调要辩证施食,饮食有节。辩证施食,指将食物的性能和作用以性味、归经的方式概括,并根据人体的特点和各种需要,恰当地搭配食用不同种类和数量的食物。饮食有节,指饮食数量的节制、质量的调节和寒温的调节。五味调和的美食观念,指通过对饮食五味的烹饪调制,创造出合乎时序与口味的新的综合性美味,达到中国人认为的饮食之美的最佳境界"和",以满足人的生理与心理双重需要。它具体表现在菜肴的风格特色上,讲究内容与形式的调和统一,在味道上强调形神合一,在形态上强调美术化,追求意境美。

食物结构,《黄帝内经·素问》有"五谷为养,五果为助,五畜为益,五菜为充,气味合而服之,以补精益气"(图1-2)及"谷肉果菜,食养尽之,无使过之,伤其正也"的记载。

图1-2 《黄帝内经·素问》(节选)

从养生学角度来看,这段话论述了如何通过饮食来养生,而其中的"五谷为养,五果为助,五畜为益,五菜为充"关系到中国人养身健体的食物结构。"五谷为养",是指黍、稷、豆、麦、稻等谷物和豆类作为养育人体之主食。"五果为助",是指枣、李、杏、栗、桃,枣甘、李酸、杏苦、栗咸、桃辛,五味入五脏,以助脏器。"五畜为益",指牛、犬、羊、猪、鸡等禽畜肉食,对人体有补益作用,能增补五谷主食营养之不足,是平衡饮食食谱的主要辅食。"五菜为充",则指葵、韭、薤、藿、葱等蔬菜,这几种蔬菜除了葵菜,其他的几种气味是比较大的,它们对应各个脏腑,通过其酸苦甘辛咸的性味来调节脏腑的气机。事实上,2000多年的历史实践证明,中国人特别是汉族人的饮食基本上是按照这个食物结构进行的。它符合中国人养生健体的总体营养需要,"五谷"提供了大量碳水化合物和植物蛋白质,"五果""五畜""五菜"提供了动物蛋白质、脂肪、无机盐、维生素、膳食纤维和水等;同时也符合中国国情,中国是以农为本的农业大国,中国人选择以素食为主的食物结构符合国情、符合实际。但这个结构叙述十分模糊,使人们在搭配食物时的数量和比例有很大的随意性,影响了这一食物结构发挥良好的作用,甚至由于某项营养的缺乏,造成相应疾病的发生。

(三)制作技艺精湛

中国的烹饪技艺经历了数千年的发展,形成了自己的饮食习惯和特色,已成为中国宝贵的文化遗产。烹调是将加工整理的烹饪原料,用加热的方法结合加入调味品而制成菜肴的一门技术,它包括刀工技术、投料技术、上浆及挂糊技术、掌握火候技术、勾芡泼汁技术、调味的时间和数量掌握技术、翻勺技术和装盘技术。由于烹制方法多,菜肴的更新、创作频率快，创新新品种层出不穷，具有多元化的特征。

中国人在饮食的制作上注重精益求精、追求完美，无论在肴馔还是茶酒的制作上，都表现出精湛的技艺。以肴馔制作技艺为例，在原料使用上，具有用料广博、物尽其用的特点，注重辩证施食，讲究荤素搭配、性味搭配、时序搭配；在刀工上，具有切割精细、刀法多样的特点，常常是常用刀法和混合刀法并重，原料的形态多为丝、丁、片、条、块等小巧型，有利于满足快速成菜和造型美化等需要；在制熟上，具有用火精炒、烹制方法多样的特点，常用并擅长以油、汽、水等介质传热的烹饪方法，如爆、蒸、炒、煨、煎等上百种方法，烹饪技法相当细腻、复杂，常带有明显的地方特色；在调味上，具有精巧与多变的特点，注重加工过程中的调味，特别强调调味型的丰富与层次，味道的好坏也是人们评价烹饪技艺最重要的标准；在肴馔的造型和美化上，十分强调意境美，装盘讲究繁复、秀丽，通过细致入微的拼摆点缀肴馔，同时非常重视美食与美名、美食与美器、美食与美境的配合。

(四) 饮食品种繁多

中国幅员辽阔，又是一个多民族国家，各地区的自然环境、生活方式、风俗习惯等有很大差别，在悠久的饮食历史发展过程中，历朝历代的饮食品制作者创造出了数以万计、各具特色、具有浓郁地方特色的肴馔和饮品。从肴馔的产生历史和饮食对象角度，可分为民间菜、宫廷菜、官府菜、民族菜等。从地域来看，各个地方各用各的原料、各施各的技法、各有各的口味，特点迥然有异。其划分标准有很多种，但最有特色、历史最悠久、影响最大的是三大河流孕育出的"四大流派"：源于长江上游的西南流派，以川菜为代表；源于长江中下游的江浙流派，以淮扬菜为代表；源于广东珠江流域的华南流派，以粤菜为代表；源于山东黄河流域的华北流派，以鲁菜为代表。后来华北流派分出鲁菜，成为八大菜系之首，江浙菜系分为苏菜、浙菜和徽菜，华南流派分为粤菜、闽菜，西南流派分为川菜和湘菜，成为社会公认的"八大菜系"。"八大菜系"加上"京菜"和"鄂菜"，即为"十大菜系"。(扫描二维码学习"中国菜系"教学课件)

在饮品方面，主要为茶和酒，中国茶自古以来有多种不同的分类方法。如唐代陆羽把茶大致分为粗茶、散茶、末茶、饼茶；元代分为芽茶和叶茶；还可以根据茶叶的加工工艺、产地、季节、级别、外形、销路等进行分类。目前，我国通用的一种分类方法是根据茶叶发酵程度和茶叶制作工艺不同分为绿茶、红茶、乌龙茶、黄茶、白茶及黑茶等。中国酒，据历史记载，中国人在商朝时期(约 3700 年前)已有饮酒的习惯，并以酒来祭神。在东汉(25—220)、唐以后，除了白酒以外，各种黄酒、药酒及果酒的生产已有了一定的发展。中国酒品种繁多，风格独特，可以以商品、工艺、香型、酒精度、糖度等进行分类。仅按商品种类来分，就有白酒、黄酒、啤酒、果酒和药酒五大类，每一类都拥有众多品种。

(五) 饮食民俗丰富

饮食民俗，作为民俗的重要组成部分，属于物质生活民俗。它是指广大民众从古至今在饮食品的生产和消费过程中所创造、享用并传承的物质生活与精神生活文化，即民间饮食风俗习惯，简称食俗。食俗可分为日常食俗、节日食俗、人生食俗、社交食俗、民族食俗、宗教食俗等。其中，汉族的食品主要以素食为主、肉食为辅，饮品方面主要是茶和酒，而少数民族却不相同，但在进餐方式方面是一致的，都是采用合餐制，注重团聚、共享、热闹等氛围营造。这与西方饮食习俗的分餐制相区别，但现代从卫生和安全角度考虑，中国餐桌上也逐渐接受了分餐制。在节日食俗方面，汉族的节日基本上源于岁时时令，因此也称为岁时食俗，通常以吃喝为主，祈求幸福安康，少数民族则有宗教的节日和相应的食品。在人生食俗方面，中国各族人民的共同特点就是以食为礼，故《礼记》云："夫礼之初，始诸饮食。"在社交礼俗方面，讲究长幼有序，尊重长者。本书仅从节日、人生、社交、民族四个方面对中国食俗进行实例阐述。

四、古今食礼

中国自古就是"礼仪之邦""食礼之国"，懂礼、习礼、守礼、重礼的历史源远流长。中国饮食讲究礼仪，"礼"体现饮食活动的礼仪性特征。礼与我们的传统文化有很大的关系，据《礼记·礼运》记载："夫礼之初，始诸饮食。"人是社会产物，是社会关系的总和，人类自从进入"人"门槛第一天起就在社会中生活，社会的约束和责任牢牢地印刻在头脑中。人的文明规范是从自身的自然本能中引申出来，文明规范的实现也最大限度地满足人们本能的需求。中国古代人的饮食道德、仪规、技巧、进餐时的文明规范，反映了人的自然本能与人类文明的相互影响和相互渗透。

最早出现的食礼都与远古的祭神仪式直接相关，与祭祀中的酒和食物有关。中国是崇尚礼仪的国家，从古代的"饮和食德"，到今天的饮食文明，都体现了孔子的"礼食"（即"食而有礼"）以及孟子的"食德"（即"守礼而食"）的思想，体现了文明古国的文明饮食风貌。食品的精与美侧重于饮食的形象和品质，而食者的情与礼则侧重于社会心态、习俗和社会功能，它们的完美统一形成了中华饮食文化的最高境界。

小提示

论"食不语，寝不言"的科学性

"食不语，寝不言"，出自《论语·乡党》，原文："食不语，寝不言。虽疏食菜羹，瓜祭，必齐如也。席不正，不坐。乡人饮酒，杖者出，斯出矣。"释义：嘴里嚼着东西的时候不要说话，到了该睡觉的时候就按时睡觉不要发出声音吵到别人。虽然是吃粗米饭蔬菜汤，也要先祭一祭，一定要像斋戒时那样恭敬严肃。席子摆放不端正，不要坐。在举行乡饮酒礼后，要等老年人先走出去，自己才出去。

"食不语，寝不言"，这句话的科学性在于，吃饭的时候最好不要说话，以免影响消化；睡前唠叨不绝会使思绪兴奋，不得安宁，因而影响入睡。

人们在进食时，消化系统在大脑统一指挥下，有条不紊地工作，唾液腺、胃肠的腺体不断地分泌消化液，胃肠蠕动加快而促使消化与吸收。要求"食不语"的原因有以下两点。

1. 使营养充分吸收

如果吃饭时说话，可能会造成食物未经充分咀嚼，就进入胃肠。营养成分难以被人体所吸收。例如，维生素 A 是人体十分需要的营养成分，缺乏维生素 A 会导致发育不良，或引发干眼症、夜盲症和皮肤干燥等。

2. 为胃肠减负，预防肠胃疾病

如果在吃饭时，高谈阔论，或一边吃饭一边看书和思考问题，势必把尚未嚼烂的食物咽下，加重胃肠的负担。轻则会引起胃病，久之则肠胃可能会产生溃疡，患肠胃疾病。

"食不语，寝不言"不仅仅是文化传承以及礼貌的象征，也是对自己的身体负责，吃饭的时候专心吃饭、睡觉的时候专心睡觉才能够有一个健康的体魄。

(一)乡饮酒礼

"乡饮酒礼"(图 1-3)是我国古代一种融礼教、乐教、诗教于一体的礼仪制度。也是汉族的一种宴饮风俗。起源于上古氏族社会之集体活动，《吕氏春秋》认为是古时乡人因时而聚会，在举行射礼之前的宴饮仪式。周代时，以致仕之卿大夫为乡饮酒礼的主持人，贤者为宾，其次为介，又其次为众人。仪式严格区分尊卑长幼，升降拜答，俱有规定，见载于《仪礼》等儒家经典。当时，此会也有举荐贤能之士以献王室的意义，一般于正月吉日举行。汉以后郡县往于学校中行其礼，皇帝则于辟雍中行之。实行科举制度以后，则以州县长官为主人，为贡士饯行时亦行乡饮酒礼。明代，京师及州县以下，令民间以百家为一会，以里长或粮长主之，坐席时，以善恶分列三等，不许混淆，以此作为实行封建道德教育的手段之一。直到道光年间，清政府决定将各地乡饮酒礼的费用拨充军饷，才被下令废止，前后沿袭约 3000 年之久，在中国历史上产生过深远的影响。

图 1-3 古代食礼——乡饮酒礼图

"乡饮酒礼"虽然只是一种地方性质的礼仪，但它依旧与其他古代祭祀等礼仪活动相同，都有着一套严格的管理制度与程序。乡饮酒礼约分四类：第一，三年大比，诸侯之乡大夫向其君举荐贤能之士，在乡学中与之会饮，待以宾礼。第二，乡大夫以宾礼宴饮国中贤者。第三，州长于春、秋会民习射，射前饮酒。第四，党正于季冬腊祭饮酒。《礼记·射义》说，"乡饮酒礼者，所以明长幼之序也。"《乡饮酒义》云："乡饮酒之礼，六十者坐，五十者立侍，以听政役，所以明尊长也；六十者三豆，七十者四豆，八十者五豆，九十者六豆，所以明养老也。民知尊长养老，而后乃能入孝弟。民，入孝弟，出尊长养老，而后成教，成教而后国可安也。君子之所谓孝者，非家至而日见之也，合诸乡射，教之乡饮酒之礼，而孝弟之行立矣。"乡饮酒礼的意义在于序长幼、别贵贱，以一种普及性的道德实践活动，成就孝悌、尊贤、敬长养老的道德风尚，达到德治教化的目的。

"礼"的作用在于"辨异"，即把人与人、群体与群体之间的区别表现出来。这种通过区别显现出来的层次叫作"等"。凡是同等之人礼教相同，有相同的权利和义务，不同等人之间的权利、义务也就有所"等差"。"礼"就是标明等差，使每个等差之人按照适合自己所属之等的礼数去做、去生活，这是维护天下之安定的根本途径。儒家认为，影响天下安定的争斗生于互相侵凌，生于长幼无序、贵贱乱等，所以要教之以"敬"和"让"，以此实现社会的和谐，而"乡饮酒礼"就是最好的实践路径。

(二)燕射

在远古狩猎时代，弓箭是人类赖以生存的重要工具之一，与人类有着极为密切的关系。按照《礼记·射义》的解释，射礼不仅用来选拔一般的人才，而且即便贵为诸侯，也要通过射礼来选拔。"是故古者天子以射选诸侯、卿、大夫、士。故天子之大射，谓之射侯。射侯者，射为诸侯也。射中则得为诸侯，射不中则不得为诸侯。"射礼文化中蕴含着中国传统的礼法和等级，君臣之分、长幼之序，充分体现在射礼活动中。射礼分为大射、宾射、燕射和乡射。大射是天子、诸侯祭祀前为选择参加祭祀的贡士而举行的射礼；宾射是诸侯朝见天子或诸侯相会时举行的射礼；燕射是天子与群臣宴饮之时举行的射礼；乡射是地方官为荐举贤能之士而举行的射礼。

燕射，在西周时期就有了这种为饮酒而设的礼仪，即通过射箭决定胜负，负者饮酒(图 1-4)。《周礼·春官·乐师》记载："燕射，帅射夫以弓矢舞。"比试过后，胜者要为败者斟酒，败者要用大杯饮酒。对于胜者，提示他们不得骄纵，亦要有敬让之心；而败者饮的是罚酒，因为他们无论是技能还是德性都没有达标，需要警示。射礼所追求的，是通过射箭比赛、礼乐配合实现谦逊和让、道德自省，所以也被称为"立德正己之礼"。但"射礼"在现代的宴集中早已不复存在，新中国成立以后，中国式射箭曾经是国家认可的正式体育项目，经常有全国性的射箭比赛，一直延续到1959年。此后中国接受了国际射箭的规则和射具，传统的射箭技艺只在少数民族的民族庆典中才有所展现。

图 1-4　古代食礼——燕射

(三)现代社交礼俗

儒家认为"礼"的最终目的在于实现人与人之间的彼此沟通和融合,所以"礼"非常重视往来,就有了"往而不来非礼也"之说。每个人都有社会属性,都生活在社会之中,必然要与他人交往。但在人与人交往过程中,要想和平相处,就要遵守约定俗成的行为规范和要求等。社交礼俗就是指人们在社会交往过程中形成并长期遵循的礼仪和风俗习惯。《荀子·修身》言:"人无礼不生,事无礼不成,国无礼不宁。"即提倡以礼治国、以礼治家,使礼成为处理人际关系、维护等级秩序的重要社会规范和道德规范。中国的社交礼俗是中国人在长期的社会交往过程中逐渐积累和流传下来的礼仪和习俗,在古代礼俗的基础上继承、发展起来的,在行为准则上注重长幼有序、尊重长辈;在社交场合上,遵守规范的礼仪和习俗,如宴会礼仪的座位安排、餐具使用、进餐、敬酒等环节,就有一定的行为标准,必须严格遵守,才能成为合格的"社交达人"。

1. 座位安排

亲朋聚会,商务访谈,在宴席上,谁坐在什么位置可是有讲究的。有时亲戚朋友在一起可能还可以随便些,但如果是商务接待就要严格遵守规矩。

酒桌上到底如何来排座次,可能各地风俗不同,排法也不同。但总体来说,座次是"尚左尊东""面朝大门为尊"。若是圆桌,则正对大门的为主客,主客左右手边的位置,则以离主客的距离来看,越靠近主客位置越尊,相同距离则左侧尊于右侧(图 1-5)。若为八仙桌,如果有正对大门的座位,则正对大门一侧的右位为主客。若为长条桌,长条桌型座次安排,一般人数较少的话,男主人和女主人可以坐在桌子的中间;如果人数较多,则要坐在桌子的两头。门边男主人,另一端女主人,男主人右手边是女主宾,女主人右手边是男主宾,其余依序排列。如果不正对大门,则面向东的一侧右席为首席。较大规模的中式宴会的桌次是有讲究的,台下最前列的一两桌一般安排主人或贵宾,赴宴者不要贸然入座。一般有以下三种情形。

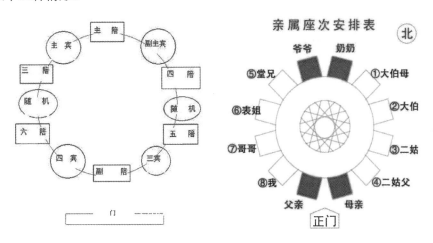

图 1-5 入座礼仪——座位安排示意

(1) 家庭聚会:一般是要按照辈分高低、年龄大小来排序。也就是无论谁请客,辈分最高或年龄最长者要坐在最里面面向门口的显要位置;接下来可按辈分或年龄依次一左一右地排列。有时还要在长辈旁边安排一位老人喜欢的小孩,一般都是隔代人。如果是长辈请客,可能要指派一人坐在靠近门口的位置,负责做好各项招待工作;如果是晚辈请客,请客者通常坐在靠近门口的位置。

(2) 朋友聚会:朋友、同学、战友等聚会一般来讲是谁请客谁坐在面向门口的位置,也叫"做东"或"庄主",有时庄主也可能把此位置让给职位较高或德高望重者,其余的可以按年龄大小依次一左一右排列。因为大家都是朋友,所以有时也不计较这些,谁坐哪儿都无关紧要,但庄主的位置别人是不会去坐的。

(3) 商务接待:属于外交范畴,讲究多一些。一般来讲,接待客人分主客两方。主方至少要有两人,一人是"主陪",另一人是"副陪"。"副陪"一般是"主陪"的朋友、同事或部下。"主陪"要坐在正对门的地方,以尽地主之谊;"副陪"坐在"主陪"的正对面,也就是靠近门口的地方,具体负责招待工作。"主陪"右边应该是主宾,左边是副主宾;"副陪"的右边是来宾中的第三号人物,左边是第四号人物。其他人员基本可以随便坐。服务人员倒酒的时候,从主宾开始按顺时针顺序依次进行。人多的时候,还有一位或两位"边陪"。一位"边陪"就坐在"主陪"的左方、"副陪"右方中间位置,右边是第五号人物,左边是第六号人物;如果主方是四位在场两位"边陪"时,第四位"边陪"在"主陪"的右方、"副陪"的左方,另一位"边陪"的对方,四位呈十字交叉状。

2. 进餐礼仪

按照传统习惯,菜是一道一道上的,先冷盘、后热炒、大菜、汤,中间穿插面点,最后是水果。上点心的顺序,不同饭店有所不同,有的在汤后面上,有的将第一道咸点提前到第一道大菜后面上;有的咸、甜点一起上,有的咸、甜点交叉上。热菜应从主宾对面席位的左侧上;上单份菜或配菜席点和小吃先宾后主;如果要给客人或长辈布菜,最好用公筷,也可以把离客人或长辈远的菜肴递到他们跟前;如果同桌有领导、老人、客人,每当上一个新菜时应请他们先动筷子,或者轮流请他们先动筷子,以表示对他们的重视;上全鸡、全鸭、全鱼等整形菜,不能把头尾朝向正主位。

进餐时,必须等到人到齐才能开始进餐;先请客人、长者动筷子;夹菜时每次少一些,离自己远的菜就少吃一些,吃饭、喝汤时不要出声音;喝汤用汤匙一小口一小口地喝,不宜把碗端到嘴边喝,汤太热时凉了以后再喝,不要一边吹一边喝;进餐时不要打嗝,也不要出现其他声音。进食时尽可能不咳嗽、不打喷嚏、不打哈欠、不擤鼻涕,万一不能抑制,要用手帕、餐巾纸遮挡口鼻,转身,脸侧向一方,低头尽量压低声音。吃到鱼头、鱼刺、骨头等物时将其放到自己的碟子里或放在事先准备好的纸上。

进餐方式为会餐制,这与西方分餐制存在明显的差异。在中国无论是家庭用餐还是正式宴席,都是聚餐围坐,共享一席(图1-6)。人们相互敬酒、劝菜,借此体现人们之间相互尊敬、礼让的美德以及和睦、团圆的气氛。特别是在各种年节里,更是借饮食而欢庆。由于这种围坐共饮的方式迎合了传统家族观念,客观上起到了维护家庭稳定和促进家庭成员团结和睦的作用,所以被长久地流传下来。合家老小,欢聚一堂宴饮也确是一种天伦之乐。但同时这种用餐方式也有其弊端,主要是不讲科学、不卫生,浪费也很大。现在,人们已逐渐认识到这种弊端,开始改革,如我国的国宴已实行分餐制,现在全社会正在逐渐改变观念,有利于普及分餐制。

图 1-6 中餐宴席

3. 餐具的使用

中国人进餐时主要使用的餐具有筷子、匙、碗、盘和汤盅等(图 1-7)。其中最具特色的是筷子。筷子古称"箸",后来因船家避讳而改称"筷"。中国人在使用筷子时有比较系统的礼仪和习俗,也有很多忌讳,大致有以下几点:①不能把筷子在菜盘里搅来搅去,上下乱翻。遇到别人夹菜时,要有意避让,谨防"筷子打架"。②不能用舌头舔食筷子上的附着物或把筷子含在嘴里,或用筷子去推动碗、盘和杯子。③不要在请别人用菜时,把筷子戳到别人面前或用筷子指点别人。④在用餐过程中,已经举起筷子,但不知道该吃哪道菜,这时不可将筷子在各碟菜中来回移动或在空中来回挥动。⑤需要使用其他餐具时,应先将筷子放下。筷子最好放在筷子架上,不要放在杯子或盘子上,否则容易碰掉。⑥不能将筷子颠倒使用。⑦不能将筷子随便交叉放在桌上。中国人认为在饭桌上打叉子,是对同桌其他人的否定,也是对自己的不尊敬,因为古代吃官司画供时才打叉子,这无疑也是在否定自己。⑧尽量防止失手将筷子掉落在地上,这是严重失礼的表现。⑨宴席中暂时停餐,可以把筷子竖摆在碟子或者调羹上。如果将筷子横摆在碟子上,那是表示酒足饭饱不再进食了,但不收拾碗碟,表示"人不陪君筷陪君"。横筷礼一般用于平辈或比较熟悉的朋友之间。晚辈为了表示对长辈的尊敬,必须等长者先横筷后才可跟着这样做。

图 1-7 中餐餐具

匙,又称为勺子,主要用途是舀取食物。在流质食物羹、汤用匙取食物时,不宜过满,免得溢出来弄脏餐具或自己的衣服。如有必要,可在舀取食物后,待汤汁不再滴流后,再

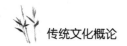

移向自己享用。用汤匙取用食物后，应立即食用，不要把食物再次倒回原处。如果取用的食物过烫，不可用汤匙来回搅动，也不要用嘴对着它吹来吹去。当汤匙盛放有食物时，尽量不要把汤匙整个塞入口中，或是反复吮吸。

碗，可以用来盛饭、盛汤。进餐时，可以手捧饭碗就餐。拿碗时，用左手的四个手指支撑碗的底部，拇指放在碗端。吃饭时，饭碗的高度大致和下巴保持一致。在长辈面前应该托碗吃饭，表示尊重。不能往暂时不用的碗里乱丢食物，也不能将碗倒扣在餐桌上。

盘，中餐的盘子有很多种，稍小的盘称为碟，主要用于盛放食物，用途和碗大致相同。用餐时，盘子在餐桌上一般要求保持原位，且不要堆在一起。

汤盅，是用来盛放汤类食物的。需要注意的是，使用汤盅用餐时，将汤勺取出放在垫盘上并把盅盖反转平放在汤盅上，表示汤已经喝完。

4. 敬酒礼仪

茶与酒是中国人的日常饮品，在人与人的社会交往过程中，人们以茶迎客，以酒待客，不同地区、不同民族都有不同的礼仪和习俗，但大家都遵循一个原则，即"酒满敬人，茶满欺人"。

中国历来就有"朋友来了有好酒"的宾主尽欢的风俗。敬酒时，一般由主人先向客人敬酒，表达主人的欢迎之情；客人必须回敬主人。另外，有多个客人时，主人首先要向第一客人敬酒，然后依次向其他客人敬酒；或向集体敬酒，主人先干为敬，客人集体起身，共同干杯；还可以由主人用酒杯敲一下酒桌，以示集体敬酒，客人不必集体起身；有长辈在座时，晚辈应首先向最年长者敬酒，再依次向长者和同辈敬酒；向女士敬酒，或女士向客人敬酒，应举止得体、语言得当，不要失礼。敬酒时，上身挺直，双腿站稳，以双手举起酒杯，待对方饮酒时，再跟着饮，敬酒的态度要热情而大方。切忌在别人正在敬酒、夹菜、吃菜时，进行敬酒。

敬酒的顺序与斟酒顺序大致相同，应先从身份尊贵者开始，其他可按照顺序敬酒。敬酒时敬酒者的酒杯应稍微比别人低，可多人敬一人，切忌一人敬多人；敬别人酒时，如果不碰杯，自己喝多少可以视情况而定；在主人或上级讲话时不宜敬酒，这样会很不礼貌；他人给你敬酒，不要拒绝，如果确实不能喝可以说明不能多喝，不妨少喝一点表示即可。敬酒时要有说辞，在正式宴会上，由主人向来宾提议，为了某种事由而饮酒，通常要讲一些祝愿、祝福之言，有时，主人与主宾还会郑重其事地发表一篇专门的祝酒词。不管是致正式的祝酒词，还是在普通情况下祝酒，均应内容越短越好，千万不要长篇大论、喋喋不休，让他人等候良久。在他人敬酒或致辞时，其他在场者应一律停止用餐或饮酒。应坐在自己座位上，面向对方认真地聆听。

在敬酒时，不得不提到"干杯"这一字眼或行为，"干杯"指在祝酒、敬酒时，以某种方式，劝说他人饮酒，或建议对方与自己同时饮酒。在干杯时，往往要喝干杯中之酒，故称干杯。有的时候，干杯者相互之间还要碰一下酒杯，所以它又被叫作碰杯。提议干杯时，应起身站立，右手端起酒杯，或者用右手拿起酒杯后，再以左手托扶其杯底，面含笑意、目视他人，尤其是自己祝福的对象；同时口颂祝颂之词，如祝对方身体健康、生活幸福、节日快乐、工作顺利、事业成功以及双方合作成功等。在主人或他人提议干杯后，应当手持酒杯起身站立。即便滴酒不沾，也要拿起水杯示意。在干杯时，应手举酒杯，至双眼高度，口道"干杯"之后，将酒一饮而尽，或饮去一半，或饮适当的量。然后，还须手持酒杯与提议干杯者对视一下，这一过程方告结束。在中餐里，还有一个讲究，即主人亲自向自己敬酒干杯后，应当回敬主人，与他再干一杯。回敬时，应右手持杯，左手托底，与对方一同将酒饮下。有时，在干杯时，可稍微象征性地与对方碰一下酒杯。碰杯时，不要用力过猛，非听到响声不可。出于敬重之意，可使自己的酒杯较对方为低。与对方相距较远时，可以"过桥"之法作为变通，即以手中酒杯之底轻碰桌面。这样做，也等于与对方碰杯了。(扫描二维码学习"敬酒"教学课件)

小提示

职场敬酒"三原则"

在职场中，往往会有单位聚餐、聚会，这样就涉及上下级敬酒礼俗。给上级敬酒时应当把握三个要点，即"敬酒三原则"：一是要有充分的观众；二是要有恰当的"理由"；三是要在上级高兴时。具体来说，一是给上级敬酒，要创造一定的氛围，让同桌的其他人，至少是多数人看到你给上级敬酒，让上级成为焦点，让所有人看到上级受到尊重，当然也展示你尊重上级。二是给上级敬酒必须要有"理由"，这个"理由"只要在酒桌上成立就可以，比如感谢、道歉、表态等。三是上级不高兴，不要贸然敬酒。注意要在上级坐在自己的座位上时去敬酒，上级到另一桌给下属敬酒，在回来的路上你去敬酒，敬在路上，是不礼貌的。总之，给上级敬酒时，不可计较上级杯中是否是酒，也不可计较上级是否干杯，甚至要换掉上级的酒，那就太失礼了。给上级敬酒后要征得上级的同意，为上级添酒，不要添得太满。给上级敬酒，自己必须先干杯。

5. 赴宴就餐其他注意事项

(1) 应邀赴宴，一定要遵守时间，既不能过早，也不要迟到，可比主人约定的时间稍早一点，一般应在约定时间五分钟前到达。

(2) 不要在餐桌上剔牙。如果要剔牙，就要用餐巾或手挡住自己的嘴巴。

(3) 入座后坐姿要端正，不要东张西望，或是将胳膊放在桌子上；在正式场合，天气再热，也不能当众宽衣。

(4) 边吃边谈是宴会的重要形式，应当主动与同桌人交谈，特别注意同主人方面的人交谈，不要总是和自己熟悉的人谈话。

(5) 把筷子摆在碗上或碟子上，表示暂时停止用餐，把筷子平放在桌子上表示自己已经酒足饭饱，结束用餐。

(6) 当和人用餐时，不可过快结束，即使自己已经吃饱，也应再吃点菜或把筷子放在碗上或盘上等其他人吃完。不可把筷子放在桌上表示吃完，这样会让未用餐完毕的人感到不安而匆忙结束用餐。

(7) 离席时，必须向主人表示感谢，或者邀请主人以后到自己家做客以示回敬。

第二节 节气食俗

二十四节气是中国劳动人民独创的文化遗产，它能反映季节的变化，指导农事活动，影响着千家万户的衣食住行(图 1-8)。"因时养生"是中医养生学的一条重要原则。《黄帝内经》记载"故智者之养生也，必顺四时而适寒暑"，中医学中也有"春夏养阳，秋冬养阴"之说。一般来说，根据节气不同，应采取不同的食补、食疗方式。如春天六个节气万物生发向上，可用升补，饮食要清淡；夏天六个节气炎热酷暑，宜用清补，饮食要甘凉；秋天六个节气凉爽干燥，则宜平补，要食生津的食品；冬天六个节气气候寒冷，适宜滋补，可食比较温热的食品。节气食补应顺应季节气候的变化，可保养体内阴阳气血，而使正气在内，外邪无法入侵。于是，人们顺应四时阴阳的变化来安排食物，进行合理膳食，健康体魄，自然而然形成了节气食俗。

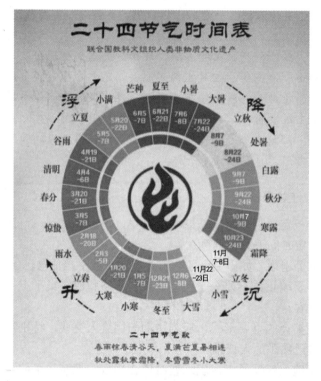

图 1-8 二十四节气时间表

一、春季养生食俗

春天是万物生发的季节，所谓春季养生即是指在春季要按时睡，早起，放松自我，缓行于庭院，使得精气慢慢升起来。春天不要压抑自己，拂逆就会伤肝，到夏季则会寒变。春季要多吃五谷，它们是种子，主生发，比如五豆粥；吃春饼，各种蔬菜卷在饼里，新鲜的蔬菜也是生发。

(一)立春食俗

每年2月3日、4日或5日为立春,二十四节气以立春为开端。人体在立春后,新陈代谢的速度也开始加快,如果通过饮食加以调理,就可以让身体更快地适应自然界的变化,使人体各组织器官正常运转,保证身体健康。为了更好地调理身体,在春季可以多食富含水分的药膳或药酒。如立春时,可以喝用鸡肉、豌豆和番茄等食材做成的鸡肉蔬菜汤,既可以为身体提供充足的水分,加快新陈代谢的速度,还能提供人体生理活动所需的各种营养素,使肝气畅达,心情愉快。在立春后,人们还可以适当多食甜味食物,同时减少酸味食物。之所以这么说,与春季着重养护肝脏有关。过食酸味食物会使肝气生发太过,损害脾脏健康。而甜味食物正好可以补脾益胃,降低因生发肝气过盛而损伤脾胃的概率。另外,为了更好地保护肝脏,在食用具有保护作用的食物时,还要注意少食或不食油腻肥厚的食物。立春民间亦称"打春",其中最为著名的为"咬春",是指立春日吃春盘、吃春饼、吃春卷。一个"咬"字道出节令的众多食俗。春盘、春饼是用蔬菜、水果、饼饵等装盘或馈赠亲友或自食。(扫描二维码观赏视频"时令美食 春")

(二)雨水食俗

每年2月18日、19日或20日为雨水。雨水时节降水充沛,根据雨水时节身体的生理特点,调整饮食结构,可以增强人体的生理机能,防止病邪入体而引发各种春季常见疾病,如皮肤干燥、烦渴等症。春季肝旺而脾弱,饮食上宜少酸多甜,可多食大枣、菠菜、荸荠、甘蔗、茼蒿、山药等。风多物燥的天气易使口舌干燥,宜食果蔬及汤粥,如枸杞粥、红枣粥、银耳粥等,调补脾胃亦可用白菊花、决明子、西洋参等。

(三)惊蛰食俗

每年3月5日、6日或7日为惊蛰。在惊蛰时节,养生主要集中于调理肝脏和脾胃,可以根据自己身体的不同症状进行饮食调节。

①面色苍白、手脚冰凉、小便清长、畏寒、易大喜大悲的阳虚体质者,可以多食羊肉、鸡肉、鹿肉等性温热的食物。②手脚心热、烦躁、失眠、便秘、尿黄的阴虚体质者应注意保阴潜阳,多食滋补、安神、养肝的食物,如糯米、芝麻、蜂蜜、牛奶、豆腐、鱼肉、白菜、菠菜、甘蔗、银耳、酸枣仁、猪心等。③身体水肿肥胖、易疲劳的痰湿体质者,多食有利于脾胃的食物,如洋葱、紫菜、海蜇皮、白萝卜、扁豆、荸荠、白果、枇杷、大枣、薏米、赤小豆等。④面色暗沉、皮肤干燥的血瘀体质者,多食黑豆、油菜、桃仁、慈姑、山楂、花生、丹参、地黄、当归、川芎、地榆、五加皮等做成的膳食可以有效改善调节血瘀体质。在陕西一些地区过惊蛰要吃炒豆,人们将黄豆用水浸泡后放在锅中爆炒,发出噼啪之声,象征虫子在锅中受热煎熬时的蹦跳之声。在山东一些地区,农民在惊蛰日要在庭院中生火烙煎饼,意为烟熏火燎消灭害虫。

(四)春分食俗

每年3月20日或21日为春分。春分时节,昼夜长短一致,天地阴阳交合,万物正在逐渐恢复生机。所以人体会呈现肝气旺盛、肾气不足的生理特点。根据这个特点,人们宜

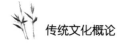

食用具有助肾补肝功效的食物。同时，为了协助肝气的发生，还要注意食用健胃的食物。受天气变化影响，春分时节容易出现高血压、过敏、月经失调等症状。食用由姜、葱、鸡肉、鲤鱼、韭菜、山药、枸杞子、土豆、菜花等烹调的膳食，可以补虚损、降血压，是春分时节的养生之道。

(五)清明食俗

每年4月4日、5日或6日是清明。清明节仍然乍暖还寒，天气反复无常，常感忽冷忽热。中医认为，"春与肝相应"，即与春季关系最密切的内脏是肝脏，在春季宜保肝。银耳、山药、百合、菠菜等食物有很好的滋养护肝功效。同时还要避免食用鸡肉、竹笋等食物，以保存人体内的元气。

在清明时节，人们可以适量喝些菊花茶，以平肝息气、清热解毒。还可以将菊花与桑葚一起泡水代茶饮，活血养肝、益肾润肺的功效显著。在清明时节还要注意保持乐观的情绪，不要大悲大喜，以防肝气太过，伤及肺气。食用对肝肾有滋养作用的食物，如枸杞子、山药、银耳、小白菜、蘑菇、黄芪、淡菜等。

(六)谷雨食俗

每年4月20日前后为谷雨。谷雨时节雨水增多，空气中的湿度明显增加，很多疾病都进入了多发期，如坐骨神经痛、三叉神经痛。人们可以通过食用多种增强五脏六腑功能的食物，让人体更适应这种外在环境。例如，白扁豆、赤豆、薏米、山药、冬瓜等。谷雨过后也就意味着春季即将结束，按照中医"春养肝"的观点，此时应抓紧时机调理肝血，最适宜养肝的食物是菠菜，菠菜具有滋阴平肝，助消化的功效。谷雨这天的茶喝了会清火、辟邪、明目等，所以南方有谷雨摘茶、喝茶的习俗。

二、夏季养生食俗

夏季属火，是散发的季节，不要怕热，不要怕日晒，该出汗时要出汗，所谓夏季养长。夏季是气血通畅的季节，如果违背了夏季的自然之道，就伤了心。夏季主发散，主生长，散发好了，生长好了，秋冬才有收藏。夏季可借阳气的充足来赶走藏在身体里的积寒，夏季饮食要清淡而富含营养，多食羹，适当吃一些苦味的食物。苦夏的人要服一些祛湿健脾的中药。

(一)立夏食俗

每年5月5日、6日或7日为立夏。在夏季，天气日渐变热，人的生理活动也会随着节气的更替逐渐发展到最高峰。为了顺应天时，更健康的生活，人们在夏季时要注意养心。这个时节可以用香蕉、苹果、山楂、苦瓜、芹菜、芦笋、南瓜、洋葱、土豆、冬瓜等烹调药膳，为人体补充营养，增强"心"的功能。在我国民间，立夏这天要吃蛋，叫"补夏"。吃蛋最好是咸鸭蛋，其营养丰富，是夏日补充钙、铁的首选。此外，为迎接立夏，我国江西一带还有立夏饮茶的习俗，说是不饮立夏茶，一夏苦难熬。江浙一带有立夏吃花饭的习俗，也叫"吃补食"。

(二)小满食俗

每年 5 月 21 日或 22 日为小满。小满时,受风湿之气的影响,人们很容易患上湿疹或风湿类疾病,可以适当调整饮食,尽量少吃或不吃厚、肥、腻的生湿助湿食物,如羊肉、鹅肉、芥末、胡椒等;多吃清热利湿的食物,如西瓜、山药、荸荠、番茄、冬瓜、丝瓜、黄瓜、黄花菜、水芹、黑木耳、莲藕、胡萝卜、赤小豆、薏米、绿豆、鲫鱼、鸭肉等。小满时节,民间有食苦菜之习俗。《周书》有云:"小满之日苦菜秀。"古书上亦有"小满至,苦菜秀,靡草死,小暑至"的说法。因此,小满食苦菜成了千百年来民间的一种习俗。

(三)芒种食俗

每年 6 月 6 日左右为芒种。芒种的意思是在这个时节可以播种一些时令农作物,如晚谷等。芒种时节宜吃清补的食物,如桑葚、菠菜、苋菜、香菜、油菜、甘蓝、芹菜、大葱、青蒜、莴苣、土豆、山药、鲜豌豆、毛豆、粳米等。这些食物不但易于消化吸收,还可为人体提供必需的营养物质。

芒种时节,饮食调养应坚持益肝补肾、养肺滋心的原则。孙思邈在《摄养论》中有:"五月,肝脏气体,心正旺,立减酸增苦,益肝补肾,固密精气。"因此,芒种时节要少吃酸味食物,多吃苦味食物;饮食应以清淡为主,宜多吃些具有祛暑益气、生津止渴的食物,多吃些瓜果、蔬菜、豆类及豆制品、奶类及奶制品,要少吃肉,多吃饭。体质偏寒的人,可多吃温热性水果,如荔枝、樱桃、龙眼、椰汁、杏、栗子等;体质偏热的人,应多吃寒凉性水果,如西瓜、香蕉、梨、番茄、柿子、黄瓜、莲藕等;一般体质的人,可多吃平性水果,如菠萝、葡萄、苹果、橄榄、李子、椰肉、梨、白果等。

(四)夏至食俗

每年 6 月 21 日或 22 日是夏至。在夏季,人的生理活动增强,神经系统更容易兴奋,食用具有养心安神功效的膳食,可以降低神经系统的兴奋程度,消除疲劳,提高睡眠质量,增强抵抗病邪的能力。夏至饮食应以清淡为主,应多吃些清淡、利湿、益气、生津的食物,如黄瓜、冬瓜、丝瓜、番茄、香瓜、鲜桃、李子、乌梅、绿豆等,并适当吃些动物肝脏、瘦肉、鱼类、蛋类等食物,以补充人体消耗。夏至时节,不宜食用凉性食物,不可过食冷饮,以免损伤脾胃;不宜过食热性食物,以免助热生疮;不可多食肥甘厚味食物,以免化热生风、诱发疔疮。

时至今日,各地仍然保留有各种夏至民俗。山东是"冬至饺子夏至面";江苏是夏令三鲜少不了;陕西夏至食面和粽子。

(五)小暑食俗

每年 7 月 7 日是小暑。此时天气已经很热,但却还不是最热的时候。进入小暑后,不仅温度高,空气中的潮湿度也大,不注意饮食可能会导致多种疾病。夏季饮食不卫生,细菌和病毒在体内滋生,易引发食物中毒,出现腹痛、腹泻、昏迷等症状;偏食冷饮,会损伤脾胃中的阳气,使身体内的湿寒之气大盛,会出现腹痛泄泻的症状;偏食辛辣的食物,会使脾胃中的阳气炽盛,导致口干舌燥、便秘、痔疮等不适。小暑时节可以食用番茄、西瓜、绿豆芽、豆腐皮、莲子、百合、猪心、大枣、黄花菜、荷叶、土茯苓、扁豆、薏米、猪苓、黄瓜、冬瓜、茄子、绿豆、苦瓜等食物。

"头伏萝卜二伏菜,三伏还能种荞麦";"头伏饺子,二伏面,三伏烙饼摊鸡蛋"。小暑头伏吃饺子是传统习俗,伏日人们食欲不振,往往比常日消瘦,俗谓之"苦夏",而饺子在传统习俗里正是开胃解馋的食物。

(六)大暑食俗

每年7月23日或24日为大暑。大暑是每年中最热的节气。在大暑时节,调整饮食结构,多吃具有清热消暑、健脾益胃、养阴益气的食物,可以很大程度上缓解苦夏的不适。最适合大暑时节食用的有绿豆、荷叶、冬瓜、莲子、西瓜、扁豆、薏米以及苦瓜、苦菜、苦荞麦等苦味食物,它们都具有生津止渴、解热祛暑、健脾开胃的功效。此外,还要多吃能增强体质的食物,避免大暑时过度伤阴,大枣、山药、鸡蛋、蜂蜜、牛奶、银耳等都是不错的选择。

山东不少地区有在大暑到来这一天"喝暑羊",即喝羊肉汤的习俗;而莆田人家有吃荔枝、羊肉和米糟的习俗,并且以荔枝、羊肉等相互赠送,称为"过大暑"。

三、秋季养生食俗

秋季天高气爽,在人体是属肺经,肺脏为娇贵的脏腑,十分怕燥。秋燥,是天地正气,但会伤肺经,秋季要滋养肺阴。进入秋季,人也要由夏季的散发状态转入收敛,舒缓秋天的肃杀之气,可谓秋季养敛。秋季在脾胃健康的情况下可食厚重的食品,特别是苦夏的人,秋季胃口开了,可以补补,吃一些滋润肺阴的东西,如银耳、百合、麦冬、梨、葡萄。秋季一是要防止感冒,外感风寒时,及时在背部刮痧,把寒气逼走。二是平息肝火,不要内火伤肺,按摩太冲穴。

(一)立秋食俗

每年8月7日或8日为立秋。立秋是秋天第一个节令。多酸少辛辣是立秋饮食的一个重要原则,因为多吃味道酸的食物可以协助肝气上升,进而起到养肺的作用。口感清淡、不油腻、易消化的平补食物和生津健胃、滋阴润燥的食物可以减轻肺、脾、胃的负担,也有养肺、健脾、健胃的作用。生津润燥、健脾益胃的食物有芝麻、糯米、粳米、大麦、黄瓜、藕、土豆、萝卜、核桃、牛奶等柔润食物。滋阴润燥、健脾和中的中药材有薏苡仁、生地黄、百合、党参、枸杞、银耳等。虚弱者可适当进补鸡肉、兔肉、黄鳝、鲫鱼、黄鱼等,但不宜过多。立秋这天,在我国北方一些地区流行"贴秋膘"。伏天人们胃口普遍较差,食欲不振,所以不少人都会瘦一些。瘦了当然就要"补",而"补"的办法就是到立秋这天"贴秋膘",吃点美味佳肴,当然首选吃肉,也就是"以肉贴膘"。

(二)处暑食俗

每年8月23日左右会进入处暑节气。进入处暑时节,在空气中仍存有夏季遗留的暑热之气。中医认为脾主运化,有除湿化湿的功能。一旦暑湿之气入侵人体,感到头晕、困乏、四肢无力、食欲不振,就应有选择地食用具有补脾功效的食物,增强脾功能,促进暑湿之气的消除和转化。薏米、西瓜、荷叶、冬瓜都有除湿的功效,适合在处暑时节食用。

秋天主"收",人容易失眠,所以一定要注意情绪和心态的变化。具有养心安神功效的食物有银耳、百合、莲子、蜂蜜、黄鱼、干贝、海带、海蜇、芹菜、菠菜、糯米、黑芝麻、黄豆及其制品、牛奶及其制品等。老鸭味甘性凉,因此民间有处暑吃老鸭的传统。老鸭的做法五花八门,口味也多样,比如有白切鸭、柠檬鸭、仔姜鸭、烤鸭、荷叶鸭、核桃鸭等。北京至今还保留着这一传统,一般处暑这天,北京人都会做百合鸭食用。

(三)白露食俗

每年9月8日左右会进入白露节气。白露时节天气转凉,人们要在饮食结构上做出调整,以预防秋季常见的疾病。在白露以后,人们容易感染流行性感冒,支气管哮喘也容易复发。食用葱白、生姜、豆蔻、香菜等食物可预防和改善感冒的症状。支气管炎患者宜用清淡、易消化的食物,少吃发物或味道肥厚的食物,如带鱼、螃蟹、虾、韭菜花、辣椒等。

进入白露以后,一般天气非常干燥,这种气候被人们称为"秋燥"。被燥邪入侵身体后,人体表现出口干、皮肤干燥、大便干结等症状,食用滋阴益气的食物可以在很大程度上改善上述不适症状。具有滋阴润肺功效的食物有人参、沙参、西洋参、百合、杏仁、川贝等。

(四)秋分食俗

每年9月23日是秋分节气。在秋分以后,昼夜长短发生变化。受天气的影响,人们易失眠,此时宜食用具有养心安神,促进睡眠功效的食物,如猪心、酸枣仁、远志、牛奶、银耳等。

夏养阳,秋冬养阴。秋天最主要的问题是秋燥,人们或多或少也会出现鼻干、咽干、咽痒、皮肤干燥、腹泻等不适。在饮食方面要注意多吃具有滋阴润燥功效的食物,如芝麻、核桃、糯米、莲藕、荸荠、甘蔗、蜂蜜等。中医指出,在秋分时节宜多吃味辛酸、甘润的食物,如白萝卜、胡萝卜等,但不宜吃得过多,以免造成胃肠积滞。

(五)寒露食俗

每年10月8日或9日是寒露节气。中医认为,秋属金,在五脏中与肺相对应,应着重调养肺脏。可以适量增加滋阴润肺的食物,同时增加鸡、牛肉、猪肝、鱼、虾、西洋参、燕窝、蛤蟆油、沙参、麦门冬、石斛、玉竹等以增强体质。除此之外,还要注意补充水分,多吃香蕉、哈密瓜、苹果、梨、柑橘、柿子、石榴、葡萄、大枣、荸荠等水果。

(六)霜降食俗

每年10月23日或24日是霜降节气。霜降是秋季最后一个节气。霜降节气的特点就是晨时可以看到白霜,这种霜落在节令的蔬菜和水果上,让蔬果的味道更为鲜美。在霜降后人们可以看到的挂霜食物有菠菜、冬瓜、柿子、葡萄等。这种挂霜的食物具有很强的滋阴润肺功效,非常适合在秋季食用。在我国的一些地区,霜降时节要吃红柿子,在当地人看来,这样不但可以御寒保暖,而且能补筋骨,是非常不错的霜降食品。对于这个习俗的解释是:霜降这天要吃柿子,不然整个冬天嘴唇都会裂开。还有的地区会在霜降这一天吃鸭子或牛肉来添秋膘。

四、冬季养生食俗

冬季属阴属水,要藏,藏得住才保证春季的生发,称谓冬季养藏。冬季一定要养,要穿暖,要吃一些厚重和营养的东西,喝一些醪糟酒,大补气血。冬季可吃一些汤羹,如羊肉汤、牛肉汤。冬季的重点是补肾,五谷、豆类食品可以补元气。多煮几次腊八粥喝,五谷、五豆俱全,入肾补精气,可以冬季养好肾阴。冬季多吃一些黑色食品,如黑豆、黑芝麻、黑米,这些黑色食品都进肾经,滋补元气。肾阳虚的可以服用一些人参、鹿茸补品。

(一)立冬食俗

每年11月7日或8日是立冬。立冬表示冬季从此开始。立冬是冬季的第一个节气。在冬季前期,尤其是立冬时节,虽然寒气更重了,但温度下降并不快,这就要求进补不宜过于燥热,以温补为宜。性味甘温,具有生津润肺功效的食物最适合此时食用,如鸡肉、鸭肉、鱼肉、银耳、冰糖、大白菜、白萝卜、大枣、红薯、黄豆芽、韭菜、油菜、桂圆、胡桃、核桃、栗子、山药、木耳、牛奶、豆制品、牡蛎、虾、动物血、蛋黄、猪肝、芝麻等。在四季中,冬季与肾相应,五味中的咸味归于肾脏。所以,在冬季可以适量多吃具有养肾功能的食物或味咸的食物,如海带、紫菜、海蜇等。在冬天,寒冷的天气会引起血管紧张,加快收缩速度,使血压升高,进而引发血管粥样硬化等病症。高血压病患者要注意不要吃太咸、太油腻的食物,应多吃蔬菜和水果,以稳定血压。

在我国北方,特别是北京、天津的人们爱吃饺子。为什么立冬吃饺子?因为饺子有来源于"交子之时"的说法。大年三十的旧年和新年之交,故交子之时的饺子不能不吃。

(二)小雪食俗

每年的11月22日前后是小雪节气。民间有"冬腊风腌,蓄以御冬"的习俗。小雪后气温急剧下降,天气变得干燥,是加工腊肉的好时候,因此小雪节气后,一些农家开始动手做香肠、腊肉,等到春节时正好享用美食。

在小雪时节,天气寒冷略带潮气,宜食用性温散寒、健脾胃、除风湿的食物,如白萝卜、青椒、羊肉、腰果、芡实、山药、栗子、白果、核桃、黑芝麻、黑豆等。多用清蒸、炖的方法烹调食物,可以最大限度地保存食物中的营养物质。

进入小雪后,血液易变得黏稠,血液容易升温,宜食用具有保护心脑血管作用的食物,如丹参、山楂、黑木耳、番茄、芹菜、红心萝卜等。冬季提倡食用温补性的食物,但高血脂、糖尿病患者要注意少吃或者不吃油腻、含糖量高的食物,应多吃些苦瓜、玉米、荞麦、胡萝卜等,以控制血脂和血糖水平。

(三)大雪食俗

每年12月7日前后是大雪节气。大雪时节,我国部分地区可以看到大雪纷飞的壮丽景象。在五行属性中,冬属阴,养生时以固阴护精为主,宜少泄津液。所以,在防冻保暖的同时,可以吃具有养肾填精、滋阴润肺功效的食物,如猪腰子、羊腰子、黑豆、黑米、何首乌等。还要吃一些暖胃的食物,如小米、羊肉、鸡肉、牛肉、韭菜、胡萝卜、大枣、核桃、栗子、山药、大米、糯米、黄豆、红薯、南瓜、黑木耳、香菇、桂圆等。

鲁北民间有"碌碡顶了门，光喝红黏粥"的说法；而老南京则有句俗语叫"小雪腌菜，大雪腌肉"，大雪节气一到，家家户户忙着腌制咸货，以迎接新年。大雪也是"进补"的好时节，在民间有"冬天进补，开春打虎"的说法。

(四)冬至食俗

每年 12 月 22 日或 23 日为冬至节气。冬至与夏至类似，不过恰好相反，是一年白昼最短、黑夜最长的一天。

在冬季要保护阳气，身体虚弱的人要吃滋补的食物，体质寒冷的人要吃性温的食物。适合冬至时节吃的食物有豆浆、白萝卜、胡萝卜、青菜、豆腐、黑木耳、番茄、荸荠、大白菜等。在冬至时节，空气干燥寒冷，常使人感到鼻、口、咽、皮肤干燥，此时可以吃些生津润肺、滋阴祛燥的水果，如梨、猕猴桃、甘蔗、柚子等。除此之外，冬季饮食还要注意少食生冷的食物，燥热的食物也不可以多吃。

古时候冬至吃狗肉的习俗，据说是从汉代开始的。相传，汉高祖刘邦在冬至这一天吃了樊哙煮的狗肉，觉得味道特别鲜美，赞不绝口，从此在民间形成了冬至吃狗肉的习俗。现在的人们在冬至这一天吃饺子、汤圆、羊肉，以求来年有一个好兆头。**(扫描二维码观赏视频"时令美食 冬")**

(五)小寒食俗

每年 1 月 6 日前后是小寒节气。到了小寒，老南京一般会煮菜饭吃，菜饭的内容并不相同，有用矮脚黄与咸肉片、香肠片或板鸭丁，与糯米一起煮，香鲜可口。其中，矮脚黄、香肠、板鸭都是南京的著名特产，可谓是真正的"南京菜饭"。

由于冬季肾脏的负担加重，在饮食养生的过程中，一定要注意滋补肾脏。补肾功效最显著的是中医常说的"黑六类"，即黑米、黑豆、黑芝麻、黑枣、核桃、黑木耳。李子、乌鸡、乌梅、紫菜、板栗、海参、香菇、海带等也有补肾的功效，还可以生津去燥、滋阴润肺，很适合冬季食用。

(六)大寒食俗

每年 1 月 20 日前后是大寒节气。大寒即天气寒冷到极点的意思。

大寒时节，人们开始忙着除旧饰新，腌制年肴，准备年货，以备春节。还有一个对中国人非常重要的日子——"腊八节"。这一天，人们用五谷杂粮加上花生、栗子、红枣、莲子等熬成一锅香甜美味的"腊八粥"，是人们过年中不可或缺的一道主食。

小提示

腊八节美食

俗话说"腊八以后就过年"，所以腊八节之后的年味会越来越浓。说起腊八节，少不了要吃一些腊八特色食物，最为人所知的是腊八节喝腊八粥，除此之外还有什么美食呢？

1. 腊八蒜

华北大部分地区在腊月初八这天有用醋泡蒜的习俗，叫"腊八蒜"。泡腊八蒜得用紫

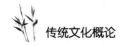

皮蒜和米醋，将蒜瓣去老皮，浸入米醋中，装入小坛封严，蒜辣醋香融合在一起，味道独特，是吃饺子的最佳佐料，拌凉菜也可以用。

2. 腊八豆腐

"腊八豆腐"是安徽黔县民间风味特产，到了这一天，黔县家家户户都要晒制豆腐，民间将这种自然晒制的豆腐称作"腊八豆腐"。它既可以单独吃，也可与肉类同炒、同炖。假如在晒制时加入虾米等配料，做出来的腊八豆腐更是鲜美无比。招待贵宾时，黔县人还将其雕刻成动物、花卉，浇上麻油，拌上葱姜蒜等作料，配成冷盘，成为酒宴佳肴。

3. 腊八面

我国北方一些地区，人们不吃腊八粥，而是吃腊八面。腊八面以面粉为主做成面条，加上豆类、菌藻类、肉类、蔬菜等各种食材，同样以碳水化合物为主，兼顾蛋白质、优质脂肪酸、维生素和膳食纤维，可以说是营养均衡、值得推广食用的健康美食。

4. 腊八豆

这种传统美食流传至今已有上百年的时间，一般都是在湖南省。通常人们都会在立冬之后开始做腊八豆，然后等到了腊八节当天才会拿出来吃，因此才被称为这个名字。这种成品制作出来以后，有着浓浓的香味，并且口感特别棒，深受大家的喜爱。由于腊八豆制作过程受到季节的限制，所以不能一年四季都去品尝。

第三节 岁时食俗

岁时的起源与历法、重大历史事件和历史传说有关，有固定的庆贺日期，有特定的主题，参与人数众多。两千多年前，中国古人通过观察太阳周年运动，探寻一年中时令、气候、物候等方面的变化规律，发明了"二十四节气"，"二十四节气"中有些节气本身就成了节日，如清明、冬至等。节日是指一年中被赋予特殊社会文化意义的日子，是集中展示人们丰富多彩生活的写照。

我国主要的传统节日是在汉代定型的。汉代是中国统一后第一个大发展时期，政治经济稳定，科学文化有了很大发展，这对节日的最后形成提供了良好的社会条件。节日发展到唐代，已经从原始祭拜、禁忌神秘的气氛中被解放出来，转为娱乐礼仪型，成为真正的佳节良辰。此后，人们过节成为纯粹的欢快喜庆活动，节日也变得丰富多彩，许多体育、享乐的活动内容出现，并很快成为一种时尚流行开来。因此，传统节日，一方面有实用的功能，另一方面又有自然的气息，并带着一定的诗意和生活情趣。理性和感性两者有机地融合在一起，便产生了节俗艺术以及大量的宗教艺术。节日食俗是指在特定节日里出现的饮食习俗。

在节日里，通过相应的食俗活动加强亲族联系，调节生活节律，表现人们的追求、企望等心理、文化需求和审美意识。例如，每年农历五月初五端午节，人们都要吃粽子，用以寄托对伟大爱国诗人屈原的深切怀念。又如中国旧时以农历七月七日为乞巧节，届时人们要用乞巧果(各种雕花果、花瓜、花点等)供奉牛郎织女，向织女星乞求女工之巧，表现人们对勤劳、聪慧美德的崇尚。还有过年吃饺子、汤圆、年糕，中秋吃月饼等都表达了人们对合家团聚、亲人安康的美好祝愿。少数民族传统节日期间的酒食合欢更是丰富多彩，都备有丰盛的节日食品，如满族的饽饽、回族的油香和馓子、壮族的粽子、维吾尔族的羊肉抓饭、水族的鱼包韭菜等。同时，还伴有各种形式的娱乐活动，如云南彝族的阿细跳月，景颇族的木脑纵歌，蒙古族的那达慕，傣族的泼水、赛龙舟等，均是寓娱乐于节庆之中的民俗活动。(扫描二维码观赏视频"岁时食俗")

一、春节

春节是指农历正月初一，是我国最盛大、最隆重的节日。实际上，人们往往把正月初一至十五都视为春节，俗称"过年"。春节期间，人们互相拜年祝贺，看望亲戚朋友，赠送礼品和年货，相互请客吃饭，吃春饼，喝"屠苏酒"(图 1-9)。春节的前夜是除夕，除夕的饮食习俗，北方人除夕子时食用饺子，取"更岁交子"意思，也因饺子似元宝，取"招财进宝"之意；南方人除夕多吃年糕和元宵，元宵也叫"团子""圆子"，即汤圆，取"全家团圆"之意；年糕多用糯米做成，取生产和生活"年年高"之意。正月初一，人们早早起来，相互祝福。早餐北方人吃饺子，南方人吃汤圆等，几乎全国各地都要吃年糕。(扫描二维码观赏微课"消失的屠苏酒")

图 1-9 春节的"屠苏酒"

1. 饺子

俗话说："大寒小寒，吃饺子过年。"在中国北方，到了大年三十的晚上，最重要的活动就是全家老小一起包饺子。年夜饭有吃饺子的传统，但各地吃饺子的习俗亦不相同。有的地方除夕夜吃饺子，有的地方初一吃饺子。吃饺子是表达人们辞旧迎新之际祈求愿望的特有方式。饺子与交子同音，即旧年与新年相交之时。过春节吃饺子意味着大吉大利。另外，饺子形状像元宝，包饺子意味着包住福运。

饺子起源于东汉时期，为东汉河南邓州人张仲景首创。当时饺子是药用，张仲景用面皮包上一些祛寒的药膳(羊肉、胡椒等)用来治病，避免病人耳朵上生冻疮。饺子多以冷水和面粉为剂，将面和水和在一起，揉成大的粗面团，盖上拧干的湿纱布或毛巾，放置(醒)一小时左右，刀切或手揪成若干个小面团，先后揉搓成直径约 3 厘米的圆长条，刀切或手揪成一个个小面剂子，将这些小面剂子用小擀面杖擀成中间略厚周边较薄的饺子皮，包裹馅心，捏成月牙形或角形等。先将冷水烧开，把饺子下锅并用漏勺或者汤勺(反过来凸面朝上)顺着锅沿逆时针或顺时针划圆弧，以防饺子粘连，煮至饺子浮上水面即可(如为肉馅可在沸腾时添少许冷水再烧，反复两三次)。饺皮也可用烫面、油酥面或米粉制作；馅心可荤可素、可甜可咸。饺子的特点是皮薄馅嫩、味道鲜美、形状独特、百食不厌。饺子的制作原料营养素种类齐全，蒸煮法保证营养较少流失，并且符合中国色香味饮食文化的内涵。饺子是一种历史悠久的民间吃食，深受老百姓的欢迎，民间有"好吃不过饺子"的俗语。每逢新春佳节，饺子更成为一种应时不可缺少的佳肴。

2. 年糕

年糕是中华民族的传统食物，属于农历新年的应时食品。年糕是用黏性大的糯米或米粉蒸成的糕。年糕多用糯米磨粉制成，将糯米粉用绢罗筛过后，加水、蜜和成硬一点的面团，将枣和栗子等贴在粉团上，用箬叶裹起蒸熟即成。而糯米是江南的特产，在北方像糯米那样黏性的谷物，古来首推黏黍(俗称黄米)。这种黍脱壳磨粉，加水蒸熟后，又黄、又黏而且还甜，是黄河流域人民庆丰收的美食。明朝崇祯年间刊刻的《帝京景物略》一文中记载当时的北京人每于"正月元旦，啖黍糕，曰年年糕"。不难看出，"年年糕"是北方的"黏黏糕"谐音而来。

在春节，我国很多地方都有吃年糕的讲究。中国地域广阔、各地风俗习惯不同，年糕的种类也多种多样，具有代表性的有北方的白糕、塞北农家的黄米糕、西南的糯粑粑、台湾红龟糕等。年糕有南北风味之别。北方年糕有蒸、炸两种，均为甜味；南方年糕除蒸、炸外，尚有片炒和汤煮诸法，味道甜、咸皆有。年糕不仅是一种节日美食，而且岁岁为人们带来新的希望，寓意"万事如意年年高"。

小提示

饺子馅的文化

芹菜馅——即勤财之意，故为勤财饺

勤：即勤奋、勤劳；经常，勤密(频繁)源源不断，谓之勤财。这是对源源不断的物质财富的祈福，更是对勤劳、务实的祝福。

韭菜馅——即久财之意，故为久财饺

久：即时间长、久远，谓之久财。这是祈福长久的物质财富，更是对天长地久的祈福，但愿人长久——健康、和睦、快乐、幸福。

白菜馅——即百财之意，故为百财饺

百：量词，即百种、百样之意，谓之百财。这是对百样之财的祈福，或对新婚燕尔的夫妇可白头偕老的美好祝愿。

香菇馅——即鼓财之意，故为鼓财饺

鼓：即高起、凸出，香菇的形状如同向上的箭头，或为股票大盘的势，向上、饱鼓之意，谓之鼓财；或为对晚辈表达出希望其出人头地的美好祝愿。

酸菜馅——即算财之意，故为算财饺

算：即核计、清算。如果财富多到要算一个晚上，那是多少呢？谓之算财；或为对选择的祝福，愿亲戚朋友都能实现自己之道。

油菜馅——即有财之意，故为有财饺

有：即存在，谓之有财；祝福你有财，更祝福你有才。

鱼肉馅——即余财之意，故为余财饺

余：即剩余，多出来的，祝福您年年有余，谓之余财。付出的是辛劳，得到的就是财富，余留下来的是健康。

牛肉馅——即牛财之意，故为牛财饺

牛：即牛气之意，炒股朋友们的最爱，天天逢牛市，牛谓之牛财；更祝愿朋友身体健康，牛气十足。

羊肉馅——即洋财之意，故为洋财饺

洋：即广大、众多；比海还广阔，祝您发洋财，谓之洋财。

大枣馅——即招财之意，故为招财饺

招：即招唤，有如财神，天下间的财富由你调遣，谓之招财。传统习俗中，喜欢在饺子里面包上钱币，吃到的就是运气最好的，可又不是很安全卫生，所以包上大红枣，祝愿吃到的就会在新的一年里红红火火，"招"气十足。

蔬菜馅——即财到之意，故为财到饺

财到：即财到了、财神到，有接财纳富之意。蔬菜馅，即为素馅、菜馅，谓之财到。

二、元宵节

农历正月十五元宵节，是春节后的第一个节日，又称上元节、灯节。这一天，人们提灯笼、猜灯谜、吃元宵。"元宵"又称"汤圆"，象征"合家团圆"。(清)符曾《上元竹枝词》云："桂花香馅裹胡桃，江米如珠井水淘。见说马家滴粉好，试灯风里卖元宵。""元宵"是用白糖、玫瑰、芝麻、豆沙、黄桂、核桃仁、果仁、枣泥等做馅，用糯米粉包成圆形，可荤可素，可汤煮、油炸、蒸食，有团圆美满之意。

1. 汤圆

元宵节，南方人吃汤圆，主要祈求全家团团圆圆。做汤圆所用的糯米性平、味甘、补虚调血、健脾开胃、益气止泻，有暖中、生津和润燥的功能。各类汤圆常规馅主要以果料和干果为主，包括芝麻、核桃、花生，再加上植物油，营养价值就"更上一层楼"。水煮汤圆是最简单的做法，也是最健康的吃法。

2. 元宵

元宵节，北方人要吃元宵。说到元宵，不少人以为汤圆就是元宵。其实元宵和汤圆尽管在原料、外形上差别不大，可实际上是两种食物。最本质的区别在于制作工艺上。做汤圆相对简单，一般是先将糯米粉用水调和成皮，然后将馅包好即成。而元宵在制作上要烦琐得多：首先须将面和好，把凝固的馅切成小块，过一遍水后，再扔进盛满糯米面的笸箩内滚，一边滚一边洒水，直到馅料沾满糯米面滚成圆球方才大功告成。

3. 元宵茶

在陕西等地有吃元宵茶的风俗，就是在热汤面中放入各种菜和水果，很像古时的"元宵粥"。此茶增加了纤维素、矿物质及维生素的摄取，且不像普通元宵那么油腻，对由于节日多食动物性食品而呈现的酸性体质有中和作用，也使元宵的营养更为全面。

三、清明节

清明指每年的农历春分以后半个月，是二十四节气之一，一般是公历的 4 月 4 日、5 日或 6 日。清明节是人们纪念先人，扫墓上香的日子，到先人墓地上献花，并除草植树，以表示对先人的纪念。旧俗传说百姓为哀悼春秋时晋文公的忠臣介子推，忌日不点火，吃冷食，也称为寒食节或禁烟节。现在这一风俗已不再流行，清明节有吃青团、吃馓子、艾粄、子推馍、暖菇包等食俗，如图 1-10 所示。

图 1-10　清明节——青团、馓子、子推馍

1. 青团

清明时节，江南一带有吃青团的风俗习惯。青团是用一种名叫"浆麦草"(或艾叶)的野生植物捣烂后挤压出汁，接着取用这种汁同晾干后的水磨纯糯米粉拌匀揉和，然后开始制团。团的馅心是用细腻的糖豆沙，在包馅时，另放入一小块糖猪油。团坯制好后，将它们入笼蒸熟，出笼时用毛刷将熟菜油均匀地刷在团的表面，便大功告成。现在除了糖豆沙馅的青团，市面上还创新地出现了很多其他口味的青团，例如肉松馅和芒果馅的青团。

2. 馓子

馓子为一油炸食品，香脆味美，馓子古为寒食节的"寒具"，是著名时令美食，我国南北各地清明节都有吃馓子的食俗。寒食节禁火寒食的风俗在我国大部分地区已不流行，但与这个节日有关的馓子却深受世人的喜爱。现在流行于汉族地区的馓子有南北方的差异，北方馓子以麦面为主料，枝干粗大；南方馓子以米面为主料，精巧纤细。少数民族地区，馓子也是品种繁多，风味各异。

3. 子推馍

"子推馍"，又称老馍馍，类似古代武将的头盔，重250～500克。它里面包鸡蛋或红枣，上面有顶子。顶子四周贴面花。面花是面塑的小馍，形状有燕、虫、蛇、兔或文房四宝。古时，圆形的子推馍是专给男人们享用的，已婚妇女吃条形的"梭子馍"，未婚姑娘则吃"抓髻馍"。孩子所食子推馍有燕、蛇、兔、虎等面花。"大老虎"专给男孩子吃，也最受他们喜欢。

四、端午节

农历五月初五是端午节，又称端阳节、重五节，有吃粽子和划龙舟的习俗，主要为纪念杰出诗人屈原的爱国主义精神，一直传承不衰。现代的粽子不论造型，还是馅心，都有千品万种。粽叶的材料也因地而异，北方人常使用苇叶，南方人使用竹叶；北方的粽子以甜为主，南方粽子甜少咸多，荤素兼具。端午这天要悬艾草(图1-11)，还要饮雄黄酒，它有一定的保健效用，也是驱虫、辟邪的吉祥饮品。(扫描二维码观赏微课"雄黄酒")

图1-11 艾草和粽子

1. 粽子

端午吃粽子除了纪念意义外，从食品和发音角度，还有不一样的含义。粽子最原先是稻米种植生产地的一种食品，吃粽子和劳动生产有很大的关联。种稻要先插秧，插秧在整个生产过程中工期短、任务重，白天劳动只能带干粮。但是南方的阴湿天气一般的干粮是不好保存的，就算能保存也不能带到满是泥水地的田头。我们勤劳的祖先就发明了粽子这种快食食品，用粽叶包裹稻米，煮熟做好后放在水桶里(不会坏)，它既能较长时间地保存，又不怕水污泥渍，掉在水里也没事，不影响食用，可劳动时当午饭。因为在端午节后需要长时间地劳作，必须要在端午节大量制作粽子，这就是粽子这个伟大食品的来源。

同时，在插秧的过程中，稻田一般是长方形的，而插秧的方向一般不会是横向的，都是纵向劳作，一般一块地快插完的时候会留有一个小三角地(因为地一般不是正正方方)，它是最后的工作，插完这小块整个这块田就结束了，可以休息一会儿吃点东西。而这一小块儿就叫"纵字"(南方现在很多地方也这么叫)。"纵字"，粽子，发音是一样的，意思插到纵字就可以吃粽子了。所以在今天吃起粽子时，要知道粮食的来之不易，正所谓"谁知盘中餐，粒粒皆辛苦"。

2. 雄黄酒

几千年来，在我国南方稻米生产地，人们有喝完端午酒下地插秧的传统。在稻米种植上插秧是一个非常辛苦的劳动，蹲在冰凉的水田里一整天的劳作对人的身体是一个考验。所以在劳作之前要做好准备，在端午节的时候就有了喝雄黄酒的必要，这还有两个作用：一是提高身体在冰凉水田里长时间劳作的抵抗力；二是喝了雄黄酒身体里有雄黄的气味，使人们在水田里对给人造成伤害的蚂蟥和毒蛇有一定的防御力。

五、中秋节

农历八月十五是中秋节，是中国第二大传统节日。中秋节起源于古代对月亮的崇拜，历史悠久。"中秋"一词最早记载于《周礼》，因我国古时的历法，农历八月十五日正好是一年的秋季，而且是八月中旬，故称为"中秋"。因中秋节的月饼与天象的圆月相像，象征着人间亲人团聚、人事和谐的祝愿，也称为"团圆节"。中秋时节，正是春华秋实，一年辛勤劳动结出丰硕成果的季节，因此各家都要置办佳肴美酒，欢度节日；同时，也是远方游子回家团聚的日子。明月当空，一家人共聚一堂，吃月饼、赏月亮、叙离情，别有情趣。中秋节这天，各地还有不同的饮食风俗，如中秋食田螺，因中秋前后，是田螺空怀的时候，腹内无小螺，肉质特别鲜美。田螺营养丰富，可以明目；中秋食芋头，寓意辟邪消灾；中秋饮桂花蜜酒，中秋之夜，望月中丹桂，闻阵阵桂花香(图1-12)，成为一年一度的时令享受。

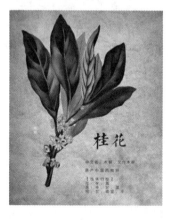

图1-12　桂花与桂花酒

中秋节的传统食品是月饼，月饼圆圆的，象征团圆。每当风清月朗、桂香沁人之际，家家吃月饼、赏月亮，喜庆团圆。据说这个习俗始于元代，当时，朱元璋领导汉族人民反抗元朝暴政，约定在八月十五日这一天起义，以互赠月饼的办法把字条夹在月饼中传递消息。由此，中秋节吃月饼的习俗便在民间传播开来。

小提示

桂花酒的传说

秋日桂，十里飘香，沁人肺腑。古人赞云："虽无艳态惊群目，却有清香压九秋。"中秋之夜，仰望着月中丹桂，闻着阵阵桂香，饮一杯桂花蜜酒，欢庆合家，甜甜蜜蜜。

桂花酒有一段美好的传说：古时候，两英山下住着一个仙酒娘子，她酿出的酒味醇甘美。一年冬天，娘子发现门外躺着一个快要冻死的汉子，便好心背他回家照料。一日，那汉子不辞而别，仙酒娘子放心不下到处寻找，在山坡遇到一白发老人喊渴，她便咬破中指伸到老人嘴边。此时，一阵清风，天上飞来一个黄布袋，袋中装满许多桂子，附带一张纸条：月宫赐桂子，奖赏善人家。原来，汉子和白发老人都是吴刚变的。这桂子种下长出桂树，开出桂花，满院香甜，后来人间也就有了桂花与桂花酒。

六、重阳节

农历九月初九是重阳节，也是登高望远的日子，现在又称"敬老节"。在重阳节前后几天制作的松糕称作重阳糕，又称花糕、菊糕、五色糕等，"吃糕"代"登高"之意。农历九月又称菊月，民谚云"九月九，九重阳，菊花做酒满缸香"。而持螯赏菊，饮菊花酒，更是被我们的祖先认为是重阳至乐，一直延传至今。菊花气味芬芳，绵软爽口，有清热明目之效，在我国肴馔历史悠久，现代人就设计推出了"菊花宴"，把菊花吃下肚子，来个口齿噙香。重阳节是传统的祈寿之节，有尊老、敬老的内涵，它为眷恋生活的人们开辟了一片晴朗的天空，以其特定的人文价值在现代社会生活中重新找到了自己的位置，借此机会组织一些活动，表示对老人的关爱，年轻人也能从中得到道德上、精神上的教化。

1. 吃重阳糕

九月食糕的习俗起源很早，"糕"之名，虽然起于六朝之末，但糕类食品在汉朝时即已出现，当时称为"饵"。饵的原料是米粉，米粉有稻米粉和黍米粉两种。九月，黍谷成熟，人们以黍米为应时的尝新食品，因此，重阳糕的前身就是九月的尝新食品。还有一个花糕的起源，刘裕有一年在彭城过重阳节的时候，因为一时兴起，便骑着马登上了项羽的戏马台，等到他称帝之后，就规定在每年的九月九日这一天，为骑马射箭、校阅军队的日子，根据传说，后来流行的重阳糕，就是当时发给士兵们的干粮。

重阳糕又称为花糕，由于糕面有多种装饰，明清以后多称为"花糕"。花糕主要有"糙花糕""细花糕""金钱花糕"。"糙花糕"装饰香菜叶为标志，中间夹上青果、小枣、核桃仁之类的糙干果；"细花糕"有三层、两层不等，每层中间都夹有较细的蜜饯干果，如苹果脯、桃脯、杏脯、乌枣之类；金钱花糕与细花糕基本同样，但个儿较小，如同"金钱"一般，多为贵族食用。讲究的重阳糕，是要做成九层的，像一座宝塔，上面还要做成两只小羊，这样是符合重阳之意，有的重阳糕上，会插上一面小红纸旗，并且还会点一个蜡烛灯，这大概就是用了"点灯"和"吃糕"来代替"登高"的意思。

糕在汉语中谐音"高"，糕是生长、向上、进步、高升的象征。宋代民俗，在九月九日天亮时，"以片糕搭儿女头额，更祝曰：愿儿百事俱高。重阳糕上的诸种饰物也都有着各自的寓意。糕上的枣、栗、狮子之类饰品，都是中国传统的祈子象征物，表示了人们在秋收时节祈求子嗣的愿望。若论"舌尖上的重阳"，那必有重阳糕一席之地。"糕"和"高"谐音，作为节日食品，最早是庆祝秋粮丰收、喜尝新粮的用意，之后才有了登高吃糕的习俗，取"步步登高"的吉祥含义。

2. 饮菊花酒

重阳佳节，中国有饮菊花酒的传统习俗。菊花酒，指赏菊花时节的酒。在《直隶志书·南皮县》中有"重阳新酿黍酒，谓之菊花酒"，意思是只要在九月九日菊花盛开时饮的酒，不管是黍酒还是米酒，都是菊花酒。但也有观点认为，菊花酒的原料就是菊花，只有菊花酿制的酒才称为菊花酒。

菊花酒，在古代被看作重阳必饮、祛灾祈福的"吉祥酒"。南北朝《荆楚岁时记》云："九月九日，四民并籍野饮宴。"文中提及的"饮宴"活动，是由先秦时庆祝丰收的宴席发展而来的。到了南北朝，求长寿及饮宴构成了重阳节的基础。汉代就已有了菊花酒。魏时曹丕曾在重阳赠菊给钟繇，祝他长寿。晋代葛洪在《抱朴子》中记河南南阳山中人家，因饮了遍生菊花的甘谷水而延年益寿的事。梁简文帝《采菊篇》中则有"相呼提筐采菊珠，朝起露湿沾罗襦"之句，亦采菊酿酒之举。直到明清，菊花酒仍然盛行，在明代高濂的《遵生八笺》中仍有记载，菊花酒，十月采甘菊花，去蒂，只取花二斤，择净如醅(尚未定型的酒)内搅匀，次早榨，则味香清冽，是当时盛行的健身饮料。

【思考讨论】

列举"五谷为养，五果为助，五畜为益，五菜为充"所指的食物。

【综合实践】

1. 用 PPT 演示中国饮食文化特征之一的"饮食结构科学合理"。
2. 对照任意一个节气食俗特征，制作一道节气养生菜肴，或粥，或羹汤。
3. 整理、完成教材之外任意一个节日食俗。

第二章 中国茶俗文化

【导论】

茶，本草木中人。茶之为饮，发乎神农，闻于周公，兴于唐，盛于宋，绵延千载。多少年来，人们以茶为饮，以茶健身，以茶会友，以茶入画，以茶作礼，以茶廉政，以茶育人。茶道、琴道、书道、香道、花道五蕴并蓄。历久弥新的中华茶文化，在氤氲的茶香中，融入了越来越多的人生感悟和审美意境，延伸出儒家的蒸汽茶、道家的养生茶、茶人的雅气茶、百姓的生活茶，进入人们的日常生活。香醇的茶水滋润着人们的身心，也慰藉着人们的心灵。

【学习要点及目标】

1. 了解茶的历史，掌握茶的分类知识。
2. 明确茶与健康的相关内容。
3. 掌握中国茶艺的各环节和中国历代的饮茶方式。
4. 掌握茶艺与茶道的关系。
5. 掌握茶与儒释道哲学思想的关系。

【关键词】

茶俗 茶类 茶艺 茶道 茶德 茶礼 茶馆文化 儒释道 茶文化

第一节 中国茶俗文化的产生与发展

一、茶俗文化的产生

中国是茶的故乡，是世界上最早发现茶树、利用茶叶和栽培茶树的国家。茶树的起源至少已有六七千万年的历史。茶被人类发现和利用已有四五千年的历史。

茶的利用最初是孕育于野生采集活动之中的。古史传说中认为"神农乃玲珑玉体，能见其肺肝五脏"，理由是"若非玲珑玉体，尝药一日遇七十二毒，何以解之"？又有说"神农尝百草，日遇七十二毒，得茶而解之"。两说虽均不能尽信，但一缕微弱的信息却值得注意："茶"在长久的食用过程中，人们越来越注重它的某些疗病的"药"用之性。这反映的是一种洪荒时代的传佚之事。

依照《诗经》等有关文献记载，在史前期，"荼"是泛指诸类苦味野生植物性食物原料。在食医合一的历史时代，荼类植物的止渴、清神、消食、除瘴、利便等药用功能是不难为人们所发现的。然而，由一般性的药用发展为习常的专用饮料，还必须有某种特别的因素，即人们实际生活中的某种特定需要。巴蜀地区向为疾疫多发的"烟瘴"之地，"番民以茶为生，缺之必病"。故巴蜀人最早煮饮，积习数千年，至今依然。正是这种地域自然条件和由此决定的人们的饮食习俗，使得巴蜀人首先"煎茶"服用以除瘴气，解热毒。久服成习，药用之旨没了，茶于是成了一种日常饮料。秦人入巴蜀时，见到的可能就是这种作为日常饮料的饮茶习俗。

茶由药用转化为日常饮料，严格意义的"茶"便随之产生了，其典型标志便是"茶"(cha)音的出现。郭璞注《尔雅·释木》"槚"云："树小似栀子，冬生叶，可煮作羹饮今呼早采者为荼，晚取者为茗，一名荈，蜀人名之苦荼。"可见，汉时"荼"字已有特指饮料"茶"的读音了，"茶"由"荼"分离出来，并走上了"独立"发展道路。伴随茶事的发展和商业活动的日益频繁，"茶"字的出现是直到中唐以后的事，也正符合新符号的产生迟于人们的社会生活这样一种文字变化的规律。

小提示

"茶"字的起源

民间流传着"茶"字演变与神农有关。"茶"起初被写作"查"，据说神农的肚皮是透明的，吃进去的食物看得见，当他喝下茶汤时，看到茶汤在肚子里到处流动，好像"查来查去"一样，所到之处将肠胃冲洗得干干净净，因此神农将其命名为"查"。随着茶的发展与兴盛，使用最多的，流传最广的是"茶"。"茶"字从"荼"中简化出来的萌芽，始发于汉代。古汉语中，有些"荼"字已减去一笔，成为"茶"字之形了，"茶"的读音在西汉已经确立。在古代史料中，有关茶的名称很多，一称"荼"，二称"槚"，三称"蔎"，四称"茗"，五称"荈"。到了中唐时，茶的音、形、义已趋于统一，由于陆羽《茶经》的广为流传，"茶"的字形进一步得到确立，直至今天。

中国从何时开始饮茶，众说不一，不过西汉时已有文献记载。茶以文化面貌出现，有饮茶之事的正式文献记载，饮茶的时间起始是在汉魏两晋南北朝时期。两汉三国时期，文人、官宦之家已兴饮茶之习。汉人王褒所写《僮约》记载了一个饮茶、买茶的故事。讲述西汉时蜀人王子渊去成都应试，在双江镇亡友之妻杨惠家中暂住，惠热情招待，命家僮便了为子渊酤酒。便了当场不高兴，到主人坟前哭诉，说"当初主人买我来，只让我看家，并未要我为他人男子酤酒"。杨氏与王子渊对此十分恼火，便商议将便了卖给王子渊为奴，并写下契约。契约中规定便了每天应做的事中有"武阳买茶""烹茶尽具"两项。这张《僮约》写作的时间是汉宣帝神爵三年(公元前 59 年)。司马相如曾作《凡将篇》、扬雄作《方言》，分别从药物和文字语言角度谈到茶。常璩《华阳国志》已见巴蜀出贡茶的较早文录。明人陈霆《两山墨谈》一书曾记有汉成帝(公元前 32—前 7 年)赐赵飞燕茶的事。茶作为贡物，入于内府之后，皇室又每每作为赏赐品，分发诸勋戚属臣。这说明，在西汉时，饮茶之事，在黄河流域首先在宫廷和贵族阶层流布开来。西汉贵族饮茶已成时尚，东汉可能更普遍些。东汉名士葛玄曾在宜兴"植茶之圃"，汉王也曾"课僮艺茶"。到三国时，宫廷饮茶更经常了。三国时吴主孙皓常与大臣宴，而"每飨宴，无不竟日，坐席无能否率以七升为限，虽不悉入口,皆浇灌取尽。(韦)曜素饮酒不过二升,初见礼异时,常为减裁,或密赐茶荈以当酒……"茶汤可与酒浆蒙混,可以想见酒度甚低而茶无异香,故他人难以发觉。当然,这也与其时的官场宴会别座分餐制度有关。以文人、政治家的视角来看待茶,喝起来自然别有滋味,茶饮走向文化领域,在中国历史上显然具有天然的社会基础。

两晋南北朝时期,门阀制度业已形成,不仅帝王、贵族聚敛成风,许多权贵乃至士人皆以夸豪斗富为荣,且多嗜膏粱厚味。而一些有识之士则提出节俭"养廉"的主张。于是,出现了陆纳、桓温以茶代酒之举。南齐世祖武皇帝萧赜是一个比较开明的帝王,他不喜游宴,死前下遗诏说自己的丧礼要尽量节俭,不要以三牲为祭品,只放些干饭、果饼和茶饭即可,并要"天下贵贱,咸同此制"。在陆纳、桓温、齐武帝那里,饮茶不仅为了提神解渴,它开始产生社会功能,成为以茶待客、用以祭祀并表示一种精神、情操的手段。饮茶已不完全是以其自然使用价值为人所用,而是进入了精神领域。

魏晋南北朝时期,天下大乱,各种文化思想交融碰撞,玄学相当流行。玄学是魏晋时期的一种哲学思潮,主要是以老庄思想糅合儒家经义。玄学家大都是所谓名士,重视门第、容貌、仪止,爱好虚无玄远的清谈。东晋、南朝时,江南的富庶使士人得到暂时的满足,终日流连于青山秀水之间,清谈之风继续发展,以至于出现许多清谈家。最初的清谈家多为酒徒,后来,清谈之风渐渐发展到一般文人。玄学家喜演讲,普通清谈者也尚高谈阔论。传统的饮料酒虽能使人兴奋,但喝多了便易思维失序、举止失措,不仅有失雅观,且易贲事贾祸。而茶则可竟日长饮却能始终清醒,令人思路清晰心态平和。于是,许多玄学家、清谈家从传统的好酒转向好茶。

随着佛教的传入和道教的兴起,饮茶又与佛教、道教逐渐发生了深刻而紧密的联系。在道家看来,饮茶是帮助炼"内丹",升清降浊,轻身换骨,修成长生不老之体的有效办法;在佛家看来,茶又是禅定入静的必备之物。尽管此时尚未形成完整的宗教饮茶仪式和系统的茶学思想,但茶事已经升华出饮食物态以上的形式,具有显著的社会、文化功能,中国茶文化初见端倪。

二、茶俗文化的形成

唐代是中国茶文化的形成期,是中国茶文化史上划时代的时期。中国茶文化的形成,以陆羽《茶经》的刊行为标志,陆羽(733—804)是唐复州竟陵郡(今湖北省天门市)人。民间称他为"茶神""茶圣""茶仙"。陆羽《茶经》(780年)出现,使中国茶文化的基本轮廓方成定局。《茶经》是一种独出心裁的文化创造,它把精神与物质融为一体,突出反映了中国传统文化的特点。仅从茶文化学角度讲,陆羽开辟了一个新的文化领域。《茶经》首次把饮茶当作一种艺术过程来看待,创造了烤茶、选水、煮茗、列具、品饮等一套中国茶艺。《茶经》首次把"精神"二字贯穿于茶事之中,强调茶人的品格和思想情操,把饮茶看作进行自我修养、锻炼志向、陶冶情操的方法。陆羽首次把我国儒、释、道的思想文化与饮茶过程融为一体,首创了中国茶道精神,建立了中国茶文化的基本构架,为茶文化的形成与发展作出了卓越的贡献。当然,陆羽,或者更准确说是以陆羽为代表的一代杰出茶人的这一伟大贡献,是以一定的物质基础和社会环境为历史前提的。**(扫描二维码观看视频"陆羽与茶经")**

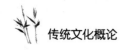

> **小提示**

世界最早的茶学著作——《茶经》

唐代陆羽的《茶经》是中国乃至世界现存最早、最完整、最全面介绍茶的一部专著，它论述了茶叶生产的历史、源流、现状、生产技术以及饮茶技艺、茶道原理，被誉为"茶叶百科全书"。《茶经》全书分上、中、下三卷，共10个部分，约7000字。卷上：一之源，讲茶的起源、形状、功用、名称、品质；二之具，谈采茶、制茶的用具，如采茶篮、蒸茶灶、焙茶棚等；三之造，讲茶的采摘时间和标准、制茶工序、茶的品级。卷中：四之器，叙述煮茶、饮茶的器皿，即25种饮茶用具，如风炉、茶釜、纸囊、木碾、茶碗等。卷下：五之煮，讲烹茶的方法和各地水质的品第；六之饮，讲饮茶的风俗和饮茶历史；七之事，叙述古今有关茶的故事、产地和药效等；八之出，讲当时全国茶区的分布及各地所产茶叶的优劣；九之略，分析采茶、制茶用具可依当时环境，省略某些用具；十之图，教人用绢素写茶经，陈列在座位旁边，这样对《茶经》就可以一目了然。《茶经》后来流传到国外，被译成英、法、日、韩等国文字进行研究，对世界茶叶事业也产生了很大影响，书中很多理论都与现代茶艺理论相一致，具有现实的指导意义。

唐代，我国茶的生产进一步扩大，饮茶之风盛行南北，同时进一步传到边疆各地。正如《封氏闻见记》所说："茶早采者为茶，晚采者为茗。南人好饮之，北人初不多饮。开元中……人自怀挟，到处煮饮。从此转相仿效，遂成风俗。自邹、齐、沧、棣，渐至京邑城市，多开店铺，煎茶卖之，不问道俗，投钱取饮。其茶自江淮而来，舟车相继，所在山积，色额甚多。"正是饮茶在中国大地的广泛普及和茶事的大发展，尤其是商业日趋发展的需要，使长久沿袭下来的"荼"字字形在茶义表达时极大不便，于是"荼"字去一横，完全区别于一般苦味植物的"荼"字应运而生。在"茶"字出现以前，古代指茶的字和词虽然有槚、选游、苑、荈、蔎、葭、过罗、酪奴等多种，但以"荼"字多用。荼音 tu，但在茶字出现以前，由于专表茶义的需要已经读为 cha，故有顾炎武所谓"梁以下，始有今音"之说。但音异形同仍无法准确地表达"荼"义，终于导致形异。"茶"字的出现，大约在唐宪宗元和(806—820)前后。宪宗前的一些碑文上茶文仍为"荼"形，宪宗以后的文宗(826—840)、宣宗(847—858)时便均写成"茶"字。

茶文化之所以在唐代形成，除了与整个唐代经济、文化的昌盛发展的一般社会历史因素有关外，还与以下几个特殊因素有关。一是茶文化的形成与佛教的发展有关。隋唐之际，佛教在中国发展迅速。僧人中的上层人士不仅享受世俗地主高堂锦衣的优裕生活，而且比世俗地主更加闲适。饮茶需要耐心和工夫，将茶变为艺术又需要一定的物质条件。如俗语所说"世上好话佛说尽，天下名山僧占多"，建在青山秀水间的寺院，气候宜植茶，因此唐代许多大寺院都有种茶的习尚。僧人道士是专门进行精神修养的，把茶与精神结合，僧道均是合适人选。茶文化的兴起与禅宗的兴盛关系密切，禅宗主张佛在内心，提倡静心、自悟，所以要"坐禅"。既能解渴又可提神的茶，自然成了僧人喜爱的饮料。二是与唐代科举制度有关。唐代采取严格的科举制度。读书人"十年寒窗"苦读，茶应当是理想的提神兴奋之物，而每当会试朝廷又特命以茶果送到试场。朝廷的提倡使饮茶之风更有力地在士人中流行。三是与唐代诗风大盛有关。唐代是我国诗歌的极盛时期，诗人激发文思亦需提神之物助兴，因此卢仝说："三碗搜枯肠，唯有文字五千卷。"四是与唐代贡茶的兴起和中唐以后的朝廷禁酒政策有关。贡茶促进了名茶、茶具的发展，禁酒令则使更多人转向饮茶，中国茶文化正是在这种大气候和特定的环境下形成的。

小提示

论著茶叶第一人——陆羽

陆羽于约公元758年创作了世界第一部茶叶专著——《茶经》，他以一代茶坛宗师而闻名于世。陆羽(733—804)，一名疾，字鸿渐，自称桑翁，别号竟陵子、东冈子、东园先生，雅号茶山御史，世称陆文学。据《新唐书》和《唐才子传》记载，陆羽因相貌丑陋而成为弃儿，被遗弃于唐开元二十三年(735年)，后被竟陵龙盖寺住持僧智积禅师收养。陆羽在黄卷青灯、钟声梵音中学文识字，习诵佛经，还学会煮茶等事务。虽处佛门净土，日闻梵音，但陆羽并不愿皈依佛法，削发为僧。陆羽12岁，乘人不备，逃出龙盖寺，到了一个戏班子里学演戏，做了优伶。唐天宝五年(746年)，竟陵太守李齐物在一次州人聚饮中，看到了陆羽出众的表演，十分欣赏他的才华和抱负，推荐他到隐居于火门山的邹夫子那里学习。天宝十一年(752年)陆羽揖别邹夫子下山，与礼部郎中崔国辅相识，两人常一起出游，品茶鉴水，谈诗论文。天宝十五年(756年)陆羽为考察茶事，出游巴山峡川。一路之上，他逢山驻马采茶，遇泉下鞍晶水，目不暇接，口不暇访，笔不暇录，锦囊满获。唐肃宗乾元元年(758年)，陆羽来到升州(今江苏南京)，寄居栖霞寺，钻研茶事。唐上元元年(760年)，陆羽从栖霞山麓来到苕溪(今浙江吴兴)，隐居山间，闭门著述《茶经》。他的著作《茶经》内容丰富，见解高超，几乎囊括了茶学各个方面，至今仍有较高的学术价值和参考价值，是陆羽对中国茶业和世界茶业作出的一大贡献。因此，陆羽历来备受人们的尊敬，被奉为"茶祖"、尊为"茶圣"、祀为"茶神"。

三、茶俗文化的拓展

从五代至宋辽金，是茶文化的拓展期。这一时期是我国封建社会的一个大转折时期。从中原王朝来看，封建制度已走过了它的鼎盛时期，开始走下坡路。北方民族再次崛起，南北民族大融合，北方民族文化更深融入中原文化系统的大发展时期。茶文化正是在这种民族交融、思想撞击的时代得到发展的。特别是从茶文化的传播来看，无论社会层面或地域层面都大大超过了唐代。

从茶文化的社会层面上看，唐代是以僧人、道士、文人为主的茶文化群体导向整个社会的茶饮生活，而宋代则进一步向上下两层拓展。一方面是宫廷茶文化的隆盛发展。宋朝建立之初，宫廷中便有很兴盛的饮茶风尚。宋太祖赵匡胤有饮茶嗜好，以后的历代皇帝亦皆有嗜茶之好，甚至宋徽宗还亲作《大观茶论》，其本人就是一个极有造诣的茶学和茶艺专家。另一方面是市民茶文化和民间斗茶之风的兴起。斗茶，又称"茗战"，是古人集体品评茶的优劣的一种形式。斗茶之风的盛行，促进了茶学和茶艺的发展。

小提示

斗 茶

斗茶其实就是一种饮茶的娱乐方式，即比赛茶的好坏之意。斗茶源于唐，而盛于宋。

在宋代,苏东坡就已有"岭外惟惠俗喜斗茶"的记述,此俗直至民国年间依然在惠城中盛行。斗茶是在品茶基础上发展起来的。"斗茶"是宋代的名称,在唐代称作"斗茗"或"茗战"。它是每年春季新茶制成后,茶农、茶人为比较新茶优劣而展开斗茶的赛事,具有强烈的竞技色彩。"斗茶"这一传统文化,至今都很流行(图2-1)。

图2-1 斗茶

斗茶多选在清明节期间,因此时新茶初出,最适合参斗。斗茶的参加者都是饮茶爱好者,一般多选在比较有规模的茶叶店进行。比赛内容包括茶叶的色相与芳香度、茶汤香醇度,茶具的优劣、煮水火候的缓急等。斗茶要经过集体品评,以俱臻上乘者为胜。

斗茶的环节如下。

第一步为熁盏。即预热杯盏。北宋蔡襄(1012—1067)曾说:"凡欲点茶,先须熁盏令热,冷则茶不浮。"

第二步为调膏。即往盏中挑入一定量的茶末,注入少量沸水,调和成浓稠膏状。

第三步为点茶。即斗茶过程中最重要的一环,往盏中注入沸水。注水时,要求水自壶嘴中涌出呈柱状,注时连续,一收即止。

第四步为击拂。即用一种类似小扫帚状的茶筅搅动茶汤,使之泛起汤花。

斗茶内容:斗茶品、行茶令、茶百戏。

一是汤色。即茶水的颜色。一般标准是以纯白为上,青白、灰白、黄白,则等而下之。色纯白,表明茶质鲜嫩,蒸时火候恰到好处;色发青,表明蒸时火候不足;色泛灰,表明蒸时火候太老;色泛黄,则采摘不及时;色泛红,表明炒焙火候过了头。

二是汤花。即指汤面泛起的泡沫。决定汤花的优劣要看两条标准:第一是汤花的色泽。因汤花的色泽与汤色是密切相关的,因此,汤花的色泽标准与汤色的标准是一样的;第二是汤花泛起后,水痕出现的早晚,早者为负,晚者为胜。如果茶末研碾细腻,点汤、击拂恰到好处,汤花匀细,有若"冷粥面",就可以紧咬盏沿,久聚不散。这种最佳效果,名曰"咬盏"。反之,汤花泛起,不能咬盏,会很快散开。汤花一散,汤与盏相接的地方就露出"水痕"(茶色水线)。因此,水痕出现的早晚就成为决定汤花优劣的依据。

斗茶之初乃是"二三人聚集一起,煮水烹茶,对斗品论长道短,决出品次"。随着斗茶之风遍及朝野,尤其是文人更为嗜好,斗茶由论水道茶演变出一种新的形式和内容,即行茶令。由一人做令官,令在座者依令行事,失误者受罚。

茶百戏又称分茶、水丹青、汤戏、茶戏等，是一种能使茶汤纹脉形成物象的古茶道，其特点就是仅用茶和水，不用其他的原料能在茶汤中显现出文字和图像。

从地域上讲，唐代虽已开始向边疆甚至国外传播饮茶技术，但作为文化意义上的茗饮活动，仍基本限于产茶盛地的南方和中原地区。而到宋代，中原茶文化通过宋辽、宋金的交往，正式作为一种文化内容传播到北方游牧、狩猎民族之中，奠定了此后上千年间北方民族饮茶的习俗和文化风尚，甚至使茶成为中原政权控制北方民族的一种"国策"，茶成为联结南北经济、文化的纽带。

宋辽金时期，是中国茶文化承上启下的时代。随着理学思想的出现，儒家的内省观念进一步渗透到茗饮之中。从茶艺讲，已将唐代的穿饼发展为精制的团茶，使制茶本身工艺化，增加了茶艺的内容，并且出现了大量散茶，为后代泡茶和饮茶简易化开辟了先河。民间点茶和斗茶之风的兴起，将茶艺推展到广泛的社会层面。宫廷贡茶和茶仪、茶宴的大规模举行，又使茶文化的地位抬升。如果说唐代茶文化主要还是各类知识分子的精神活动，宋人则把这种精神活动更广泛地推向了社会各阶层的日常生活和世俗礼仪之中。从表象层面看，茶文化是从知识分子的深刻高雅走向了通俗、浅泛，而从社会意义角度认识则是向纵深发展。

四、茶俗文化的历史回流

自元代以后，茶文化进入曲折发展期。宋人拓展了茶文化的社会层面和文化形式，茶事十分兴旺，但茶艺发展过于繁苛、奢侈，偏离了陆羽等唐代茶人追求的茶的自然真趣和人的天性率然美的方向。过于精细、繁缛的茶艺淹没了茶文化的精神，在权贵阶层和刻意讲求繁苛茶艺的人们那里，茶饮成了艺术"玩茶"，成了演示礼仪、气派的贵族标记的道具。

元代蒙古人入主中原，给汉族饮茶习惯和整个中华民族茶文化以极大冲击。一方面，北方少数民族虽喜饮茶，但主要是出于生活、生理上的需要，对煮茗品茶的艺术层面之事兴趣不大；另一方面，故国破碎和异族压迫的严酷现实对汉族文人心态与观念产生了重大而深刻的影响，低啜清茗，茶汤恰若时势人生，茶事开始回归于自然。这两股不同潮流汇聚而成的作用力，最终产生了不可低估的历史作用：在促进茶艺向简约、返璞归真方向发展的同时，也给了唐宋培植涵养了数百年的文人茶文化传统沉重的打击。由于蒙古族居于社会的统治地位，他们的茶饮风尚深刻地影响了社会大众的茶习，茶中杂和各种干果等的"果饮"之风盛行，"品茶"成了原始意义的"吃茶"。女真灭北宋和蒙古灭南宋，对于中华传统文化的流脉无异于两次山崩地裂的大事件，而元代的建立则犹如在中原茶文化的河床上横亘了一条拦河大坝，茶文化的流向因此而改变。明代中叶以前，茶文化仍承元代大势，茶艺简约化的同时，是"果饮"流习的普遍依存。

明代中期以后，精细的茶风再次出现，其中坚者是清雅文人，学人的个性茶艺充分张扬，茶风则更趋向纤弱。这种茶风的出现，是与文化界出现的"文必秦汉，诗必盛唐"新复古主义相表里的，而实际上晚明的文人群体已经无力再现秦汉的质朴雄浑和盛唐的宏大超迈了。待至满族入主中原，许多文人既不肯"失节"助清，又对时局无可奈何，其中一些人便以风流文事送日月、耗心志，更有些人甚至皓首穷茶，一生泡在茶壶里。这反映了

封建制度日趋没落，文人无可奈何的悲观心境。明末清初的文人茶文化过于远离大众和现实生活。这种文化思想自然缺乏生命力。清末民初，中国多灾多难，有志的文人忧国忧民，已无雅兴和心情去悠闲品茶，于是造成自唐宋以来文人领导茶文化潮流的地位终于结束，中国传统茶文化的历史也因此而完结。(扫描二维码了解茶俗)

第二节　中国茶艺文化

一、茶的种类与制茶方法

(一)茶的种类

中国茶叶的种类繁多，命名方法也不少。如唐代陆羽把茶大致分为粗茶、散茶、末茶、饼茶；元代分为芽茶和叶茶；还可以根据茶叶的加工工艺、产地、季节、级别、外形、销路等进行分类。有的以茶叶产地的山川名胜为主题而命名，如"西湖龙井""黄山毛峰""庐山云雾""井冈翠绿""苍山雪绿"等。有的以茶叶的形状而命名，如"碧螺春""瓜片""雀舌""银针""松针"等。有的以茶叶的加工方式，而将茶叶分为基本茶类和再加工茶类。再加工茶类包括花茶、紧压茶、萃取茶、果味茶、药用保健茶和含茶饮料等。根据茶叶卫生标准，即农药残留的程度来划分，则有无公害茶、绿色食品茶、有机茶。所谓无公害茶，是指达到国家规定卫生标准的茶叶；所谓绿色食品茶，是指茶叶中农药残留量极低、符合绿色食品标准的茶叶；所谓有机茶，是指没有任何农药残留、没有任何化学添加物质的茶叶。本节就根据茶叶发酵程度和茶叶制造工艺不同，将茶叶分为基本茶类，包括绿茶、白茶、黄茶、乌龙茶、红茶、黑茶六类作一介绍。

1. 绿茶

绿茶是中国产量最大的一类茶叶，是指不经过发酵的茶，即将鲜叶经过摊晾后直接下到二三百摄氏度的热锅里炒制，其制作工艺都经过杀青—揉捻—干燥的过程，以保持其绿色的特点。根据杀青、干燥方法不同，又有炒青绿茶、烘青绿茶、蒸青绿茶和晒青绿茶之分。绿茶具有香高、味醇、形美等特点。由于加工时杀青和干燥的方法不同，绿茶又可分为炒青绿茶(龙井)、烘青绿茶(黄山毛峰)、蒸青绿茶(恩施玉露)和晒青绿茶(滇绿)。中国绿茶花色品种之多居世界之首，每年出口数万吨，占世界茶叶市场绿茶贸易量的70%左右。我国传统绿茶——眉茶和珠茶深受国内外消费者的欢迎，主要花色有西湖龙井、洞庭碧螺春、午子仙毫、黄山毛峰、云雾毛尖、曾侯银剑、信阳毛尖、安吉白片。

2. 白茶

白茶是中国的特产，主要是通过萎凋、干燥制成的。它加工时不炒不揉，只将细嫩、叶背满茸毛的茶叶晒干或用文火烘干，而使白色茸毛完整地保留下来。白茶主要产于福建福鼎、政和、松溪和建阳等县，品种有银针、白牡丹、贡眉、寿眉。

3. 黄茶

黄茶的制法与绿茶相似，不过中间需要闷黄工序。君山银针茶就属于黄茶。在制茶过程中，经过闷堆渥黄，因而形成黄叶、黄汤。黄茶又分"黄芽茶"(包括湖南洞庭湖君山银芽，四川雅安、名山县的蒙顶黄芽，安徽霍山的霍内芽)、"黄小茶"(包括湖南岳阳的北港毛尖、湖南宁乡的沩山毛尖、浙江平阳的平阳黄汤、湖北远安的鹿苑)、"黄大茶"(包括广东的大叶青、安徽霍山的黄大茶)三类。

4. 乌龙茶

乌龙茶也就是青茶，是介于红茶和绿茶之间的半发酵茶，即制作时适当发酵，使叶片稍有红变。它既有绿茶的鲜爽，又有红茶的浓醇。因其叶片中间为绿色，叶缘呈红色，故有"绿叶红镶边"之称。乌龙茶在六大类茶中工艺最复杂费时，其中做青工序是形成乌龙茶品质的关键步骤。乌龙茶泡法也很讲究，所以喝乌龙茶也被人称为喝工夫茶。乌龙茶具有减肥功效，主要花色有武夷岩茶、武夷肉桂、闽北水仙、铁观音、白毛猴、八角亭龙须茶、黄金桂、本山、毛蟹、永春佛手、安溪色种、凤凰水仙、台湾乌龙、台湾包种、大红袍、铁罗汉、白冠鸡、水金龟。

5. 红茶

红茶与绿茶恰恰相反，是一种全发酵茶(通常发酵程度大于80%)，其汤色红。红茶加工时不经杀青，而且萎凋，使鲜叶失去一部分水分，再揉捻(揉搓成条或切成颗粒)，然后发酵，使所含的茶多酚氧化，变成红色的化合物。这种化合物一部分溶于水，一部分不溶于水而积累在叶片中，从而形成红汤、红叶。中国红茶主要有小种红茶(正山小种、外山小种)、工夫红茶(祁红)和红碎茶三大类。祁红产于安徽祁门、至德及江西浮梁等地；滇红产于云南临沧；川红产于四川宜宾、高县等地；吴红产于广东英德等地，其中以祁门红茶最为著名。世界上红茶的品种很多，世界四大高香红茶为祁门红茶、阿萨姆红茶、大吉岭红茶、锡兰高地红茶。

6. 黑茶

黑茶原料粗老，加工时堆积发酵时间较长，使叶色呈暗褐色，是藏、蒙、维吾尔等民族不可缺少的日常必需品。云南普洱茶和湖南安化黑茶就是中国传统的经典黑茶。普洱茶又分两种：一种是传统普洱茶，也就是生茶，是以云南特有的大叶种晒青毛茶，经蒸压自然干燥一定时间贮放形成的特色茶；另一种是现代普洱茶，也就是熟茶，是经过潮水微生物固态发酵形成的。安化黑茶也分两种，一种是黑砖茶，形似砖块，经发酵后由砖模压制而成；另一种是千两茶，形似树桩，经发酵、蒸制后由多层竹篾捆压而成。黑茶具有降脂、减肥和降血压的功效。黑茶主要品种还有湖南的黑茶，湖北的老青茶，广西的六堡茶，四川的西路边茶、南路边茶，云南的紧茶、饼茶、方茶和圆茶等品种。

此外，花茶是茶叶和香花进行拼和窨制，使茶叶吸收花香而制成的。紧压茶是以各种散茶为原料，经过再加工蒸压成一定形状的茶叶。萃取茶以各种成品茶为原料，用热水萃取茶叶中的水可溶物，过滤弃去茶渣获得的茶汤，经浓缩、干燥制成固态"速溶茶"，或不经干燥制成"浓缩茶"，或直接将茶汤装入瓶、罐制成液态的"罐装饮料茶"。果味茶是茶叶半成品或成品加入果汁后，经干燥制成。药用保健茶是茶叶与某些中草药或食品拼和调配制成。含茶饮料是在饮料中添加茶汁制成。

> **小提示**

新茶和陈茶的鉴别

"饮茶要新,喝茶要陈。"这是人们长期以来对饮茶生活的总结。新茶确实比陈茶好,但对于武夷岩茶、湖南黑茶等,存放越久,香气越馥郁,滋味越醇厚。以下是几种鉴别方法:

一观:新茶色泽新鲜,条索均匀而松散;陈茶色泽灰暗,条索杂乱而干燥。有些陈茶被上过色后,显得色泽鲜艳,可用手指蘸清水,取一两片茶叶,轻搓,就会掉色。

二闻:新茶香气浓醇;陈茶由于构成香气的醛类、醇类、酯类物质挥发或氧化,而变得香气低沉,若保管不当,还有可能产生霉味和其他异味。

三揉:新茶手感干燥,若用大拇指与食指一捏,即成粉末;陈茶手感松软、潮湿,一般不易捏破、捻碎,优质新茶含水量在2%~3%。

四品:经沸水冲泡后,新茶清香扑鼻,茶叶舒展,汤色澄清,有强烈的浓郁口感,久久不淡的鲜浓纯正香味;陈茶香气低沉、芽叶萎缩、汤色浑,饮后不仅无清香或醇和之感,甚至还会伴有轻微的草味、苦涩味、酸味等异味。

(二)制茶方法

茶的制法,经历了咀嚼鲜叶、生煮羹饮、晒干收藏、蒸青做饼、炒青散茶,乃至白茶、黄茶、黑茶、乌龙茶、红茶、绿茶等多种茶类制造的发展过程。

晒青:将采来的青叶,利用日光萎凋。晒青的目的是通过阳光照射,使茶青中一部分水分和青草气散发,增强茶多酚氧化酶的活性,促进茶青内含物及香气的变化,为后续做青的发酵过程创造条件。这是凤凰单丛优异品质形成的第一个环节。

晾青:将晒青后的茶青连同水筛搬进室内晾青架上,放在阴凉通风透气的地方,使叶子散发热气,降低叶温和平衡调节叶内的水分,以恢复叶子的紧张状态。

做青:做青是香气形成的关键工序,关系到成茶香气的鲜爽高低,滋味的浓郁淡薄。做青由碰青、摇青和静置三个过程往返交替数次进行。在整个做青过程中,要密切关注青叶回青、发酵吐香、红边状况,结合当天温湿度气候,看茶做青。

杀青:也叫炒青。杀青的目的是用高温抑制做青叶的酶促氧化,控制茶叶色、香、味的形成。

揉捻:揉捻的目的是使茶条成形,外形美观;使叶细胞破碎,茶叶内含物渗出黏附于叶面,经过生化作用,使茶叶色泽油润、滋味浓醇、汤色艳亮、耐冲泡。

烘焙:凤凰单丛茶烘焙方法分为初烘、摊晾、复烘三个阶段。其目的是蒸发叶内多余水分,促使叶内含物起热化、构香作用,增进和固定品质,以利于贮藏。

贮藏:烘干完成,茶叶要摊晾后及时贮藏,防止吸湿和生杂味。贮藏时包装物应不带其他杂味并起防潮作用,装后置于干燥处。保管方法是用白布袋内衬塑料袋,或用大铁锌桶或不锈钢桶贮装,可起到防光和防潮作用。

二、茶水

古来论茶者,无一不极重水品,好茶、好水才能相映生辉,相得益彰,否则好茶之神韵必将随劣质之水而汰走大半。那么，究竟以什么水煮汤点茶更好呢？这一问题，很早就为人们所注意，而在茶事开始受到特别重视的唐初则有了更高的讲究。关于宜茶之水，早在陆羽所著的《茶经》中，便曾详加论证。他的看法是：

其水，用山水上，江水中，井水下。其山水，拣乳泉、石池慢流者上。其瀑涌湍漱，勿食之。久食，令人生颈疾。又多别流于山谷者，澄浸不泄，自火天至霜郊以前，或潜龙蓄毒于其间。饮者可决之，以流其恶，使新泉涓涓然酌之。其江水，取去人远者。井水，取汲多者。

陆羽所讲对水的要求，首先要远市井，少污染；重活水，恶死水。故认为山中乳泉、江中清流为佳。而沟谷之中，水流不畅，又在炎夏者，有各种毒虫或细菌繁殖，自然不宜作烹茶用水。陆氏之谈，可以说道尽了茶水要义，其后论水者，大多依据此理。

据唐代张又新《煎茶水记》记载，大历元年(766年)，御史李季卿出任湖州刺史，行至维扬(今扬州)遇陆羽，请之上船，抵扬子驿。季卿闻扬子江南零水煮茶最佳，便派士卒去取。士卒自南零汲水，至岸泼洒一半，乃取近岸之水补充。士卒取水而归，陆羽"用勺扬其水"，便说："江则江矣，非南零者，似临岸之水。"士卒分辩道："我操舟江中，见者数百，汲水南零，怎敢虚假？"陆羽一声不响，将水倒掉一半，再"用勺扬之"，才点头说道："这才是南零之水矣！"士卒大惊，乃具实以告。

季卿大服，于是陆羽口授，乃列天下二十名水次第：

庐山康王谷水帘水第一，无锡县惠山寺石泉水第二，蕲州兰溪石下水第三，峡州扇子山蝦蟆口水第四，苏州虎丘寺石泉水第五，庐山招贤寺下方桥潭水第六，扬子江南零水第七，洪州西山西东瀑布水第八，唐州柏岩县淮水源第九，庐州龙池山岭水第十，丹阳县观音寺水第十一，扬州大明寺水第十二，汉江金州上游中零水第十三，归州玉虚洞下香溪水第十四，商州武关西洛水第十五，吴松江水第十六，天台山西南峰千丈瀑布水第十七，郴州圆泉水第十八，桐庐严陵滩水第十九，雪水第二十。

对于水品的这个评定结果，未必准确，因以陆羽一人之力、一人之见实难对中国众多的名山大川之水品排定名次。而且后人对这个品水的结论是否为陆羽评定，多有怀疑，这20名水有多处与《茶经》的观点有所不合。尽管如此，评水的作用却不容忽视，《煎茶水记》打开了人们的视野，加深了人们对茶艺中水的作用的认识。后世又出现了许多鉴别水品的专门著述，如宋代欧阳修的《大明水记》、叶清臣的《述煮茶小品》、明人徐献忠的《水品》、田艺蘅的《煮泉小品》，清人汤蠹仙的《泉谱》等。

由于每个茶人爱好不同，所处环境和经历各异，对水的判定标准也很不一致，但归纳起来，也有许多共同之处，一般强调源清、水甘、品活、质轻。

1. 泉水

许多茶人对泉水情有独钟，世上因不同时期、不同茶人的提倡而出现了众多的"天下第一泉"之称。

据张又新《煎茶水记》记载：陆羽根据所了解的宜茶用水，提出"庐山康王谷水帘水第一"。因此，自唐始，庐山谷帘泉就有"天下第一泉"之称。

明代著名地理学家徐霞客周游全国名山大川后，来到云南安宁，考察了当地的碧玉泉，认为在所见过的温泉中，碧玉泉可谓第一。明代诗人杨升庵被流放云南，也认为碧玉泉实

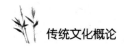

为"四海第一汤"。为此,杨升庵在碧玉泉畔亲题"天下第一汤"五个大字。

济南的趵突泉,早在北魏郦道元所著《水经注》中即有记述,经《老残游记》的艺术渲染,吸引了更多的名士和游人前去观赏品味,故也被世人称为"天下第一泉"。

北京玉泉位于颐和园以西的玉泉山南麓,泉水从"龙口"喷出,远望似老龙汲水,近看像白雪纷飞,故玉泉又有"喷雪泉"之称。乾隆皇帝为品茗择水,竟取全国多处饮水,用特制的银斗称重,结果表明,同样一银斗水,北京玉泉的水质量最轻,于是乾隆就定北京玉泉为"天下第一泉",并亲题"御制天下第一泉记",刻碑立石。

但也并非所有的山泉水都可以用来沏茶,如硫黄矿泉水是不能沏茶的。此外,山泉水也不是随处可得,对于多数茶客而言,只能视条件选择适宜茶水之品了。

2. 江水

北宋政治家王安石,曾出任宰相,后退居江宁(今南京),封为荆国公。据说,他晚年患痰火之症,经多方医治均不见效,唯有用长江三峡的瞿塘中峡水,烹煮阳羡茶才有效果。某年,正逢大文豪苏轼谪迁黄州。王安石知道苏轼家在四川,此去湖北黄州,须经瞿塘中峡。于是,拜托他在路过三峡时,在瞿塘中峡汲水一瓮。哪知苏轼心情沉重,随从又陶醉于三峡风光,均无心顾及,直至船到下峡时忽然记起王安石所托之事。只好在下峡汲水一瓮,给王安石送去。王安石煮茶品味后,讲此水并非出自瞿塘中峡。苏轼大惊,问其故。王安石云:瞿塘上峡水流太急,下峡水流太缓,唯中峡水流不急不缓。以上、中、下三峡之水烹阳羡茶,上峡味浓,下峡味淡,中峡处于浓淡之间,最适宜治中脘病症。苏轼听后,既感惭愧,又佩服不已。中国历史上此类传说文录很多,给人们的重要启示之一是,茶水的优劣对品茶和茶学具有至关重要的意义。

一些茶人认为,天下之大,不可能处处有佳泉,故主张因地制宜,学会"养水"。如取大江之水,应在上、中游植被良好、环境幽静之处,于夜半取水,经搅拌、沉淀、取舍而后烹茶。

3. 雪水、露水、雨水

在古代,茶人主张取雪水、朝露之水,清风细雨中的"无根水"(露天承接,不使落地),称为"天水"。"天水"不曾受过污染,是世间最洁净、清冽的水,被当作泡茶的上品。有人专于梅林之中,取梅瓣积雪,化水后以罐储之,深埋地下,来年用以烹茶。《红楼梦》中的女道士妙玉便是善用雨雪水烹茶之人。书中记有妙玉用埋藏五年的梅花上的雪水烹茶,请宝钗、黛玉品鉴的趣事。清中叶的苏州穷苦才子沈复夫妇也有此雅兴:"夏日荷花初开时,晚含而晓放。芸(沈复妻陈芸——引者)用小纱囊撮茶叶少许,置花心。明早取出,烹天泉水泡之,香韵尤绝。"古人认为露水是养生的佳品,在明代李时珍的《本草纲目》上就有记载:"秋露繁时,以盘收取,煎如饴,令人延年不饥。"至于雨水,被古人认为是"上天的恩赐",同样是他们心中泡茶的佳品。苏东坡在《论雨井水》一文中说道:"时雨降。多置器广庭中,所得干滑不可名,以泼茶煮药,皆美而有益。"

4. 井水

井水属于地下水,是否适宜泡茶,不可一概而论。有些井水的水质甘甜,是泡茶好水,如北京故宫博物院文华殿东传心殿内的"大疱井"曾经就是皇宫里的重要饮用水源。一般来说,深层地下水有耐水层的保护,污染少,水质洁净;而浅层地下水易被地表污染物污染,水质较差,所以深井比浅井好。此外,城市的井水受污染多,多咸味,不宜泡茶;而农村井水受污染少,水质好,宜于饮用。也有例外的是,湖南长沙城内著名的"白沙井",井水从砂岩涌出,水质好,而且终年长流不息,取之泡茶,香味俱佳。

5. 纯净水

泉水、江河湖水,在古代是适合用来泡茶的,但现代生活,它们属于地表水,含杂质较多,浑浊度高,加之环境的污染,不可以直接取来饮用。在生活节奏不断加快的今天,人们大多没有时间去寻找名泉,也无法分离天降水中的有害物质,自来水含有用以消毒的氯气,带着刺激性气味。所以,纯净水就成为泡茶比较好的选择。纯净水采用的是多层过滤甚至超滤、反渗透技术,将一般的饮用水变成不含任何杂质的纯净水,水体中的酸碱程度达到中性。虽然过滤后的纯净水失去了水的天然性,但它无色无味,能最大限度衬托出茶的本性,纯净水没有水碱,有利于茶壶的保养。

三、茶器

中国人饮茶,最早没有专门的茶具,到了西汉,在王褒的《僮约》中才第一次提到"烹茶尽具",这个"具",当属茶具了。随着南北朝时饮茶之风的开始兴起,以及唐代饮茶之风的盛行,煮茶、烹茶的专门器具也随之诞生(图 2-2)。

图 2-2 中国茶器

1. 茶器分类

陆羽对前人的煮茶、饮茶用具作了总结,并列出 20 多种专门器具,这是中国茶器发展史上最早、最完整的记录。陆羽所列茶器按其用途可分为以下几类:

生火、烧水和煮茶器具,包括风炉、承灰、筥、炭挝、火筴、鍑、交床和竹夹等。
烤茶、煮茶和量茶器具,包括夹、纸囊、碾、拂末、罗合和则。
盛水、滤水和提水器具,包括水方、漉水囊、瓢和熟盂。
盛茶和饮茶器具,包括碗和札。
装盛茶具的器具,包括畚、具列和都篮。
洗涤和清洁器具,包括涤方、渣方和巾。

当然,这诸多茶器,一般只在正式茶宴上才用,陆羽当时便说明,三五友人,偶尔以茶自娱,是可据情从简的。

2. 中国茶器的历史演变

中国的茶器在历史上发生了较大的变化,其演变过程大致如下。

煮茶烧水器具的演变:中国在宋代以前饮的是团茶,因此,要饮茶先要烧水煮茶。从宋代起,开始有少量散茶。饮散茶,也要烧水。唐代以前,人们煮茶用的可能是釜。唐代,据《茶经》记载,煮茶用具为鍑。釜、鍑为宽边、凸肚、无盖的大口小锅。宋代已演变为用铫煮茶,铫是一种有柄有嘴的小烹器。明代,宜兴紫砂陶茶具兴起,用陶瓷茶具煮水已很普遍。清代,一方面来自国外的铜铫受到推崇,另一方面中国古老的瓦铫仍然备受欢迎。近代,中国人则习惯用铝茶壶烧水。

泡茶饮茶器具的演变:唐代的饮茶器具,民间多以陶瓷茶碗为主,而王公贵族家庭多用金属茶具和当时稀有的蜜色茶具及琉璃茶具。从宋代开始直到明代,饮茶多用茶盏,它敞口小底,实是小茶碗,再垫一个茶托,自成一套。明代,江苏宜兴用五色陶土烧成的紫砂茶具开始兴起。清代陶瓷茶具以盖碗为主,由盖、碗、托三部分组成。此外,福州的脱胎漆茶具,四川的竹编茶具,海南的椰子、贝壳茶具也自成一派。近代,茶具名目更多,除陶瓷茶具外,常用的还有玻璃茶具、塑料茶具、搪瓷茶具、金属茶具等。

3. 中国泡茶茶具的分类

(1) 陶土茶具。

陶器中的佼佼者首推宜兴紫砂茶具(图 2-3),早在北宋初期就已崛起,成为独树一帜的优秀茶具,明代大为流行。紫砂壶和一般的陶器不同,其里外都不敷釉,采用当地的紫泥、红泥、团山泥抟制焙烧而成。由于成陶火温高,烧结密致,胎质细腻,既不渗漏,又有肉眼看不见的气孔,经久耐用,还能汲附茶汁,蕴蓄茶味;且传热不快,不致烫手;若热天盛茶,不易酸馊;即使冷热巨变,也不会破裂;如有必要,甚至还可直接放在炉灶上煨炖。

图 2-3 宜兴紫砂茶壶

小提示

紫砂壶泡茶的好处

宜兴紫砂是中国独有的矿产资源,又称"五色土",深藏于山腹地层中,是天然的陶土。紫砂壶之所以受到茶人喜爱,一方面是由于紫砂壶造型美观,风格多样,独树一帜,另一方面也是因为紫砂壶泡茶有诸多的好处。

1. 紫砂是一种双重气孔结构的多孔性材质

紫砂壶有着其他茶器所没有的一大特质：双重气孔结构，气孔微细，密度高。用以泡茶不失原味，"色香味皆蕴"，使"茶叶越发醇郁芳沁"。紫砂壶有很好的吸附性，能够吸收茶汁，长久使用内壁会积聚"茶锈"，以至于空壶里注入沸水就会茶香氤氲。由于紫砂壶这一独特性，用来冲泡一款茶叶效果就会更好，同时也避免出现杂味。

2. 紫砂壶透气性能好

紫砂壶泡茶不易霉馊变质，夏天也是如此。久置不用，也不会有宿杂气，只要用时先满贮沸水，立刻倾出，再浸入冷水中冲洗，即刻元气满满，泡茶仍是原味。

3. 紫砂壶耐热性能好

紫砂壶的膨胀系数比瓷壶高一些，有足以克服冷热温度差所产生的急变能力，在寒冬腊月里，壶内注入沸水也不会因为温度突变而破裂。且砂质传热性缓慢，再加上胎体比较厚，用来泡茶不容易烫手。

4. 紫砂壶经久耐用

紫砂器使用的时间越长，色泽越发光亮照人，气韵温雅。紫砂壶长久使用，器身会因抚摸擦拭，变得越发光润可爱，所以闻龙在《茶笺》中说："摩掌宝爱，不啻掌珠。用之既久，外类紫玉，内如碧云。"

5. 紫砂泥色多变，耐人寻味

紫砂壶的泥色还与经常冲泡的茶叶有关。泡红茶时，茶壶会由红棕色变成红褐色；泡绿茶时，砂壶会由红棕色变成棕褐色，壶色富于变化颇耐人寻味。

6. 补充身体的微量元素

《神农本草经》注："五色石脂，生南山之阳山谷中。久服补髓益气，肥健不饥，轻身延年。五石脂，各随五色补五脏。"此处的五色石脂即指五色土。

(2) 瓷器茶具。

我国茶具最早以陶器为主。瓷器发明之后，陶质茶具就逐渐为瓷器茶具所代替。

① 白瓷茶具。

白瓷以景德镇的瓷器最为著名，其他如湖南醴陵、河北唐山、安徽祁门的茶具也各具特色。白瓷具有坯质致密透明，上釉、成陶火度高，无吸水性，音清而韵长等特点。因色泽洁白，能反映出茶汤色泽，传热、保温性能适中，加之色彩缤纷，造型各异，堪称饮茶器皿中之珍品。

② 青瓷茶具。

青瓷茶具在晋代开始发展，那时青瓷的主要产地在浙江，最流行一种叫鸡头流子的有嘴茶壶。宋朝时五大名窑之一的浙江龙泉哥窑达到了鼎盛时期，生产各类青瓷器，包括茶壶、茶碗、茶盏、茶杯、茶盘等，瓯江两岸盛况空前，群窑林立，烟火相望，运输船舶往来如梭，一派繁荣的景象。

③ 黑瓷茶具。

黑瓷茶具始于晚唐，鼎盛于宋，延续于元，衰微于明、清。这是因为自宋代开始，饮

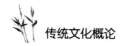

茶方法已由唐时煎茶法逐渐改变为点茶法，而宋代流行的斗茶，又为黑瓷茶具的崛起创造了条件。福建建窑、江西吉州窑、山西榆次窑等都大量生产黑瓷茶具，成为黑瓷茶具的主要产地。黑瓷茶具的窑场中，建窑生产的"建盏"最为人称道。

④ 彩瓷茶具。

彩瓷茶具顾名思义是运用彩绘瓷器制作而成的茶具，彩瓷技法多样，因而彩瓷茶具的品种花色很多。釉下彩、釉上彩及釉中彩，青花、新彩、粉彩、珐琅彩等茶具丰富多样，其中尤以青花瓷茶具最引人注目。青花瓷茶具，其实是指以氧化钴为呈色剂，在瓷胎上直接描绘图案纹饰，再涂上一层透明釉，尔后在窑内经1300℃左右高温还原烧制而成的器具。

⑤ 玲珑瓷茶具。

玲珑瓷盛行于明代，是在瓷器成型后在坯上镂雕透空花纹，再用釉将透雕花纹填平，雕镂出许多有规则的"玲珑眼"。然后以釉烧成，烧后镂花处得以塄平，花纹清晰可见，具有玲珑剔透、精巧细腻的特色，十分美观，被喻为"卡玻璃的瓷器"。

(3) 漆器茶具。

漆器茶具始于清代，主要产于福建福州一带。福州生产的漆器茶具多姿多彩，有宝砂闪光、金丝玛瑙、釉变金丝、仿古瓷、雕填、高雕和嵌白银等品种，特别是创造了红如宝石的赤金砂和暗花等新工艺以后，更加绚丽夺目，逗人喜爱。

(4) 玻璃茶具。

玻璃，古人称之为流璃或琉璃，实是一种有色半透明的矿物质。用这种材料制成的茶具，能给人以色泽鲜艳、光彩照人之感。我国的琉璃制作技术虽然起步较早，但直到唐代，随着中外文化交流的增多，西方琉璃器的不断传入，才开始烧制琉璃茶具。琉璃茶具在唐代已经起步，在当时堪称珍贵之物。唐代元稹曾写诗赞誉琉璃，说它是"有色同寒冰，无物隔纤尘。象筵看不见，堪将对玉人"。难怪唐代在供奉法门寺塔佛骨舍利时，也将琉璃茶具列入供奉之物。玻璃杯泡茶，杯中轻雾缥缈，澄清碧绿，芽叶朵朵，亭亭玉立，观之赏心悦目，别有风趣，而且玻璃茶具价廉物美，深受广大消费者的欢迎。玻璃茶具的缺点是容易破碎，比陶瓷烫手。

(5) 金属茶具。

金属茶具是指由金、银、铜、铁、锡等金属材料制作而成的器具。它是我国最古老的日用器具之一，早在公元前18世纪至前221年秦始皇统一中国之纪前的1500年，青铜器就得到了广泛的应用。但从明代开始，随着茶类的创新、饮茶方法的改变，以及陶瓷茶具的兴起，才使包括银质器具在内的金属茶具逐渐消失，尤其是用锡、铁、铅等金属制作的茶具，用它们来煮水泡茶，被认为会使"茶味走样"，以致很少有人使用。

(6) 搪瓷茶具。

搪瓷茶具以坚固耐用、图案清新、轻便耐腐蚀而著称。它起源于古埃及，后传入欧洲。明景泰年间，我国创制了珐琅镶嵌工艺品景泰蓝茶具。在众多的搪瓷茶具中，洁白、细腻、光亮，可与瓷器媲美的仿瓷茶杯；饰有网眼或彩色加网眼，且层次清晰，有较强艺术感的网眼花茶杯；式样轻巧，造型独特的鼓形茶杯和蝶形茶杯；能起保温作用，且携带方便的保温茶杯，以及可做放置茶壶、茶杯用的加彩搪瓷茶盘，受到不少茶人的欢迎。

(7) 竹木茶具。

隋唐以前，我国饮茶虽渐次推广开来，但属粗放饮茶。当时的饮茶器具，除陶瓷器外，民间多用竹木制作而成。这种茶具来源广，制作方便，对茶无污染，对人体又无害。但其缺点是不能长时间使用，无法长久保存，失却了文物价值。到了清代，在四川出现了一种竹编茶具，它既是一种工艺品，又富有实用价值，主要品种有茶杯、茶盅、茶托、茶壶、茶盘等，多为成套制作。竹编茶具由内胎和外套组成，内胎多为陶瓷类饮茶器具，外套用精选慈竹，不但色调和谐、美观大方，而且能保护内胎，减少损坏。同时，泡茶后不烫手，并富于艺术欣赏价值。因此，多数人购置竹编茶具，不在其用，而重在摆设和收藏。**(扫描二维码了解茶具)**

4. 现在常用的整套茶器

(1) 匙置。

匙置用来放置茶匙和茶夹，材质可以是陶瓷、竹木、石头或塑料。

(2) 茶匙。

茶匙又称茶扒，因外形像汤匙而得名，主要作用是挖取茶壶内泡过的茶叶。

因为茶叶冲泡后，经常会塞满茶壶，特别是壶口，用手挖不雅观更不卫生，此时即可用茶匙的尖处来清理茶壶出水处的细孔。茶匙建议选用比茶盘稍短的长度，好看而且收纳方便。

(3) 茶夹。

茶夹又称茶筷，是温杯、洗杯时所用的茶具。

泡茶时一般都把杯子放于热水中清洗杀菌，清洗后烫手的杯子无法拿取，此时即可使用茶夹夹取杯子，茶夹也用于夹出泡过的茶叶。

(4) 茶海。

茶海又名茶盅、公道杯。茶壶内的茶水和茶叶的接触程度会影响茶水的颜色。因此，如果从茶壶内直接倒出茶水，就会浓淡不均。公道杯就是来解决这一问题的。

茶海宜选开口大的，方便倒茶，容量要比茶壶大，才不会出现茶水太多装不下的窘况。

(5) 茶盘。

茶盘的材质和款式多样，挑选时要选择平整的盘底，茶杯才站得稳；茶盘的边要浅、颜色要白，因为深色茶盘易藏污纳垢不方便清理。

茶盘的材质多为竹、木材质，使用时宜每天清洁，并在清洁后擦干水分，保持阴干状态，避免发霉。

(6) 茶壶。

常见的材质有陶、瓷、紫砂、玻璃或石制，最普及的当属紫砂陶瓷类茶壶。陶壶质地细密透气性好，导热慢、保温性好。

茶壶的形状有很多种，建议选用圆形的茶壶，圆形的壶身空间更大，有助于茶叶充分舒展开来，茶香才能扩散开来，更能呈现茶叶的完美味道。

挑选茶壶时要特别检查茶壶盖是否和壶身紧密贴合，壶盖盖上后摇动应不会和壶身撞击，这样才是精密度好的茶壶，冲泡时热气才不易跑出，茶的风味才能充分呈现。

(7) 茶则。

茶则的作用是把茶叶加入茶壶中，常见的材质为竹质，竹子对半剖开后，再把前端斜切并磨成易盛放茶叶的形状。

(8) 烧水壶。

烧水壶的材质多样，常见有铁质、陶质、不锈钢、电水壶或快煮壶等。

(9) 杯托。

杯托是放在桌上，专门用来盛放杯子用的，相当于杯垫的作用，避免茶杯直接放于桌面留下茶渍。

(10) 品茗杯。

用于品茶和赏茶色，大多为白瓷、紫砂或玻璃材质，一般为单独一人使用，一杯只有一口。

(11) 闻香杯。

用于闻茶香用，和品茗杯比较更细长，高度比品茗杯高、杯口窄，一般和品茗杯搭配成套。

小提示

泡各种茶分别适合用什么茶具

1. 绿茶： 可选用透明无花纹的玻璃杯，或是白瓷、青瓷、青花瓷无盖杯、盖碗等。以无花纹的玻璃杯为最佳，因为这种茶具可以更好地观赏绿茶的形态和色泽。

2. 黄茶： 可选用奶白瓷、黄釉瓷器和以黄、橙为主色的五彩瓷壶、杯具、盖碗、盖杯等，能够使茶的颜色被衬托得更艳丽。

3. 白茶： 可选用白瓷壶杯具，或反差很大的内壁施黑釉的黑瓷茶具，以衬托出茶的白毫。

4. 红茶： 可选用内壁施白釉的紫砂茶具，白瓷、红釉瓷的瓷壶、盖碗、盖杯等，能更好地烘托红茶如玛瑙般的茶色。

5. 乌龙茶： 可选用白瓷质地的壶、盖碗、盖杯，或紫砂质地的茶具。衬茶色，聚拢茶香。

6. 黑茶： 可选用紫砂壶、白瓷杯具，或飘逸杯等茶具。

7. 花茶： 可选用青瓷、青花瓷、粉彩瓷器的瓷壶、盖碗、盖杯等。因为花茶是需要闷泡的茶品，盖子可使香气聚拢，揭开盖的时候，才能香气扑鼻，最好地体现出花茶的品质。

四、烹制与品饮

(一)茶的烹制

1. 煮茶法

煮茶法是茶与水的混合烹煮，茶可先放也可后放，水可以是冷水也可以是热水，放置在炉上煎煮，直至沸腾。根据陆羽《茶经》的记载，唐代茶叶生产过程是"晴，采之，蒸之，捣之，拍之，焙之，穿之，封之，茶之干矣"。饮用时，先将饼茶放在火上烤炙，然后将茶饼碾压成茶末，放在水中去煮。在煮茶过程中，"一沸"时，水中加入盐、葱、姜等作料调饮；"二沸"时，以竹筴在水中心搅拌，将茶末从中心倒入，并舀出一瓢水备用；"三沸"时，将舀出的水倒入，煮沸，即成茶汤。从明清至今，在我国少数民族地区仍存有煮茶法。

2. 煎茶法

煎茶法可根据煎茶品的不同而区分为煎饼茶法、煎末茶法和煎散茶法。煎茶法对于茶叶的选择是比较宽松的，饼茶、散茶、末茶等均可采用，没有过多限制。按陆羽《茶经·五之煮》所载，煎茶要经过备茶(炙茶、捣茶、碾茶、罗茶)、备器、择水、取火、候汤、煎茶(投茶、搅拌、加盐)、酌茶、品茶等程序。陆羽主张煎茶时加少量盐调味而不加其他作料。陆氏煎茶法一直被认为是中国茶道的典范，在唐代中晚期十分盛行，但到南宋末时，因点茶法的兴起，煎茶法已退出历史舞台。就此而言，当今世界流行的茶叶冲泡方法，如日本茶道、韩国茶礼，以及我国的港台茶艺、古老的潮州工夫茶法都可以称作煎茶法。

3. 点茶法

点茶法是在煎茶法的基础上发展起来的，但步骤比煎茶更精细、严密。点茶时首先将饼茶碾成细末，并用茶罗过筛，备好茶末。先用热水温烫茶盏，然后将茶末放入盏中，倒以少量沸水调成膏油状，再一边用手平稳地点(注)入沸水，一边用茶筅慢慢地搅动茶膏，产生泡沫后再饮用，期间也不添加食盐，保持茶叶的原味。点茶法后发展为品评茶叶质量高低和比试点茶技艺的一种茶艺活动。斗茶时有两项标准，一是斗色，看茶汤表面汤花的色泽和均匀程度，以鲜白者为胜；二是斗水痕，以水痕少为胜。点茶法盛行于宋元时期，约消亡于明代后期。

4. 泡茶法

泡茶法源于唐代的庵茶法，即将茶放置在瓶或缶(一种细口大腹的器皿)中，用沸水淹泡，唐时称"庵茶"。北宋时，散茶开始盛行，饮茶法也随之变化。明代陈师《茶考》载"杭俗烹茶，用细茗置茶瓯，以沸汤点之，名为撮泡"，就是将散茶放在茶盏中，用沸水冲泡，称为撮泡法；同时被人应用的是壶泡法，即将茶放在茶壶中，用沸水泡，再分杯而饮的方法。壶泡的主要程序有备器、择水、取火、候汤、投茶、冲泡、酾茶等。现今流行于闽、粤、台地区的"工夫茶"则是典型的壶泡法。泡茶法直到明清时期才开始流行，此法一直沿用至今。

泡茶法因茶叶种类的差异而有所区别。但大体上讲，以发茶味、显其色不失其香为要旨。浓淡则因人因地而异。

(二)饮茶之法

饮茶之法，在中国茶文化史或茶饮史上，颇具地域、民族、人群类别等丰富的形态差异，同时明显呈现随历史风格变化的文化现象。

1. 唐代的饮法

唐代饮茶"尚杂以苏椒之类"，故李泌有赋茶诗句云："旋沫翻成碧玉池，添酥散出琉璃眼。"又唐薛能诗云："盐损添常诫，姜宜著更夸。"足见唐人饮茶一般都杂以苏椒、姜、盐、酪等物。边地少数民族还有添入桂料的："蒙舍蛮以椒、姜、桂和烹而饮之。"但情况也不尽然。如刘禹锡《西山兰若试茶歌》烹的即是清茶，而且是随摘，即炒、旋，立饮。这多是僧道辈清雅茶人所为。

2. 宋代的饮法

添辛香料饮法在两宋时仍较流行。如陈后山乞茶诗句："愧无一缕破双团，惯下姜盐枉肺肝。"苏辙和苏轼煎茶诗云："君不见，闽中茶品天下高，倾身事茶不知劳。又不见，北方俚人茗饮无不有，盐酪椒姜夸满口。"茶中熬以盐酪，正是游牧民族的奶茶。从诗中"北方俚人茗饮无不有"句看，当时北方人(黄河流域)的饮食习惯，茶中添加物是比较普遍和随意的。而相比之下南方(长江流域)则倾向于清淡。苏东坡也认为："茶之中等者，若用姜煎，信佳也，盐则不可。"看来苏东坡认为上好之茶应清饮，而中等之茶宜姜烹，他是反对茶中入盐的。宋代，还有将芝麻碾碎入茶的饮习："罗铜碾弃不用，脂麻白士须盆研。"这种习尚主要流行于北方，北人煮茶，"其法以茶芽盏许，入少脂麻沙盆中烂研。量水多少煮之，其味极甘腴可爱"。时人称这种茶为"雷茶"。依黄庭坚的说法，这种杂以芝麻的饮茶方法源出于游牧民族："个中渴羌饱汤饼，鸡苏胡麻煮同吃。"宋代建州茶最为著名，"建茶旧杂以米粉，复更以薯蓣。两年来，又更以楮芽，与茶叶颇相入，且多乳"。米粉和薯蓣粉可能是为了"多乳"增白的，楮树芽大概形与茶叶相似，又味"颇相入"才调入的。四川奉节一带还饮一种"辣茶"，"夔门有曲鳝瘴，以茱萸煎茶饮之良愈，谓之辣茶"。

3. 明清的饮法

明代中叶，大概很少有用盐姜入茶的饮习了，万历年间(1573—1619年)著名学者、书画家张萱曾说："饮茶今未闻有用盐姜者。"唐宋时通习的茶用盐姜，明代人只是在为了食疗目的时才偶一为之。但又习常在茶中加入榛、松、新笋、鸡豆、莲实及诸般果仁，这要算是上述黄山谷主张的继承和发展吧。据说，这些东西"不夺茶香"。"果亦仅可用榛、松、新笋、鸡豆、莲实不夺香味者，他如柑、橙、茉莉、木樨之类，断不可用。"

明代茶风之变，正如同唐宋两代茶风嬗变一样，主要得益于知识群体的倡导。崇尚清纯本味，追求儒雅意蕴的明代饮者群，他们于茶艺、茶韵的追求，的确已上宋人层，元代贵族自然更遑不能及了："一壶之茶，只堪再巡。初巡鲜美，再巡甘醇，三巡则意未尽矣。""所以茶注宜小，小则再巡已终。宁使余芬剩馥，尚留叶中，犹堪饭后供啜嗽之用，未遂弃之可也。若巨器屡巡，满中泻饮，待停少温，或求浓苦，何异农匠作劳，但需涓滴，何论品赏，何知风味乎？""茶注宜小不宜大。小则香气氤氲，大则易于散漫。若自斟酌，愈小愈佳。容水半升者，量投茶五分，其余以是增减。"泡茶用小壶，饮用两巡，以享清茗，品真味，余者做饭后漱口用，此种饮法既科学又经济，同时有儒雅的风韵。只是古时劳动阶级则很少能有如此闲情雅趣，他们大多"求浓苦"，速消渴，以酽、多、快为意。这就难怪刘姥姥一说出"好是好，就是淡些！再熬浓些更好了"的意见时，立刻引起周围贵胄之家、身处温柔富贵乡的人们哄堂大笑了。茶泡好之后，又要"酾不当早，啜不宜迟"。因为"酾早元神未逞，啜迟妙馥先消"，即一壶好茶，要及时斟、及时品，才能充分享受到它的香韵。

明末清初，茶风又一大变，整个社会南北上下逐渐趋向清茶之饮。一代诗宗、清初著名文人王士祯(1634—1711)便极力主张清茶之饮："茶取其清苦，若取其甘，何如蔗浆、枣汤之为愈也！"清中叶著名诗人、一代美食大家——食圣袁枚曾记下他游武夷山受到曼亭峰天游寺等处僧道待以茶事之习："僧道争以茶献。杯小如胡桃，壶小如香橼，每斟无一两。上口不忍遽咽，先嗅其香，再试其味，徐徐咀嚼而体贴之，果然清芬扑鼻，舌有余甘。一杯之后，再试一二杯，令人释躁平矜怡情悦性。"这种饮品法，足为清代饮茗的代表，同样在清代反映社会生活的大批文学作品中得到证实。《聊斋志异》《儒林外史》《红楼梦》以及清中叶以后的无数小说中，几乎再也见不到在茶中加盐、姜、果仁诸般杂物的例子。

品茶一般以两杯为度，饮到三杯者少有。即使长时茗饮，也要更盏重泡，不能强饮乏茶。至于上层社会中某些高标风雅的人，则更主张以一杯为限。《红楼梦》中的妙玉姑娘有一句颇能代表此辈人的话："一杯为品，二杯即是解渴的蠢物，三杯便是饮驴了。"当然，这种饮法也不具有普遍性的。
(扫描二维码观看视频"焚香品茗")

(三)我国各民族饮茶习俗

1. 汉族

汉族的饮茶方式主要有品茶、喝茶和吃茶(图2-4)。

图2-4 品茶、喝茶和吃茶

(1) 品茶。所谓"品茶"，即人们比较注重饮茶的环境，鉴别茶叶的香气、汤色与滋味等。喝茶则以清凉解渴为目的，大碗牛饮。而吃茶就是连茶带水一块儿咀嚼咽下。品茶和喝茶之分，重在意境，以鉴别香气、滋味，欣赏茶姿、茶汤，观察茶色、茶形为目的，自娱自乐，谓之品茶。

(2) 喝茶。大碗饮茶虽给人感觉比较粗犷与狂野，但它却是汉族的一种古茶风，而卖大碗茶则视为中国三百六十行之一。它只需一张简单的木桌、几条长凳和若干只瓷碗即可，然后以茶摊或茶亭的形式出现，以供来来往往的行人解渴小憩之用。它更加贴切人们的生活，即使现在人们的生活质量在不断改善与提高，但它仍备受大家的关注与喜爱。

(3) 吃茶。吃早茶多见于广东羊城，人们普遍坐在茶楼吃早茶。茶客大多为上班族，他们上班前在茶楼根据自己的喜好点上一壶茶、几份精致的小点心，把它当作一种食早餐的方式。另外在他们工作之余也会如此，如亲朋好友尽情闲聊、洽谈客户等，把它当作一种充实生活与人际社交的手段。

2. 藏族

藏族有"其腥肉之食，非茶不消；青稞之热，非茶不解"之说，喝酥油茶如同吃饭一

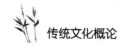

样重要。酥油茶是一种在茶汤中加入酥油等作料经特殊方法加工而成的茶汤。制作时，先将紧压茶打碎加水在壶中煎煮20～30分钟，再滤去茶渣，把茶汤注入长圆形的打茶筒内。同时，再加入适量酥油，还可根据需要加入事先已炒熟、捣碎的核桃仁、花生米、芝麻粉、松子仁之类，最后还应放入少量的食盐、鸡蛋等。接着，用木杵在圆筒内上下抽打，将茶汤和作料混为一体，酥油茶就算制好了。酥油茶喝起来咸里透香、甘中有甜，它既可暖身御寒，又能补充营养。因此，敬酥油茶便成了西藏人款待宾客的尊贵礼仪。又由于藏族多信奉喇嘛教，当喇嘛祭祀时，虔诚的教徒要敬茶，有钱的富庶要施茶。

3. 维吾尔族

维吾尔族认为香茶有养胃提神的作用，是一种营养价值极高的饮料。制作香茶时，应先将茯砖茶敲碎成小块状。同时，在长颈壶内加水七八分满加热，当水刚沸腾时，抓一把碎块砖茶放入壶中，当水再次沸腾约5分钟时，则将预先准备好的适量姜、桂皮、胡椒、芘茈等细末香料，放进煮沸的茶水中，轻轻搅拌，经3～5分钟即成。为防止倒茶时茶渣、香料混入茶汤，在煮茶的长颈壶上往往套有一个过滤网，以免茶汤中带渣。维吾尔族人习惯一日三次喝香茶，通常是一边吃馕，一边喝茶，是以茶代汤、用茶做菜之举。

4. 回族

回族的主要生活必需品是为茶。刮碗子茶用的茶具，俗称"三件套"，是由茶碗、碗盖和碗托或盘组成。喝茶时，一手提托，一手握盖，并用盖顺碗口由里向外刮几下，这样一则可拨去浮在茶汤表面的泡沫，二则使茶味与添加食物相融，刮碗子茶的名称也由此而生。刮碗子茶用的多为普通炒青绿茶，冲泡茶时，除茶碗中放茶外，还放有冰糖与多种干果，诸如苹果干、葡萄干、柿饼、桃干、红枣、桂圆干、枸杞籽等，有的还要加上白菊花、芝麻之类，通常多达八种，故也称为："八宝茶"。回族人认为，刮碗子茶既解渴，又能去腻生津、滋补强身，是一种清甜味美的养生茶。

5. 蒙古族

蒙古族习惯于"一日三餐茶"，却往往是"一日一顿饭"。蒙古族喝的咸奶茶，用的多为青砖茶或黑砖茶，煮茶的器具是铁锅。制作时，应先把砖茶打碎，并将洗净的铁锅置于火上，盛水2～3公斤，烧水至刚沸腾时，加入打碎的砖茶25克左右。当水再次沸腾5分钟后，掺入奶，用量为水的五分之一左右。稍加搅动，再加入适量盐。等到整锅咸奶茶开始沸腾时，才算煮好，即可盛在碗中待饮。

6. 土家族

土家族大多居住在湘、鄂、川、黔的武陵山区一带，千百年来，至今还保留着一种古老的吃茶法，这就是喝擂茶。擂茶，又名三生汤，是用生叶(指从茶树采下的新鲜茶叶)、生姜和生米仁等三种生原料经混合研碎加水后，烹煮而成的汤。其中，茶能提神祛邪，清火明目；姜能理脾解表，去湿发汗；米仁能健脾润肺，和胃止火。因此，擂茶也是一种药茶。如今制作擂茶时，通常将茶和炒熟的花生、芝麻、米花等多种食品，以及生姜、食盐、胡椒粉等作料放在特制的陶质擂钵内，然后用硬木擂棍用力旋转，使各种原料相互混合，再取出倾入碗中，用沸水冲泡，用调匙轻轻搅动几下，即调成擂茶，也有将多种原料放入碗内,直接用沸水冲泡的。土家族都有喝擂茶的习惯,在喝擂茶的同时,还必须设有几碟清淡、香脆食品为茶点,以增添喝茶的情趣。

7. 满族

满族茶饮历史悠久。早在唐代,茶叶作为贸易产品之一已经被引入北方。辽金时期的女真人已有饮茶习惯。清朝,满族茶俗受汉文化影响,内涵更加丰富。尤其是宫廷茶宴,精致、富贵,规模更是超越以往朝代。满族茶饮器具以瓷器为主,至于清皇室,更有用黄金和玉器制作的茶具使用,据《清稗类钞》载:"宫中茗盌,以赤金为托,白玉为盌。"

由于生存环境和生活层次的不同,历史上满族人饮茶种类多样,有奶子茶、柳蕾茶、糊米茶、酸茶,还有一种土茶,用野玫瑰叶(间或有少量的花)、黄芪、达子香(一种山杜鹃花)叶晒干泡饮,也十分清香。另外,相传满族人还有饮用小青草之说,就是将蒲公英的根挖出来之后,晒干切片当茶来饮。也有人将中药黄芪的叶子采回来晒干后当茶饮。

8. 白族

白族有喝"三道茶"的习俗。它具有一苦、二甜、三淡的独特风味。

第一道茶叫"苦茶",是白族人由主人在堂屋里一年四季不灭的火塘上,用小陶罐烧烤大理特产沱茶,烤到黄而不焦,香气弥漫时再冲入滚烫开水制成。此道茶以浓酽为佳,香味宜人。因白族讲究"酒满敬人,茶满欺人",所以这道茶只有小半杯,不以冲喝为目的,以小口品饮,在舌尖上回味茶的苦凉清香为趣。寓清苦之意,代表的是人生的苦境。面对苦境,唯有学会忍耐并让岁月浸透在苦涩之中,才能慢慢品出茶的清香,体味出生活的原汁原味,从而对人生有一个深刻的认识。

第二道茶叫"甜茶",是用大理特产乳扇、核桃仁和红糖为作料,冲入清淡的用大理名茶"感通茶"煎制的茶水制作而成。此道茶甜而不腻,所用茶杯大若小碗,客人可以痛快地喝个够,寓苦去甜来之意,代表的是人生的甘境。经过困苦的煎熬,经过岁月的浸泡,奋斗时埋下的种子终于发芽、成长,最后硕果累累。这是对勤劳的肯定,这是付出的回报。

第三道茶叫"回味茶",是用蜂蜜加少许花椒、姜、桂皮为作料,冲"苍山雪绿茶"煎制而成。此道茶甜蜜中带有麻辣味,喝后回味无穷。因桂皮性辣,辣在白族中与"亲"谐音,而姜在白语中读"gao"(第三声),有富贵之意,所以此道茶表达了宾主之间亲密无比和主人对客人的祝福(如恭喜发财、大富大贵)。因集中了甜、苦、辣等味,故称回味茶,代表的是人生的淡境。要做到"顺境不足喜,逆境不足忧",需要淡泊的心胸和恢宏的气度。

这"三道茶"告诉人们:对于一些无关紧要的事,不妨看得轻些、淡些,不要让生命承受那些完全可以抛弃的重负,只有这样,才能达到"宠辱不惊,闲看庭前花开花落;去留无意,漫随天外云卷云舒"的人生境界。

小提示

满族对茶文化的贡献

第一,是把清饮系统茶文化与调饮系统茶文化有机结合起来,把奶茶文化上升到与清饮几乎并驾齐驱的地位。清宫内帝后爱食奶制品,奶茶是重要饮料。

满族把奶茶放进宫廷与朝仪，大大提高了调饮文化地位。至今北京典型大茶馆多与饮食结合，便是清饮与调饮糅合交融的产物。而茶中加花香，虽属清饮系统，但与传统茶道也是相背的。如果不属于偏见，就应该注意调饮系统巨大需要这一事实。从这一点说，满族对茶文化是有创造性贡献的。

第二，清代宫廷爱饮花茶，因而使介于红、绿茶之间的花茶——半发酵茶得以迅速发展。在传统茶艺中虽轻视花薰，但民间却极爱好。半发酵茶对善变的中国茶艺进一步起了推动作用。清代八旗子弟以茶与花结合创出许多名堂，当时虽属有闲阶层无聊之举，但无疑丰富了中国茶艺的内容。

第三，在茶具上，清宫流行盖碗茶。这是由于满族地处北方寒冷地带，保温是饮茶的必需。盖碗茶既保温，又清洁；散茶冲泡用以拨叶；相对品饮遮口礼敬，有多种功用，是茶具艺术中一大创举。至于民间，家居闲坐，来客敬茶，更是寻常之举。总之，满族在各族茶文化的交融荟萃方面起了巨大作用，在茶艺、茶礼方面也有许多重要发展。

第三节 茶与健康

茶在中国被誉为"国饮"，茶叶与人体健康有密切关系。现代药理研究证实，由于茶所含的营养成分和药理成分，其有一定的保健功效。茶的保健作用很多，但在饮用时也要讲究科学的方法，懂得一些饮茶禁忌，否则对健康无益。

喝茶有助防老，具养生保健功能，每天喝三两杯茶可起到防老的作用。茶叶中含有多种维生素和氨基酸，喝茶对于清油解腻，增强神经兴奋以及消食利尿也具有一定的作用。其中，具体包括提神醒脑，使人精神振奋，增强记忆力；兴奋中枢神经，增加运动能力；刺激胃液分泌，帮助消化，增进食欲，消除口臭；保养肌肤，分解中性脂肪，达到减肥美容效果；饮酒前饮茶，预防醉酒，消除疲劳，促进新陈代谢；减慢衰老作用，延年益寿；固齿强骨，预防蛀牙；保护视力，维持视网膜正常，预防年老引致白内障；降低血液的胆固醇含量，血脂浓度，预防动脉硬化、高血压、脑血栓等心血管疾病。但需要注意的是，并不是茶喝得越多越好。

一、茶的保健功效

(一)兴奋提神，消减疲劳

茶叶中含有2%～5%的咖啡因。咖啡因能刺激机体兴奋，使精神兴奋、思维活跃、消除疲劳、提神醒脑。华佗在《食论》中指出："君茶久饮，可以益思。"咖啡因、茶碱可直接兴奋心脏，扩张冠状动脉，对末梢血管也有直接扩张作用。

(二)利尿，助消化，促进食物吸收

因为茶汤中含有咖啡碱、茶叶碱、可可碱等嘌呤类化合物，茶叶碱的利尿作用最大，但可可碱的利尿最持久。除此之外，茶汤中还有槲皮素等黄酮类化合物、甙类化合物和芳

香油等，对利尿也有作用。茶叶中的咖啡碱和黄烷醇类化合物可以增强消化道蠕动，有助于食物的消化，预防消化器官疾病的发生。茶叶还具有吸收对人体有害物质的能力，不仅可以"净化"消化道器官的微生物，还对胃、肾以及部分肝脏具有独特的化学净化作用。

(三)防龋齿，除口臭

茶树是一种能从土壤中富集氟素的植物，氟素有防龋齿作用，茶叶中的茶多酚类化合物可杀死齿缝中存在的乳酸菌及其他龋齿细菌。茶叶中的皂甙的表面活性因子可增强氟素和茶多酚类化合物的杀菌作用。茶叶防龋齿的作用效果要远好于氟化物配合制剂，此外，茶还有增强牙齿抵抗力的功效，消除口腔内残留的蛋白质等，具有去除口臭的作用。

(四)减轻吸烟、喝酒对人体健康的伤害

香烟中的尼古丁被吸入人体后会使促进血管收缩的激素分泌量增加，而血管收缩的结果会影响血液循环，减少氧气的供应量，导致血压上升。而茶叶中富含维生素C、多酚类物质、氧荃酸等，对保护机体，减少香烟的毒害，具有一定的作用。酒后饮少量茶，一方面可以补充维生素C，另一方面茶中的咖啡碱具有利尿作用，能使酒精迅速排出体外，同时茶也可刺激麻痹的大脑中枢神经，有效地促进代谢，进而发挥醒酒的功能，但不宜过量饮茶。

(五)延缓衰老

茶叶中的茶多糖还有抗辐射、降血糖、降血脂、抗血凝、抗血栓等作用，可以用来防治多种疾病。老年学研究指出，茶叶中的儿茶素、维生素E、维生素C等，能抑制氧自由基、阻止脂质过氧化等，因此具有延缓衰老的作用。

小提示

各种茶的功效作用

1. 铁观音：除具有一般茶叶的保健功能外，还具有抗衰老、抗癌症、抗动脉硬化、防治糖尿病、减肥健美、降火、敌烟醒酒。

2. 普洱茶：具有清热、消暑、解毒、消食、去肥腻、利水、通便、祛痰、祛风解表、止咳生津、益力气、延年益寿等功效。又由于普洱茶经历了从生茶到熟茶的转变过程，其生茶具有祛风解表、清头目等功效，而熟茶又有下气、利水通便等功效。

3. 武夷岩茶：含有多种化学元素和咖啡碱、茶多酚、脂多糖等。其药理性能特别显著，不但能醒心、明目、健神、消愁、止渴、杀菌、去垢、利尿、解暑、醒酒等，还有降压、减肥、抗辐射、防癌、延缓衰老等的效果。

4. 龙井茶：可以净化血管，预防中风和心脏病。

5. 碧螺春：属于绿茶，具有抗衰老、抗菌、防癌降血脂、瘦身减脂、防龋齿、除口臭、防癌、美白及防紫外线功效。

6. 黄山毛峰：对促进血液循环、降低胆固醇、增加毛细血管弹性，增强血液抗凝性都有一定好处。同时，黄山毛峰对防癌、抗癌还能起到一定的作用。

7. 庐山云雾茶：具有六大功效，即降脂、减肥、降压、抗动脉硬化；抑制肿瘤细胞产生；养胃、护胃；健龈护齿；消炎、杀菌、治痢；抗衰老等。

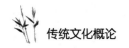

8. 六安瓜片：有利于预防和抑制癌症；有利于心血管疾病的保健治疗；有利于减肥和清理肠道脂肪；有利于清热除燥、排毒养颜。

9. 君山银针：具有一般茶类所有的保健功效，包括兴奋解倦、益思少睡、消食祛痰、解毒止渴、利尿明目、增加营养，还可杀菌、抗氧化、抗衰老、预防癌症的功效。

二、健康的饮茶习惯

(一)顺应时节变化饮茶

中医认为，茶叶上可清头目，中可消食滞，下可利小便，是天然的保健品。一年有春夏秋冬四季之分，茶叶也有寒热温凉性味的差别，因此，四季饮茶也要有区别，即常言所说"春饮花茶，夏饮绿茶，秋饮乌龙茶，冬饮红茶"。

中医认为"春天宜养阳气"，花茶性温，春天喝花茶可以散发漫漫冬季积于体内的寒气，促进阳气生发。同时，花茶的清香芬芳也能让人精神抖擞，克服"春困"。如菊花茶可以养肝明目，茉莉花茶可健脾安神，金银花茶可清热抗癌。营养学家认为，常喝花茶，可调节神经，促进新陈代谢，提高机体免疫力。

绿茶性寒，寒可清热，而且绿茶水色清冽、香气清幽、滋味鲜爽，夏季常饮能清热解暑、生津止渴，还能防晒。

秋季天气由热转寒，草木凋零，人容易"秋燥"。乌龙茶性温，既有绿茶的清香和天然花香，又有红茶的醇厚，不寒不热，温热适中，有生津润喉、润肤益肺的作用，对金秋进补有益处。

冬天饮茶以红茶为上品，红茶性味甘温，可祛寒暖胃，增强人体抵抗力。饮用时添加些糖、牛奶，还有消炎、保护胃黏膜、治疗溃疡的作用。

(二)适应人群不同饮茶

糖尿病、心脏病、高血压、神经衰弱者，以及胃溃疡、胃炎、发流性食管炎患者不宜饮茶；低血压人群，饮茶不宜过浓、过多；女性在经期、孕期、产期最好少饮茶；儿童一般不建议饮茶，尤其是浓茶，但适当用茶水漱口，可防止龋齿。

(三)一日适时适度饮茶

茶叶是一种健康的保健饮料，从饮茶与健康角度看，最佳饮茶时间是用餐 1 小时后，空腹饮茶则会伤胃，一般可以早晨饮绿茶，在吃完早餐半小时后饮半杯淡茶水，补充夜晚的水分消耗；上午 10 时左右饮浓乌龙茶，有清胃、助消化的功效；午饭前饮茶，有增加食欲的功效；下午 3 时左右饮淡茶水，可以选择具有滋阴活脾作用的花茶，再度补充体内排出的水分，并使体内堆积的废物排出，防止人体酸性化；晚上 8 时左右喝普洱茶，茶水中的茶多酚有助于消化，可以降低血液浓度，加速血液循环。

三、饮茶的禁忌

很多人都有喝茶的习惯，世界卫生组织调查认为：茶是中老年人的最佳饮品。茶叶含有丰富的维生素、蛋白质、脂肪，经常饮用可以调节生理功能，具有很好的保健作用。饮茶有很多禁忌：

一忌大量饮新茶。新茶是采摘后不久的茶叶，因为放置时间过短，茶叶中的多酚类物质、醛类物质等还没有完全氧化，会对人体造成不利影响，长时间饮用易引发腹胀、腹泻等肠胃不适症状。

二忌与药物同服。茶富含多种化合物，用茶水服药易引起化学反应，使药效降低或完全丧失，甚至危害健康。服药前后半小时内不宜饮茶。

三忌饮冷茶、隔夜茶。茶宜热饮，冷茶喝下去会使脾胃寒冷，但茶温也不宜过高，一般以不超过60℃为宜；同时，茶水放置过久会变质。

四忌空腹饮茶。饮茶应在饭后，空腹饮茶会引起头昏、乏力等症状。另外，进餐时不宜饮茶，否则会影响钙、铁等营养物质的吸收。

五忌睡前饮茶。茶有提神功效，晚上饮茶会影响睡眠，失眠、神经衰弱的人以及老人更应注意。

六忌儿童饮浓茶。茶水中不仅含有刺激性的咖啡因，还含有影响钙吸收的茶多酚。儿童可以适量饮一些淡茶，既可以补充维生素和钾、锌等矿物质，还可以清热降火，防治儿童便秘，预防儿童龋齿。(扫描二维码了解茶味)

第四节　中国茶德与茶道

一、中国茶德的传统特征

古往今来，尽管历代茶人对"茶德"的理解释说或有歧义，但比喻士君子美德修养则是一以贯之的基本精神。考察历代茶人与茶学研究者对茶事的悟解，大略可以将中国古代茶德归纳为"诚""清""真"三个字，可称之为"茶德三字真谛"，或曰"茶德三昧"。所谓"诚"，是要求茶人应有的心性修养，即诚厚——怀宽厚仁爱之心，诚明——修磊落光明之性，诚信——守忠信恪礼之操，诚敬——持谦敬由衷之行；所谓"清"，是指茶事过程中主客观条件的儒雅风韵与俭约素雅，即清真——真色、真香、真味皆具的茶品，清俭——精心设计制造的俭约而雅致的茶具、行茶之物与品饮环境，清正——以茶清心的清正动机，清明——明净淡泊的心态；所谓"真"，指品饮过程的感觉和终饮的结果，即真情——开诚推心之情，真性——潇洒率然之性，悟真——悟解事物哲理的过程，归真——返璞清心的境界。这样，"茶德"就具有了超越物质功用和一般生理活动层面的文化意义。茶事，或曰饮茶过程，只有在其具有了洗涤俗烦、升华情感、完美心灵的精神世界作用时，才可以称得上是"德"。

中国茶德的形成与发展走向，几乎自始至终都是古代茶人主群体——知识茶人群体的文化，是中国传统茶人的茶事生活与哲学思考、文化创造特征。茶德形成伊始，就是士阶层的君子比德儒家思维和儒学修身传统的产物。在人与物的关照中，中国传统茶人从对茶的本色、真香、正味等物性特点看到了拟人化茶品格修养的纯正至美；从茶对饮人的清正风雅和对水、具、境的清洁雅素要求上，悟识出了茶洁身自好、冲和淡泊的高尚情操；从对茶的寿命漫长和移根则死(古人认为茶树移地则死)的特性，理解到茶大智若愚、大音希声、大器不盈和重诺守信、不屈不阿、诚仁取义的伟大精神。茶自身的品格是高洁的，但对于人们的奉献则是无私和彻底的：既可清心悦志、舒性陶情、除烦解闷，又能消滞清火、化腻解秽、利便清肠、洁口开胃；不仅自烹独饮可清澹平和、情致悠游，三五友好共品更能助兴妙趣、雅逸盎然；小自利一己，广则利众人，大则利民族、利国家、利天下。总之，中国古代茶人从茶看到了儒家理想的完美人格、至善修养的大德君子形象，茶成了中国历史上士人自律的目标和自况的榜样。至于人生根本大礼的婚姻伊始——定亲名之"下茶"，更是茶德更广泛社会意义的扩展。

茶德不同于茶道，茶道是根植于茶事过程的感悟与理解，茶德则是前者的结晶而非动态的过程。茶艺与茶道是茶文化的核心。"艺"指选茶、制茶、烹茶、用器品茶等艺茶之术，"道"指艺茶烹饮过程中贯穿的理念、原则、精神。有道无艺，是空洞的理论；有艺无道，艺则无精无神。茶艺有名有形，是外在表现形式。茶道一般是看不见、摸不着的，但可以通过心灵去体会悟识，它是精神、道理、规律、本原与本质。

二、中国的茶道精神

中国的茶道以儒、释、道三家文化为主体构成，总体基调是高雅而深沉、博大而精深。各家茶文化精神既有共同之处，又有独到之点。

(一)共同特征

1. 和谐与宁静

中国人的性格像茶，总是清醒、理智地看待世界，强调和睦友好、理解与秩序，讲究中庸和持重。儒家将中庸引入茶道，主张在饮茶中沟通思想，创造和谐气氛，增进彼此的情谊。通过饮茶自省，清醒地认识自己，也清醒地看待别人。道家主张人与物、物质与精神不分，互相包容，与儒家的中庸有异曲同工之妙。中国茶人接受了老庄思想，强调天人合一，精神与物质统一。佛教禅宗主张"顿悟"，心里清静、无有烦恼，此心即佛，佛在"心内"，既可除苦恼，又可自由自在做信徒，与茶找到了相通之处。如果世界缺乏火热、激情，会显得过于沉闷，没有生机。如果世界的纷争、嚣闹过分，又会显得混乱、烦躁，人类也难以正常生存。茶性至柔，茶的宁静、清醒恰是纷乱世界的清凉镇静剂，有利于心情的平静与环境的和谐。

2. 淡泊与旷达

道家主张清心寡欲、"无为"、简朴、不贪。老庄的无限时空观促成了茶人的宽厚胸怀，使茶人十分注意从茶中体悟大自然的道理，获得一种淡然无极的美感，从无为之中看到大自然的勃勃生机。文人儒士是中国茶文化潮流的领导者，"知足常乐"而又"以天下为己任"，他们借茶修心养性、磨砺匡世治国之志，正所谓"修身齐家治国平天下"。诸葛亮的"宁静以致远，淡泊以明志"，是儒士心态的真实写照。儒、释、道三家思想融入茶道，形成了中国茶文化中淡泊与旷达的基调，深通茶道的茶人往往胸怀宽厚、雅然超尘。

3. 礼仪与养生、清思

中国乃"礼仪之邦"。中国人主张礼仪，便是主张互相节制、有秩序。茶能使人清醒，所以在中国茶道中也吸收了"礼"的精神。养生与清思也是几家茶文化的共同之点。道家是神仙家，求长生、清静，认为茶对其修炼很有帮助。儒家讲究通过饮茶明心见性，清晰思路，许多茶人深知茶比酒更能令人冷静思考的道理。早期的僧人饮茶旨在养生、保健、解渴与提神，后因与儒、道茶文化的沟通与融合，拥有了更强烈的以茶养性、以茶助思的精神方面的色彩。

(二)个性特征

儒、释、道三家茶文化既有相通之处，也有各自的特点。

儒家茶文化具有"乐感"与雅志的特点。深受儒家思想熏陶的中国人充满了乐观主义精神，多能随遇而安，直面惨淡的人生。即使自己生活境况不佳，也谈不上有何作为，但他们却能乐观地寄希望于子孙和未来，相信"芝麻开花节节高""一代更比一代强"。多能"苦中求乐"，既承认苦，又争取乐。饮茶，自己养浩然之气，大家又分享快乐，这构成了儒家茶道精神的欢快格调。儒家立足于现实，什么事都积极参与，喝茶也忘不了家事、国事、天下事。主张文武之道，一张一弛。中国茶文化从产生开始，便是以儒家积极入世的思想为主，茶人中消极避世者有之，但一直不占主导地位，提倡的是以苦茶而励大志。

道家茶文化具有明显的避世超尘思想。道家强调"无为"，避世思想浓重，给中国文化扩大了领域，增加了弹性和韧性，对儒家思想是一种补充。中国许多著名的茶人，退隐思想浓重，并不是逃避责任，而是表明不苟同世俗的人格。大多数茶人有一股穷骨气，富者也懂得雅洁自爱，即使不敢公然指责权贵，也总会明讥暗讽地进行对抗。这培养了许多知识分子忠耿清廉的性格，与封建世俗观念唱反调。如果说儒家茶文化适合士大夫的取向，那么道家茶文化则更接近普通文人寒士和平民的思想。它以避世超尘的消极面目出现，正反映了与占统治地位的儒家思想处于不同的境地。

佛家茶文化具有"苦寂"以茶助禅明心见性，以助"顿悟"而得道的特点。道家从饮茶中找寻一种空灵虚无的意境，失意的儒士希冀从茶中培养超脱一点的品质。虽说三家在求"静"，求豁达、理智方面在茶中趋于一致，但道人过于疏散，儒士多红尘难了，难以摆脱世态炎凉和人间的烦恼，禅僧在追求静悟方面却执着得多，故中国"茶道"二字率先由禅僧提出。

三、茶中礼仪

中国是茶叶大国，中国人喜欢喝茶，通常家里有客人来时，中国人也习惯"以茶待客"，这是自古流传下来的，是一种待客礼仪。

(一)泡茶礼仪

第一步：备茶。从备茶开始，就要对宾客保有敬意。一定要选用干净、清洁的茶具，最好是成套的茶具。用托盘将需要用到的茶具一一摆放整齐，事先询问一下喝茶者有无特殊喜好，再进行下一步。

第二步：洗(温)茶。指对茶具的洗涤、热烫过程，主要起到消毒和温杯的作用。

第三步：取茶。用茶匙轻轻从茶叶罐中取出茶叶，或将罐口与壶口接近，抖动茶叶罐，使茶叶落入壶中也可以。

第四步：沏(泡)茶。沏茶时手势动作要轻柔持重，倒开水时要把茶壶上下拉三次，高冲低调，即"凤凰三点头"。目的是使茶叶在杯中能均匀地吸水，有助于茶叶在杯中显色、透香和吐味。此时还要仔细辨别沏茶的水声，仔细观察茶叶从浮到沉的形态变化。

第五步：敬茶。将茶杯敬送到客人面前，要注意手指不可接触到杯口边缘，最好使用杯托将茶杯递过去，右手拇指、食指和中指扶住杯身。表情温和，带有微笑，轻声提醒对方："这是您的茶，请慢用。"

第六步：续茶。及时关注宾客茶杯里的变化，要勤斟少加。我国有"浅茶满酒"的讲究，一般以杯容量的三分之二茶液为宜。尤其是与宾客边谈边饮的时候，续茶时可以用动作提醒对方，无须刻意打断谈话。

第七步：清茶。即清洗，要等客人离开后才能清洗茶具，收藏起来以备下次之用。

(二)品茶礼仪

客人接过茶后不能举杯一饮而尽，吃口要小，可从杯口吸吮一小口，茶水通过舌头，扩展到舌苔，直接刺激味蕾，此时可以微微、细细、啜啜品之。因为品茶茶具不同，品茶的礼仪也有所不同。

1. 品玻璃杯茶礼仪

品玻璃杯茶要用高筒的直式透明玻璃杯，先把花果和茶叶放在杯内，用80℃开水冲泡，水面距杯口约1.5厘米，使用勺或搅棒轻轻搅动，至茶水变色。搅动时，杯子放在桌面，用一手轻触杯身，一手大拇指和中指(或食指)轻捏勺柄，缓缓地按顺时针方向搅动，轻搅几圈后，茶水变色，色泽透明晶莹，带有浅浅的花果颜色，清香溢出。饮用时，要将勺或搅棒取出，不要放在杯中直接喝，也不要喝几口，搅动几下，这些动作都不雅。

2. 品盖碗茶礼仪

标准姿势是一手持杯，一手持盖，把碗端至胸前，头缓缓低下，手缓缓上抬。持盖的手是用大拇指和中指持盖顶，再将盖碗略斜，使靠近自己一侧的盖边向下轻轻划过水面，借盖碗边在水面的划动，把碗里漂在上面的药材、茶叶拨到一边，在喝茶时，不至于将茶叶或药材喝到口中。如果茶水很烫，品茶时可以用嘴轻轻地吹，帮助冷却。但用嘴吹时，嘴型要小而扁，不可发出声音。

3. 品瓷碗茶礼仪

品红茶需要瓷质茶具，茶叶放入杯中以后，只能注水七分满，否则不仅不符合红茶礼仪，还容易烫伤自己或客人。端茶时，男士拿品茗杯的手要收拢，表示大权在握；女士则可以轻翘兰花指，漂亮而优雅。自己喝茶与别人喝茶时，端茶、接茶都应如此。在茶水的接与送过程中，身体不要太直，可以微微向前倾。

(三)敬茶礼仪

1. 上茶

上茶时,一般应当事先将茶沏好,装入茶杯,然后放在茶盘之内端入客厅。如果客人较多,务必要多备几杯茶,以防届时"僧多粥少",供不应求。

在上茶时,应当借此机会,向客人表达自己的谦恭与敬意。标准的上茶步骤:双手端着茶盘进入客厅,首先将茶盘放在临近客人的茶几或备用桌上,然后右手拿着茶杯的杯托,左手附在杯托附近,从客人的左后侧双手将茶杯递上去。茶杯放置到位之后,杯耳应朝向外侧。若使用无杯托的茶杯上茶时,亦应双手捧上茶杯。

从客人左后侧上茶,意在不妨碍其工作或交谈的思绪。条件不允许时,至少也要从其右侧上茶,而尽量不要从其正前方上茶。

有时,为了提醒客人注意,可在上茶的同时,轻声告之:"请您用茶。"若对方向自己道谢,不要忘记答以"不客气"。如果自己的上茶打扰了客人,应对其道一声"对不起"。

2. 敬茶

敬茶要讲究辈分,先敬长辈,再敬平辈和小辈。斟茶的顺序要做到先尊老后卑幼。若有客人的话,要讲究先客后主,先给客人敬茶,对客人说声"请喝茶",然后才给自家的家人敬茶。如果主人是小辈,给长辈斟茶喝,长辈接受了茶后,用食指在桌上轻弹两下,表示感谢。如果主人是长辈或者平辈,给平辈或者小辈斟茶喝,平辈或者小辈要用食指、中指在桌面轻弹二次,表示感谢(图2-5)。

图2-5 敬茶与扣指礼

为客人敬茶时,一定要注意尽量不用一只手上茶,尤其是不要只用左手上茶。同时,双手奉茶时,切勿将手指搭在茶杯杯口上,或将其浸入茶水,污染茶水。在放置茶杯时,千万不要粗枝大叶,以之直撞客人,也不要把茶杯放在客人的物品上,或其行动时容易撞翻的地方。将茶杯放在客人右手附近,是最适当的做法。

3. 续茶

主人在待客过程中,还要注意给客人续茶,客人的茶杯空了,记得给客人的茶杯中续上茶水。若客人茶杯中的茶久未饮完,还要将客人茶杯中的冷茶倒掉,重新换上热茶。在给客人续茶的时候,发现客人的杯子中有茶渣,应该替客人重新洗杯,换上热茶。

4. 新客

在喝茶的时候，中间有新的客人到来，主人应立即倒掉茶壶中的茶叶，重新换上新的茶叶，以示对新客人的欢迎，否则会被认为"怠慢客人"。而且换了茶叶之后，还要将第一泡茶倒掉，冲泡第二泡茶，应先斟茶给新客人饮用。

(四)其他茶礼

1. 茶席布置

简单无须奢华，不使用的器具尽量放在桌面以外。花器等装饰品，应符合主题，颜色、材质应仔细选择，尽量与主要茶具、茶席融为一体，避免喧宾夺主。

2. 安排座位

为了配合长幼有序的礼节，尽量安排长辈或首席客人坐在泡茶人的最左方。原因是这样一来，斟茶将会按照顺序，自左向右，最后到自己，如果主宾的位置安排不对，则斟茶过程中若先给主客斟茶，则顺序将被打乱，从而变得无序。

3. 逆时针的讲究

在进行回转注水、温杯、烫壶等动作时要用双手回旋。一般使用右手，按逆时针方向，类似于招呼手势，寓意"来、来、来"表示欢迎。反之则变成暗示挥斥"去、去、去"，若为左手则为顺时针。

4. 顺时针的讲究

一般茶主人都以右手持壶或公道杯为宾客倒茶，应自左到右顺时针倒茶，这样壶口或公道口是倒退着为宾客分茶。因为如自右到左逆时针，则口向前冲着为宾客倒茶，壶嘴不断行向前如一把利刃，变成一种含侵略性的动作。当然，如习惯左手持壶，则可逆时针。

5. 分茶

分茶时要注意不得溅出茶水，做到每位客人茶水水量一致，以示茶道公正平等，无厚此薄彼之义。分茶时，茶杯多放于客人右手的前方。习惯上，最右方的茶是尾席，斟茶适量，每一泡茶，都应由茶主人进行扫尾。

6. 茶满欺客

斟茶时只斟七分即可，暗寓"七分茶三分情"之意。俗话说"茶满欺客"，茶满不便于握杯啜饮。

7. 续杯

主人应熟悉茶品状况，若茶汤已现水味，应及时换茶。晚上品茶不宜太晚，适当注意观察，在喝得尽兴的时候，也应该掌握茶局结束的时间。

8. 茶点

正规场合，品鉴好茶时不宜食用茶点，否则视为对茶的不尊重。食用的茶点，并不推荐重口味的蜜饯、奶糖类茶食，坚果类的零食比较适宜。茶到深夜，当备茶点。

9. 续水

如遇宾客多需要助泡协助烧水壶续水时，可以在需要续水时适当打开壶盖示意，避免高声要水，以免使宾客感到尴尬。

10. 茶壶

放置茶壶时壶嘴不能正对他人，否则表示请人赶快离开。有的茶主人，十分爱惜自己的茶壶，在冲泡中，主人淋壶擦拭，把玩摩挲，会影响客人品茶时的注意力；品茶期间，整理茶台、擦拭桌椅，也会让客人误以为主人要送客了。这些都是不礼貌的行为。

第五节 茶与中国传统文化

作为中国传统文化的主要来源，儒、道、释三家的哲学理念都与中国茶学有着极深的渊源关系。儒、道、释三家在历史上既曾分别作用于茶文化，又曾综合地共同作用于茶文化，可以说，没有儒、道、释三家的融合与凝聚，也就没有中国的茶文化。

一、茶与儒家礼义

茶与儒家礼义的关系是相当悠久和深刻的，在古代的礼义中，茶曾作为祭品及陪葬之物。在古代的婚礼中，茶也是聘礼定亲之物。明代的王象晋《茶谱序》中云："茶，喜木也。一植不再移，故婚礼用茶，从一之义也。"清人陆廷灿《续茶经》《天中记》中语："凡种茶树必下子，移植则不复生，故俗聘妇以茶为礼，义固有所取也。"又引《灌园史》云："茶子数颗落地，一茎而生，有似连理，故婚嫁用茶，盖取一本之义。"由茶的连理取义，就有如此多的联想。由此可见，"礼"在儒家思想中既是政治伦理的规范，也是一切民俗民风的源头。所谓："道德仁义，非礼不成；教训正俗，非礼不备；分争辩讼，非礼不决；君臣上下，父子兄弟，非礼不定。"既然礼义的观念深入社会活动的一切领域，那么在茶文化中，自然也会有所体现。晚唐人刘贞亮《饮茶十德》中提出了"十德"说，其中就有"以茶利礼仁，以茶表敬意"二句，这说明至迟在唐代，来客敬茶，以茶为礼，已成为一种民间的普遍风俗。在官场中，茶礼则已经演化为一种区别官阶等级程式。点茶与点汤成为官场的待下之礼，沈括《梦溪笔谈》卷一："百官于中书见宰相，九卿而下，即省吏高声唱声屈，躬趋而入，宰相揖及进茶，皆抗声赞喝，谓之屈待制以上见则言请某官，更不屈揖，临退仍进汤。"是进茶还是进汤，已然与官阶密切相关，级别不同，享受的包括饮茶的待遇也就不同。

"中和"是儒学思想的核心内容。"中和"思想的内涵，首先在哲学上就是强调事物的适度性。所谓"一失其度，俱为茶病"。在《茶经》中不仅选水要选"涓涓然"的"漫流者"(即缓流的活水)，反对"瀑涌湍濑"的急流之水，也不能用淳蓄不流的死水。这种流而不急的状态，正是儒家文化的一种心灵选择。与活水的观念相呼应，唐代还提出了"活火"的概念。所谓"活火"，又叫文火或缓火。赵璘《因话录》卷二云："茶须缓火炙，活火煎之。活火者，谓炭之焰者也。"从碾茶之前的烤炙到煎茶时的用火，都需要火是燃而不旺的状态。再看候汤，所谓"候汤"，主要是指开水烧沸时的状态。由"蟹眼"至"鱼眼",再至开水四周环沸,直至如急浪腾涌,其中最佳状态是开水烧至四周环沸之状,也就是陆羽所谓的"第二沸时",并称之为"隽永"之水。在饮茶之中,也是第一次泡茶之水,仅作"暖盏"之用,并不饮用,第二次的茶汤才是最佳之"至味"。另外,饮茶的量也强调适度。其次在精神追求中,也以"和"为最高之境界。唐代斐汶《茶述》中认为茶"其性精清,其味浩洁,其用涤烦,其功致和"。宋徽宗赵佶《大观茶论》也云:"至若茶之为物,擅瓯闽之秀气,钟山川之灵禀,祛襟涤滞,致清导和。"无论是斐汶的"其功致和"还是赵佶的"致清导和"都贯注着中庸之道的深刻内涵,熔铸着儒家思想所倡导的人格理想。再进一步,也就是提倡通过茶道,营造出社会和谐稳定的秩序以及人与人之间和睦相处的空间。

"雅"也是儒家文化中追求的一种精神之美。唐代刘贞亮《饮茶十德》中已涉及"以茶可雅志,以茶可修身"的内容。"雅"既包含属于精神维度的高雅、儒雅、雅致等内容,还包括雅训、雅正、雅志等属于修身养性的内容。前者与"俗"相对,通过饮茶与茶道展示,表现出人的精神气度和文化修养;后者则更侧重于表现人的清高廉洁、节俭朴素的思想品格。无论是陆羽《茶经》中提到的"精行俭德",还是斐汶《茶述》中的"精清、淡洁",抑或赵佶《大观茶论》中的"俭、清、和、静",在其精神内涵上均包含着上述的两个方面。因而茶文化中寄寓着儒家对理想人格之企求,即以修身为本、修己爱人、自省独慎、自尊尊人、敬业乐群和志趣高尚等内容为特征的君子人格。

二、茶与道家精神

茶文化中的道家精神是十分鲜明的。如果神农尝百草,以茶解毒的史料可信的话,那么应该说道家思想是最早出现在茶文化中的。在早期的茶文化萌芽中,作为草本的茶的确与药草有密切的关系。《说文解字》载:"药,治病草。"因而茶与道家的养生、乐生精神的结合,也就成了早期的茶文化形态。陆羽《茶经》中曾引《神农本草》中语云:"茶茗久服,令人有力悦志。"茶与道教的结合,又使之披上了一层神秘的色彩:"茗茶轻身换骨,昔丹丘子黄山君服之。"出于汉魏之际的《神异记》还有这样的记载:

余姚人虞洪入山采茗,遇一道士,牵三青牛,引洪至瀑布山曰:"予丹丘子也。闻子善具饮,常思见惠。山中有大茗可以相给。祈子他日有瓯牺之余,乞相遗也。"因具奠祀,后常令家人入山,获大茗焉。

这说明,至少在汉魏之际,茶与道教已有了某种联系。道家主张养生悦志,茶又与古代士子的隐逸思想发生关系。"隐者,荫也,即如冥鸿、雾豹,隐而不见者也;逸者,遁也,即如香象渡河、羚羊挂角,逸而无迹者也。"茶为隐逸者所钟爱绝非偶然。从茶性来看,《本草》木部说:"茗,苦荼也,味甘苦,微寒、无毒。"陆羽《茶经》也云:"茶之为用,味至寒,茶之性俭。"又云饮茶是"啜苦咽甘"。这些都颇符合因政治原因隐逸山林者的心志或心态。

茶文化中的道家精神更直接的表现是对自然之趣的追求。老子的《道德经》说:"人法地,地法天,天法道,道法自然。"这个"自然",指的是自己而然,即道是自己如此的,自然而然的,非有意造作所至。这种自然观念也漫透于茶文化中。茶本是野生之物,生长于川谷之间,与名茶相配的又是山间独有的名泉。所谓:"然天地生物,各遂其性,莫若叶茶，烹而啜之，以遂其自然之性也。"茶的品质与饮茶的意趣，均与地域、环境有很大关系。

竹下忘言对紫茶，全胜羽客醉流霞。尘心洗尽兴难尽，一树蝉声片影斜。

——(唐)钱起《与赵莒茶宴》

野泉烟火白云间，坐次香茶爱此山。岩下维舟不忍去，青溪流水暮潺潺。

——(唐)灵一《与元居士青山潭饮茶》

这样的诗句不胜枚举。不管饮茶者所处的实际环境如何，但至少在他的精神维度中，去努力追求这样一种已经广为认同的自然之趣，已经成为中国茶文化的重要特点之一。

三、茶与佛教

茶与佛教，亦可谓因缘深长，自古就有"茶禅一味"的说法。西汉末年，佛教传入我国，由于教义与僧侣活动的需要，茶很快就与佛教结下了缘分。佛教的重要活动是僧人坐禅修行，"过午不食"，不可饮酒，戒荤吃素，清心守规。在坐禅时，要求做到"跏趺而坐，头正背直，不动不摇，不委不倚"。因而，需要有一种东西既符合佛教规戒，又能消除坐禅带来的疲劳和补充"过午不食"的营养，茶叶中各种丰富的营养成分，具有提神醒脑的作用，使茶成了僧侣最合理的饮料。陆羽《茶经》指出，茶味至寒，宜于精行俭德之人。古人认为茶能清心、陶情、去杂、生精，具有"三德"：一是坐禅通夜不眠；二是满腹时能助消化，清神气；三是"不发"——能抑制性欲。所以饮茶是最符合佛教的道德观念，茶成了佛教的"神物"。

所谓"茶禅一味"，传导的是佛教"空"的理念，是无味即有味的思想。所谓"无味如茶，饮而醒焉"，就哲学的辩证性而言，有味是以无味为前提的，无味又可以成为有味的极致，关键是对佛理的个人体悟。据《广群芳谱·茶谱》引《指月录》载：

有僧到赵州，从念禅师问："新近曾到此间么？"曰："曾到。"师曰："吃茶去。"又问僧，僧曰："不曾到。"师曰："吃茶去。"后院主问曰："为什么曾到也吃茶去，不曾到也吃茶去？"师召院主，主应诺。师曰："吃茶去。"

念禅法师的"吃茶去"，后来就成了禅的法语。"茶禅一味"实与佛教禅宗"本无一物"境界相通。其精髓在于以从容的心态，以"禅定"的法则，以不变应万变，自由自在地、无心无意地、无事无作地应对外来的一切事物，从中显示出佛教思想内在的无穷活力。(扫描二维码观看视频"何为茶禅一味")

四、茶馆文化

中国的茶馆由来已久，据记载，两晋时已有了茶馆。自古以来，品茗场所有多种称谓，茶馆的称呼多见于长江流域。两广多称为茶楼，京津多称为茶亭，此外，还有茶肆、茶坊、茶寮、茶社、茶室等称谓。不过茶馆与茶摊相比，有经营大小之分和饮茶方式的不同。茶馆设有固定的场所，人们可在这里品茶、休闲等。

茶馆是社会的一个窗口和缩影，它从一个侧面折射出一个国家或一个地区的地域文化与民族文化。茶馆是随着时代的商业发展而逐渐形成和兴旺起来的，茶馆文化在促进社会主义精神文明建设过程中发挥着积极的作用(图2-6)。

图2-6　现代茶馆

(一)茶馆的功能

1. 交际功能

以茶会友，抒怀叙旧。茶馆的清净优雅为有共同爱好的友人提供了一个适宜场所。茶馆还是人们进行是非谈判、沟通联谊、亲友小聚、同好切磋的社会交际场所。

2. 信息功能

现代茶艺馆被人们称为"茶文化事业的形象大使"。因为在茶馆里，每天都有爱茶人士光临学习，通过专业茶艺师的介绍，除了能够掌握每一种茶品的特性、冲泡和品饮方法，茶馆也是各种信息的荟萃中心，四面八方的人们来到这里，古今中外、天南地北任尔畅谈。

3. 审美功能

茶馆营造出来的文化氛围，满足了人们"审美欣赏"的需求。茶馆所提供的审美对象是多层面的，包括自然之美、建筑之美、格调之美、香茗之美、壶具之美、茶艺之美等。

4. 展示功能

部分茶馆选择将一些书法字画、文物、瓷器等艺术珍品陈列在茶厅里，供前来品饮的茶客一饱眼福。茶馆的装饰多呈古朴风格，走进这样的茶馆，茶客们不仅能品尝茗茶、点心，还可以体验观赏艺术品带来的视觉享受，零距离接触充满文化气息的艺术茶空间。

5. 教化功能

"饮茶讲科学，品茶讲艺术。喝茶，喝好茶，以茶养生，健康，长寿。"众多茶馆在经营活动中贯彻这一科学的茶文化思想，在社会主义精神文明建设和物质文明建设中产生了积极影响。人的心灵在茶馆茶事活动中得到熏陶，使人的思想、品德、情感、志趣、学识和性格等方面得到净化和提升，最终体现在人的行为举止上。

6. 休闲功能

品茶要讲究茶、水、茗具和环境、心境的统一，通过品茶的休闲之道，调养自身的性情，提高自身的素质，这是一种很好的途径。人们可以通过一次简单的茶馆饮茶体验，放松紧张、疲惫的身心。

7. 餐饮功能

茶馆不仅能为人们提供品茗的文化氛围,而且也能提供各种精美的茶食、茶点、茶肴,既可满足人们的口福,又可使人精神饱满。茶馆把饮食文化与茶文化有机结合在一起,是一种两全其美的经营方式。

(二)各地茶馆文化

中国茶馆由来已久,早在唐玄宗时期就已有,只不过当时叫"茗铺"。茶馆是爱茶者的乐园,也是人们休息、消遣和交际的场所。茶馆这个称呼多见于长江流域,两广地区称茶馆为"茶楼",而京津地区又称为"茶亭"。

1. 广州茶楼

广州茶楼的"富贵气派"较重。广州称茶馆为茶楼,吃早点叫吃早茶,广州茶楼是茶中有饭,饭中有茶。

2. 四川茶馆

俗话说,四川"头上晴天少,眼前茶馆多"。四川茶馆是市民茶文化最典型的表现。茶馆在四川,可谓遍布大小巷,尤其是在成都。成都人不能一日无茶,坐茶馆是他们生活的组成部分,茶馆的功能已远远超过了饮食本身的意义。因此,茶文化在四川已演变成独具巴蜀特色的"茶馆文化"。

3. 杭州茶室

杭州茶馆文化,起于南宋。当代杭州茶馆数量不如四川成都多,但茶馆的文化气氛却更胜一筹。杭州茶馆之所以叫"茶室"是别有意境的,一个"室"字,既可以是文人的书室,又可以是佛道的净室。杭州茶室讲究名茶配名水,品茗临佳境,并贵在一个"真"字,多"仙气""佛气""儒雅"之风。

4. 上海"孵茶馆"

上海是一座近代工商城市,茶馆里的文化气氛要稍重些。旧时,上海公园里有茶室,经常客满盈门。上海人去茶馆叫"孵茶馆",一个"孵"字道出了老上海人身处闹市,无法消遣,到茶馆暂借清闲的心境。

5. 北京茶馆

北京茶馆种类繁多,就形式而言,分大茶馆、清茶馆、书茶馆、贰茶铺、野茶馆。

老北京有很多书茶馆,在这种茶馆里,饮茶只是媒介,听评书是主要内容。书茶馆开书以前卖清茶,也为过往行人提供偶饮一两杯歇息解渴的机会。开书后,饮茶便与听书结合,不再单独接待一般客人。天桥一带的书茶馆,主要是曲艺,如梅花大鼓、京韵大鼓、北板大鼓、唐山大鼓、梨花大鼓等。

北京还有许多清茶馆,饮茶主题较突出,一般是方桌木椅,陈设雅洁简练。清茶馆皆用盖碗茶,春、夏、秋三季还在门外或内院搭凉棚,前棚坐散客,室内是常客,院内设雅座。到这种茶馆的多是老人。

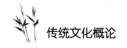

小提示

老舍与《茶馆》

老舍，舒庆春，字舍予，中国现代小说家、文学家、戏剧家。老舍的一生，发表了大量影响后人的文学作品，有"人民艺术家"之称。

老舍作品《茶馆》，讲述了茶馆老板王利发一心想让父亲的茶馆兴旺起来，为此他八方应酬，然而严酷的现实却使他每每被嘲弄，最终被冷酷无情的社会吞没。经常出入茶馆的民族资本家秦仲义从雄心勃勃搞实业救国到破产；豪爽的八旗子弟常四爷在清朝灭亡以后走上了自食其力的道路。故事还揭示了刘麻子等一些小人物的生存状态。全剧以老北京一家大茶馆的兴衰变迁为背景，向人们展示了从清末到抗战胜利后的半个世纪，北京的社会风貌及各阶层人物的不同命运。图2-7为话剧《茶馆》剧照。

图2-7 话剧《茶馆》剧照

老舍茶馆，坐落在前门西大街3号楼，始建于1988年，是一家以人民艺术家老舍先生及其作品命名的茶馆。茶馆位于三层，门口环饰着紫木透雕；位居正中的"老舍茶馆"金字牌匾下方，人民艺术家老舍先生的铜像屹然凝视着远方。老舍先生的崇高品质和他笔下的京味"茶馆"感染了无数大众，也使这座融茶道、民族艺术于一体的老舍茶馆名扬中外。

【思考讨论】

1. 如何理解"茶可雅志，茶可修身"这句话？
2. 简述"茶禅一味"的内涵。
3. 古代茶人对烹茶用水有什么要求？
4. 茶艺与茶道有何关系？

【综合实践】

1. 简述中国茶俗的历史发展阶段。
2. 按照制茶工艺划分，茶可以分为哪几类？列举其他的分类法。
3. 简述茶在养身健体方面的作用。
4. 列举国内外具有国家、地区特征的饮茶方式。
5. 简述茶的养生作用。

第三章　中国酒俗文化

【导论】

　　酒是人们最重要的饮料之一，它的主要成分是乙醇和水，随着人类文明的进步发展而发展。中国是世界上最早发明酿酒术的国家之一，酒的出现无疑是人类社会经济文化发展到一定程度的标志。古往今来，各民族造酒的传说千差万别，各具特色。因此，在历史的长河中，酒文化犹如一个色彩斑斓的万花筒，随着不同的时代、地域和民族的差别，不断展现变换着的画面。中国人爱酒，同时也为酒文化的发展源源不断地作出贡献。从家喻户晓的杜康，到世界名酒茅台，无不凝聚着中国"酒人"的探索与智慧。也正是因为这样，中国的酒不仅给人以美的享受，更融入了民族文化特征，展示着中华民族的民族自豪感和大无畏气概，形成中华民族独有的酒俗文化。本章将从酒的渊源、酒的酿造、酒的品评、酒与中药的关系以及酒与艺术几个方面进行深入的阐述。

【学习要点及目标】

1. 了解中国酒的起源与发展，增强对传统酒文化的热爱。
2. 了解酒的酿造原料与工艺，培养传承传统酿造技艺的信心。
3. 了解各种酒的品评文化，正确认识品酒文化的内在含义。
4. 了解酒与中药的关系，感受酒与健康相辅相成的关系，培养民族自豪感。
5. 了解酒与诗词、戏曲、书画及对联相互融入的文化联系，感受中国酒文化的博大精深，增强爱国主义情怀。

【关键词】

酒俗文化　酿酒　品酒　炮制　艺术　健康

第一节　酒的渊源

　　酒，凝结了中华民族历代的文化创造，要想真正了解中国的酒文化，首先要从酒的正名、酒的起源谈起。中国是世界上最早发明酿酒术的国家之一。酒的出现无疑是人类社会经济文化发展到一定程度的标志。古往今来，各民族造酒的传说千差万别，各具特色。因此，在历史的长河中，酒文化犹如一个色彩斑斓的万花筒，随着不同的时代、地域和民族的差别，不断展现变换着的画面。大量的考古发掘和科学研究已经表明，中国酒的起源和发展经历了从自然酒到人工造酒,从简单的自然发酵酒到蒸馏酒,从原始低劣的酒到现代酒的漫长发展过程。这一过程才是人们认识酒的最根本着眼点。

一、人工酿酒的起源与发展

(一)酒的起源

考古中发现,酿酒早在夏朝(4000多年前)或者夏朝以前就存在了,河姆渡文化时期(4000~5000年前),考古发现有陶器和农作物遗存,具备酿酒的物质条件。磁山文化时期(7355~7235年前),发现了一些形制类似于后世酒器的陶器和大量谷物,谷物酿酒的可能性很大。三星堆遗址(公元前4800—前2870年)地处四川省广汉,出土了大量陶器和青铜酒器,其器形有杯、觚、壶等。大汶口文化(公元前4300—前2400年)随葬的80多件陶器中,有25件洁白的白陶器,主要是成套的酒器,计有贮酒的背壶、温酒的陶鬶、注酒的陶瓷和饮酒用的鬶杯。

(二)酒的发展历史

1. 周秦两汉时期

在夏代,我国酿酒技术已经有了一定的发展,而商代酿酒业颇为发达,已开始使用酒曲酿酒。殷商时期,纣王"酒池肉林""长夜之饮"便是最好的证明。周朝,有关于酿酒的专职部门和管理人员,酿酒工艺也有较为详细的记录。《礼记》记载有醴酒、玄酒、清酒、澄酒等多种酒类。周代颁布《酒诰》,开始中国历史上的第一次禁酒。

汉代对酒实行专卖——"榷酒酤",但只实行了17年,后改专卖为征税。汉武帝时期,张骞出使西域,引进葡萄,同时招来了酿酒艺人。《太平御览》载"离宫别观傍尽种葡萄",可见葡萄的种植和葡萄酒的酿造都达到了一定的规模。东汉末年,曹操发现家酿法(九酝春酒法)所酿的酒醇厚无比,将此方献给汉献帝。这个方法是酿酒史上甚至发酵史上具有重要意义的补料发酵法(现称"喂饭法")。

2. 三国时期

魏文帝曹丕喜欢喝酒,尤其喜欢喝葡萄酒,在《诏群臣》中写道:"……中国珍果甚多,且复为说葡萄。当其朱夏涉秋,尚有余暑,醉酒宿醒,掩露而食。甘而不腻,脆而不寒,味长汁多,除烦解渴。又酿以为酒,甘于鞠蘖,善醉而易醒。道之固已流涎咽唾,况亲食之邪?南方有橘,酢正裂人牙,时有甜耳。既远方之果,宁有匹者乎?"葡萄酒业得到恢复和发展,使得在后来的晋朝和南北朝时期,葡萄酒成为王公大臣、社会名流筵席上常饮的酒饮。

3. 两晋南北朝时期

魏晋之际,司马家族和曹氏的夺权斗争十分激烈残酷,氏族中有很多人为了回避矛盾尖锐的现实,往往纵酒佯狂。东晋永和九年(353年),王羲之与当朝名士谢安、孙绰等人在绍兴会稽山阴兰亭借宛转溪水饮酒作诗,王羲之醉笔走龙蛇,乘着酒兴写下了名传千古的《兰亭集序》。南北朝时期,酒名比较讲究艺术效果,有金浆、千里醉、白坠春酒、桃花酒、梨花春、驻颜酒、巴乡清、桑落酒等。

4. 唐宋时期

唐宋，酿酒业已很兴盛，名酒种类不断增多。盛唐时期，王公贵族、文人名士、老百姓普遍饮酒。女性化妆喜欢在脸上涂上两块红红的胭脂——"酒晕妆"。北宋对酒的生产和销售管理很严格：酒的专卖、曲的专卖和税酒。在当时，酒税是政府重要的财源，为了获得足够的酒税，不许私人酿酒，私自制曲5斤即判处死刑。

5. 元代时期

据《马可·波罗游记》记载：元朝的酒类有马奶酒、葡萄酒、米酒和药酒。米酒是元朝北方农区的佳酿，据《马可·波罗游记》描述："没有什么比它更令人心满意足的了。温热之后，比其他任何酒类都更容易使人沉醉。"葡萄酒常被元朝统治者用于宴请、赏赐王公大臣，还用于赏赐外国和外族使节。据意大利学者研究，马可·波罗曾把中国的酒配方带回欧洲，现今的"杜松子"酒，它的方法就记载在元代《世医得效方》中，当时被欧洲人称为"健酒"。

6. 明清时期

明朝是酿酒业大发展的新时期，酒的品种、产量都大大超过前朝。这一时期，政府直接向酿酒户、酒铺征税。洪武二十七年(1394年)允许老百姓自设酒肆，政府采取方便酒商贸易、减轻酒税的措施，因此促进了各类酒的发展，酒的交流加快。徐渭在《兰亭次韵》一诗中无限感慨地说"春来无处不酒家"，可见当时的酒店之多。为了扩大和便利销售，有些酿坊还在外地开设酒店、酒馆或酒庄，经营批发零售业务。清末，葡萄酒不仅是王公贵族的饮品，在一般社交场合以及酒馆里也都饮用。

7. 现代发展

随着世界各国的交流增多和发展加快，西方的酿酒技术与我国传统的酿造技艺争放异彩，使我国酒苑百花争艳、春色满园。啤酒、白兰地、威士忌、伏特加及日本清酒等外国酒在我国立足生根，竹叶青、五加皮、玉冰烧等新酒种产量迅速增长，传统的黄酒、白酒也琳琅满目、各具特色，中国酒的发展进入了空前繁荣的时代。

二、酒的定义

酒是一种用粮食、果品等含淀粉或糖的物质，经发酵、蒸馏而成的含乙醇、带刺激性的饮料。酒中最主要成分是乙醇(俗称酒精)，其中还有其他多种物质，如水分、总醇类、总酯类、糖分、杂醇油、矿物质、气体和微生物等。乙醇的主要物理特性：常温下呈液态、无色透明、易挥发、易燃烧，沸点为78.3℃、冰点为-114℃。

酒是一种因人而异的情怀，是一种物质，也是一种精神，更是一种文化。有什么比"把酒临风""对酒当歌"的超然忘我更能体现出内心的快意？一杯在手，胸襟渐开，人们就变得热情奔放，豪气盖天。若不是一连喝了十来碗好酒，武松岂敢过景阳岗，徒手制虎？更奇妙的是，酒甚至能让人喝出一种意境，激发人们的想象力和创造力，使人的艺术天赋凭借酒力超常发挥。唐代诗人李白斗酒诗百篇，而曹雪芹更是卖文沽酒写就千古红楼。(扫描二维码观看"微课3-1：李白 月下独酌四首其一")

三、有关酿酒起源的传说

关于中国酒的起源,晋代文人江统的《酒诰》中有段介绍:"酒之所兴,肇自上皇;或云仪狄,一曰杜康。有饭不尽,委之空桑,积郁成味,久蓄气芳,本出于此,不由奇方。"这段话是说酒的起源是由于把剩饭倒在桑树林,粮食郁积,久蓄则变味成酒,而不是由于某个人发明的。那么酒到底是怎样、何时被酿出来的呢?有以下几种说法。

(一)上天造酒说

古人普遍认为,酒星下凡赐给民间美酒,或者使用魔力使果品和粮食变化成酒,或者教会百姓酿酒。在远古时代,人们无法了解普通的果品或者粮食怎么经过一段时间的发酵,不仅没有腐烂变臭,还产生了那么神奇的液体,自然也就相信酿制过程中有一种神力的存在。这就是为什么很多酿酒作坊在开始酿酒时,都要有一定的庄严仪式。酒星造酒不仅说明了人们对酒的喜爱程度,而且在众多的民间故事中,天上的神仙酷爱美酒,也佐证了酒与生活的密切程度。

随着社会的发展进步,后来也有很多人不再相信酒星造酒的传说。但酒星造酒不仅说明人类的祖先有特别丰富的想象力,给酒赋予了美丽神圣的外衣,也使人们乐于相信有那么一位神仙站在星辰之上,手捧香醇美酒,倾洒人间,在纷纷飘飞的芬芳酒雨中,让人们感受生活的美好。

(二)猿猴造酒说

在人们的心中,猿猴是有灵性的神秘动物,与人有很多相似之处。人类喜酒爱酒,猿猴也不例外。人类造酒工艺繁复,酿制技术需要相互学习,代代相传。而山野之外的猿猴,没有什么酿制设备,却会酿制美酒,仿佛得天之助。

明代李日华在他的作品中记载:"黄山多猿猱,春夏采花果于石洼中,酝酿成酒,香气溢发,闻数百步。野樵深入者或得偷饮之,不可多,多即减酒痕,觉之,众猱伺得人,必赐死之。"清代李调元在他的著述中也有"琼州多猿,尝于山岩深处得猿酒,盖猿酒以稻米与百花所造,一百六轧有升,味最辣,然极难得"这样神奇的记载。清代的一本笔记小说中也有同样的描述:"粤西平乐等府,山中多猿,善采百花酿酒。樵子入山,得其巢穴者,酒多至数百。饮之,香美异常,名曰猿酒。"《安徽日报》也曾刊登过著名画家程啸天游览黄山,在险峰深谷猿猴出没之处觅得"猴儿酒"的故事,正好与几百年前李日华的记载相互印证了黄山"猴儿酒"的存在。这些不同时代人的发现,都证明了在猿猴的聚居之处,常常有类似"酒"的东西被发现,如图3-1所示。

> **小提示**
>
> 猿猴造酒,不过是猿猴储存的水果腐烂发酵的结果,是一种无意识的行为,人类受到这一现象的启发,才开始了酿酒。

(三)仪狄酿酒说

仪狄,一个中国酒史上神奇的名称,他是人还是神,生于什么时代,至今还无法定论。

关于"仪狄造酒"之说在《吕氏春秋》《战国策·魏策》《世本》等典籍中均有记载。仪狄造酒说始载于《世本》。《世本》是秦汉年间辑录古代帝王公卿谱系的书,书中讲:"仪狄始作酒醪,变五味;少康作秫酒。"认为仪狄是酒的始作人。后来,在东汉人许慎编写的《说文解字》中也有关于仪狄造酒的记载。但是古籍中也有许多否定仪狄"始"做酒的记载,如《黄帝内经》有黄帝与医家岐伯讨论"汤液醪醴"的记载,《神农本草》也肯定神农时代就有了酒,都早于仪狄的夏禹时代。

图 3-1 猿猴造酒

(四)杜康酿酒说

晋代人江统的《酒诰》一书曾记载:(杜康)"有饭不尽,委之空桑,郁积成味,久蓄气芳,本出于此,不由奇焉。"这便是传说中杜康造酒的具体记载。杜康将未吃完的剩饭放置在桑园的树洞里,剩饭在洞中发酵后,就有芳香的气味传出。这就是杜康发明酒的过程。"杜康造酒"经过曹操"何以解忧,唯有杜康"的咏唱,在人们心目中杜康已经成了酒的发明者,也有了各种传说。陕西白水县康家卫村,传说是杜康的出生地;河南汝阳县的杜康矶、杜康河,传说是杜康酿酒处;河南伊川县皇得地村的上皇古泉,传说是杜康汲水酿酒之泉。

(五)黄帝造酒说

黄帝是少典之子,本姓公孙,长期居住在姬水,因而改姓姬。有很多史籍和传说从不同角度证实,黄帝时代人类的祖先就已开始酿酒。黄帝时代是人类发展最快的黄金时代之一,当时的物质文明达到一定程度,对民智开发起到至关重要的作用,不断激发人们对未知的求索欲望,来满足社会不断发展的需求。在此基础上,形成了百舸争流的发明时代。传说是黄帝发明了"酒泉之法",并曾有"汤液酒醪"的见解。史书中还提到一种特别古老的、用动物的乳汁酿成的甜酒醴酪,也是一种奶酒。《黄帝内经·素问》中记载了黄帝与岐伯讨论如何酿酒,并得出结论,人如果身体虚弱,可以喝点酒用以疗养。另外,此书中还讲道,如果病在肠胃之内,也就是酒能够达到的地方,喝酒可以起到治疗的效果。黄帝不仅把酒看作饮料,还把它当作治病的药物,从而使酒的作用得到了更大的发展。通过对文字的分析,可以认为,古人当时没有把酒的发明看作是杜康、仪狄的成就,而是提前到黄帝时期。更有学者研究证明,很有可能在神农时代就已经发明了酒。(扫描二维码观看"微课 3-2:酒的起源和定义")

四、酒的分类

我国有悠久的酿酒历史,在长期的发展过程中,酿造出许多被誉为"神品"或"琼浆"的美酒。据历史记载,中国人在商朝时期(约 3700 年前)已有饮酒的习惯,并以酒来祭神。在东汉(25—220)、唐以后,除了白酒以外,各种黄酒、药酒及果酒的生产已有了一定的发展。中国酒品种繁多,风格独特,可以以商品、工艺、香型、酒精度、糖度等进行分类。

(一)按商品类型划分

1. 白酒

白酒是中国传统蒸馏酒,称"烧酒"及"白干"。中国白酒由黄酒演化而来,虽然中国早已利用酒曲及酒药酿酒,但在蒸馏器具出现之前还只能酿造酒精度较低的黄酒。蒸馏器具出现之后,用酒曲及酒药酿出的酒再经过蒸馏,可以得到酒精度较高的蒸馏酒,即中国白酒。据《本草纲目》记载:"烧酒非古法也,自元时创始,其法用浓酒和糟入甑,蒸令气上,用器承取滴露。"由此可以得出,我国白酒生产已有很长的历史。中国白酒以谷物及薯类等富含淀粉的作物为原料,经过发酵蒸馏而成。酒精度一般都在 40 度以上,但目前已有 40 度以下的低度酒。中国白酒之酒液清澈透明,质地纯净、无混浊,口味芳香浓郁、醇和柔绵、刺激性较强,饮后余香,回味悠久。中国各地区均有生产,以山西、四川及贵州等地产品最为著名,不同地区的名酒各有其突出的独特风格。

2. 黄酒

黄酒是我国特有的传统酿造酒,至今已有三千多年历史,因其酒液呈黄色而取名为黄酒。黄酒以糯米、大米或黍米为主要原料,经蒸煮、糖化、发酵、压榨而成。黄酒为低度(15%～18%)原汁酒,色泽金黄或褐红,含有糖、氨基酸、维生素及多种浸出物,营养价值高。成品黄酒用煎煮法灭菌后用陶坛盛装封口。酒液在陶坛中越陈越香,故又称为老酒。品饮黄酒时,传统的饮法是温饮,将盛酒器放入热水中烫热,或隔火加温,温饮的显著特点是酒香浓郁,酒味柔和,但加热的时间不宜过久。一般在冬天,盛行温饮。

3. 啤酒

啤酒是以麦芽为主要原料,加酒花,经酵母发酵酿造而成的,含有二氧化碳、起泡的低酒精度饮料。啤酒属于低度酒(2.5%～7.5%),在古代中国也有类似于啤酒的酒精饮料被称为醴。大约在汉代后,醴被酒曲酿造的黄酒所淘汰。清代末期开始,国外的啤酒生产技术传入中国。新中国成立以后,尤其是 20 世纪 80 年代以后,啤酒工业得到突飞猛进的发展。啤酒的种类很多,如淡色啤酒、浓色啤酒、黑啤酒、纯生啤酒、全麦芽啤酒等。

4. 果酒

果酒是指用水果本身的糖分经酵母菌发酵成为酒精的酒,含有水果的风味和酒精。果酒的制作工艺简单,原材料易得,加上果酒的酒精含量低,营养价值较高,果酒里含有丰富的维生素和人体所需的氨基酸,适量饮用果酒有利于身体健康,调节情绪,因此民间的家庭时常会自酿一些水果酒来饮用,如李子酒、黑莓酒、樱桃酒、葡萄酒等。果酒的酿制

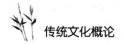

工艺流程，简单来说就是，挑选全熟透、果汁糖分含量高且无霉烂变质、无病虫害的鲜果进行破碎、除梗制成果浆，后经压榨将肉、汁分离，取果汁澄清并进行两次发酵，根据产品质量标准对勾兑酒的某些成分进行调整，最后过滤杀菌装瓶。

5. 药酒

药酒，顾名思义就是用酒和中药共同加工制成的一种饮品。酒，素有"百药之长"之称，而将强身健体的中药与酒"溶"于一体的药酒，不仅配制方便、药性稳定、安全有效，而且因为酒精是一种良好的半极性有机溶剂，中药的各种有效成分都易溶于其中，药借酒力、酒助药势而充分发挥其效力，提高疗效。现在新兴的药酒有龟寿酒、劲酒等。

(二)按制作工艺划分

1. 酿造酒(发酵酒)

酿造酒是指用含糖或淀粉的原料，经糖化(或不经糖化)和酒精发酵后，采用压榨方法使酒与酒糟分离制成。这种酒一般属于低度酒，营养成分较高，如啤酒、黄酒、清酒、果酒等。

2. 蒸馏酒

蒸馏酒是指用特制的蒸馏器将含糖或淀粉的原料，经糖化(或不经糖化)进行发酵、蒸馏后，收集酒气并经过冷却而成。这种酒的酒精含量较高，刺激性大，如白酒、威士忌、白兰地、朗姆酒等。

3. 配制酒

配制酒是指以酿造酒或蒸馏酒或食用酒精做酒基，添加可食用的辅料，经过调味配制而成的酒，又称"再制酒"或"改制酒"，如药酒、滋补酒、鸡尾酒等。

(三)按酒的香型划分

1. 酱香型，又称茅香型

这类香型的白酒香气香而不艳，低而不淡，醇香幽雅，不浓不猛，回味悠长，倒入杯中过夜香气久留不散，且空杯比实杯还香，令人回味无穷。酱香型白酒是由酱香酒、窖底香酒和醇甜酒等勾兑而成。所谓酱香是指酒品具有类似酱食品的香气，酱香型酒香气的组成成分极为复杂，至今未有定论，但普遍认为酱香是由高沸点的酸性物质与低沸点的醇类组成的复合香气，以贵州茅台酒为代表。

2. 浓香型，又称泸香型

浓香型的酒具有芳香浓郁，绵柔甘洌，香味协调，入口甜，落口绵，尾净余长等特点，这也是判断浓香型白酒酒质优劣的主要依据。构成浓香型酒典型风格的主体是乙酸乙酯，这种成分含香量较高且香气突出。浓香型白酒的品种和产量均居全国大曲酒之首，以四川泸州老窖特曲为代表，还有五粮液、剑南春、洋河大曲、古井贡酒。

3. 清香型，又称汾香型

清香型白酒酒气清香芬芳醇正，口味甘爽协调，酒味纯正，醇厚绵软。酒体组成的主体香是乙酸乙酯和乳酸乙酯，两者结合成为该酒主体香气，其特点是清、爽、醇、净。清香型风格基本代表了我国老白干酒类的基本香型特征，以山西杏花村汾酒为主要代表。

4. 米香型

米香型酒指小曲米液，是中国历史悠久的传统酒种。米香型酒蜜香清柔，幽雅纯净，入口柔绵，回味怡畅，给人以朴实纯正的美感，米香型酒的香气组成是乳酸乙酯，含量大于乙酸乙酯，高级醇含量也较多，共同形成它的主体香。这类酒的代表有桂林三花酒、全州湘山酒、广东长东烧等小曲米酒。

5. 兼香型，又称为复香型，即兼有两种以上主体香气的白酒

这类酒在酿造工艺上吸取了清香型、浓香型和酱香型酒之精华，在继承和发扬传统酿造工艺的基础上独创而成。兼香型白酒之间风格相差较大，有的甚至截然不同，这种酒的闻香、口香和回味香各有不同香气，具有一酒多香的风格。兼香型酒以董酒为代表，董酒酒质既有大曲酒的浓郁芳香，又有小曲酒的柔绵醇和、落口舒适甜爽的特点，风格独特。

(四) 按酒精含量划分

按我国现行标准，白酒可分为高度酒(51%～67%)、中度酒(38%～50%)以及低度酒(38%以下)三类。如中国著名的汾酒，酒液无色透明，清香雅郁，入口醇厚绵柔而甘洌，余味清爽，回味悠长，酒精度高，有65度、53度，无强烈刺激之感；五粮液酒无色，清澈透明，香气悠久，味醇厚，入口甘绵，入喉净爽，各味协调，恰到好处，酒精度分39度、52度、60度三种，饮后无刺激感，不上头；泸州老窖无色透明，窖香浓郁，清冽甘爽，饮后尤香，具有浓香、醇和、味甜、回味长的四大特点，酒精度有38度、52度、60度三种。

(五) 按糖分含量划分

根据我国最新的国家标准，按酒中含糖量可分为甜型酒(10%以上)、半甜型酒(5%～10%)、半干型酒(0.5%～5%)以及干型酒(0.5%以下)，通常适用于葡萄酒、黄酒类。

葡萄酒是以新鲜葡萄或葡萄汁为原料，经酵母发酵酿制而成的、酒精度不低于7%(V/V)的各类葡萄酒。根据葡萄酒的含糖量，可分为干红葡萄酒，含糖(以葡萄糖计)≤4.0g/L；半干红葡萄酒，含糖在4.1～12.0g/L；半甜红葡萄酒，含糖量在12.1～50.1g/L；甜红葡萄酒，含糖≥50.1g/L。

黄酒是以稻米、黍米、黑米、玉米、小麦等为原料，经过蒸馏，拌以麦曲、米曲或酒药，进行糖化和发酵酿制而成的各类黄酒。根据黄酒的含糖量，可分为干黄酒，含糖(以葡萄糖计)小于10.0g/L，在绍兴地区，干黄酒的代表是"元红酒"；半干黄酒，在生产上，这种酒的加水量较低，相当于在配料中增加了饭量，又称为"加饭酒"，其含糖量在1.0%～3.0%；半甜黄酒，含糖量3.0%～10.0%，这种酒酒香浓郁，酒度适中，味甘甜醇厚，是黄酒中的珍品；甜黄酒，酒中的糖分含量达到10.0%，由于加入米白酒，酒度较高；浓甜黄酒，糖分含量≥200g/L。

第二节 酒的酿造

酒的酿造是人类科学智慧的体现,每一次技术的提高和完善,都倾注了无数人的心血。从原料到工艺,无不经历了无数次的失败才找到科学合理的途径。酒曲是用于酿酒的发酵材料。它们可以在酿酒时,通过所分泌的酵素引起化学反应,加速精化过程和酒化过程:第一步,将含有淀粉的原料在曲药所含的精化酵素作用下变成糖质;第二步,通过酵母菌不断繁殖而发生发酵作用,使糖质产生乙醇(即酒精)和二氧化碳,形成酒,这是现代科学通过研究得出的结论。酒的酿造,已经不是一个单纯的工业上的工艺问题,而是一个有深层次文化内涵的文化话题。中国酒的酿造工艺,是千百年来中华民族聪明才智的结晶,是广大劳动人民的发明创造。

一、酿酒原料

从科学和酿酒所需要条件上来讲,只要是含有淀粉和可以发酵性糖的物质,都可以成为酿造白酒的原料。可以酿酒的原料很多,只要符合酿酒的科学要求,都可以用来酿酒。为适应产业化需要,酿酒业对原料也有一些基本的要求。首先,就是必须含有可发酵的物质成分,蛋白质含量适当,这样才可以满足酿酒的微生物繁殖需要,提高出酒率,达到最好的经济效益。其次,要达到能够满足产业化需要的产量,只有上规模,才能可持续发展。最后,就是原料要颗粒饱满,无霉烂变质,没有对人身体有害的毒素。

(一)谷类原料

谷类有高粱、玉米、糯米、大麦、大米、小麦、豌豆等粮食作物,以及它们的副品糠麸等。

高粱也称"蜀黍""红粮"等,如图3-2所示,禾本科,一年生草本植物。在中国栽培较广,以东北地区最多。酿造白酒用的是其籽实,按品质可分为粳高粱和糯高粱两种。糯高粱淀粉几乎完全是支链淀粉,并有吸水性强、容易糊化的特点。粳高粱多为北方种梢,常称为饭高粱。现在有多种杂交高粱已成为高产作物,被广泛应用。

图3-2 高粱

玉米也叫"玉蜀黍""苞米",原产于中美洲,是印第安人培育的主要粮食作物,原本是体型很小的草，喜高温，经美洲原住民培育多代后才出现较大型的玉米。16世纪时传入中国，明朝嘉靖三十九年(公元1560年)成书的《平凉府志》记录了玉米，当时称作"番麦"或"西天麦"。在原产地美洲以外，中国是玉米种植最为普及的地区。玉米也是全世界总产量最高的粮食作物。玉米有黄玉米和白玉米两种，主要种植在中国北方地区。玉米主要用籽粒酿酒，玉米芯可以用作填充料。玉米含有丰富的植酸，在发酵过程中被分解为己六醇和磷酸。己六醇可以使酒具有醇甜味，磷酸可以促进甘油的形成，使酒变得醇甜可口。

大米是稻子加工后籽实的称谓。稻是人类的主要粮食作物，据统计目前世界上可能有超过14万种的稻，而且科学家还在不停地研发培育新稻种，因此稻的品种究竟有多少，很难估算。有以非洲稻和亚洲稻作分类的，不过较简明的分类是依稻谷的淀粉成分来划分。稻米的淀粉分为直链和支链两种。籼稻，有20%左右为直链淀粉，属中黏性。籼稻起源于亚热带，种植于热带和亚热带地区，生长期短，在无霜期长的地方一年可多次成熟。去壳成为籼米后，外观细长、透明度低。粳稻，直链淀粉含量较少，低于15%；种植于温带和寒带地区，生长期长，一般一年只能成熟一次。粳稻去壳成为粳米后，外观圆短、透明(部分品种米粒有局部白粉质)。糯稻，其籽粒中支链淀粉含量接近100%，黏性最高；又分粳糯及籼糯，粳糯外观圆短，籼糯外观细长，颜色均为白色不透明。煮熟后米饭较软、黏。通常粳糯用于酿酒、制米糕。(扫描二维码观看"微课3-3：黄酒酿造主要原料——大米")

(二)糖质原料

在白酒工业中，所用的糖质原料最常见的是糖蜜。糖蜜是制糖工业的副产物，是一种棕黑色的浓稠液体。利用废糖蜜酿制白酒，一般都采用液态发酵，多塔式蒸馏得酒精，再经降度、勾兑而成。废糖蜜一般含有约50%的糖分，经一定的稀释处理后就可以接种酵母发酵。它价格低廉，又不需要蒸煮糖化，工艺及设备均较简单，生产周期也短，是白酒工业价廉物美的好原料。

小提示

糖蜜的主要成分为糖类，甘蔗糖蜜含蔗糖约24%～36%、其他糖约12%～24%；甜菜糖蜜所含糖类几乎全为蔗糖，达47%之多。此外，无氮浸出物中还含有3%～4%的可溶性胶体，主要为木糖胶、阿拉伯糖胶和果胶等。

(三)农副产品下脚料

在白酒生产过程中，常用的辅助原料为粮食加工的副产品，如麸皮、高粱糠、谷糠、稻糠、玉米芯、谷壳、花生皮等。

(四)野生植物

酿酒原料中还包括一些野生植物，如橡子、土茯苓、刺五加等。例如橡子，橡树属于壳斗科植物，在全国分布很广。古代和新中国成立前，橡子曾作为救灾食物及饲料。新中国成立后利用橡子酿酒，每吨橡子可产675千克橡仁，能生产250～300千克白酒。橡子粉碎前，要注意除去壳斗，以免混入原料，影响糖化及发酵的正常进行。

二、酿造用水

水有软硬之分，软水硬水并不是人类通常感觉的软硬，而是根据其中含有的物质属性来划分的。含有较多可溶性钙镁物质的水通称为硬水。硬水短期饮用并不会对人的健康造成直接危害。软水和硬水在一定条件下是可以转换的，也可以通过科学方法加以改变。蒸馏水是人工加工的，纯度极高，基本没有杂质，所以是软水。

小提示

酒厂取水的原则

酒厂取水根据地域和环境等因素不同，取自江水、河水、溪水、井水的都有。一般情况下以硬度较低的，没有工业和生活污染，水质清纯的溪水、泉水最好。不管如何取水，硬度高的水都不适合酿酒。在酒的酿制过程中，对于工艺用水也要选择无色透明、无邪味、无腥臭味、甘甜可口的为佳，同时PH值不能过高或过低。因为要经过原料浸泡、糊化、制曲的拌料等过程，工艺用水都要与酒的成品或半成品接触，如果其中某些金属离子的含量过高，就会在酿造过程中影响白酒香味物质的生成，或者发生物质改变。而人们对酒的口味很敏感，掺有一点点杂质，都将严重影响产品的质量。

三、酒曲

酒的酿制发酵主要靠酒曲来完成，酒曲的质量是决定酒的质量和产量的重要因素。中国是制曲酿酒的发源地，有着世界上独特的酿酒技术。白酒是用酒曲酿制而成的，为中国的特产饮料，也被称为烈性酒。对于酒的酿造技术，中国酒类工作者刻苦钻研，努力创新，不断推进酒类事业的快速发展。

酿酒中所称酒母，就是酒曲，是米、糖米、小麦、大麦、黑麦、燕麦、豆类等粮食作物及其外皮碾磨而成的白色粉末米糠或麦麸受到曲毒菌等微生物感染，经发酵使微生物有效繁殖而得到的产品，广泛应用于白酒、黄酒、清酒、醋、酱油等发酵食品中，是东亚、东南亚及喜马拉雅地区特有的发酵技术。

(一)大曲

大曲是从麦曲中分化出来的，故在古代酒的文献资料中大曲的概念并不明确，一般指曲的形体较大的麦曲。这里所说的大曲，是指专门用于蒸馏酒酿造所用的麦曲。大曲与黄酒所用的麦曲的主要区别在于制曲原料、曲型和培养温度这三个方面。

(二)麸曲

麸曲作为淀粉的糖化剂，在淀粉质原料酿造白酒时，首先经过曲毒所生出的淀粉酶对淀粉分解，形成可发酵性精，才可以供酵母利用转化成酒精。麸皮是麸曲生产白酒的主要原料之一，一般含有大约20%的淀粉，在发酵过程中也会被分解成糖，进而产生酒精。

(三)小曲

小曲一般是南方所特有,自晋代第一次在文献中出现以来,名称繁多,宋代《北山酒经》中共有四例,其制法大同小异:采用糯米或粳米为原料,先浸泡蓼叶或蛇麻花,或绞取汁;取其汁拌米粉,揉米面团。在《北山酒经》中则记载了一种人工接种的方式,即"团成饼子,以旧曲末逐个为衣,也就是说把新制成的曲团在陈曲粉末上滚动一下,陈曲末便粘在新曲团的表面,陈曲末中有大量的根霉孢子,可以在曲团上迅速繁殖,形成生长优势。

(四)麦曲

自汉代以来,麦曲一直是北方酿酒的主要酒曲品种,后来传播到南方。《齐民要术》中所记载的制麦曲方法一直沿用至今,后世也有少量的改进。《齐民要术》中共有九例酒曲制法的详细记载,其中八种是麦曲,只有一种是用谷子(粟)制成的。从制作技术及应用上分为神曲、白醪曲、笨曲三大类,其中神曲的糖化发酵力最高。

四、制酒工艺

根据中国白酒生产的传统工艺与近代中国白酒生产新技术的应用,白酒生产工艺一般分为固态发酵法白酒生产工艺、半固态发酵法白酒生产工艺和液态发酵法白酒生产工艺。其中固态发酵法白酒生产工艺又可分为大曲酒生产工艺、小曲固态白酒生产工艺、麸曲白酒生产工艺、糖化酶制酒生产工艺四种。液态发酵法白酒生产工艺可分为固液结合法白酒生产工艺、全液态法白酒生产工艺和调香法白酒生产工艺。

(一)大曲酒生产工艺

大曲酒是采用大曲(块曲)作为糖化发酵剂,以高粱、玉米为主要原料,经固态发酵和蒸馏而成的优质白酒。大曲酒的工艺是:原料常压蒸煮;糖化发酵同时进行,以配槽调节淀粉浓度、酸度,采用甑桶蒸馏。其具有手工操作劳动强度大,生产周期长等特点。(扫描二维码观看"微课3-4:大曲清香型白酒的酿造")

(二)麸曲白酒生产工艺

麸曲白酒是以含淀粉的高粱、薯干、玉米等为原料,采用纯种麸皮曲、酒母代替大曲(块曲)作糖化发酵剂所生产的蒸馏酒。老五甑操作法是中国具有悠久历史传统和目前白酒行业应用最广泛的白酒生产方法。这种方法适合于薯干、玉米、高粱等含淀粉45%以上的原料,具体操作流程如图3-3所示。

(三)小曲酒生产工艺

小曲酒品种繁多,著名小曲酒有广西桂林的"三花酒"、贵州遵义市的"董酒"、广西五华县的"长乐烧"、广西的"全州湘山酒"、广东石湾酒厂的"玉冰烧"等。

小曲酒生产可分为固态发酵法和半固态发酵法两种。四川、贵州、云南等省大部分采用高粱、玉米等粮谷原料,固态发酵,在箱内糖化后发酵,蒸馏方式同大曲酒生产,用甑桶蒸馏,发酵又可分为先培菌后发酵和边糖化边发酵两种典型的传统工艺。

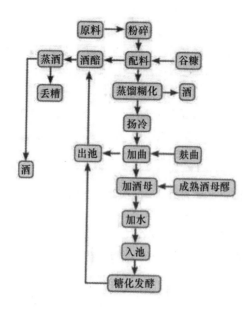

图 3-3 麸曲白酒老五甑生产工艺流程

(四)新工艺白酒的生产工艺

新工艺白酒的生产主要采用液固结合法。液固结合法是利用液态发酵法生产质量较好的酒精作为酒基,再采用固态发酵法制成的香醅进行串蒸,制得成品白酒,这一工艺称为串香法。在南方一些地区将固态发酵的香醅和一定量的酒精一起放在锅内加热复蒸,为浸香法。用这类生产方法所制得的白酒,习惯上统称为新工艺白酒。液固结合法是目前多数白酒厂生产普通白酒的主要方法,已被广大消费者所接受。

(五)发酵制酒

发酵酒是一种人类最原始的酒类酿制方法,在中国有悠久的历史。在物质文明还不发达的社会阶段,因为其工艺比较简单,用很少的原料加上一盆、一瓮作为工具,凭借口耳相传的经验就可以酿制出自己喜爱的美酒。不仅现在汉族民间常有自己酿酒,很多少数民族也经常用这种方法,用自己喜爱的原料生产自用的发酵酒,以其各自独特的风味,成为宴宾客、会亲友的席上美味。发酵酒种类也很多,包括黄酒、葡萄酒、果酒和蔬菜酒等。

在黄酒酿造中,淀粉糖化与酒精发酵同步进行,发酵的浓度较高,经过直接酿造,酒精度可以达到达15%~20%,改变和突破了西方先糖化、后发酵的模式。黄酒的酒精度虽然一般为15%~16%,只及白酒的1/4,但所产生的热量,远远超过红葡萄酒和啤酒。黄酒风味是由多种微生物,如霉菌、酵母、细菌协同作用于原料产生的结果。而且黄酒生产要求发酵温度低,时间长,防止高温产酸菌的繁殖,特别有利于风味物质形成。新酒生产出来后,还必须进行灭菌再装入坛中,放置在一定温度的环境中,密封陈酿一段时间,使酒在陈酿的过程中,发生各种物理和化学反应,变成香气芬芳、口味醇厚的陈酒。

果酒是生产过程最简易的发酵酒,水果酿酒比粮食酿酒简单很多。水果所含主要是葡萄糖和果糖,酵母菌直接可以把它变成酒,只要把果皮破开,放置在适宜的温度下,这些酵母就会把糖分解为美酒。很多民间自酿果酒,为了卫生总习惯把水果进行蒸煮,这样不但无益,反而有害,会破坏很多有益菌,影响酒的质量。

(六)其他酿酒方法

人类在发酵制酒和蒸馏制酒之外,还利用酒的特殊属性,加工出了不同于原酒的种类,主要是配制酒。

配制酒的特点是所有的发酵原酒和蒸馏酒都可作为配制酒的酒基,所以这种酒如果经过精心的科学组合,就会有特别丰富的变化,加上很多中草药材,各种芳香无害的植物、花卉、野果,包括一些有特殊属性的动物的肌体,使酒的世界变得五彩缤纷。

浸泡法是一种最古老的也是最常见的科学酿酒方法。它基于酒的特殊属性,利用酒的溶解力量,将选定的香料、果实、药材直接投入酒中,酒会与一些植物和动物的肌体发生某种有益的变化,或者气味,或者营养成分,或者医药作用。待浸泡到预定的时间后,取出浸泡液,过滤装瓶或者浸水稀释,调整酒精度,再加上糖和色素等配料,经过一定时间的贮藏、过滤即成配制的饮料酒。

浸泡与蒸馏相结合的配置法,是在蒸馏制酒时采取间歇蒸馏,在馏酒时采用掐头去尾,专门选取中间段的方法取酒,然后进行勾兑、调味而制成成品。这样会使酒液中含有一定量的酯、酸、醇、醛等各种成分,形成独特的酒味风格。也有的以白酒、曲酒或者酒精为酒基,配以各种中草药或芳香性植物进行浸泡,经过再次的蒸馏取香,有的是部分蒸馏取香,部分或全部用浸出的液体取用其中的色、香、味,然后再进行调配。

半发酵法工艺特别适宜原料生产地偏僻、交通不便之处,加工那些容易腐坏变质而且不易运输的鲜果或野果,可以在保存原有天然风味的基础上,酿造成果酒,增加保质期。半途中止发酵法是在果浆或果汁发酵期中,分批添加糖分,等发酵到一定程度后,采用冷冻过滤、杀菌等工艺,用酒精提高其酒的度数,以及添加防腐剂等人为办法,达到中止发酵的目的。还可以用发酵与浸泡相结合的工艺法,首先要在主发酵前就提高酒的度数,以更好地保留果实的色泽和香气,用一部分果实浸泡,另一部分果实来发酵,分别贮存半年至一年,然后再将浸泡酒与发酵原酒按一定比例进行合并调配,从而得到色味皆佳的成品酒。

配制法是把白酒或脱臭酒精,按照一定的科学比例加入糖、水、柠檬酸、香精,色素等各种原料,在搅拌均匀后贮存,过滤装瓶,即成为配制酒。配制酒的制造是用各种不同的原料和配制方法配制生产出不同质量、风味、规格的酒,以满足不同的社会需求。

第三节 酒的品评

酒的品评不仅是一种生理的满足,也是一种精神上的享受。花前月下,凉风习习,亲朋好友相聚,把酒言欢,其乐无穷。酒可以让人忘记名利,身心放松,进入到一个微醺的畅快境界;在亲朋面前,可以让人放下所有烦恼和面具,自由地敞开襟怀,一吐胸臆。此时把酒高歌,任滚滚红尘起伏,看匆匆人生悲欢,实在是人生一大快事。(扫描二维码观看"微课3-5:酒的品评")

一、常见酒的鉴别

(一)白酒的鉴别

白酒是一种无色透明、酒精度较高的饮料。人们在饮用时重视它的香气和滋味。在感官鉴别白酒的优劣与真伪时,应着重对酒的色泽、气味、滋味和酒体进行测定与评价。

小提示

古今品酒师的比较

古代品酒师是王侯贵族旅行时搬运行李等的随行,在宫廷里的职务就是管理葡萄酒。王侯没落后,品酒师就到城镇的餐馆里或其他工作场所去工作。当时对葡萄酒的要求很多,所以一般的服务员是无法回答的,必须由酒知识很丰富的品酒师出场。以前服务员在客人和品酒师之间传递消息,但现在的形式却是品酒师和客人直接交流。现在品酒师的工作加入了其他服务,包括葡萄酒的采购管理,甚至还有订购葡萄酒清单。时时刻刻熟记变化的葡萄酒色泽,不停地锻炼味觉,对葡萄酒的信息很敏感而且决不浪费,如果到有这样不断努力的品酒师的饭店就餐的话,谁都会觉得过着"舒适的生活"。

1. 色泽与透明度鉴别

白酒的正常色泽应是无色、透明、无悬浮物和沉淀物,这是检验酒质是否纯净的一项重要指标。将酒突然颠倒过来,在强光下观察酒体,不得有浑浊、悬浮物和沉淀物。

2. 香气鉴别

对白酒的香气进行鉴别时,最好使用大肚小口的玻璃杯,将白酒倒入杯中并稍加摇晃,立即用鼻子在杯口附近仔细嗅闻其香气;或滴几滴白酒于手掌上,稍搓几下,再嗅手掌,即可鉴别出酒香的浓淡程度和香型是否正常。

3. 滋味鉴别

白酒的滋味应有浓厚与淡薄、绵软与辛辣、纯净与邪味之分。酒咽下后,又有回甜和苦辣之别。白酒滋味应要求醇厚无异味、无强烈的刺激性、不辛辣呛喉、各味协调。好的白酒还要求滋味醇香、浓厚、味长、甘洌、回甜,入口有愉快舒适的感觉。品尝时,饮入口中的白酒,应于舌头及喉部细品,以鉴别酒味的醇厚程度和滋味的优劣。

4. 酒花鉴别

用力摇晃酒瓶,瓶中酒顿时会出现酒花,一般都以酒花雪白细碎、堆花时间长的为佳品。

5. 酒度鉴别

白酒的酒度是以酒精含量的百分比来计算的。各种白酒的出厂商标、标签上都标有酒度,如 60°、57°、39°等,即表明这种酒中酒精含量的百分数。一般 40°以上的为高度酒,40°以下的为中低度白酒。瓶装白酒的酒精含量,在酒标上都已注明,只要瓶盖密封不坏,一般是不会有太大误差的。

(二)黄酒的鉴别

黄酒是我国特有传统饮用酒,因其色泽黄亮而得名。黄酒的原料主要是糯米或粳米、黄米(黍米)等,通过酒药、麦的糖化发酵,最后再经压榨制成的,属于低度的发酵原酒。黄酒酒性醇和,适于长期贮存,具有"越陈越香"的特点。黄酒还具有一定的营养价值,是中国广大消费者十分喜爱的饮料酒。黄酒应是琥珀色或淡黄色的液体,清澈透明,光泽明亮,无沉淀物和悬浮物。黄酒以香味馥郁者为佳,即具有黄酒特有的酯香。黄酒应是醇厚而稍甜,酒味柔和无刺激性,不得有辛辣酸涩等异味。黄酒酒精含量一般为14.5%~20%。

(三)啤酒的鉴别

啤酒是以大麦芽、啤酒花和水为主要原料,用不发芽谷物(如大米、玉米等)为辅料,经糖化发酵酿制成的富含多种营养成分的低度饮料酒。如按供给人体热量计算,1升啤酒相当于0.7升牛奶的营养。啤酒作为一种营养性低酒精度的饮料酒,它具有的特点归纳起来,主要是以下几点。

1. 色泽

啤酒的色泽可分为淡色、浓色和黑色3种。淡色啤酒的酒液呈浅黄色,也有微带绿色的;浓色啤酒酒液金黄;黑啤酒酒液紫黑色,稍稍泛红。优良品质的啤酒,不管其颜色深浅,均应具有醒目的光泽,暗而无光的不是好啤酒。

2. 透明度

啤酒在规定的保持期内,必须能保持洁净透明的特点,无小颗粒和悬浮物,不应有任何浑浊或沉淀现象发生。

3. 泡沫

泡沫是啤酒的重要特征之一,啤酒也是唯一以泡沫体作为主要质量指标的酒精类饮料。

4. 风味和酒体

一般日常生活中常见的淡色啤酒应具有较显著的酒花香和麦芽清香以及细微的酒花苦味,入口苦味爽快而不长久,酒体爽而不淡,柔和适口。

(四)葡萄酒的鉴别

1. 观察倒酒时产生的气泡

葡萄酒的气泡是指将酒倒入杯中时,在液面上产生的、不久则会消失的气泡。把葡萄酒倒入杯中时,好的葡萄酒酒液的流动性好且有响声,杯中酒液的表面形成一些小气泡和几个较大的气泡,小气泡不久就消失,较大的气泡保留的时间稍长些;较新的葡萄酒的气泡有时有色,陈年葡萄酒的气泡则无色;若在酒体与杯壁间产生气泡,或在液面产生泡沫,则表明该酒二氧化碳的含量过高;有些葡萄酒倒入酒杯时无响声、无气泡、流动性差,甚至呈油状,这是由于其含有过多的网状胶体,这些胶体可能起源于受灰腐病危害的葡萄,也可能是由乳酸菌引起的油脂病。

2. 观察葡萄酒的液面

倒好酒后，用食指和拇指捏住杯脚，将酒杯放低于腰的高度，低头观察葡萄酒的液面。或者将酒杯置于白色的桌面上，站立弯腰观察。正常葡萄酒的液面应呈圆盘状，纯净、光亮；如果酒的液面失光，呈彩虹状或呈现蓝色色调等，则表明该葡萄酒不正常。如果葡萄酒的透明度良好，也可以从酒杯的下方向上方观察液面。

3. 观察酒液边缘与澄清度

将酒杯举至双眼的高度，向外倾斜45°以便观察酒液的挂杯情况。观察重点一个是酒的边缘部分，另一个是酒眼或酒窝(指的是葡萄酒杯最中心的部分)。

4. 观察酒柱与挂杯现象

按顺时针方向轻轻摇动酒杯，让葡萄酒以圆形旋转，使酒液在杯里上扬。当酒液完全静止后，有些酒液会附着在杯子的内侧，并且凝聚成小酒柱往下回流，这就是挂杯现象。有些人还给这些酒柱起了一个非常美丽的名字——酒泪。

> **小提示**
>
> **葡萄酒闻香技巧与方法**
>
> 想要充分地享受葡萄酒香气，并且以此作为品评葡萄酒的重要依据，需要掌握一定的闻香技巧和方法。将鼻子置于酒杯里，鼻孔靠近酒杯的不同位置会有不同的收获。将酒杯倾斜，鼻孔靠近酒杯的下缘内侧，接近酒液表面，可嗅到较重、猛烈的酒气；将酒杯倾斜、鼻孔靠近酒杯的上缘，可闻到比较清淡、雅致、纤细的气味。

二、酒礼酒俗

酒自从被发明以来，以其特有的价值，被人们赋予了很多酒以外的内容。这些内容不仅丰富了酒的内涵，也丰富了人们的精神文化生活，通过酒寄托和表达了人们内心对美好生活的向往。酒文化的风俗和礼仪，就是通过酒及其相应的仪式来表达内心的敬意。

(一)古代饮酒礼仪

1. 祭祀天地神明祖先的礼仪

对天祭祀有很多种形式。首先，有四时之祭，寒暑、日月、星辰、水旱等都要举行祭祀。其次，还有各种神灵的祭祀，各种山川的祭祀。此外，还有社会各界对自己祖先的祭祀。这种种祭祀，都要用酒这种物质来敬献，再用相应的仪式来表达，希望自己的敬献可以抵达另一个空间，被自己所祭祀的对象所享用，使其产生愉悦的快感，从而接受自己的心意和祈求，赐福于自己的人生和事业。作为君王，则请求上苍保佑他能够一统天下或者国泰民安，也有很多帝王祈求能够寿与天齐。对于其他士大夫等阶层来说，一般都是祈愿能够升官发财、永享富贵。对于平民百姓来说，一般都是祈祷平安，祈祷生活富足。(扫描二维码观看"微课3-6：丧事祭拜饮酒的习俗")

2. 酒的赏赐制度

《诗经·小雅·北山》中有："普天之下，莫非王土。率土之滨，莫非王臣。"家天下是古代封建君王所普遍拥有的思想，自然就要取用天下万物中的精华为其所用。为了长久统治，必须尊崇特权，所以在其统治的地域，所有最好的东西都要进贡给君王享用。治理天下要有臣属出力，在严格管理和律法规范臣属的同时，惩戒和奖励就是君王操纵臣属的有效工具。

给臣属分一杯羹，以示尊宠，借以让他们更加忠于君王。从殷周开始至历代王朝的统治者，都有以赐酒作为驾驭臣下和笼络人心的手段。君王饮用的酒，是最好最昂贵的酒，其他人不敢染指。饮用这样的酒，代表身份和地位，所以君王常常以酒为赏赐物，给臣下以荣誉。君王对于那些王宫的忠实卫士，以及出兵争战为其卖命的将士，常以赐酒作为鼓励和酬谢，对于烈士的遗孤或老人也会赐酒慰问。

(二) 上古饮酒风俗

风起于萍末，借时借势得以传扬，如形成风俗亦必影响深远。中国自古以来就有种种饮酒之风俗，这些风俗来源于不同的历史时期，有的不断完善发展，有的被大浪淘沙逐渐湮没。不同的风俗，印证出不同时代人的精神风貌，反射出不同社会各异的内涵。古代饮酒的风俗，有的已经失传，有的发生了巨大的改变，人们只能借助于古代典籍和今人的考据，才可以一睹豹斑。

1. 乡间饮酒

在周朝之初以至春秋，在民间非常流行"乡饮酒"的风俗和礼仪。为了让乡亲们彼此亲睦，互相尊敬，明晓长幼之序，习练宾主之礼，每三年集一乡之人而开一次宴会。

《礼记·乡饮酒》中明确记载："乡饮酒之义，主人拜迎宾于庠门之外，入三揖而后至阶，三让而后升，所以致尊让也。盥洗扬觯，所以致絜也。拜至、拜洗、拜受、拜送、拜既，所以致敬也。尊让絜敬也者，君子所以相接也。"这是古代"乡饮酒"的基本要义。又说："乡饮酒之礼，六十者坐，五十者立侍以听政役，所以明尊长也。六十者三豆，七十者四豆，八十者五豆，九十者六豆，所以明养老也。"这是"乡饮酒"过程中尊老敬老的细节，也是"乡饮酒"的重要作用所在。

2. 饮酒舞剑

以舞剑助酒之风的兴起，应当在春秋战国时期。当时的娱乐项目不多，饮酒者借着欣赏舞剑者的精湛技艺，也可以引起酒兴。饮酒舞剑是尚武精神的一种体现，也是一种娱乐，同时也是一种礼仪，并且还可以被赋予一些其他的目的。著名的"鸿门宴"中项庄舞剑，意在沛公，让酒宴充满杀机，如图3-4所示。政治家借用饮酒舞剑的风俗来达到自己的目的，这种方法比较直接，也比较委婉。

3. 饯行饮酒

古代交通不便，亲友一旦天各一方就音讯难通，生离仅次于死别。所以感情深厚的亲友分别远行，有让人黯然神伤者，唯别而已。美酒珍贵，只有美酒可以象征彼此的情感，也只有借酒的醇美才可以表达思念的深厚。"劝君更尽一杯酒，西出阳关无故人。"前路茫茫，让酒温热身体才正好可以抵御一路的风霜。著名的荆轲刺秦王前的饯行，就特别悲壮感人。"风萧萧兮易水寒，壮士一去兮不复还。"执君之手，一杯醇酒，两行热泪，一路风尘。饮酒饯行之风俗一直延续至今，不过现在往往是在酒楼饭店，高朋满座，觥筹交错。对于饯行饮酒，历代文人墨客有很多歌颂之词，也有很多名篇佳句传世。

图 3-4　鸿门宴

4. 婚姻酒宴

中国民间有无酒不成席的风俗。这个风俗古已有之，到汉代经济快速发展之时，更是在民间盛行。汉宣帝时就曾倡导此风："五凤二年秋八月，诏勿苛酒禁。诏曰：夫婚姻之礼，人伦之大者也。酒食之会所以行礼乐也。今郡国二千石(爵)或擅为苛禁、禁民嫁娶不得具酒食相贺。召由是废乡党之礼，令民亡所乐，非所以导民也。诗不云乎，'民之失德，乾锥以愆。勿行苛政。'"由此推断，汉朝之前人们举行婚礼是要摆酒宴、行礼乐。在汉昭帝时，对婚宴以酒为礼乐教化而开放酒禁，这种风俗和礼仪一直传承下来。

(三)中古饮酒风俗

中古酒风承接上古，就如曾经的小溪潺潺，越流越宽阔，越流越久远，最后成为江河，不断融入新的内容、新的形式。上古之饮酒风俗，很多到中古时期仍在继续流传，也不断有新的内容融入其中。

1. 唐之新风

大唐曾有万国来朝的气派和辉煌，人们也开始追求生活的奢华与新鲜。借酒抒发性情，借酒迷醉人生，很多人在饮酒的时候喜欢花样翻新，从形式上增加更多的内容。在饮酒时喜欢周围摆有"醒酒花"，就是让花香融入酒香，花美与酒美相呼应。醒酒花，据记载是牡丹花的别名。李白就有以牡丹比拟杨贵妃的"云想衣裳花想容，春风拂槛露华浓"的千古绝唱。

2. 猜拳击鼓

古时有借饮酒嬉戏以达娱乐人生的目的。猜拳行令，可以将游戏与酒相联系，更助酒兴。这种游戏来自民间，在唐代已经非常盛行。

3. 酒店悬旗

酒店悬旗是最好的招牌。古时没有各种媒体可以做广告，只有借用招牌来宣传。即便现代社会，也有各种招牌，不过样式更多，像各种彩灯不一而足。宋时酤酒，酒香传递有限，只有悬帜甚高，才会让远方的旅人看到酒旗招展。诸如"闻香下马""太白遗风"等大字，都在召唤旅人，使其垂涎欲滴，欲一快口腹。还专门有人为酒旗写赋："无小无大，一尺之布可缝。或素或青，十室之邑必有。"远远看去就有一片酒旗，说明当时社会确实很富裕。**(扫描二维码观看"微课3-7：酒旗")**

4. 上元夜饮

在唐代就有上元夜(旧历正月十五)张灯赏月饮酒的习俗。崔液在《上元夜》中写道："玉漏银壶且莫催，铁关金锁彻明开。谁家见月能闲坐，何处闻灯不看来？"这种习俗在宋代时更为兴盛，北宋欧阳修在《生查子—上元夜》一诗中写道："去年元夜时，花市灯如昼。月上柳梢头，人约黄昏后。今年元夜时，月与灯依旧。不见去年人，泪湿春衫袖。"

5. 娶妇交杯

古今娶妻都是人生当中的一件大事，两情交好，共结连理，其乐融融。新婚夫妇共饮交杯酒，有肢体缠绕、美好长久之意。这个风俗在宋代即有，娶妇时，除以酒招待亲朋故交之外，新婚夫妇还要"用两盏以彩连结之，互饮一盏，谓之交杯酒。"

(四)近古饮酒风俗

进入明清以来，饮酒之风多是从古风遗传而来，虽有丰富，但未有大变。不过有的风俗，浸润日久渐渐成为民族的生活习惯；有的则因为酒器和生产生活的变化而逐渐被淘汰。同时，多民族的交融，多文化的相互影响，也有一些少数民族的酒风走出部落，带给人们一些新奇的感受。

1. 游乐、家庭饮酒

在明清家庭饮宴中，特别是富贵家庭，女子饮酒也成风气。女子饮酒从酒类到酒器，样式都特别繁多，这在很多小说中多有描写，其中以《金瓶梅》《红楼梦》等小说中的描写最为细腻逼真。

2. 其他酒风

在史料里还有一些记载，不过都影响不大，只好聊备一格。渔家饮酒，别具一格："暑月命客棹舟莲荡中，先以酒入荷叶束之，又包鱼鲊他叶内。候舟回，风熏日炙酒香鱼熟，各取酒及蜂作供，真佳适也。"南方尝酒，不同于北方："南方饮酒，即实酒满瓮，泥其上，以火烧方熟，不然不中饮。既烧，即揭瓶趋虚，泥固犹存。沽者无所知其美恶，就泥上钻一小穴，可容筋，以细角插穴中，酤者就吮角上，以尝酒味，俗谓之滴淋。"

(五)少数民族饮酒风俗

酒俗在民间的传承，具有浓厚的文化色彩和多种功能。首先在酒的制作方面，各民族有自己独特的酿造方法和传统的饮酒习俗。中国云南的傈僳族喜欢制作和饮用米酒。每年到了秋收季节，家家户户都做好酿酒的准备。造酒原料一般是玉米、高粱、稗子等，其中以稗子酒为最好。饮酒时，先将铁锅置于火塘之上，倒入事先兑好的温水，然后用木勺把罐里的酒糟舀入锅内，同温水搅拌，片刻之后，尝一尝，如味道和温度均可，就将水酒舀出过滤，盛入精制的竹木小酒杯中，供人品尝。这种自制的水酒，度数不高，味道甘淳，饮用起来特别爽口。

在傈僳族生活中，如遇贵客来临或喜庆节日，常借酒对歌，并以舞蹈助兴，有时一饮数日不散。有些地区，每当贵客来临时，还有饮"双人酒"的习俗，即主人斟一碗酒，然后主客各伸出一只手，捧起酒碗，同时喝下这碗酒，表示两人亲密无间，情同手足。过去在签订盟约和结拜兄弟时，也使用这种最高礼节，这表现出傈僳族淳朴、豪放的民族性格。

佤族也喜欢自制自饮水酒，佤语称为"布来"。在喜庆节日里，水酒是不可缺少的佳品，饮酒时，先由寨子里德高望重的长者开杯，然后你一杯，我一杯地对饮，酒席上谈笑风生，还可引吭高歌，以示团结和兴旺。新疆哈萨克族牧民最喜欢饮用"马奶酒"。这是一种由马奶经过发酵制成的酒，表面上看，虽和羊奶、牛奶无多大差别，但它有一股浓烈、醇厚的香味。每年的6~9月，是哈萨克族牧民制作马奶酒的季节。妇女们把刚刚挤来的马奶，倒入木桶和皮桶里，再用一种特制的工具在桶里上下搅动，使马奶提高温度，迅速发酵。马奶酒不像葡萄酒那样甘甜，也不像其他烧酒那样辛辣，而是有着一种独特醇厚的香味。这种酒千万不能猛饮，否则很容易招醉。传说巩乃斯林场上有一位牧民，曾和牧主打赌，要喝下15公斤马奶酒。牧民从上午一直喝到深夜，一滴不剩。于是这位牧民的美名传遍整个林场。这是说，马奶酒虽是低度酒，品饮时却要慢慢来。

彝族有一句谚语说："汉人贵在茶，彝人贵在酒。"彝家"有酒便是宴"，饮酒不用菜，不分场合地点，不论生人和熟人，只要席地一坐，围成一圈，端起酒杯，就可依次轮流而饮，民间戏称"转转酒"。这种饮转转酒的习俗，彝族民间还流传着一则优美的传说。传说在一座大山里，住着汉族、藏族、彝族三个民族，他们和睦相处，情同手足，于是结拜成三兄弟，汉族是大哥，藏族是二哥，彝族是幺弟。有一年幺弟种的荞麦丰收，磨了许多荞麦请大哥和二哥吃。当时因为煮得太多，没有吃完，第二天剩下的荞麦变成浓烈溢香的水。兄弟三人都舍不得喝。他们坐在火塘边，你推我让，从清早转到晚上也没喝完。后来，来了一位名叫"觉撒斯惹"的幸福之神，使这种酒常喝常有。从此，每逢过年过节，彝族姑娘便抱着一坛酒，插上几支金竹竿和麦秆，在家门口的路边上等待，凡是过往行人，都要劝你饮上一口美酒。

三、常见酒的饮酒知识

(一)白酒：不超过3两

白酒中的成分很复杂，其主要成分为酒精和水。一般来说，酒精含量越高，酒度越烈，对人体越不利。饮适量的白酒，可缓和忧虑和紧张心理；有失眠症者睡前饮少量白酒，有利于睡眠，并能刺激胃液分泌与唾液分泌，起到健胃作用。但过量饮用白酒，对身体的危害很大。正确饮用量为：度数较高的白酒每日最好不要超过2两；度数较低的白酒每日最好不要超过3两。白酒一般是在室温下饮用，但是稍稍加温后再饮，口味较为柔和，香气也浓郁，邪杂味消失。

(二)啤酒:每天别超过两瓶

啤酒是一种酒精性饮料,每升热量为 400 大卡,其中一半来自酒精成分,一半来自糖分。啤酒中的营养物质包括 17 种氨基酸、12 种维生素等,人们称之为"液体面包"。啤酒中的啤酒花还能增进食欲、刺激胃酸分泌、提高消化能力。不过,啤酒在人体中代谢较快,热量较高,且能增进食欲,提高消化能力,因此过量饮用易使人发胖。啤酒是一种低酒精度的饮料酒,较适宜的饮用温度在 7℃~10℃之间,有的甚至在 5℃左右。如果喝黑啤酒,温度可更低些,较为流行的做法是将酒置于冰箱内冻至表面有一层薄霜时才拿出来喝。

(三)葡萄酒:4 两为宜

葡萄酒也是一种低度酒,酒精度一般在 12°左右,维生素含量很丰富,并含有多种微量元素。心脏病专家也证实,每天喝 200 毫升红葡萄酒能降低血液黏稠度,使血栓不易形成,预防动脉硬化。正确饮用量为:葡萄酒的度数一般为 10%~12%,饮用葡萄酒以 200 毫升为宜,最多不要超过 300 毫升。

四、品酒器具

古今中外,酒已经渗透到了包括政治、经济、文学、艺术、饮食、养生等各方面在内的社会生活中。有酒必有酒器,酒器作为酒文化的重要载体,同酒文化一起,共同成为中国传统文化的重要组成部分。

(一)酒器的分类

从酒器的用途来讲,大致可分为三类,即盛酒之器、温酒之器、饮酒之器。在中国漫长的酒文化史上,虽然经历过各个朝代的更替变化,然而,时至今日,酒器的分类并没有什么变化。但是,就其每一类来讲,确实是由低级的形式或简陋的装饰,逐步地向高级的、多彩多姿的方向发展,每一种类型的发展,都表明了当时生产力的发展。(扫描二维码观看"微课 3-8:酒器")

1. 盛酒之器

中国古代盛酒的酒器,是非常讲究的,不仅名目繁多,而且样式新颖,堪为历代王朝之珍品,迄今仍保留国宝的价值。据不完全统计,从名称来讲,经发掘出土文物证实,有樽、觥、彝、壶等名目繁多的酒器。不仅如此,每一种盛酒酒器的体形,都有自己独特的外貌和引人注目的风采,乃至每一种盛器的表面,都饰有精美的花纹和饕餮纹,艺术价值极高。这不单单是盛酒之器皿,实际上也是精美的艺术装饰品。就是说,这种器皿并不只是为了盛酒之用,很大成分上是用于装饰和欣赏。有了这些器皿,不仅显示了主人的高雅风貌,无疑也显示了帝王将相和有产之家的豪富。

2. 温酒之器

温酒之器在出土文物中尚未多见,很多盛酒之器是一身兼二用,既是盛酒的器皿,又是温酒的器皿。后来又把过去盛酒器皿中的壶,也发展为温酒的器皿。但是,古代酒壶(图 3-5)与当代的酒壶并不完全相同,当代酒壶制作多是瓷制品或锡制品,不仅形状简单,而且使用起来也极为方便。所谓温酒酒器，即今天烫酒的酒壶。

图 3-5　北宋青花瓷刻花酒壶

3. 饮酒之器

在古代的觥、觯、瓠、爵等器皿都是饮酒之器。它们的造型和工艺，与盛酒酒器、温酒酒器大致相同，都有较高的保存价值。

(二)历代酒器

酒器同样也盛载了我国历史中各个朝代的历史背景、生活环境、风俗习惯、价值观念等。因此，酒器的生产与发展几乎与酒一样源远流长、千姿百态。

1. 古代酒器

炎帝带领先民在发明人工谷物酒的同时，也发明了最早的酒器——陶制酒器。这是我国酒器的初创时期。属于仰韶文化的陶制酒器，多绘有彩色图案，造型生动别致，不仅有使用价值，还有很高的艺术欣赏价值，是中国文化艺术的开端。从新石器时代晚期至商代，出现了白陶酒器。

殷商、西周时代是中国青铜文化繁荣鼎盛时期，也是我国酒器的形成期，青铜酒器是这两个时代最为流行的酒器。根据容庚《殷周青铜器通论》分类统计，在 50 类青铜器中，酒具占 24 类，而且每类酒具有多种式样。商周青铜酒器的纹饰、造型、铭文，不仅体现了奴隶社会的礼治观念，也体现着当时人们对美的执着追求，给后来的雕刻艺术、书法艺术带来很大的影响。

春秋战国时期是陶质、青铜质酒器逐步向铁质酒器过渡的时期。

秦汉时期是我国酒器的发展时期。至汉代，我国的酒具已经基本定型，主要分为饮酒器、取酒器、盛酒器和贮酒器四大类。汉代的漆制酒器发展成汉代酒器的主流。这时期的漆质酒器在继承战国漆器的艺术风格上有所创新，在造型、纹饰、色彩等方面都带有漆、木制品的特性美。漆器工艺是人类祖先又一伟大发明，古人在长期的生产实践中，发现用漆树割取的天然液汁作涂料有耐潮、耐高温、耐腐蚀等特殊功能，又可以配制出不同色彩，光彩照人，这一发明在汉代达到辉煌。

唐代的饮酒器主要是杯和觞。唐代最有名的酒杯是用玉琢成的"夜光杯"。唐代的取酒器称"杓"，多为木质，用杓取酒入杯的动作称"斟酒"；盛器主要是樽。樽多用铜制，故称为"金樽"。樽既可盛酒，亦可温酒；酒壶由茶壶演变而来，多为执柄带流嘴壶。壶是用来贮酒的，用它取回酒来还得倒入樽中加温。

宋代以及以后，蒸馏酒在我国已经普遍饮用，一般不需要加温饮用，因而酒器更加简单。作为贮酒器的壶改用陶瓷做的瓮、坛，而樽、杓逐渐为带流嘴的酒壶代替。只有杯仍是常用的饮酒器，所以，酒杯的制作更加奇巧。

明清时期是我国古代瓷酒器发展的鼎盛时期。"瓶"在明代极具特色，视场合、大小形制而定，有时用于盛酒，有时又用于斟酌。瓶的功能不仅仅是酒器，特大和特小的已经成为装饰、赐赠、珍玩的物品。

清代的陶瓷酒器，在色彩方面，较前代的三彩、五彩更有发展，可谓五光十色。清代在康熙年间，制造了一大批青铜仿古酒器。当时的金银玉制酒器，从工艺、制式和品种、数量上也超过了前代。特别是在玉制酒器上，几乎呈空前绝后之势。

精美的瓷质酒具以它特有的优势占据主导地位。它以其耐用、价廉，成为主流饮酒用具，占据了酒具市场。明清时代随着各种工艺的发展成熟，酒具制作更加精细，常绘以山水、花鸟、人物、故事等图案，成为真正的艺术品，呈现出异彩纷呈、百花争艳的时代特征。中国酒具作为礼仪制度的载体，始终显示出地位——只能出现在皇宫贵族的酒案上，一般官吏、士大夫也很难拥有。因此，以金银制作的酒具属于皇家贵族用具。明清时期金银酒具的加工、制作工艺更加精湛，代表了这时期工艺制作水平。

2. 现代酒器

现代酒器，就材质来看，基本可分为四大类、三小类。四大类是玻璃类、陶瓷类、金属类、塑料类；三小类是木质类、皮革类、玉石类。从形状上看，除方、扁、圆外，就是动物及植物仿真形。色彩以淡、明、绿、暗色为主。现代酒器最突出的特点，就是从国外引进了铝合金制易拉罐。当然传统的、有特色的罐、坛、葫芦形状的酒器仍然很受欢迎。还有一个特点，就是更加注重酒器的实用性，而装饰性和欣赏性相对减弱，以后可能会有所发展。

第四节 酒 与 中 药

酒与医学原素有不解之缘，繁体"医"字从"酉"，"酉"者酒也。这大概是因为先祖们无意中食用了发酵后的瓜果汁，发现它可以治疗一些虚寒腹痛之类的疾病，从而让酒与原始医疗活动结下了缘。《黄帝内经》有"汤液醪醴论篇"，专门讨论用药之道。所谓"汤液"即今之汤煎剂，而"醪醴"者即药酒也，显然在战国时代对酒的医疗保健作用已有了较为深刻的认识。

一、当之无愧的"百药之长"

(一)酒与中医的关系

中医与酒的关系特别密切。在传统中医学的发展史上，有"医源于酒"之说。"医"字繁体字写作"醫"，下半部分的"酉"在古汉语中即代表酒，而且酒本身就是一味中药，它是世界上最古老的药品之一，中医用酒治病的历史也非常悠久。我国最早的中医经典著作《黄帝内经》记载："自古圣人之作汤液醪醴，以为备耳"，从这句话可以看出，酒这

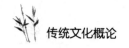

种发酵的制品，就是最早的中药。

在中药里，用到酒的方子很多。比如张仲景《伤寒杂病论》中载的炙甘草汤，在这个方子里，就要将包括炙甘草在内的九味中药放在清酒和水里煎煮，它是主治心动悸、脉结代的名方。

一般而言，酒在炮制中药的过程中，发挥的是通行药性的作用。酒性是轻的，中药经过酒的炒制之后，能带动药性往上走，如黄芩；酒炒之后，药性集中在人体的上半部分。相反，如果药用盐炒，药性则集中在下边，在肾经上起作用。要想入肝经，则用醋炒。这是中药炮制过程中，借不同物质，让药性在人体的不同位置发挥作用。

因为酒具有通经络的作用，它能更快地促进血液循环，带着药在身体里运行，所以我国还发明了药酒。药酒里可以兼纳多种中草药，将它们的药性混溶一体，便于人体的吸收，在饮食中达到疗养身体的目的，非常值得推广。此外，药酒也可以外用。有一些药酒药性非常猛烈，不适于口服，通过擦洗患处的方式，可以使药物渗透，起到止痛和通经络的效果。发展到后来，很多外用的药水里，都含有酒精成分，如治疗跌打损伤的药酒、六神花露水等，它们都是借用酒力来行药性，使得起效更快。概而言之，在中医药中，酒从最早的中药汤剂，演变为中药的辅料，不管是在内用和外用上，都发挥着重要的作用。

(二)名医与酒趣谈

酒与中医的关系，不仅仅局限在医药和治疗方面，诗人艺术家的行列里多有好酒之人，医家也不例外。历代名医里，好酒的很多，比如宋代的儿科名医钱乙，就是一位性格坦率、亲和易近、不拘小节并且嗜好饮酒的人。他因为原本有病，晚年隐居乡间后，坐卧都在一个榻上，没事喜欢以酒相佐，翻阅史书杂说打发时间；出门便让仆人抬着，病人登门求治的人很多，他也不问是谁，一一拿药去治，是个非常散淡、慷慨的人。

二、炮制用酒

我国是研究酒与健康最早的国家之一。酒的医用和保健功效是饮酒文化的一个重要方面，几千年的酒文化和中医药有着相辅相成的关系，两者都是古老中华文化的重要组成部分。相信大家在生活中都或多或少地接触过酒，酒既是人们生活中重要的调剂品，也是中药炮制过程中必不可少的重要辅料。

(扫描二维码观看"微课3-9：炮制用酒")

(一)炮制用酒要求

炮制用酒为黄酒和白酒，大多炙药用黄酒，浸药用白酒，黄酒和白酒均为粮食酿造而成。炮制用酒的质量要求为：透明，无沉淀或杂质，具有酒特有的芳香气味。无发酵、酸败异味，含醇量符合标示浓度，甲醇量不得超过 0.04g/100mL。

酒，味甘、辛，性大热，具有活血通络、祛风散寒、行药势、矫臭矫味等作用。酒的主要成分是乙醇，是良好的溶媒。酒制药物有助于有效成分溶出，增强疗效。生物碱及盐类、苷类、鞣质、苦味质、有机酸、挥发油、树脂、糖类及部分色素(叶绿素、叶黄素)等皆易溶于酒。

(二)炮制作用

药物经酒炙后,有助于有效成分的溶出,增强疗效。有腥膻气味的动物药酒炙后可矫臭矫味,如乌梢蛇、紫河车等。性味苦寒的药物酒炙后可缓和苦寒之性,引药上行,如黄连、黄芩等。活血通络的药物酒炙后可协同增效,如当归、川芎等。中药炮制中,常用酒制的药物很多,如补益药:地黄、女贞子;清热泻火药:大黄、黄连、黄芩、黄柏;活血化瘀药:当归、川芎、牛膝、白芍等;祛风通络药:威灵仙、桑枝、续断(如图3-6所示);动物药:乌梢蛇、蕲蛇、白花蛇。

图3-6 续断

(三)炮制方法

主要炮制方法有酒炙、酒蒸、酒煮、酒炖、酒浸淬。酒炙技术是将净选或切制的药物,加入一定量的酒拌炒至规定程度的操作方法,例如酒炙大黄,能缓和苦寒之性,引药上行,善清上焦血分热毒。酒蒸法是将炮制品加入一定量的酒浸泡,再放入一定的蒸制容器内隔水加热至规定程度的操作方法,例如酒蒸黄芩,能缓和黄芩的苦寒之性,以免伤害脾阳,导致腹泻,并可引药入血分,借黄酒向上升腾之力,以清上焦肺热及四肢肌表之湿热。酒煮、炖与酒蒸方法类似,但是酒煮、炖是药物经酒浸泡后,直接放在水中加热至所需程度。酒浸淬往往结合煅法进行操作,例如阳起石高温煅制后用黄酒浸淬,可进一步使其质地酥脆,利于加工成细粉,并有增强壮阳作用。(扫描二维码观看"微课3-10:酒炙大黄")

三、常见药酒的制作方法

药酒多以白酒为溶媒,酒精含量一般在50%~60%,少数药酒仍用黄酒制作,酒精含量在30%~50%,制作方法多为浸提法,很少有用酿造法的。

制备药酒的中药材一般都要切成薄片,或捣碎成粗粒。凡坚硬的皮、根、茎等植物药材可切成3毫米厚的药片,草质茎根可切成3厘米长的碎段,种子类可以用棒击碎。按照处方购于中药店的中药材多已加工炮制。来源于民间验方中的中药首先要弄清其品名、规格,要防止同名异物造成用药错误。药酒的制作多选用50°~60°的白酒,因为酒精浓度太低不利于中药材中有效成分的溶出,而酒精浓度过高有时反而使药材中的少量水分被吸收,使得药材质地坚硬,有效成分难以溶出。

制作药酒时通常是将中药材浸泡在酒中,经过一段时间后,中药材中的有效成分溶解

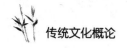

在酒中,此时即可过滤去渣饮用。一般炮制药酒的方法有以下几种。

(一)冷浸法

冷浸法最为简单,尤其适合家庭配制药酒。采用此方法时可先将炮制后的药物碎片或粗粉置于密闭的容器中,加入适量的白酒,浸泡14天左右,并经常摇动,待有效成分溶解到酒中以后,即可分出药液,药渣可压榨,榨出液与浸出液合并,静置数日后过滤即成。若所制的药酒需要加糖或蜜矫味,可将白糖用等量白酒温热溶解、过滤,再将药液和糖液混匀,过滤后即成。

(二)热浸法

热浸法是一种古老的制作药酒的方法,通常是将中药材与酒同煮一定时间,然后放冷贮存。此法既能加快浸取速度,又能使中药材中的有效成分浸出,但煮酒时一定要注意安全。也可采用隔水煮炖的间接加热方法,家庭制作时可将中药材与酒先放在小铝锅或搪瓷罐等容器中,然后放在另一口更大的盛水锅中炖煮,时间不宜过长,以免药酒挥发,一般可于药面出现泡沫时离火,趁热密封,静置半月后去渣即得。

(三)煎煮法

先将中药材碾成粗末,全部放入砂锅中,加水高出药面约10厘米,浸泡约6个小时,加热煮沸腾1~2个小时,过滤后再复煎一次,合并两次滤液,静置8个小时,取上清液加热浓缩成稠膏,待冷后加入等量的酒,混匀,置容器中,密封约7天,取上清液,即成。煎煮法用酒量较少,服用时酒味不重,但含挥发油的芳香性中药材不宜采用此法。

(四)酿酒法

先将中药材加水煎熬,过滤去渣后浓缩成药汁、糯米饭和酒曲拌匀,置于干净的容器中,加盖密封,置保温处10天左右,尽量减少与空气的接触,并保持一定的温度,发酵后滤渣即成。

小提示

泡药酒的常见误区

泡药酒的几大误区需要注意,否则很有可能会适得其反,起不到保健作用,还会对身体造成伤害。下面就为大家分享一些需要注意的地方。

误区一: 泡得越久越好。这是最常见的一个误区。一般来说,药酒泡制超过一个月后如果药材没有取出,并不能增加药物的溶解度,还会造成药物有效成分被水解,损失药效。

误区二: 所有药材都适合泡药酒。不是所有的药材都适合泡药酒,矿物类中药中的有效成分很难用酒泡出来。如果以毒蛇为原料浸泡药酒,则需要在中医师的指导下选用。

误区三: 药材放得越多越好。质地较松散的药材吸水性强可以多加些酒,如枸杞子可加20倍酒进行浸泡;质地坚实的药材吸水性差可以少加些酒,如人参加10~15倍酒浸泡即可。一般要达到每10毫升酒中含有0.5~1克原药材。

误区四: 选用过低度数的白酒。一般建议选用50°~60°的白酒,这个浓度的白酒能杀死药材中存在的微生物，同时更容易使有效成分溶出。随着酒精的挥发和药材中水分的溶出，药酒中酒精的浓度会降低。待泡至可以饮用时，药酒大致在38°，口感温和。

误区五：泡酒期间不搅拌。泡药酒应选用新的深色玻璃容器，不应用塑料制品。泡制期间，需每日摇晃或搅拌一次，一周后改为每周搅拌一次。

误区六：药材反复使用。药物经两次浸泡后，绝大部分有效成分已经溶出，此时普通药材即可废弃掉，如果药材比较珍贵，如冬虫夏草，可再用普通煎煮中药的方法获取一定的有效成分。

四、酒与健康

酒性温，味辛而苦甘，有温通血脉、宣散药力、温暖肠胃、祛散风寒、振奋阳气、消除疲劳等作用。适量饮酒，可以怡情助兴，但过饮则乱性，酗酒则耗损元气，甚至殒命。医家之所以喜好用酒，是取其善行药势而达于脏腑、四肢百骸之性，故有"酒为百药之长"的说法。**(扫描二维码观看"微课3-11：科学饮酒法")**

(一)各类酒的营养

白酒由于含醇量高，人体摄入量受到一定的限制，因而其营养价值有限。但是其成分很复杂，例如茅台酒，经检验，其中含有香味素就多达70余种。这些物质中有不少是人体健康所必需的，其营养价值仅次于黄酒。适量饮白酒，有振奋精神、增进食欲、舒筋活血、祛湿御寒等作用。

黄酒有"国酒"之称，已有3000多年历史，由于黄酒是以糯米和黍米为原料，经过长时间的糖化、发酵，原料中的淀粉和蛋白质被酶分解成低分子的糖类，易被人体消化吸收，素有"液体蛋糕"的美称。它属于低酒精度的酿造酒，几乎全部保留了发酵时产生的糖分、氨基酸、有机酸、维生素等有益成分，具有很高的营养价值。特别是含有多种多样的氨基酸，是其他酒所不能比拟的。黄酒所含热量也比较高，超过啤酒和葡萄酒。因此，人们把黄酒列为营养饮料酒。

果酒都含有营养物质。以葡萄酒为例，葡萄酒除含有维生素B1、B2、C、糖分和10多种氨基酸等营养成分外，还含有抗恶性贫血的维生素B12，一般每升含15毫克左右，能直接被人体吸收。现已查明：葡萄酒中大约含有250种成分，其营养价值得到了充分肯定。喝葡萄酒有开胃、健身的作用，适量饮用，可以滋补人体、助消化、利尿和防治心血管病。

啤酒是营养性饮料，素有"液体面包"的美称，可生津解渴、消除疲劳、振奋精神、增强食欲、健胃利尿和促进血液循环。一瓶啤酒含有30克糊精、糖分及多种维生素和矿物质，经人体消化后，能产生相当于5～6个鸡蛋、1斤瘦肉所产生的热量。因此，一般说啤酒是一种优良的饮料。

药酒是利用酒的药理性质，遵循"药食同源"的原理，配以中草药及有食疗功用的各色食品配制而成的。药酒的主要特点是在酿造过程中加入了药材，主要以养生健体为主，具有保健强身的作用，其用药讲究配方，根据其功能可分为补气、补血、滋阴、补阳和气血双补等类型。

(二)酒的保健作用

1. 适量饮酒能提高智商

经研究发现饮酒能提高智商，主要有两个原因：一是酒中的多酚有抗氧化作用及防止脑功能衰退、促进脑智力的作用。二是饮酒时的饮食。饮日本清酒时吃更多的生鱼片，因为鱼中含有与大脑发育相关的脂肪酸；饮葡萄酒时吃奶酪，奶酪中含有对大脑有益的物质。

2. 适量饮酒可防止血栓病的发生，预防各种心血管疾病

中医认为，酒为水谷之气，性热，入心、肝二经，畅通血脉，少饮有益。葡萄酒可以降低胆固醇，防止动脉硬化，防止正常细胞突变成为癌细胞，而且具有抗老化作用。葡萄酒里面含有水杨酸样的物质，能够起到阿司匹林的作用，所以葡萄酒有疏通血管，抗动脉硬化，预防心脑血管疾病的功效。

3. 适量饮酒可起到健胃、促进消化的作用

黄酒具有"饭前开胃，饭后消食，次日通便"的功效。黄酒是我国的名酒，具有药用价值，含有多种氨基酸，其氨基酸的含量超过啤酒的 5~10 倍。科学饮用白酒，有益身体健康。1 克乙醇供热能 29.82 焦，饮适量白酒，使循环系统发生兴奋效能。有失眠者睡前饮少量白酒，有利于睡眠，并能刺激胃液分泌与唾液分泌，起到健胃作用，增强对食物的消化和吸收。

4. 适量饮酒可加速血液循环，调节、改善体内生化代谢

适量饮酒能扩张皮肤血管，促进血液循环，使人体温升高，可以发汗，从而防止和治疗伤风感冒。饮少量白酒可刺激胃液与唾液分泌，因而起到健胃和止疼痛、利小便及驱虫的作用；现代医学已证明，白酒有通风、散寒、舒筋、活血作用。

第五节 酒 与 艺 术

酒自从产生，就一直贯穿于中国的历史和人们的生活中，时时处处都可以看到酒的影子。酒的激扬性情的作用与文学艺术有一种天然的亲缘，在所有的艺术门类里，都可以看到酒的巨大作用和影响。如果没有酒，很多艺术都会有很大遗憾；如果没有艺术与酒的结合，酒也会变得寡淡无味，失去魅力。

一、酒与诗词

诗人多爱饮酒，这是自古以来不争的事实。不少诗人都是酒中豪杰。东晋陶渊明视酒为"佳人""情人""无夕不饮""既醉之后，辄题数句自娱"。"忘忧物"的指称，便是他的发明。他的饮酒诗主要表现自己远离污浊官场，归隐田园的乐趣，称颂从酒中品到的"深味"。这个"深味"，就是"渐近自然"的人性自由。

(一)各代名人酒诗

领一代风骚的曹操,以"对酒当歌,人生几何""何以解忧,唯有杜康"的诗句慷慨悲歌,他的儿子曹丕、曹植常和"建安七子"一起,"觞酌流行,丝竹并奏,酒酣耳熟,仰而赋诗"。

魏晋之后的隋唐,史称"盛世之治",既是中国酒文化的全盛时期,也是中国诗文学的全盛时期。唐代诗人以其开阔的胸襟,宏大的气魄,借鉴、扬弃了前人的诗酒流韵,转而讴歌"盛唐气象",既有心神的澄静,又具人性的高扬,活泼欢畅,饱满健举,创造出一种唐人特有的诗酒浪漫情调,使酒文化在这座古代诗歌的巅峰上,流溢出醉人的馨香。著名的饮酒诗人李白和杜甫,是中国诗坛盛极一时的"双子星"。李白现存诗1500首中,写到饮酒的达170多首,占16%,其中最为人知的就是《将进酒》,如图3-7所示;杜甫现存诗1400多首中写到饮酒的多达300首,占21%。李白以"斗酒诗百篇""会须一饮三百杯"为人所共晓,赢得"醉圣"的雅名;而杜甫"少年酒豪",嗜酒如命却鲜为人知,其实杜老先生更是"得钱即相觅,沽酒不复疑""朝回日日典春衣,每日江头尽醉归",直到"浅把涓涓酒,深凭送此生"的信誓旦旦、死而后已的程度。另一位大诗人白居易自称"醉司马",诗酒不让李杜,作有关饮酒之诗800首。

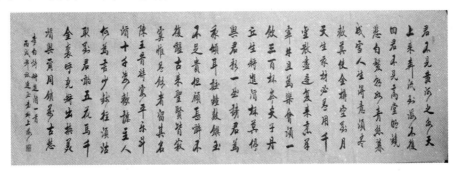

图3-7 李白《将进酒》

北宋初年,范仲淹是"酒入愁肠,化作相思泪",晏殊是"一曲新词酒一杯",柳永是"归来中夜酒醺醺";元祐时期,欧阳修是"文章太守,挥毫万字,一饮千钟",苏轼是"酒酣胸胆尚开张""但优游卒岁,且斗樽前"。南渡期的女词人李清照,可算酒中巾帼,她的"东篱把酒黄昏后""浓睡不消残酒""险韵诗成,扶头酒醒""酒美梅酸,恰称人怀抱""三杯两盏淡酒,怎敌他、晚来风急",写尽了诗酒飘零。继之而起、驰骋诗坛的陆游,曾以《醉歌》明志:"方我吸酒时,江山入胸中。肺肝生崔嵬,吐出为长虹",一腔豪情,借酒力以增强、发泄。

饮酒,在唐宋诗人的情感世界中,找到了创作灵感的媒介,想象丰富的奇妙载体。杜甫说:"醉里从为客,诗成觉有神。" 陆游说:"诗情恰在醉魂中。" 辛弃疾说:"醉时拈笔越精神",苏东坡更直呼酒为"钓诗钩"。可见,酒对于诗歌创作的情绪引动、环境气氛的熏陶方面具有独特作用,酒对于诗歌创作的浪漫主义风格更是情有独钟。(扫描二维码观看"微课3-12:浓睡不消残酒")

(二)诗酒同行

酒为诗侣,诗见酒魂,诗酒联袂而行的历史演进,在古人心目中积淀为一种逻辑模式:饮酒必须赋诗。不论是群饮行令,还是自斟独酌,诗情都应该是酒兴的必然产物。

二、酒与戏曲

中国戏曲起源于原始的歌舞,原始歌舞又与祭祀求神等活动结合在一起。因此,戏曲是生活的再现,也是生活的浓缩和升华。而酒在生活中时时处处存在,这也决定了酒与戏曲不可分割的关系。饮酒之人,看人饮酒,都是刻画人物、展示性格的艺术手段,酒在戏曲中既是生活的现实,也是必不可少的重要道具。戏曲中的酒,在生活中都可以找到影子;生活中的酒,在戏曲中都会有所反映。
(扫描二维码观看"微课3-13:酒之戏曲")

(一)酒与戏曲的关系

在戏曲中,酒是不可缺少的构成因素,常常是促发戏剧性、强化戏剧性的一种媒介和手段。由于饮酒的人及其行为在政治、军事、经济、文化、文学、艺术、伦理、道德以及一般社会市井生活各个领域,都有所涉及,有所影响;而戏曲又是极其广泛地反映了人类社会各个领域的一种艺术形式,所以一方面说酒是构成戏剧情节的重要因素,另一方面由于酒(具体地说是"醉酒")又常常是造成灾祸、悲剧、苦难、仇恨等"恶德"的重要因素,因此酒在戏曲中所起的作用,更多的是对于生活的负面效应。

(二)著名戏曲赏析

有许多戏是以酒或醉酒构成全剧的经典情节的,具有代表性的有《贵妃醉酒》,如图3-8所示。剧中杨贵妃通过前后三次饮酒的优美歌舞动作,细致入微地将杨贵妃期盼、失望、孤独、怨恨的复杂心情一层层揭示出来。虽饮酒、醉酒不作为贯穿全剧的主要情节,但是作为剧中某一片段中的一个关键性的细节,塑造或深化人物性格,使之更加鲜明突出;或用以作为强化戏剧冲突,解决戏剧矛盾,推进戏剧情节发展的一种催化剂,或是渲染戏剧氛围的一种有力的表现手段。如《温酒斩华雄》,通过"酒尚未凉,华雄已被斩首"这一细节,突出表现了关羽的神勇无敌。
(扫描二维码观看"微课3-14:温酒斩华雄")

图3-8 戏曲《贵妃醉酒》

三、酒与书画

从古至今,文人骚客总是离不开酒,诗坛书苑画界皆是如此。他们或以名山大川陶冶性情,或花前酌酒对月高歌,往往就是在"醉时吐出胸中墨"。醇酒之嗜,激活了2000余年不少书画家的灵感,为后人留下数以千万的艺术精品。他们酒后兴奋地引发绝妙的柔毫,于不经意处倾泻胸中真臆,令后学击节赞叹,甚至顶礼膜拜。(扫描二维码观看"微课3-15:酒之书画")

(一)酒与书画的关系

书法有草书,笔走龙蛇是狂草,狂者非笔狂,心逞、心驰也。绘画有写意,意突发,念突生,泼墨即成心中的画境。书法中有"恭笔小楷",绘画中有"尺规小品"。狂草与恭笔小楷,泼墨与尺规小品,比之于酒,正如豪饮与小酌也。

(二)举例选赏

书圣王羲之,于东晋永和元年(公元345年)与好友聚于绍兴兰亭。流觞曲水,吟诗作赋,提笔草《兰亭集序》,如图3-9所示。笔兴随酒兴而生,笔力、笔韵随酒力、酒韵而成。"遒媚劲健,绝代所无",全文300余字中,即有"之"字19个,但笔式各异,笔韵不同,"千古极品"就在酒中问世了。而至酒醒时"更书数十本,终不能及之"。究其因由,非物境、人境、酒境合一,于憩然之中挥毫,实难一气呵成旷世极品,三境难再现,《兰亭集序》也就难再现。极品本自天成,亦是酒成。

图3-9 书法作品——兰亭集序

李白写醉僧怀素:"吾师醉后依绳床,须臾扫尽数千张。飘风骤雨惊飒飒,落花飞雪何茫茫。"怀素酒醉泼墨,方留其神鬼皆惊的《自叙帖》。

画家郑板桥,传说其字画不能轻易得到,于是求者拿美酒款待,在郑板桥的醉意中求字画者即可如愿。郑板桥也知道求画者的把戏,但他耐不住美酒的诱惑,只好写诗自嘲:"看月不妨人去尽,对花只恨酒来迟。笑他缣素求书辈,又要先生烂醉时。"郑板桥在酒中"神与物游""物我两忘",其书画均怪,书画均绝。

"吴带当风"的画圣吴道子,《历代名画记》中说他"每欲挥毫,必须酣饮",作画前必酣饮大醉方可动笔,醉后为画,挥毫立就。唐明皇命他画嘉陵江三百里山水的风景,他能一日而就。

宋代的苏轼是一位集诗人、书画家于一身的艺术大师,尤其是他的绘画作品往往是乘酒醉发真兴而作,黄山谷题诗说:"东坡老人翰林公,醉时吐出胸中墨。"

酒文化还是画家们创作的重要题材,诸如文会、雅集、夜宴、月下把杯、蕉林独酌、醉眠、醉写……无一不与酒有关,无一不在历代中国画里反反复复出现过。杜甫写过一首题为《饮中八仙》的诗,讴歌了贺知章、李适之、李白、崔宗之、苏晋、张旭、焦遂等8位善饮的才子。此后,《饮中八仙》也就成了画家们百画不厌的题材。

四、酒与对联

最早的酒联出现在宋代,尤以明清最盛。酒联,是文学和书法相结合的综合艺术。人们阅读一副酒联,不但会从中得到一种艺术享受,丰富精神生活,而且通过欣赏,可以得到启迪和激励。(扫描二维码观看"微课3-16:趣话酒联")

(一)古代酒联

我国是古老的酿酒之邦,从古至今酒与人们的生活密切相关。中国酒文化历史悠久,源远流长,其中酒联是人们喜闻乐见的一种酒文化载体。清代梁章钜在《楹联丛话》中写道:"楹联之兴,肇于五代之桃符,孟蜀'余庆'、'长春'十字,其最古也。至惟而用之楹柱,盖自宋人始,而见于载籍者寥寥。"

在酒联没有兴起之前,店家喜欢在门前悬挂招揽生意的锦旗,又称酒旗、酒望、望子等。它既是酒家的标识,又有很浓的广告色彩。《水浒传》中景阳冈下,那个小酒店也挂着"三碗不过岗"的酒帘。酒帘、酒旗的起源,大致可以上溯到酒作为商品出现于市场的时代。酒到周代已进入市场,在文献上看到酒家用酒帘的记载,最早见于《韩非子》"宋人有酤酒者,升概甚平,遇客甚谨,为酒甚美,悬帜甚高。"可知战国时,酒店前挂酒帘已成为招徕顾客的重要手段。

酒联则是悬挂或粘贴在酒店、酒楼、酒肆门前的"联语",可称"酒对子""酒楹联"等。一般认为楹联艺术起源于五代后蜀。由于楹联利用汉语的特别性能来造句、修辞,并与书法糅和在一起,它状景叙事、抒情寓意,以精练的语言表达丰富的思想感情,既意深含蓄,有诗情韵味,又对偶工整,平仄交替,铿锵上口,是我国喜闻乐道的民族文学形式之一。因而,一经产生,便很快被酒店、酒商用来作为宣传广告和招徕顾客的手段,并与酒帘巧妙地结合起来。如金代壁画中的那座酒楼高挑着的酒帘上,就写有10个大字:"野花攒地出,好酒透瓶香",即是对仗工整,很有诗境韵味的酒楹联。

酒店酒楼有酒联,可以招徕顾客,增色添光。传说清朝道光年间,四川华阳县中兴镇车水马龙、人来人往、商业兴盛,镇口的逍遥楼酒家为了吸引人气,招揽生意,特请秀才撰写了一副门联"开坛千君醉,上桌十里香"。此联对仗工整、自然贴切,过往客人读联后产生好感,想到酒店歇歇腿,喝一碗,生意明显有了起色。掌柜认为这是财源。不久,又在店内两雅间分别请人撰写酒联"一缕风月当酣饮,美味偏招云外客""万里溪山豁醉眸,清香能引洞中仙",顾客读后更为高兴,酒店内座客日益川流,雅间更是频添座上客。

(二)酿酒企业酒联

酿酒企业有酒联,可以提升形象、生意兴隆。泸州老窖股份有限公司在风景秀美、游人如织的中国第一窖发源地营沟国窖广场有副酒联:"满座香浓评窖酒,丰楼诗景伴龙泉。"横批:"浓香飘四海"。泸州老窖还有酒联:"酒美香浓出老窖,水洌味甘在龙泉;高山流水诗千首,明月清风酒一船"。以上酒联提升了泸州老窖形象,赋予了泸州老窖深厚的文化底蕴。

风景名胜有酒联,可以吸引游客,把酒抒怀。马鞍山采石矶太白楼酒联:"举杯邀明月,放眼看青山";吉林北山玉皇阁酒联:"五载我重游,桑海高吟诗世界。一层谁更上,乾坤沈醉酒春秋",吸引过往游客驻足观赏,游人大增。

古往今来,纵览酒联,妙趣横生。缺字酒联,君子之交淡如,醉翁之意不在。生活酒联,酒醒、饭饱、茶香、花好、月圆、人寿。增字酒联,园中阵阵摧花雨,席上常常洒酒风。摹状酒联,醉汉骑驴,点头磕脑算酒账。以上酒联别具一格,令人耳目一新,酒联发展至今,艺术手法多样,题材丰富,色彩缤纷,令人目不暇接,乐此不疲。

【思考讨论】

1. 简述酒为何物。
2. 简述酒与中药的关系。
3. 简述常见酒器有哪些。

【综合实践】

1. 请自行总结本章知识点,融会贯通。
2. 运用所学知识,完成下列题目:
① 分析白酒的制酒工艺。
② 总结常见酒的品评要点。
③ 举出古代两位名家艺术作品,分析酒与艺术的关系。

第四章 中国烹饪文化

【导论】

中国烹饪是科学、是技术、是艺术,更是文化,是中国传统文化的重要组成部分。中国烹饪文化源远流长,拥有深厚积淀,内容十分广泛。它是中华各族人民在长期生产与生活实践中所积累的宝贵物质财富及精神财富的总和。得益于中国烹饪丰富独特的菜系和万千变化的肴馔,中国在全球范围内享有"美食王国"之美誉。中华民族是一个尤重养育、养护生命的民族,即"养生之道",而"养生之道"的基础在于饮食。中华民族的饮食养生理念的基础又在于"人与自然和谐相处",这种饮食思想是最符合人类生命养护、养育之道的,由此产生"五谷为养,五畜为益,五菜为充,五果为助"的饮食实践经验与"寓药于食,食助药力"的中医药膳。从中国菜系、肴馔文化、中医药膳、饮食养生及烹饪典籍等方面出发,学习并掌握中国烹饪文化的代表内容与发展概况是很有必要的。

【学习要点及目标】

1. 了解中国烹饪菜肴体系的形成与分类,掌握各大菜肴体系的特点与代表菜肴,体会中国作为"美食王国"的无穷魅力,提升民族自豪感。
2. 了解中国肴馔的构成与特点,感受肴馔的万千变化。
3. 了解中医药膳的科学内涵,体会"辨证施治"的博大精深,提高科学素养。
4. 了解中国饮食养生理念,感受传统饮食理念对现代生活的积极作用,增强文化认同与自信。
5. 了解烹饪典籍的分类与代表烹饪典籍对中国烹饪的贡献,为发掘和创新传统美食奠定基础,继承与发扬中国烹饪优良传统。

【关键词】

烹饪　菜系　肴馔　药膳　养生　典籍

第一节　中国菜系

中国菜是一个总称,它是由各地区的特色菜系组成的。所谓菜系,是指在原料选择、互相搭配、烹调技术、口味特色相同或相近的一定区域或民族内,烹调师烹调菜肴的风味表现出鲜明的一致性,这种烹调个性相近、风味相似的集合体,被称为地方菜系。我国幅员辽阔，又是一个多民族国家，各地区的自然环境、生活方式、风俗习惯等有很大差别，形成了一大批具有浓郁地方特色的著名地方菜系。

一、中国菜系的形成背景

中国菜系的形成与发展，是特定地域的地理气候、风俗习惯、历史文化，以及古代落后生产力和排外性等因素共同作用的结果。**(扫描二维码观赏"微课 4-1：中国菜系")**

(一)地理环境和气候的差异

首先，食物原料的不同。例如山东地处黄河下游，气候温和，境内山川纵横，河湖交错，沃野千里，物产丰富，号称"世界三大菜园"之一。东部海岸线漫长，盛产海产品，故鲁菜中胶东菜以烹饪海鲜见长。江苏地处我国东部温带，气候温和，地理条件优越，东临黄海、东海，滚滚长江横贯中部，淮河东流，北有洪泽湖，南临太湖，大运河纵流南北，省内大小湖泊星罗棋布，素有"鱼米之乡"的美名。镇江鲥鱼、两淮鳝鱼、太湖银鱼、南通刀鱼、连云港海蟹，桂花盛开时江苏独有的斑鱼纷纷上市，由此产生了全鱼席、全蝎席。其次，由于地理环境和气候的差异，还造成了中国"东辣西酸，南甜北咸"的口味差异。喜辣的食俗多与气候潮湿的地理环境有关。我国东部地处沿海，气候也湿润多雨，冬春阴湿寒冷，而四川虽不处于东部，但其地处盆地，更是潮湿多雾，一年四季少见太阳，因而有"蜀犬吠日"之说。这种气候导致人的身体表面湿度与空气饱和湿度相当，难以排出汗液，令人感到烦闷不安，时间久了，还易使人患风湿寒邪、脾胃虚弱等病症。吃辣椒浑身出汗，汗液当然能轻而易举地排出，经常吃辣可以驱寒祛湿，养脾健胃，对健康极为有利(对当地人而言)。另外，东北地区吃辣也与寒冷的气候有关，吃辣可以驱寒。山西人能吃醋，可谓"西酸"之首，这是因山西人的食物中钙的含量相应较多，易在体内引起钙质淀积，形成结石。南方人被糖类"包围"，自然也就养成了吃甜的习惯。

(二)生产力水平的限制

生产力水平是形成饮食文化地域差异性的最根本原因。在古代，由于经济发展水平低下，牛郎织女就是我国古代男耕女织、一夫一妻一牛的生产模式，食物原料比较匮乏，牛是家庭主要的运输动力，再加上通信手段都十分落后，人们的生产活动往往局限于一个较小的范围内，食料的来源多为就地取材。地区之间缺乏沟通和交流，文化的封闭性也造成饮食习惯的承袭性而久之成为习俗。这种习俗在人一生下来就潜移默化地影响着，并渗透到他的生活习惯、思想、观念中去，因此形成了"靠山吃山，靠水吃水"。

(三)宗教信仰和民族习惯不同

在上古人的眼中，世界是错综复杂而又严峻无情的，他们只能凭借感性的、质朴的思维方式去探索宇宙万物的奥秘，当其对大自然的许多奥秘寻找不出答案时，就相信在现实世界之外，存在着超自然的神秘境界和鬼神主宰着自然和人类，从而对它敬畏与崇拜。不同地区不同民族的崇拜习性和迷信也影响到当地居民对食料的选择和食用方法。鄂伦春族人以熊为民族的图腾，他们早期不狩熊。畲族崇拜狗，在生活上禁杀狗和吃狗肉及禁说或写狗字。佛教传入中国后，僧侣们只能吃素食。"南朝四百八十寺，多少楼台烟雨中"，描绘的是南北朝时江苏一带佛教的大发展，所以在苏菜中还有"斋席"。四川青城山是道教的发源地。道教注重饮食养生，比如"白果炖鸡"既是药膳，又是川菜的代表名菜，注重本味，很少使用调味料。此外，不同民族也有不同的饮食习惯。手扒羊肉是蒙古族牧民喜欢的传统餐食。做法通常是，选用膘肥肉嫩的小口齿羯羊，用刀在胸腹部割开二寸左右的直口，把手伸入口内，摸着大动脉捏断，将羊血都流聚在胸腔和腹腔内。剥去皮，切除头蹄，除净内脏和腔血，切除腹部软肉，然后把整羊劈成几大块。洗净后放入开水锅内煮，不加任何调料，煮得不要过老，一般用刀割开，肉里微有血丝即捞出，装木盘上席，大家围坐在一起，用自己随身带的蒙古刀，边割边吃，羊肉呈粉红色，鲜嫩肥美。

(四)历史文化原因

中华民族是一个以汉民族为主体的多民族的共同体，而汉民族主要活动地域为黄河、长江的中下游地区，多为平原地区，水系发达，土壤肥沃，气候适宜，经济文化繁荣，交通便利。黄河中下游地区是我国古文化的发祥地之一。《尚书·禹贡》中载有"青州贡盐"，说明至少在夏代，山东已经用盐调味；远在周朝的《诗经》中已有食用黄河的鲂鱼和鲤鱼的记载，而今糖醋黄河鲤鱼仍然是鲁菜中的佼佼者，可见其源远流长。鲁菜系的雏形可以追溯到春秋战国时期。春秋战国时期，鲁国的孔子提出了"食不厌精，脍不厌细"的饮食观，从烹调的火候、调味、饮食卫生、饮食礼仪等诸方面提出了主张，后有孟子的"食治—食功—食德"饮食观，二者合称"孔孟食道"，标志着中国饮食文化的形成，从而也为鲁菜的形成和发展奠定了理论基础。齐、鲁两国自然条件得天独厚，尤其傍山靠海的齐国，凭借鱼盐铁之利，使齐桓公首成霸业。齐桓公的宠臣易牙以善于烹调而得宠，官至宰相之职，尤其他的品味水平之高，为他精湛的烹调技艺奠定了基础。烹饪技艺的精湛还表现在烹饪的刀工技术的运用上，孔子的饮食观中"割不正不食"的刀工要求，为厨师出神入化的刀工技术提供了理论依据。江苏地处长江下游地区，烹饪历史悠久。我国第一位典籍留名的职业厨师彭铿就出在徐州，彭铿被尊为厨师的祖师爷，并有雉羹、羊方藏鱼("鲜"味的起源)等名菜。秦汉以前饮食主要是"饭稻羹鱼"，《楚辞·天同》记有"彭铿斟雉帝何飨？"之句，即名厨彭铿所制之野鸡羹，供帝尧所食，深得尧的赏识，封其建立大彭国，即今彭城徐州。

(五)心理和生理的排外性

首先，中华民族是一个重历史、重家族、重传统的民族，对祖先留下来的东西世代传承，久之形成了一个地区的风俗。每个地区的居民对自己的饮食习俗具有的特点、形式，不但怀有深厚的感情，而且极为敏感。固定的生活方式和饮食习惯使得人们对外来食物不自觉地加以抵制。这种心理因素的存在，使得各地区的饮食特征具有一定的稳定性和历史传承性。其次，由于长期进食某类食物，人类的消化器官也发生了变化，这就造成了生理的排外性。北方人到了南方吃米饭，因为米饭不像馒头一样可以在胃中膨胀，所以有一种吃不饱的感觉。长期以植物性食品为主的人们，一连吃几顿肉，就会消化不良。因此，不同菜系都保持了各个地域的乡土特色。

二、中国菜系的分类

中国烹饪菜肴流派的划分，是一个很复杂的问题。依据标准不同就会出现不同的流派或不同的表现形式。目前学界主要采用地域背景作为划分依据：根据不同时期的地理区分与行政区划为具体依据进行划分，如山东风味、四川风味、广东风味、淮扬风味、潮汕风味等。清代所出现的"帮口""帮口菜"的名称，如"扬帮菜""川帮菜"的叫法，也是根据厨师的地域来源而形成的。20世纪50年代出现"菜系"名称，代替了原来的叫法，始有"四大菜系"之称，基本上也是延续了地域意义上的划分方法，即山东菜系(简称鲁菜)、淮扬菜系(简称苏菜)、四川菜系(简称川菜)、广东菜系(简称粤菜)，鲁、苏、川、粤实际上就是行政区划的简称。后来又有"八大菜系"之说，即"四大菜系"再加浙江(浙)、安徽(徽)、湖南(湘)、福建(闽)四个菜系。再后来随着经济社会发展，又有了"十大菜系"之说，即再加北京(京)和上海(沪)。

三、代表性菜系

(一)鲁菜

1. 历史起源

鲁菜起源于春秋战国，成形于秦汉，成熟于三国晋南北朝时。鲁菜的形成和发展与山东地区的文化历史、地理环境、经济条件和民间习俗有关。山东地处黄河下游，气候温和，胶东半岛突出于渤海和黄海之间，境内山川纵横，河湖交错，沃野千里，物产丰富，交通便利，文化发达。鲁菜在北方很有影响，流传甚广，是北方菜的基础和代表。

2. 菜肴特色

鲁菜主要由济南风味、胶东风味和济宁风味构成，以清香、鲜嫩、味佳而著称，十分讲究清汤和奶汤的调制，清汤色清而鲜，奶汤色白而醇。鲁菜的烹调方法以爆、炒、炸见长。

3. 代表菜肴

葱烧海参(图4-1)、油爆双脆、锅烧肘子、清汤燕菜、烩乌鱼蛋、糖醋黄河鲤鱼、九转大肠、锅塌豆腐、清蒸加吉鱼、奶汤蒲菜等。

图4-1 葱烧海参

(二)苏菜

1. 历史起源

江苏自古富庶繁华，人文荟萃，商业发达。远在帝尧时代，名厨彭铿因制野鸡羹供尧享用被封赏，赐地"彭城"(今徐州)。此外，江苏作为鱼米之乡，物产丰饶，饮食资源十分丰富，这一切使得苏菜在漫长的历史发展中形成了自己独特的风格。

2. 菜肴特色

苏菜主要由淮扬风味、金陵风味、苏州风味和徐海风味构成，菜肴风格雅丽，讲究造型，菜谱四季有别。其用料广泛，以江河湖海的水鲜为主，刀工精细，烹调方法多样，擅长炖、焖、煨、焐、炒，追求本味，清鲜平和，咸中稍甜。

3. 代表菜肴

松鼠鳜鱼(图4-2)、蟹粉狮子头、大煮干丝、水晶肴蹄、三套鸭、扒烧整猪头、折烩鲢鱼头、金陵盐水鸭、清蒸金鲥鱼、镜箱豆腐等。

图4-2 松鼠鳜鱼

(三)川菜

1. 历史起源

川菜源于古代的巴国和蜀国，它是在巴蜀文化背景下形成的。川菜历经了春秋至秦的启蒙，西汉两晋时的形成，唐宋时的发展，明末清初时的辣椒引进种植，晚清以后，逐步成为一个地方风味极其浓郁的菜系。

2. 菜肴特色

川菜主要由成都风味、重庆风味和自贡风味构成，以辣、酸、麻出名，口味麻辣、鱼香、味厚，注重调味，离不开"三椒"(即辣椒、胡椒、花椒)和鲜姜。川菜在烹调方法上，有炒、煎、干烧、炸、熏、泡、炖、焖、烩、贴、爆等38种之多。

3. 代表菜肴

宫保鸡丁(图4-3)、樟茶鸭子、鱼香肉丝、麻婆豆腐、水煮牛肉、毛肚火锅、干煸牛肉丝、夫妻肺片、家常海参、回锅肉等。

图4-3 宫保鸡丁

(四)粤菜

1. 历史起源

粤菜萌生于秦，成形于汉魏，发展于唐宋，完成于明清。先秦时代，岭南尚为越族的领地，经济文化落后，饮食相对粗糙。秦始皇南定百越后，中原与岭南的文化、经济交往渐多，菜肴也逐渐发展起来，南越的"越"字也渐为"粤"字代替，到清末就有了"食在广州"之说。

2. 菜肴特色

粤菜主要由广州风味、潮州风味、东江风味和港式风味构成，具有清鲜、嫩滑、脆爽的特点。它用料广博，菜肴新颖奇异，烹调吸收西菜制作方法，讲究清而不淡，鲜而不俗，嫩而不生，油而不腻，有所谓"五滋"(香、松、软、肥、浓)和"六味"(酸、甜、苦、辣、咸、鲜)之别。其中以广州菜为主要代表，富有洋味，其影响遍及闽、台、琼、桂各地。

3. 代表菜肴

烤乳猪(图 4-4)、白切鸡、脆皮鸡、红烧乳鸽、脆皮烤鸭、糖醋咕噜肉、蚝油牛肉、八宝冬瓜盅、大良炒牛奶、三蛇龙虎会等。

(五)浙菜

1. 历史起源

图 4-4　烤乳猪

浙菜起源于新石器时代的河姆渡文化,经越国先民的开拓积累,汉唐时期的成熟定型,宋元时期的繁荣和明清时期的发展,浙江菜的基本风格已经形成。京师人南下开饭店,用北方的烹调方法将南方丰富的原料做得美味可口,"南料北烹"成为浙菜系一大特色。

2. 菜肴特色

浙菜由杭州、宁波、绍兴三种地方风味菜构成,其制作精细,变化多样,并喜欢以风景名胜来命名菜肴,烹调方法以爆、炒、烩、炸为主,清鲜爽脆。

3. 代表菜肴

龙井虾仁(图 4-5)、西湖醋鱼、赛蟹羹、干炸响铃、荷叶粉蒸肉、西湖莼菜汤、彩熘全黄鱼、网油包鹅肝、黄鱼鱼肚等。

(六)徽菜

1. 历史起源

图 4-5　龙井虾仁

早在三国时期,安徽的农业和手工业在全国经济中就占有重要地位;在唐玄宗年间,经济繁盛,徽籍商人已遍及南北各重要城市;自唐代以后,历代都有"无徽不成镇"之说。随着徽州商人外出经商,徽菜也普及各地,在江浙一带及武汉、洛阳、广州、山东、北京、陕西等地均有徽菜馆,尤以上海最多,而且是最早进入上海的异地风味。

2. 菜肴特色

徽菜指徽州菜,不等同于安徽菜,它是以皖南的徽州菜、沿江菜和沿淮菜组合而成。皖南的徽州菜是徽菜系的主要代表,起源于黄山麓下的歙县,即古代的徽州。沿江菜以芜湖、安庆地区为代表。沿淮菜以蚌埠、宿县、阜阳等地为代表。徽菜系在烹调技艺上擅长烧、炖、蒸,而爆、炒菜较少,重油、重色、重火工。讲究火工,善烹野味,量大油重,朴素实惠,保持原汁原味;不少菜肴都是取用木炭小火炖、煨而成,汤清味醇,原锅上席,香气四溢。

3. 代表菜肴

问政山笋(图 4-6)、火腿炖甲鱼、红烧果子狸、腌

图 4-6　问政山笋

鲜鳜鱼、黄山炖鸽、虎皮毛豆腐等。

(七)湘菜

1. 历史起源

湘菜历史悠久,西汉时代,特产丰富,经济发达,烹饪技术已发展到一定的水平,菜系已经形成。唐宋时期,长沙又是文人荟萃之地。到明清时期,湘菜又有了新的发展。

2. 菜肴特色

湘菜系即湖南菜,是以湘江流域、洞庭湖地区和湘西山区等地方菜发展而成,其制作精细,用料广泛,品种繁多,其特色是油多、色浓,讲究实惠;在品味上注重香酥、酸辣、软嫩。湘西菜擅长香、酸、辣,具有浓郁的山乡风味。

3. 代表菜肴

腊味合蒸(图 4-7)、东安子鸡、组庵鱼翅、面包全鸭、麻辣子鸡、龟羊汤、吉首酸肉、五元神仙鸡、冰糖湘莲等。

图 4-7　腊味合蒸

(八)闽菜

1. 历史起源

《福建通志》早有"茶、笋、山木之饶遍天下,鱼盐蜃蛤匹富青齐"的记载,唐宋以来,随着泉州、福州、厦门先后对外通商,商业发展,商贾云集,京广等地的烹饪技术相继传入,闽菜更加绚丽多彩。

2. 菜肴特色

闽菜主要由福州、泉州、厦门等地的福州菜、闽南菜、闽西菜发展而成。福州菜清鲜、淡爽,选料精细,刀工巧妙,以海鲜和山珍为主;烹饪细腻,特别注意调味,讲究火候、调汤、作料,善用红糟,以味取胜;汤菜考究,汤鲜、味美,汤菜品种多,变化无穷,具有传统特色。

3. 代表菜肴

佛跳墙(图 4-8)、醉糟鸡、糟汁川海蚌、清蒸加吉鱼、炒西施舌、东壁龙珠、爆炒地猴、荔枝肉等。

(九)京菜

1. 历史起源

北京自春秋战国以来一直是我国北方重镇,先后有辽、金、元、明、清五朝建都于此,是我国政治、经济、文化、外交中心,汉、满、蒙、

图 4-8　佛跳墙

回等各族人民大量在此定居。世界和全国各地文化在此融会交流,在饮食文化方面,形成了荟萃百家、兼收并蓄、格调高雅、风格独特、自成体系的"北京菜"。

2. 菜肴特色

京菜是以山东菜为基础,清真菜和宫廷菜各占一定比例。京菜口味浓厚清鲜,质感多样,注重吊汤和使用淀粉,有完善、独特的烹调技法,以爆、炒、熘、烤、涮、焖、蒸、氽、煮见长。京菜大量运用各种植物根和蔬菜,如辣椒、蒜头、姜、葱和芫荽等。由于北京天气寒冷,食物以能产生热量保暖驱寒为主。

3. 代表菜肴

北京烤鸭(图 4-9)、涮羊肉、烤肉、富贵鸡、水晶肘子、酥鱼等。

图 4-9　北京烤鸭

(十)沪菜

1. 历史起源

上海,春秋战国时期曾为楚国宰相春申君的封邑,三国时吴主孙权在此地建造了龙华塔以报答母恩,南朝时称"沪渎",唐置华亭县,北宋时这片区域变成了"人烟浩穰,海舶辐辏"的港口,由此改为上海镇。上海地处长江入海口,紧邻东海,交通十分便利。近代成为殖民化最深的商埠,饮食业发展较快,国内各地乃至西餐风味竞相进入上海,至清末民初逐步形成具有自己特色的风味体系。在其后发展中,上海本地菜博采京、粤、川、苏、闽、豫、鲁、皖、湘及清真、素菜等风味体系之长,并借助西餐烹饪的技法,逐步自成一派。

2. 菜肴特色

在原料上充分利用本地并巧妙兼采外地及外国的各色原料,在烹调方法上融合苏、浙、川、粤、京、素菜及西餐烹饪方法,并进行适合上海人饮食特色的取舍,形成了以传统的焖、烧、蒸见长的体系;口味以清淡为主,讲究嫩、脆、酥、烂,四季有别,富于变化,适应层次丰富,且灵活多变、善于追求新潮。

3. 代表菜肴

主要有扣三丝(图 4-10)、青鱼划水、贵妃鸡、虾子大乌参、松江鲈鱼、枫泾汀蹄、生煸草头、炒蟹黄油、松仁玉米、烟熏鲳鱼、八宝鸡、糟钵头、桂花肉等。

图 4-10　扣三丝

小提示

其他菜肴风味流派划分方法。

1. 以民族背景为划分依据

中国有 56 个民族，模糊地说就有 56 个风味流派。实际上，有些少数民族的饮食风格相近，可划分成十几个民族菜肴风味流派，再加上汉民族，亦不失为一个丰富多彩的群体。

2. 以原料性质为划分依据

如果从烹饪中所使用的不同原料的性质为依据进行划分，则可以分为素食风味流派和荤食风味流派。素食从南朝梁开始形成流派，到清代形成官廷、寺院、民间三大派别。荤食则是广大民众在自然生产生活实践发展中形成的大群体。将中国烹饪仅划分成为荤、素两系，是不能够完全反映中国烹饪的多姿多彩与博大精深的。

3. 以文化背景为划分依据

以其历史发展过程所形成的具有相同文化影响范围内的群体饮食风格为依据，如中国烹饪学界很早就有"三大文化流域孕育四大菜系"的说法，即黄河文化流域孕育了以鲁菜为代表的北方菜系；长江文化流域的上游孕育了川菜，下游孕育了苏菜；珠江文化流域孕育了粤菜。从大的历史背景来看，这种划分方式是没有异议的，但过于粗犷，不便于全方位了解和反映中国烹饪的多彩缤纷。

实际上，无论采用何种标准进行划分，最主要的就是由烹饪物质要素和工艺特色而形成的群体口味的相同和近似性特点。故有学者认为，依据相同或相近的口味特征，可以划分为几个大的饮食文化圈，并以此来代表风味流派。

中国烹饪尤重"味"，菜肴、食品的味道是诸种因素的综合性体现，可归纳为：鲁地重咸鲜，粤地重清爽，蜀地多麻辣，淮扬偏甜淡，陕西偏咸辣，山西偏酸咸等，即所谓"南甜北咸，东辣西酸"。

第二节 肴馔文化

中国烹饪是科学，是文化，也是艺术。中国烹饪生产的最终结果是肴馔，要多角度、多方位地了解中国烹饪文化，可以从审美鉴赏的角度来对肴馔文化进行品读。肴馔的核心要素是风味，可以说风味文化就代表了肴馔文化。从宏观角度上说，民间消费群体、地方消费群体、官府消费群体、宫廷消费群体、寺院消费群体、民族消费群体在其长期的饮食生产生活实践过程中所形成民间风味、地方风味、官府风味、宫廷风味、寺院风味、民族风味构成了中国肴馔文化。这六个群体基本上囊括了华夏民族所有的成员。(扫描二维码观赏微课"肴馔文化")

一、肴馔的审美鉴赏

(一)肴馔的盛器艺术

评价一道中国菜肴，传统的考察指标有色、香、味、型、器，"器"是其中不可分割的一部分。清朝美食家袁枚在其《随园食单》中云"美食不如美器"，从中可以看出器也是中国烹饪文化审美的一个重要内容。肴馔的盛器艺术之美主要表现在盛器与菜肴之间的匹配关系。例如，普通的菜肴用普通的盛器盛装，而高端的菜肴，即所谓山珍海味的高档菜肴，则必须用精致考究的盛器盛装。其中在盛器的选择上，盛器的大小、盛器的造型、盛器的材质，对中国菜肴的整体美都有重要影响，因而随着肴馔的发展，与之匹配的盛器设计制作等工艺水平也得到了相应的发展，并有独特的鉴赏标准。就制作盛器的材料来说，有青铜、铁、锡、金、银、陶、瓷、玛瑙、琥珀、琉璃、水晶、玻璃、翡翠、竹、木、漆器、骨、螺等。盛器选用的原则是雅致与实用的统一。在中国人的心目中，美器与美食的完美统一，是饮食美学的最高境界。(扫描二维码观赏微课"肴馔的盛器艺术")

(二)肴馔的造型艺术

中国的肴馔不仅是美味可口的菜点，更是典雅精致的艺术作品。造型优美、富含艺术价值的菜肴，能带给食客以美的享受。肴馔的造型艺术之美主要包括两个方面。一是菜肴原料精致刀工处理效果，如经过蓑衣刀法处理后的黄瓜；另一方面则是菜肴成品的优美造型和逼真形象，如淮扬名菜松鼠鳜鱼，一条鳜鱼经过厨师花刀处理，炸制定型，浇汁装盘后，可爱的松鼠形象跃然盘上，可谓趣味横生，引人遐想。成品菜肴的造型无论如何设计，都应讲究与菜肴色、香、味的整体融合，都必须以食用安全为基本前提。(扫描二维码观赏微课"肴馔的造型艺术")

(三)肴馔的香气艺术

肴馔的香气从肴馔产生伊始就是饮食评价的重要指标，也是饮食审美的重要范畴。肴馔的香气是指菜点或饮品自身所散发飘逸出的芳香气味。有时，人们还未看见菜肴的色、型、器，就已经折服于菜肴浓郁的香气了，得到了美的享受。这就是香气的艺术魅力。正如袁枚之《品味》所云："平生品味似评诗，别有酸咸也不知。第一要看香色好，明珠仙霞上盘时。"

通常，菜肴的温度越高，散发的香气就越浓烈，就更能被食客所欣赏。因此，热菜一定要趁热食用。如吃清炖蟹粉狮子头，热时馥郁芬芳，令人垂涎欲滴，而冷凉之后则浓香尽失，且汤质浑浊，令人难以下咽，故自古就有"一热胜三鲜"之说。

(四)肴馔的色彩艺术

人们在品味一道菜肴之前，可以通过嗅觉闻到菜肴的香气，通过视觉观赏到菜肴的盛器和色彩。肴馔的色彩对人们的饮食需要也具有重要作用。例如，黄色的菜肴有一种豪华高贵之感；红色的菜肴使人感到喜庆和热烈；绿色的菜肴可以令人清新自在等。现代科学研究发现，色彩对人们的思想和行为有一定影响。自然清新、合乎适宜、和谐悦目的肴馔色彩能够带给人们以美的享受，能够提升人们的饮食愉悦感；而色彩搭配不合理的菜肴即使口味再好，也会令人厌恶。

(五)肴馔的命名艺术

中国自古以来就非常重视肴馔的命名。一个美好动听的菜名可以提升肴馔的品味，使食客眼前一亮，将美感享受引向新的境界。肴馔的命名既要通俗易懂，也要时尚典雅；既要有新意，但又不可过于古怪，更不能庸俗下流。菜肴的命名足以体现菜肴的特色或反映出菜肴的全貌即可。

常见的菜肴命名方法有：以美好数字命名的"一品豆腐""一品燕窝""三元白汁鸭""四喜圆子"等；以人名命名的有"东坡肉""宫保鸡丁""西施舌""宋嫂鱼羹""麻婆豆腐"等；以典故或传说命名的有"佛跳墙""叫花鸡""黄桥豆腐"等；以吉祥事物命名的有"八宝海参""水晶肘子""鲤鱼跃龙门""狮子头""翡翠虾仁""全家福"等；以佳禽祥兽命名的有"麒麟大虾""鸳鸯火锅"等；以蔬果命名的有"西瓜盅""冬瓜盅"等；以夸张手法命名的有"天下第一菜""天下第一羹"等；以成语命名的有"丹凤朝阳"(把松花蛋、咸鸭蛋、茶鸡蛋等各种蛋切配组合在一起)、"雪泥凤爪"(鸡腿炖白蘑菇)等。(扫描二维码观赏微课"肴馔的命名艺术")

二、肴馔的风味层次

(一)民间风味

民间风味是指在广大普通百姓日常生活中流行的饮食风味体系，它是中国烹饪生产中规模最大、消费人口最多、最普遍的风味，是中国烹饪最雄厚的土壤和基础。从历史发展的角度看，即使民间风味发展过程是零散的，一个地区民间风味的形成也应早于其他风味的形成。可以说，宫廷风味菜、官府风味菜、地方风味菜以及其他风味菜的根基都是源于中国民间风味菜，民间风味是中国肴馔形成与发展的基础。民间风味在其漫长的历史发展与演变过程中，已经形成了自己的风味特色：就地取材，取材普遍而又普通；烹调方法较为简单，因陋就简，乡土气息浓厚；口味和口感因地制宜，富有浓厚的区域特色；经济实惠，适宜大众，消费水平低。

民间风味的代表是地方各类小吃。例如，广东小吃属于岭南风味，大多来源于民间，大都被流传下来而成为传统名小吃。现如今的广东小吃和点心是有区别的，小吃品种是专指那些街边小店经营的米、面等小型食品，制作较为简朴；点心是茶楼、早茶的繁多品种以及星期美点等，其特点是花式品种较多，造型精细。广东小吃的熟制工艺多为蒸、煎、煮、炸4种，可分为6大类。第一是油炸食品，主要以米、面和杂粮为原料，风味各有不同；第二是糕品，主要以米、面制作，杂粮次之，都是汽蒸至熟的，可分为发酵和不发酵两小类；第三是粉、面食品，主要以米、面为原料，多通过煮制成熟；第四是粥品，丰富多样，它们的名称主要视用料而定，也有以粥的风味特色定名的；第五是甜品，这里的甜品是指各种甜味小吃品种,但不包括面点、糕团,用料除蛋、奶以外,多为植物的根、茎、花、果、仁、梗等;第六是杂食类,除上述五类小吃食品之外的都是,因其用料杂而得名,主要特点是价格低廉,风味多样。

(二)地方风味

地方风味是指富有地域特色的地方肴馔,实际上就是现在流行的"菜系"。它是中国肴馔的主体成分。随着商品经济的发展,中国的地方风味菜逐渐形成,传统的"市肆"菜是地方风味的源头。

早在3000多年前的商代,以物易物的商品交换就已经比较发达。例如,"沽酒""市脯"开店铺经营食品交易,"市肆"风味也因此而产生。到了西汉时,集市上已是"熟食遍列,肴旅成市"。经过唐、宋的进一步发展,到了明、清年间,各大城市的饮食市场已经非常发达,呈现出"集天下之珍奇,皆归于市;会寰区之异味,悉在庖厨"的壮观局面,这也代表了当时饮食市场的发达和不同饮食风味中的最高水平。中国肴馔的地方风味根植于民间风味,同时又受到官府、宫廷、寺院等风味的影响,因而形成了代表各大区域饮食特征的风味体系,群体口味特征凸显:适应性很强,东西南北风味各异,兼具适应市场的能力;取料广泛,肴馔种类繁多,适宜店铺经营;烹饪技法全面多样,具有不同的群体口味区别性;肴馔服务优良,能够满足不同客人的需求。

由于我国地大物博,各地的自然条件、人们的生活习惯、经济文化的发展状况各有不同,表现在饮食烹调和肴馔品类上,逐渐形成了不同的地方风味。自春秋战国时期,南北两大风味开始出现,菜系雏形显现。到了唐代,经济文化空前繁荣,为肴馔文化的发展奠定了坚实的基础。同时,在进餐方式上,唐代出现的高椅大桌,改变了中国几千年来分餐制的进餐方式,出现了中国独特的合餐制,在很大程度上促进了我国烹饪事业的高速发展,到了唐、宋时期,南食和北食两大风味派别已然形成。清代初期,鲁菜(含京津等北方地区风味)、苏菜(含江、浙、皖地区风味)、粤菜(含闽、台、潮、琼地区风味)、川菜(含湘、鄂、黔、滇地区风味)已成为我国最有影响的地方菜,也就是后来广为人知的"四大菜系"。随着饮食业的进一步发展,有些地方菜逐渐出现独有的特色而自成派系。到了清朝末年,浙、闽、湘、徽等地方菜系特色凸显,加入原有的"四大菜系"而并称为"八大菜系",再以后,增加了京、沪两个菜系,便有"十大菜系"之说。虽然菜系繁衍发展,但是人们还是习惯以"四大菜系"或"八大菜系"来代表我国数以万计的各地风味菜。各地方风味菜中著名品种已有数千种,它们的主要特点是选料考究,制作精细,品种繁多,风味各异,尤重色、香、味、形、器俱佳的完美统一。

(三)官府风味

官府风味是指封建社会中官宦人家所制的肴馔,它是中国肴馔体系里的富贵成分。官府在封建社会里是统治阶级中地位较高的一个阶层,如皇亲国戚、王公贵胄、达官旺族等,特别是其中的大官僚,以其显著的地位和权势,在历朝历代的权贵们追求享受人间美味的过程中,官府风味逐渐形成。在古代,家厨是各级官僚雇佣的厨师,专为自己服务。有很多官僚本身也是美食家,有的还精于烹饪,历代烹饪典籍大多出自他们之手,如曹操、崔浩、谢枫、韦巨源、曹寅、袁枚等是他们的代表。历史上流传至今影响较大的官府风味菜，以北京的谭家菜、山东的孔府菜、沈阳的王府菜等最为有名，其中以孔府菜传承时间最长。概括起来看，官府风味的特点在于：用料广博，加工精细；烹调方法丰富且技艺精湛；尤重菜肴创新；讲究食礼，规格典雅华贵；肴馔、宴席有着严格的等级制度。

在我国封建王朝的历史上，也出现了许多普通的文武官员讲究饮食，不惜重金聘请名厨，创造了许多流传至今的烹调技艺和名肴佳馔。著名的如东坡肉，据说是北宋文学家苏轼(号东坡居士，世称苏东坡)创制的；宫保鸡丁，相传为清朝山东巡抚、四川总督丁宝桢("宫保"，其实是丁宝桢的荣誉官衔，意即太子太保)喜食而得名。在北京颇有声誉的谭家菜和直隶官府菜中也有一些流传至今的名菜，如谭家菜的名菜有蔡花鸭子、黄焖鱼翅、草菇蒸酥、麻蓉包等；直隶官府菜的名菜有总督豆腐、阳春白雪、上汤酿白菜、李鸿章杂烩、直隶海参等。

官府菜起源于昔日官邸大宅中的名厨佳肴，官府宅第中都雇有家厨，兼容并包全国各地许多风味菜，可谓"家蓄美厨，竞比成风"，官府菜得以形成。官府菜讲究用料广博益寿，制作奇巧精致，味道中庸平和，菜名典雅得趣，筵席名目繁多且用餐环境古朴高贵。晚清时期在京城，流传最广的官府菜是以清末谭家谭宗浚父子所创的"谭家菜"，因其色、香、味、形等方面别具一格而享誉京城。"谭家菜"的菜品有四大特点：一是选料考究；二是下料好；三是火候足；四是慢火细做，追求香醇软烂。吃过谭家菜的食客，皆痴迷于谭家菜香气四溢，唇齿留香，皆道"不为枉费""回味无穷"。在餐饮市场上流行的直隶官府菜和孔府菜也闻名遐迩。

(四)宫廷风味

宫廷风味是指古代帝王家室享用的饮食风味。从商周时期一直到清朝末年，在宫廷中都设立了专为帝王家室用于肴馔制作和服务的庞大机构。这种机构历代的名称虽然有所差别，但它们的职能都是相同的。从历史资料上看，历代帝王的饮食都有苛刻的规定，对外是严格保密的。直到清朝被推翻，人们才得以看到清宫肴馔的面貌，甚至有机会品尝到几位末代"御厨"在"仿膳"制作的宫廷肴馔的味道。至于其他朝代的宫廷菜肴，则只能从零散的史籍中了解大概情形。宫廷风味的总体特征在于：选料特别考究，配料规定特别严格；菜肴制作精致，宴饮雍容华贵典雅；讲究养生保健，五味调和精益求精；山珍海味多样，菜点多有文化寓意。

一般来说，宫廷风味有南北体系的区别。南味宫廷菜以金陵(今南京)、益州(今成都)、临安(今杭州)、郢都(今荆州)为代表，北味则以长安、洛阳、开封、北京、沈阳为代表。它们的共同特点是珍奇华贵，配菜典式有一定格式。这种传统从商周以来一直保留。如《礼记·内则》中说的"八珍"("八珍"有许多不同说法，后世以龙肝、凤髓、豹胎、鲤尾、天鹅炙、猩唇、熊掌、酥酪蝉为"八珍")，意即非常珍贵的肴馔，2000多年来一直沿用不衰。不过具体内容是不断发展变化的，如唐代的"水陆八珍"有"紫驼之峰出翠釜，水晶之盘行素鳞"之说，水产陆产兼有。在以后的迤北八珍、天厨八珍、野味占主导地位。到清代，则得到了进一步的发展，满汉全席是宫廷烹饪的顶峰，满汉全席用的八珍原料分得很细，称为"四八珍"，即山八珍、海八珍、禽八珍、草八珍，其中山八珍有驼峰、熊掌、猴脑、猩唇、象拔(象鼻)、豹胎、犀尾、鹿筋；海八珍有燕窝、鱼翅、大乌参、鱼肚、鱼骨、鲍鱼、海豹、狗鱼(娃娃鱼);禽八珍有红燕、飞龙、鹌鹑、天鹅、鹧鸪、彩雀、斑鸠、红头鹰;草八珍有猴头(菌)、银耳、竹荪、驴窝菌、羊肚菌、花菇、黄花菜、云香信(香菇中的一种)。另据旧时南货老人所言有"海味八样""动物八珍",海味八样为鱼翅、海参、鱼肚、淡菜(干贻贝肉)、干贝(干扇贝肉)、鱼唇、鲍鱼、鱿鱼;动物八珍为熊掌、象鼻、驼峰、猩唇、鹿尾、猴脑、豹胎、燕窝。这些所谓的"八珍"都是宫廷烹饪的必备原料。元明以来,宫廷菜主要是指北京的宫廷菜,特点是选料严格,制作精细,形色美观,口味以清、鲜、酥、嫩见长。代表菜肴有熘鸡脯、荷包里脊、四大抓、四大酱、四大酥、小糖窝头、豌豆黄、芸豆黄等。现在北京的仿膳饭庄仍经营这种传统的宫廷风味菜点。如今,西安也成功仿制了唐代宫廷菜,对外供应,主要有长安八景、龙凤宴、烧尾宴、沉香宴四种宴席,菜肴有50多种。

宫廷风味的成因与宫廷特殊的社会背景密不可分。宫廷阶层拥有至高无上的社会地位和无可比拟的财富,因而可以网罗厨师精英,网罗名肴佳馔,加之历代帝王家室的品食鉴赏,成为中国肴馔的精华成分,代表中国肴馔的最高水平。

(五)寺院风味

寺院风味是指广泛流行于寺庙、道观,主要供敬佛修道者食用的饮食风味菜肴,是以佛教徒素食为主形成的素菜体系。自汉朝时,佛教由西域传入我国,至南北朝时,由于统治者的推崇,佛教发展迅速,信徒大量增加,寺院不但大量修建,而且规模也在不断增加。寺院的出现和发展为寺院风味的形成奠定了基础条件,至唐宋年间,寺院风味已颇具规模。寺院风味开始是为僧侣的饮食服务的,后来也供敬香祈祷的人们食用,开始了寺院风味经营的现象,由此成为中国肴馔的补充成分。它的主要特点是:以素食为主,口味清新淡雅;取材广泛精细而又有一定的限制,讲究烹饪工艺;讲究营养搭配,利于养生保健;具有不同的地域特色,风格各异。

(六)民族风味

民族风味是指我国少数民族的肴馔,即除汉族以外的55个少数民族的肴馔的统称。少数民族风味是中国肴馔的重要组成部分。同汉族饮食风味一样,少数民族饮食风味也有着自己形成与发展的历史,有着自己独特鲜明的个性。历史上少数民族风味一直对中原风味有着广泛而深刻的影响,而少数民族风味也在其发展中不断受到汉族风味的影响,少数民族风味之间也存在着相互影响发展提高的关系。民族风味的特点在于:风味各异,风格多样,各具特色;用料奇特,各显风采,富于民族地方特征;烹法独特,菜式五彩缤纷;饮食风格淳朴,尚有一些古风遗俗。

小提示

级别最高的官府菜——孔府菜

孔府,又称衍圣公府,是孔子后裔的府第,位于山东省曲阜城内。得益于汉武帝推行的"罢黜百家,独尊儒术",孔子的儒家思想在封建社会意识形态中确立了指导性地位。孔子后裔世代受封,孔府便成为我国历史最久、家业最大的世袭贵族府第。明、清两代,衍圣公是世袭"当朝一品",权势尤为显赫。这样一个拥有2000多年历史的家族,在饮食生活方面积累了丰富的经验。孔子在世之时就精于饮食之道，其后裔亦皆谨遵"食不厌精，脍不厌细"的祖训。孔府内拥有十分完备的专事肴馔的厨房烹饪机构，即内厨和外厨。

孔府菜在重礼制、讲排场、追逐华奢方面可与宫廷饮食相媲美。筵席名目繁多，最高级别的称作"孔府宴会燕菜全席"，简称"燕菜席"，肴馔品数达130多种。据考证，光绪二十年，七十六代衍圣公孔令贻上京为慈禧贺六十大寿，母彭氏、妻陶氏各向慈禧进一席早膳，两桌用银达240两，可谓奢侈排场之极。

孔府菜是最典型、级别最高的官府菜，根植于鲁菜且又给鲁菜以积极的影响，促使鲁菜精益求精。孔府菜和鲁菜之间形成了相辅相成、密不可分的关系。孔府菜大都典雅华贵，特色鲜明，如"神仙鸭子""一品锅""带子上朝""诗礼银杏"等。

第三节 中医药膳

药膳是指在中医学、烹饪学和营养学的理论指导下，严格按照药膳配方，将中药与某些具有药用价值的食物相配，再采用我国独特的饮食烹调技术制作而成的，具有一定色、香、味、形的食品。我国中药资源丰富，其中中药用植物约11140种、药用动物1580余种、药用矿物约80种，可用于药膳制作的常用中药材资源种类达300余种。中华药膳是食与医的典型结合，是我国传统饮食文化中最璀璨的部分，也是中医学知识与烹调经验相结合的产物。(扫描二维码观赏微课"中医药膳")

一、中医药膳的发展历史

远古时期是药膳的蒙昧时期，根据"民以食为天""药食同源"等观点，可以推断出人类的祖先在与大自然斗争，并求得生存、繁衍、发展的过程中，既解决了食物来源问题，又同时发现了药物，从而获得了保证生存、维持健康和战胜疾病的重要武器。夏禹时期，药膳开始萌芽，当时已有多种烹调方法。经过长期实践所积累的经验，食疗药膳逐渐向理论阶段过渡。早在西周时期，《周礼》中就有关于药膳的记载。春秋战国以及后来的秦汉时期，《后汉书·列女传》中"母亲调药膳思情笃密"首次将"药膳"二字合起来使用，出现了食疗理论，这标志着食疗的飞跃发展，同时也是药膳学蓬勃发展的重要阶段。此后，从两晋到金元时期，相关的专著、专论大量问世，药膳已不再局限于上流社会享用，而是被社会各阶层所接受和运用。明清时期，药膳与人们生活关系更加密切，药膳在学科体系上已日趋成熟。至明代，李时珍的《本草纲目》为中医食疗提供了宝贵而丰富的资料，仅"谷""果""蔬"三部就收录了药用食物300余种。后来相继出现的《食物本草》《食鉴本草》《粥谱》等药膳专著，对药膳有了进一步完善，一直被继承、延续至今。现阶段，人们的生活水平不断提高，自我保健观念发生了根本性的转变，药膳在人们的生活中得到了空前的普及，在国外也享有盛誉，备受青睐。作为中国传统饮食和传统医学的重要内容，药膳已成为一门独具特色的科学，不仅走进千家万户，而且传遍世界各地。

二、中医药膳的饮食科学内涵

(一)天人相应的生态观念

药膳可以说是中国饮食文化发展中形成的一朵奇葩,药膳的制作与食用必须适应自然,适应环境,以保持阴阳平衡,使人与天相适应。它具体表现在食物的选择上从天人合一出发,把人的生存与健康放在自然环境中去认识与研究。认为人的生命过程是人体与自然界的物质交换过程,人体的健康状况与所处的环境密切相关,不同气候、不同季节、不同地域对人体产生不同的作用,进而影响人体对药膳的选择与食用。以四季为例,《礼记·内则》言:"凡和,春多酸,夏多苦,秋多辛,冬多咸。"再如元朝忽思慧在《饮膳正要》中就阐述了饮食的选择应根据四季的不同而有所变化。

(二)食治养生的营养观念

药膳最重要的价值在于养生,用以保正气、除邪气,从而使人健康长寿,它具体表现在药膳的制作是从天人合一与整体功能出发,着重强调辩证施食,饮食有节。也就是说药膳的性能和作用以性味、归经的方式加以概括,并根据人体的特点和各种需要,恰当地搭配食用不同种类和数量的药膳。其中性味、归经是中国传统养生学中特有的术语,性味指的是食物的性能,分为四性五味,即寒、凉、温、热四种性能,甘、酸、苦、辛、咸五种味道。归经是指食物的作用,常常根据药膳对脏腑的作用来划分,并以相应脏腑的名称命名。如梨有润肺、止咳的作用,则称其"入肺经"。

(三)药食同源的保健观念

中国人信奉"药补不如食补",民间至今流传着"冬吃萝卜夏吃姜,不劳医生开药方""朝食三片姜,犹如人参汤""多吃葱姜蒜,疾病减一半"等大量的养生谚语。中华民族悠久的饮食文化衍生了"药食同源"的观念,《黄帝内经·脏气法时论》中提出:"毒药攻邪,五谷为养,五果为助,五畜为益,五菜为充",意思是药物为治病攻邪之物,"五谷为养,五果为助,五畜为益,五菜为充"至今是中国食疗的指南。药膳就是对"药食同源"的最好运用,它强调饮食不但可以使人们温饱,也可作为调养身体、滋补身心之用,是天然的、无副作用的最好医药,是我国饮食文化和祖国医学的宝贵财富。

三、中医药膳的分类

(一)按照食物性状分

(1) 菜肴类。
(2) 食品类。
(3) 粥食类。
(4) 糕点类。
(5) 汤羹类。
(6) 精汁类。

(7) 饮料类。
(8) 罐头类。
(9) 糖果类。
(10) 蜜饯类。

(二)按照烹饪方法分

(1) 炖类。
(2) 焖类。
(3) 煨类。
(4) 蒸类。
(5) 煮类。
(6) 卤类。
(7) 烧类。

(三)按照药用功效分

1. 保健类

针对个人体质进行饮食调理，以增强机体免疫力，健体强身，达到预防疾病和抗衰老的效果。

2. 食疗类

针对已病症状的轻重，予以调理、治疗。食疗类药膳又分为祛湿药膳、消导化积药膳、补益药膳、理气药膳、理血药膳、祛痰止咳药膳。

四、不同体质的调养药膳

(一)阴虚型体质调养药膳

阴虚体质表现为五心烦热，口干，咽燥，心烦气粗，尿黄便干等"阴虚生内热"体质特征，须多吃一些滋补肾阴的食物，如甲鱼、鸭肉和鲍鱼具有清热降燥的功效。同时，生吃黄瓜、番茄等寒凉性质的蔬菜，番茄、梨、柠檬、甜瓜等食材也能起到"甜味与酸味结合起来可滋阴"的功效；但要避免食用辣椒、胡椒等调料，还有大葱、大蒜等辛辣蔬菜。代表性药膳有党参煮马铃薯、百合豆沙饼等。

(二)气虚型体质调养药膳

气虚型体质表现为体倦乏力，少气懒言，易出虚汗，劳累时症状加重，头晕目眩，面色淡白。食物宜选择补中益气的食品，如高丽参和牛肉、鸡肉等肉类、虾、鳗鱼等海鲜，土豆等蔬菜类。贝类、豆类、蘑菇等可增强胃的消化功能，也是补气的重要食材。避免食用生冷食物，少食不易消化的油腻食物、甜食及辛辣刺激食物。代表性药膳有人参鹌鹑蛋、灵芝黄芪炖肉等。

(三)血虚型体质调养药膳

血虚体质是以血液生成不足，或血的濡养功能减退，导致脏腑生理功能失调为主要特征，食物应选用具有补血养血作用的黄花菜、黑木耳、菠菜、甜豆、西红柿、芦笋、香菇等含铁、黏多糖丰富的食物。忌食辛辣刺激性食物，如大蒜、辣椒、芥末等，少吃海藻类食物以及菊花、槟榔、薄荷等。代表性药膳有鹿茸炖乌鸡、红枣枸杞鸡汤等。

(四)痰湿型体质调养药膳

痰湿体质是以肥胖、身重、容易疲倦，喜食肥甘厚味的食物且食量大为主要特征。饮食上要戒除肥甘厚味，戒酒，最忌暴饮暴食和进食速度过快，多吃些蔬菜、水果、糙米、杂粮、海藻、蘑菇等具有加速新陈代谢功效的食物，尤其是一些具有健脾利湿、化瘀祛痰的食物。水的摄入一定要适量，每日食用一个水果即可。代表性药膳有芡实莲子薏仁汤、白果蒸蛋等。

(五)气滞型体质调养药膳

气滞型体质表现为面色晦暗，口唇、眼眶发黑，舌紫暗，皮肤干燥，指甲干瘪、紫暗。气滞型体质在饮食上宜选用带香气的蔬菜，如茼蒿、鸭儿芹、水芹、洋芹、香芹等，烹饪时，若时间过长，宝贵的香气便会散失，所以应在最后环节时加入，并快速加热。应当忌食或少吃阿胶、牛奶等滋补的食物和容易胀气的食物。代表性药膳有人参雪梨乌鸡汤、糖枣芹菜汤等。

(六)血瘀型体质调养药膳

血瘀体质以面色晦暗，皮肤偏黯或有色素沉着，容易出现瘀斑，易患疼痛症，口唇暗淡或紫，眼眶暗黑，发易脱落，肌肤干等为特征。饮食调养宜先用具有活血化瘀功效的食物，可适量饮用葡萄酒，对促进血液循环有益。平时还应多食洋葱、韭菜、大蒜、花椒、肉桂等促进气血运动的食物，"辛""苦""辣"味以及温热性质的食物(温热性食材有洋葱、韭菜、大蒜、花椒、肉桂等，辣味食材有姜、大葱、紫苏等)，以及各种青背的鱼，如沙丁鱼、秋刀鱼、竹荚鱼等。应忌食肥肉、奶油等动物性脂肪及味道过浓的食物，养成饮用常温或温热饮品的习惯。代表性药膳有黑豆龙眼汤、丹参桃花乌鸡汤等。(扫描二维码观赏"不同体质的养生药膳")

五、中医药膳的常用烹饪方法

烹制药膳时，要选择新鲜的药材。许多中药材都适宜食用新鲜的，这样味道不仅与普通菜肴相似，而且色泽又很鲜艳，如山药、百合等药材新鲜的比干品要好，有药效却无药味。尽量选择具有甘味的药材，因为具有甘味的药材既有不错的药性，又可以增加菜肴的甜味，这样就会使药膳的整体味道更好。利用调味料可将药味减轻，人们日常生活中所用的糖、酒、油、盐、酱、醋等均属药膳的配料(非蔗糖类的甜味剂，如蛋白糖、甜叶菊等更是近代科学特制的新型调味品)，利用这些调味料可以有效减轻药味。如果炒菜，还可以加入一些味道稍重的调味料。将药材熬成汁再做菜，可以使药性变得温和，又不失药效，还

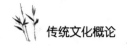

可以减轻药味,可谓"一举三得"。药材分量要适中,切忌做药膳时用的药材分量与熬药相同,这样会使药膳药味过重,影响菜品的味道。可以用纱布袋包好药材,这样能防止药材附着在食物上,维持了菜肴的外观和颜色。

近年来,随着社会生活水平的不断提高,人们的饮食生活在原有的色、香、味、形的基础上,又增加了一个"养"字,合称为色、香、味、形、养,这表明越来越多的人开始重视食养。中医药膳在合理利用中药资源的条件下,融入了饮食原料学、现代营养学、中国烹饪学、社会学、民俗学等诸多学科,注重从医食同源、药食同用的思想观念出发,用传统的食养理论去指导烹饪实践,使之在中国烹饪中占有越来越重要的地位。并且,传统的养生膳、食疗药膳等构成了中国烹饪的特色和优势,中国药膳学正以其独特的魅力引起世人关注,受到各国人民的欢迎。

第四节 饮食养生

传统"养生"缘于道家的"贵生"思想,《庄子·养生主》曰:"吾闻庖丁之言,得养生焉。"唐代战玄英疏解说:"遂悟养生之道也。""养生"的"养"是保养、调养、补养、护养的意思;"生"即生命、生存、生长、生活的意思。"养生"就是根据生命的发展规律保养生命、保健精神、增进智慧、延长寿命。《黄帝内经》是中国传统养生理论的奠基作品,记载有:"人与天地相参也,与日月相应也。""人与天地相参"强调的正是人与自然的统一关系,这种统一关系反映在传统养生文化中,则是人体的生理过程与自然界的运动变化存在同步关系。《黄帝内经·灵枢》提出的"春生、夏长、秋收、冬藏,是气质常也,人亦应之"就明确强调了这一统一关系。

中华民族的饮食养生观,自古以来就是建立在"人与自然和谐相处"统一关系下的,这样的饮食思想是最符合人类生命养育、养护之道。中国一个"和"字就体现了这样的饮食养生观。"和"不仅有平和、和谐、中和等含义,其中还包含着人类以摄取植物性食物为主的饮食行为,是最有益于生命的滋养,且能够与大自然和谐相处的观念。

中华民族是一个非常注重养护、养育生命的民族,即平常所说的"养生之道",而"养生之道"的基础又在于饮食。从造字的角度上说,"养"字的繁体字"養"所表达的意义已经非常清楚了,古人提倡"食饮有节"、杜绝"病从口入"等都是饮食养生的理论实践。2000多年以前成书的《黄帝内经》,就在和谐养生的基础上提出了"五谷为养,五畜为益,五菜为充,五果为助,气味合而服之,以补精益气"的饮食实践经验,奠定了中华民族饮食养生的理论基础。中国肴馔烹饪体系的形成与发展均是以中华民族的饮食养生观为理论基础。

一、五味调和

"中庸之道"是儒家文化思想的核心内容,它的核心内涵就是"和"字。中国烹饪的烹调技术与原料的配伍,乃至宴席菜肴的组合无不体现这一理念,并由此成为中国烹饪养生之道的理论基础。

中国烹饪的调味历来讲究"五味调和百味香",而"五味调和"是"百味香"根本所在,这是中国烹饪养生理念的精华之处。《黄帝内经·素问》记载:"五味入胃,各归所喜,故酸先入肝,苦先入心,甘先入脾,辛先入肺,咸先入肾。"讲的就是任何一种味道过于偏重,都会对身体造成伤害,所以肴馔要达到味"和"。

在中国烹饪之中,最能体现五味调和理念的,在于"汤"的烹饪。对于深谙中国烹饪真谛的专人来说,都知道中国烹饪的精华在于"汤",可以说"汤"就是中国烹饪的灵魂之所在。中国烹饪"汤"的制作历史悠久,早在魏晋南北朝时期就已经成熟。

中国烹饪中"汤"的运用,将"和"字体现得淋漓尽致。第一,无论清汤、奶汤,其本身就是众多美味成分与营养成分的融合。汤内含有各种呈鲜味的氨基酸及一些芳香物质,含有多种矿物质特别是含有丰富的钙,含有多种脂溶性维生素等,但这么多的营养素与美味成分融为一体而各不显现,达到味"和"的境界。第二,汤是融合各种调味原料的最佳载体,无论调味料的种类、数量、使用方法如何变化,只要加入汤中后,便再无个性表现,而成为融合一体的复合美味,达到了"五味调和百味香"的菜肴制作妙境。中国烹饪中的调味之"和",还体现在虽然众味杂陈、百味千料,但绝对不使菜肴的口味有所偏颇,要达到"水火相济",而又不偏不倚的效果。

这种表现在烹调技术上的"味之和"又恰恰与儒家文化的"中和"思想相吻合,可以说这是中国烹饪文化的最高水准,而"和"又是中国儒家文化的最高精神境界。正是因为中国烹饪的调"和"之美,使中国烹饪具有了"平和适中,受众广泛"的菜系内涵与特质。从某种程度上说,不仅在中国,乃至世界上的任何地区,没有人会拒绝接受中国烹饪,也没有人会不适应中国烹饪的饮食口味。因为它是"中和"的,不偏不倚,不走偏锋,不含混不清,这也与中华民族传统的养生思想完全一致。所以说,中国烹饪的灵魂是中国烹饪的养生之道,从这样的层面上看,中国烹饪将会在长远的历史发展中征服世界上所有人的胃口。其实,这种"和"的理念在中国烹饪中除了调味以外,还表现在很多方面,比如配菜要讲究原料的质地、色形的"和"谐,用火要讲究轻重缓急与所烹制的原料相适之"和",宴席中则要讲究菜肴与菜肴之间的搭配之"和"等。

二、大味必淡

《汉书·扬雄传》记载了西汉大儒扬雄所说的:"大味必淡,大音必希,大语叫叫,大道低回"之语。古人解为"美味必淡而无味,美乐必浅而无声,大道迂回而曲折",后人取"大味必淡"来代表全句意思,告诉人们,淡是大味,生活的真谛在于原汁原味、淡泊宁静。

"大味必淡"的观念虽然是一种哲学层面的说教,但它是中国烹饪在菜肴烹调的实践中一贯遵循的主张。这里的"大味必淡"并非指菜肴烹调的没有味道,而是指恰当的调味,才符合养生之道。《管子·水地》中说:"淡也者,五味之中也。"说的是水味极淡,才能融合众味,从而起到调和得宜的效果,所以淡味是大味,是至味。因为浓味、厚味本身已经没有办法融合其他的味,于是老子有"五味令人口爽"的观点,这里的"口爽"不是指口感愉悦舒爽,而是指口腔味觉失真,也可引申为疾病。《吕氏春秋》中说:"凡食,无强厚味，无以烈味重酒，是以谓之疾首。"更明确地表达了这一观点。我国古代的养生家都强调饮食"厚不如薄，多不如少""茹淡者安，茹厚者危""若人之所为者，皆烹饪偏厚之味，有致疾伤命之虞"，讲的皆为清淡饮食养生之理。

虽然调味艺术是中国烹饪技艺的精华成分，但使用调味品过多，使菜肴口味偏于浓重，不仅不能够达到品味艺术的境界，也不符合菜肴饮食养生的原则。现代营养学证明，清淡的菜肴、饭食有益于人体的健康。如过量使用食用油，菜肴味道虽然浓香馥郁，但却容易因为脂肪的过量摄入而导致心血管疾病的发生；而食用盐作为调味品之首，对于菜肴的意义非比寻常，但其过度添加，会增加高血压发病的概率等。中国传统中医养生学在实践中已经认识到了这一点，主张粗茶淡饭、淡薄滋味的养生观念。《黄帝内经》已有"味厚者为阴，薄为阴之阳""味厚则泄，薄则通"的说法。清代秀才曹庭栋在其《老老恒言》一书中明确指出："血与咸相得则凝，凝则血燥。"菜肴、饭食口味过咸、过香、过甜、过辣、过酸等，都是不符合饮食养生原则的。

中国菜肴好吃是因为能够品出美好的味道，过于浓重的、强刺激性味道的菜肴是达不到品味艺术境界的，更无美味之说。民间的厨师技艺传承过程中，一直就有"咸了出味淡了鲜"的说法，中国烹饪的制作对此是遵守不悖的。下饭的菜肴，味道要浓重一点，因为一般的饭是无味的，所以配合浓重口味的饭菜进食，可以起到平衡的效果，对比来看，口味仍然处于较为清淡的水平上。宴席用来下酒的菜肴，则要求以鲜味为主，所以在菜肴烹调中使用少量的盐起到提鲜效果即可。淮扬菜、鲁菜、粤菜的汤类菜肴制作中充分体现了这一养生原则。

保持菜肴原本的纯正味道，意即"本味"，也是"大味必淡"这一养生原则的具体表现。中国菜肴调味讲究章法，讲究艺术效果，一方面重视菜肴原料的本味，另一方面重视突出菜肴的主味。所以在中国烹饪中，莫名其妙、含糊不清、毫无章法的口味是很少有的。一道菜肴，咸就是咸，甜就是甜，鲜就是鲜，辣就是辣，体现的是菜肴口味的纯正。即使有的菜肴也运用复合味进行调味，但仍然遵循口味纯正的调味原则，如甜酸、酸辣、咸鲜等，也是一品便知，传给味蕾的信息是清晰有层次的。《管子·揆度》中说："其在味者，酸、辛、咸、苦、甘也，味者，所以守民口也。"讲的就是纯正味道的菜肴、饭食可以使人保持清醒的品味状态，过于偏嗜、过于刺激、过于混杂的味道可能使人失去对美味的控制能力，而食用口味纯正、清淡菜肴的人们就能够辨别五味。不能够控制对美味的适度享受，就会导致饮食失控，是不利于养生之道的。《管子·内业》中说："凡食之道，大充伤而形不藏；大摄骨枯而血冱。充摄之间，此谓和成。"说的是饮食的规律在于适度，过于饱食会使人体受损而没有好处，过于饥饿会使骨骼萎缩而血气不和。《管子·禁藏》中也提醒人们："食欲足以和血气，衣服足以适寒温。"即生活的享受要有所节制，饮食只要能保证营养健康的需要就行。

三、四季养生

《黄帝内经·素问》中说："故阴阳四时者，万物之终始也，死生之本也，逆之则灾害生，从之则苛疾不起，是谓得道。"讲求的是世事万物要适应四时，这也是中华民族"四季养生"的理论根据，菜肴饮食也是如此。如孔子有"不时不食"的言论，意思就是不到成熟季节的食物不能食用,这是有科学道理的。许多植物的果实不完全成熟时,含有许多对人体有害的成分,对人体的健康不利。《吕氏春秋》有"食能以时,身必无灾"的论断,印证了"不时不食"的观点。

事实上,中国烹饪的菜肴配伍,特别重视应时应节。一方面,具体的时节对应具体的原料,食用什么样的菜肴,原则就是要顺应四季。在我国的黄河流域地区,四季分明,食物出产也应时应节,如春季菜肴配料多用韭菜、荠菜、香椿、春笋之类,宴席菜肴也多以平和润滑、清爽菜肴见长。夏天则以清淡的凉菜、汤菜、蔬菜类菜肴为主,但在烹调肉类、海鲜类菜肴时一定要用姜、大蒜等调味,生姜温暖脾胃,众所周知,大蒜具有良好的消毒杀菌功效。冬季以牛羊肉等动物肉类、火锅类菜肴作为冬季宴席上的主打品种,因其口味厚实、热量丰富。目的就是为了适应四季之变化,以达到饮食养生的效果。

另一方面,同一种菜肴,有时也要根据不同的季节采用不同的烹调方法,以适应季节性的变化。如鲁菜中有一道著名的"肘子"菜肴,可以充当大件菜肴使用,而此菜在宴席中运用的原则,是要根据不同季节有所变化。通常,春季适宜"清炖肘子""白扒肘子"。夏天如果吃肘子则以"水晶肘子"见长,由于加工方法不同,"水晶肘子"中的脂肪含量大大降低,菜肴凉爽可口,清淡不腻,且有利水解热之效果。秋天需要滋阴润燥的菜肴食品,"冰糖肘子"是最佳选择。"红烧肘子"因其味美肥厚,热量丰富,适合于冬季宴席之用。"肘子"菜肴因何如此讲究,就是菜肴搭配要符合饮食养生的原理。淮扬菜中"狮子头"也是其中一个例子。

《周礼》说:"凡食齐视春时,羹齐视夏时,酱齐视秋时,饮齐视冬时。"意思是说,食用饭菜要像春天一样温,食用汤羹要像夏天一样热,酱食要像秋天一样凉,饮料要像冬天一样寒。这是中国烹饪一贯遵循的养生之道。饭菜、汤羹、粥品要热食,益于养护脾胃,且味道美好,中国烹饪中"一热胜三鲜"的说法也是基于这一道理。冬季菜肴为了保温,在有条件的情况下使用保温餐具,如孔府就有一套水暖的银制餐具,即使在没有取暖设施的年代也可以使菜肴得到良好的保温效果。传统的中国宴席中,冬季饮用白酒都要温热,这对于养生也有良好作用。

四、孔子与饮食养生

中国烹饪,根植于儒家文化、黄河文化、长江文化等多元文化的深厚土壤,以其丰厚的历史积淀与悠久的历史传承,成为中国饮食文化发展史上的精华,是中国传统文化的重要组成部分。儒家饮食养生理念对中国烹饪的饮食养生也具有重要影响。

儒家始祖孔子(公元前551—前479年,图4-11)的弟子及其再传弟子把孔子及其所有弟子的思想与言行语录记录下来,整理汇编为儒家经典《论语》。在《论语·乡党》中,记录了孔子一段关于菜肴、食馔饮食养生的论述,较为详尽地阐述和表达了孔子的饮食养生观。即:"食不厌精,脍不厌细。食饐

图4-11 孔子画像

而餲，鱼馁而肉败，不食。色恶，不食。臭恶，不食。失饪，不食。不时，不食。割不正，不食。不得其酱，不食。肉虽多，不使胜食气。惟酒无量，不及乱。沽酒市脯不食。不撤姜食，不多食。祭于公，不宿肉。祭肉，不出三日。出三日，不食之矣。食不语，寝不言。席不正，不坐。"这段关于饮食养生的论述对于后世人们的饮食行为、食品烹饪以及饮食养生产生了极其重要的影响。

孔子所说的"食不厌精，脍不厌细"。这一饮食之论，并非是孔子在倡导人们片面地追求精美考究的饮食生活方式。而事实上，他完全是基于当时平民阶层粗粝劣食的现状而提出来的，告诉人们在食料充足的情况下，尽可能提高菜肴、饭食的加工水平和烹饪技术水平，使入口的菜肴、饭食精细些。如果长期食用加工粗糙的菜肴和制作粗劣的饭食，对人体的健康是不利的，不符合起码的养生之道。在菜肴、饭食加热烹饪方面，孔子提出了"失饪不食"的科学养生观点。清朝进士刘宝楠在其《论语正义》中云："失饪，有过熟，有不熟；不熟者尤害人也。"孔子倡导人们不要去吃加工不熟或过熟的食物，这就需要改进和提高菜肴的烹调技术。关于菜肴加工，孔子提出了"割不正不食"之论。"割不正不食"讲的正是刀工的好坏对菜肴烹饪的效果有直接影响，这也具有科学道理。如果一锅菜肴，食物原料切割的块大小不均匀，必然受热不匀，就会发生生熟不一致的现象，人们吃了这样的菜肴，就会影响消化吸收，甚至导致疾病的发生。所以，孔子一贯提倡的菜肴加工要精细、火候掌握要恰当、原料切割要均匀等要求，都是出于对菜肴烹饪与饮食养生的需要。对于菜肴调味的影响，孔子有"不得其酱，不食""不撤姜食，不多食"之论。菜肴的调味也要讲究合理，否则不仅味道不美好，而且于人体有害，不符合饮食养生的原则。孔子的"不得其酱，不食""不撤姜食，不多食"的论点，对中国烹饪调味实践有指导作用，而且传承至今。明代李时珍在其《本草纲目》中说酱有"杀百药及热汤火毒，杀一切鱼、肉、蔬菜、蕈毒"的功能，而且姜更是"久服去臭气，通神明。除风邪寒热。益脾胃，散风寒，熟用和中"的良药。山东人"大葱蘸面酱"的菜食组合是典型的代表，而在中国烹饪中，有生食的菜肴部分，如烤鸭、烤乳猪、生食蔬菜等，都必须蘸酱食用，饮食养生的道理蕴含其中。姜的运用，在中国烹饪菜肴的制作中更是充当重要的角色，尤其是在海产原料、水产原料及一些食物属性属于凉性的菜肴制作中，均需要加入姜来调味。姜的温热功能，可以平衡寒性的食物，使其成为性味平和的菜肴，以提升菜肴的养生效果。现在，煮海蟹、拌海蜇之类的菜肴必佐以姜汁，就是中国烹饪菜肴养生的实践运用。对于菜肴用料的配合，孔子提出"肉虽多，不使胜食气"，原意是说餐桌上的饭食再好再丰盛，也不能因贪口欲之享而不吃主食，只吃肉类菜肴。因为动物肉等辅食吃多了，是不易消化的。传统养生理论认为："人以水谷为本"，其他只能作为辅助养益食料。所以，《黄帝内经·素问》中有"五谷为养，五果为助，五畜为益，五菜为充"的菜肴组合之论，印证了孔子的饮食观点，而且这一观点已被现代科学证明是合理的饮食结构类型。如果人们每天不吃谷物，而大量地享用山珍海味、大鱼大肉，不仅会导致营养失衡，还会影响消化系统的健康，只有主辅相配得宜、饮食有节制，才合乎科学的原则，才会有利于人体的健康。

五、老子与饮食养生

老子(约公元前571—约公元前471年,图4-12)是道家学派创始人和主要代表人物,在道教中被尊为始祖,称"太上老君"。老子在其传世经典哲学论著《道德经》中,关于养生之道的论述主要有"味无味""圣人为腹不为目""五味令人口爽"等。老子的"无味"并非是没有味道,而是大味、至味、真味,体现在选材上指质地的纯美和自然与食物风味上的清淡。事实上,"淡"不仅是饮食的境界,也是人生的境界。淡中有品格的升华,有智慧的超脱。在"味无味"的基础上,老子又提出了"圣人为腹不为目"。腹就是一个人基本的生存物质条件,目就是耳目享受。眼耳鼻口舌都是外在的感官,而心对应的是内在的智慧、道德、志向。一个是外在,一个是内在,一个是末,而另一个是本,而老子更注重的是内在,是本。人要靠外物来养活自己,保养自己,不能成为外物的奴隶,不能被外物奴役。"五味令人口爽"讲的正是这一道理。丰盛的食物,使人舌不知味。如果一个人天天饭

图4-12 老子画像

局筵席、顿顿鱼肉大餐,本来是悦口的美味、美食,却使人胃口大伤。老子提倡的治身养性原则"治身养性者,节寝处,适饮食"就是要告诉人们调养身体保养天性,就要做到调节起居、适量饮食。

第五节 烹饪典籍

在我国悠久的传统文化长廊中,保存了大量关于饮食烹饪的典籍,它们是人类文明宝库中的瑰宝。通过研究烹饪典籍,一方面,可借其考察中国古代全民族的生活方式;另一方面,对于继承和发扬我国烹饪的优良传统,发掘和创新肴馔也具有极高的价值。

一、烹饪典籍的分类

狭义上的烹饪典籍,是指专门记录、总结关于烹饪技术的历史资料,如菜谱、食单以及其他有关菜肴制作方面的资料等。从广义的烹饪意义来看,有关烹饪的典籍资料远不止如此,资料来源应该更加宽泛。根据当代烹饪学者的研究,我国古代烹饪典籍,按其表现内容,主要可分为三大类。

(一)食单、食谱(包括食疗)方面的著作

1. 食单

如《吕氏春秋·本味篇》中的商代食单,《楚辞·招魂》中的楚国宫廷食单,隋代谢讽的《食经》,唐代韦巨源的《烧尾宴食单》,宋代虞悰的《食珍录》,宋代司膳内人的

《玉食批》，陆游《老学庵笔记》所录"宴金国人使九盏"食单，宋人周密《武林旧事》记载宋高宗《幸清河郡王第供进御宴节次》食单，清代李斗《扬州画舫录》所记"六司百官食次"食单等。

2. 食谱

如《隋书·经籍志》《旧唐书·经籍志》《新唐书·艺文志》所载《淮南王食经》等烹饪专著，几乎全部佚失。现在能够见到保存至今的食谱有《礼记·内则》所记"八珍"和北魏贾思勰《齐民要术》中饮食部分，这也是当今世界范围内保存下来的最早的食品科技百科全书。随后有唐代杨晔的《膳夫经手录》、宋代郑望之的《膳夫录》、宋代陈达叟的《本心斋蔬食谱》、宋代林洪的《山家清供》、元代倪瓒的《云林堂饮食制度集》和浦江吴氏的《中馈录》。明代以来，各类食谱大量涌现，主要有刘基的《多能鄙事》饮馔部分，无名氏的《墨娥小录》饮馔部分，松江宋诩的《宋氏养生部》，韩奕的《易牙遗意》，明代高濂《遵生八笺》中的《饮馔服食笺》以及元代无名氏《居家必用事类全集》的饮馔部分。清代则有朱彝尊的《食宪鸿秘》、李渔《闲情偶寄》的饮馔部分，周亮工《闽小记》中的饮馔部分，袁枚的《随园食单》、童岳荐的《童氏食规》、李化楠的《醒园录》、顾仲的《养小录》、曾懿的《中馈录》、黄云鹄的《粥谱》等。

其他与研究食品、食材、食馔有关的典籍也有许多，其中的代表有宋代陈仁玉的《菌谱》、宋僧赞宁的《笋谱》，还有高似孙的《蟹略》和傅肱的《蟹谱》等，明代屠本畯的《海味索引》《闽中海错疏》，顾起元的《鱼品》、清代陈鉴的《江南鱼鲜品》和郝懿行的《记海错》等。此外，另有研究茶、酒的典籍，如唐代陆羽的《茶经》、宋代苏轼的《酒经》、朱肱的《酒经》和张能臣的《酒名记》等，也属于饮食典籍范畴。

(二)饮食市场方面的资料

关于饮食市场方面的资料，在唐代以前，记载的都很零散，并没有专著。五代至宋代以后，逐渐丰富，著名的有宋代孟元老的《东京梦华录》、灌圃耐得翁的《都城纪胜》、吴自牧的《梦粱录》和周密的《武林旧事》等；明代则有刘侗、于奕正《帝京景物略》等；清代有无名氏的《如梦录》、李斗的《扬州画舫录》和顾禄的《桐桥倚棹录》等。近代有关此类的资料更为丰富，如《成都通览》《燕京杂记》《济南快览》《北平风俗类征》《上海快览》《济南大观》等，特别是在民国年间，几乎各地都有此类记载饮食方面的资料面世。

(三)饮食掌故

在我国古代的烹饪典籍中，带有文学性质的饮食掌故、趣闻逸事一类的资料也很可观。记录此类材料较为集中的有魏晋时期的《世说新语》、唐代段成式的《酉阳杂俎》、宋代陶穀的《清异录》以及元代无名氏的《馔史》等；此外，《周礼》《礼记》《诗经》《尚书》《论语》等经典及诸子、汉赋、类书、字书中也有不少关于饮食烹饪的资料。湖南长沙马王堆汉墓竹简中的随葬食单、墓葬砖刻、壁画、石刻、帛画，五代顾闳中的《韩熙载夜宴图》，宋代张择端的《清明上河图》等传世文物，均为研究古代饮食风貌和烹饪技艺

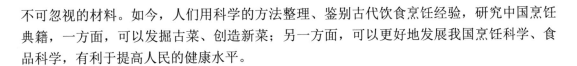

不可忽视的材料。如今，人们用科学的方法整理、鉴别古代饮食烹饪经验，研究中国烹饪典籍，一方面，可以发掘古菜、创造新菜；另一方面，可以更好地发展我国烹饪科学、食品科学，有利于提高人民的健康水平。

二、代表性烹饪典籍

此处所介绍的常见烹饪典籍，主要是以食单、食谱为主要内容的专业烹饪史料，可以说是烹饪著作。令人可惜的是，部分烹饪典籍在历史发展的进程中遭到了毁灭，现在留存的是后人的辑本或仅有书目。

1.《四时食制》

《四时食制》为三国时曹操所撰，原书已佚，现存部分佚文载于《曹操集》中，是从其他古代类书中辑出的。《四时食制》中现存的内容，主要是10多条关于鱼的记述。有子鱼、黄鱼、鲇鱼、鲸鲵、海牛鱼、望鱼、箫拆鱼、蕃蹹鱼、发鱼、疏齿鱼、斑鱼、鳡鱼。大多介绍鱼的形状、产地，个别提到该鱼的食用方法。如子鱼："郫县子鱼，黄鳞赤尾，出稻田，可以为酱"。有些条目则指出了该鱼的味道，如"疏齿鱼，味如猪肉，出东海"等。

现存《四时食制》的内容比较单薄，主题与烹饪扣得也不紧。但是《四时食制》作为东汉末年出于一个政治家之手的烹饪著作，对于烹饪古籍还是具有重要意义的。

2.《食次》

在北魏农学巨著《齐民要术》中，有好多种菜肴、食品及原料的制法引自《食次》，如熊蒸、粲、煮、折米饭、葱韭羹、白茧糖等；而在"熊蒸"条后，又有豚蒸、鹅蒸两种菜的制法，"如同熊蒸"，由此可见，豚蒸、鹅蒸亦出自《食次》；在"白茧糖"后的黄茧糖也出于《食次》。这样，可以初步断定《齐民要术》中明确引用《食次》一书中的饮食资料已达15种。宋代郑望之在他的《膳夫录》中有"食次"一节，列有下列菜肴：月邑脯法、羹臛法、肺月巽法、羊盘肠雌法、羌煮法、笋羹法等，这些菜肴与《齐民要术》中的记录完全相同。由此可见，《食次》应为我国南北朝时重要的烹饪古籍之一，仅从现存的20多种菜点的制法，就可以看出当时的烹饪水平已相当之高。

3.《食经》

《食经》成书于隋朝，作者为谢讽，曾任隋炀帝的尚食直长，是著名的"知味者"，《大业拾遗》中说他著有《淮南王食经》，但此书早已亡佚。现在保存下来的谢讽《食经》部分内容载于陶谷《清异录·馔羞门》中，正文前有"谢讽《食经》中略抄五十五种"之语。而实际上，抄录的仅是53种菜点的名称，并无制法。所收菜点，取名均较华丽，品种也多，如飞鸾脍、龙须炙、花折鹅糕、紫龙糕、春香泛汤、象牙缒、朱衣、香翠鹑羹、添酥冷白寒具、乾坤夹饼等。由此可以看出，谢讽《食经》可能只是一份食单，原书中是否记录了制作方法，已经无从考证。

4.《烧尾宴食单》

唐代韦巨源所著，载于《清异录·馔羞门》中："韦巨源拜尚书令，上烧尾食。其家故书中尚有食帐,今择奇异者略记",共记有58种菜点,在每种菜点的后面均有极简单的说明。韦巨源在唐中宗时"迁尚书左仆射",唐代官位升迁,有宴请皇帝的传统,此宴名为"烧尾宴"。

《烧尾宴食单》记录了58种菜点,品种很丰富,有饭、粥、面点、脯、鲊、酱、菜、羹、汤。在面点中有"单笼金乳酥""曼陀样夹饼""巨胜奴(酥蜜寒具)""贵妃红(加味红酥)""婆罗门轻高面(笼蒸)""生进二十四气馄饨"等20多个品种。菜肴中则有用鱼、虾、蟹、鸡、鸭、鹅、牛、羊、鹿、熊、兔、鹑等原料制作的20多个品种,如"白龙臛(治鳜肉)""仙人脔(乳论鸡)""箸头春(炙活鹑子)""汤浴绣丸(肉糜治、隐卵花)"等。由于每种菜点后的说明太简单,所以《烧尾宴食单》中的大部分菜点今天很难考证清楚。

5. 《膳夫经手录》

《膳夫经手录》是唐代著名的烹饪著作。据《新唐书·艺文志》"医术类"记载:"杨晔《膳夫经手录》四卷",可是如今保存下来的只剩一卷。在残存的抄本《膳夫经手录》中,仅收录了豇豆、胡麻、薏苡、薯药、芋头、桂心、萝卜、鹠鹒、苜蓿、勃公英、水葵、瓜蒌、木耳、芫荽、羊、鹌子、鳗鱼、鲨鱼、樱桃、枇杷、茶等20多种动植物。有的仅提产地,有的叙述性味,还有的涉及食用方法。此外,还有一段是专门谈论"不饪"的文字。

6. 《食典》

据《清异录》记载:"孟蜀尚食掌《食典》一百卷。"孟蜀即五代十国之一后蜀的别称。现《食典》中保存下来的,只有"赐绯羊"一法:"以红曲煮肉,紧卷石镇,深入酒骨淹透,切如纸薄,乃进。注云:酒骨,糟也"。这一条资料比较重要,因为它直接写到了红曲在菜肴烹饪中的应用,是最早的记录文字。

7. 吴氏《中馈录》

旧本题为"浦江吴氏"撰,载《说郛》《绿窗女史》《古今图书集成》等书。据有关学者考证,浦江即浙江省的浦江,作者大约为宋代人。该书分脯鲊、制蔬、甜食三部分,共收录了70多种菜肴、面点的制法。制法简明,实用性较强。

如记录的"瓜齑":"酱瓜、生姜、葱白、淡笋干或茭白、虾米、鸡胸肉各等分,切作长条丝儿,香油炒过供之。"再如记录的"糖醋茄":"取新嫩茄,切三角块,沸汤漉过,布包,榨干。盐腌一宿,晒干,用姜丝、紫苏拌匀。煎滚糖醋泼,浸、收磁器内。"等。

吴氏《中馈录》所收菜点以江南风味为主,少数为北方风味,如"洒孛你方"可能为一种北方少数民族的菜肴或点心。吴氏《中馈录》中还有一些菜点制作记录,对后世产生较大的影响。如"蒸鲥鱼":"鲥鱼去肠不去鳞,用布拭去血水,放汤锣内,以花椒、砂仁、酱(擂碎)、水、酒、葱拌匀其味,和蒸。去鳞供食。"这种不去鳞制作鲥鱼的方法,一直沿用至今。

8. 《山家清供》

南宋林洪所撰。林洪,字龙发,号可山,传为林和靖裔孙。全书分上下两卷,共记载100多种菜点、饮料的制法,内容相当丰富。所记菜肴大多数是用蔬菜、花卉、水果、野菜制作的,动物原料只有鸡、兔、鱼、蟹等数种。

该书中所收菜点有许多构思别致、取名雅丽的品种,如"蟹酿橙""莲房鱼包""山家三脆""山海兜""玉灌肺""拨霞供""东坡豆腐""梅粥""蓬糕""金饭""梅花汤饼""雪霞羹"等。

9.《本心斋疏食谱》

宋代陈达叟所撰，共一卷，收入《百川学海》《丛书集成初编》等书。该书共记食品 20 多种，在每一种食品后面先有说明，然后加有 16 个字的《赞》。所记食品均用稻谷、蔬菜、水果等制成，有大豆、韭、小麦、山药、龙眼、笋、藕、绿豆、粉丝、菌等。这可以说是我国较早的一本"素食"食谱。

10.《饮膳正要》

元人忽思慧所撰。一说是回人，或说是蒙古人。忽思慧是一位医学家，于元仁宗延祐年间被选为宫廷的饮膳太医。在职期间，他积累了丰富的烹饪技艺和营养食疗方面的经验，从而写出了我国以食疗为重点，兼及许多少数民族烹饪技艺的名著，即《饮膳正要》。

本书共分三卷。第一卷分"三皇圣纪""养生避忌""妊娠食忌""乳母食忌""饮酒避忌""聚珍异馔"六部分，其中"聚珍异馔"中收录回、蒙古等民族及印度等国菜点 94 种。第二卷分"诸般汤煎""诸水""神仙服食""四时所宜""五味偏走""食疗诸病""服药食忌""食物利害""食物相反""食物中毒""禽兽变异"十一部分，其中"食疗诸病"中收录了食疗方法 61 种。第三卷分"米谷品""兽品""禽品""鱼品""果品""菜品""料物性味"七个部分，其中"料物"指调料，共收录了 28 种。

11.《云林堂饮食制度集》

《云林堂饮食制度集》是我国元代的一部著名烹饪著作。作者倪瓒，字元镇，号云林，自号荆蛮氏、海岳居士等。因其居处属殷代的句吴，故又号句吴倪瓒。

倪瓒家中有一座叫"云林堂"的建筑，因此，他家的食谱便叫作《云林堂饮食制度集》。现存的《云林堂饮食制度集》并不厚，总共只收录了约 50 种菜点、饮料的制法，但是在我国烹饪史上却颇有影响。因该书反映了元代无锡一带的饮食风貌，资料颇为珍贵。

12.《易牙遗意》

《易牙遗意》是元末明初时韩奕所撰的一部著名食谱，原载明代周履靖所编的丛书《夷门广牍》第十九卷中。《易牙遗意》共二卷，分十二类。其中，上卷分"酝造类""脯鲊类""蔬菜类"，下卷分"笼造类""炉造类""糕饵类""汤饼类""斋食类""果实类""诸汤类""诸茶类""食药类"，共记载了 150 多种调料、饮料、糕饵、面点、菜肴、蜜饯、食药的制法，内容很丰富。

13.《宋氏养生部》

明宋诩编撰。宋诩，字久夫，江南华亭人。他在该书序言中说："余家世居松江，偏于海隅，习知松江之味，而未知天下之味为何味也。"他的母亲自幼"久处京师"，学到了许多北京菜的做法。宋诩得到母亲的传授，终于编成了《宋氏养生部》。成书时间为弘治甲子年，即公元 1504 年。

全书分六卷。第一卷为茶制、酒制、酱制、醋制；第二卷为面食制、粉食制、蓼花制、白糖制、蜜煎制、饧剂制、汤水制；第三卷为兽属制、禽属制；第四卷为鳞属制、虫属制；第五为菜果制、羹菽制；第六卷为杂造制、食药制、收藏制、宜禁制。全书共收录了 1000 多种菜点制法及食品加工贮藏法，内容可谓非常丰富。

14.《宋氏尊生部》

明代宋公望所编，宋公望是宋诩的儿子。全书共十卷，分汤部、水部、酒部、曲部、酱部、醋部、香头部、燖料部、糟部、素馅部、辣部、面部、粉部、饧部、蜜部、饭粥部、果部等，收录了 200 多种食品制造及食品保藏的方法。

15.《饮馔服食笺》

《饮馔服食笺》为明代杭州人高濂所编著的《遵生八笺》之一。《饮馔服食笺》共三卷，上卷分序古诸论、茶泉类、汤品类、熟水类、粥糜类、果实粉面类、脯鲊类；中卷分家蔬类、野蔬类、酿造类、曲类；下卷分甜食类、法制药品类、服食方类。《饮馔服食笺》是明代的一部重要饮食著作，无论是对于研究饮食史，还是挖掘古代食品为今人所用，都是大有裨益的。

16.《食宪鸿秘》

传为朱彝尊所撰。该书上卷分"食宪总论""饮食宜忌""饮之属""饭之属""粉之属""煮粥""饵之属""馅料""酱之属""蔬之属"；下卷分"餐芳谱""果之属""鱼之属""蟹""禽之属""卵之属""肉之属""香之属""种植"以及附录《汪拂云抄本》等。除"食宪总论""饮食宜忌"外，共收录 400 多种调料、饮料、果品、花卉、菜肴、面点的制法，内容丰富。

17.《醒园录》

清代李化楠著。据该书《序》说，李化楠当年"宦游所到，多吴羹酸苦之乡。厨人进而甘焉者，随访而志诸册，不假抄胥，手自缮写，盖历数十年如一日矣"。后来，其子李调元将其父之书稍加整理刻印而成。因家中有"醒园"，故取名为《醒园录》。书分上下两卷，共收录 100 多种关于调味品、食品加工、菜肴、面点、食物贮藏等方法。书中所收菜点，以江南风味为主，亦有四川当地风味，还有少数北方风味以及西洋品种。

18.《随园食单》

图 4-13　袁枚画像

《随园食单》是清代袁枚(1716 年—1798 年，图 4-13)四十余年美食实践的产物。袁枚，字子才，号简斋，钱塘(今浙江杭州)人，清代著名美食家。《随园食单》书中记载有"每食于某氏而饱，必使家厨往彼灶觚，执弟子之礼，四十年来，颇集众美。有学就者，有十分中得六七者，有仅得二三者，亦有竟失传者，余都问其方略，集而存之，虽不甚省记，亦载某家某味，以志景行。自觉好学之心，理宜如是"。

该书除序言外，共分须知单、戒单、海鲜单、江鲜单、特牲单、杂牲单、羽族单、水族有鳞单、水族无鳞单、杂蔬菜单、小菜单、点心单、饭粥单、茶酒单等，内容相当丰富。此书的最大特点是总结了前代和当时厨师的烹调经验，使其上升到理论的高度。袁枚的这些烹调理论，虽然如今看来不够有深度，部分内容也不一定科学，但在当时却是难能可贵的。

19.《调鼎集》

清代无名氏编。该书《序》中说："是书凡十卷，不著撰者姓名，盖相传旧抄本也。上则水陆珍错、羔雁禽鱼，下及酒浆醯酱盐醢之属，凡《周官》庖人、亨人之所掌，内饔外饔之所司，无不灿然大备于其中。其取物之多，用物之宏，视《齐民要术》所载物品、饮食之法，尤为详备。"

卷一主要记多种调味品，有酱、盐水、酱油、醋糟油、糟、酒娘、椒、姜、大蒜、芫荽、川椒、葱、诸物鲜汁；卷二为多种宴席款式；卷三记特牲、杂牲类菜；卷四为鸭、鹅、鸡类菜；卷五为羽族及江鲜菜；卷六为海味菜及其他荤素菜点；卷七为蔬菜类菜肴；卷八为茶、酒等；卷九为饭粥；卷十为点心。全书共收录2000多种各类食品制作方法，内容极其丰富，几乎可以称得上是清代的菜谱大全。

20.《粥谱》

清人黄云鹄撰。《粥谱》之后，还附有《广粥谱》，可以说是关于荒年赈粥的资料简编。《粥谱》共分"粥谱序""食粥时五思""集古食粥名论""粥之宜""粥之忌""粥品"六部分，"粥品"部分为《粥谱》的重点。"粥品"又分为谷类、蔬类、蔬实类、稆类、菰类、木果类、植药类、卉药类、动物类九大类，共收录了200多个粥谱，是中国古代粥类饮食品之大全。

21. 曾氏《中馈录》

清代曾懿撰。曾懿，女，字伯渊，又字朗秋，四川华阳县人，大约生活在道光、光绪年间，出身官宦之家。她的父亲和丈夫分别在江西、安徽、湖南当过官。她也曾随行，从而增加了对这些地方饮食烹饪的了解，加上她本人在家主持中馈，有一定的烹饪实践，从而写出了这本供女子"学习"用的烹饪著作。此书除总论外，分20节，介绍了20种食品的制作方法，有制宣威火腿法、制香肠法、制肉松法、制鱼松法、制五香熏鱼法、制糟鱼法、制风鱼法、制醉蟹法、制皮蛋法、制糟蛋法、制辣豆瓣法、制泡盐菜法、制冬菜法、制酥月饼法等。

22.《素食说略》

清代薛宝辰撰。薛宝辰原名秉辰，字寿宪，一字幼农，陕西长安县人。该书成书于清代年间，出版于民国年间。全书共四卷，正文前有自序及例言，内容较为丰富。

书中所收菜点，大多数属于陕西、北京风味。正如《例言》中所说："余足迹未广，惟旅京为最久。饮食器用，大致以陕西、京师为习惯，而饮食尤甚。故作菜之法，不外陕西、京师旧法。"如陕西的"金边白菜""焖发菜""树花菜""羊肚菌"，北京的"果羹""拔丝山药""龙头菜""菜花""麒麟菜"等，均有详细的记载。

作者在自序及例言中，也涉及一些烹饪理论。在自序中，作者力主食用"畦蔬园蔌"，认为其"美于珍馐"，并说新鲜蔬蔌不仅芳香，而且能洁肠胃，对健康有益。在例言中，

指出制蔬菜的要诀："菜之味在汤,而素菜尤以汤为要。"作者反对将桃、梨、橘、柑、蒲桃、苹果等水果油炸、水煮后食用。他说,这些水果"色香与味俱臻绝伦,而食者以油炸之,以糖煮之,使之清芬俱失,岂非所谓暴殄者乎?"该书正文共收条目170多条,计有酱、醋、豆豉、辣椒酱等调料的制法,上百种蔬菜、菌类、豆制品、饭粥、饼、面条、汤等的制法。

总的看来,《素食说略》明显受佛家素食教义的影响,但也不失为一部有实用性和史料价值的素食专著。

小提示

《齐民要术》中的烹饪史料

《齐民要术》是我国北魏著名农学家贾思勰撰写的农业巨著,内容丰富多彩。书中序言说,该书的写作"起自耕农,终于醯醢,资生之业,靡不毕书",素有"农业百科全书"之称。《齐民要术》虽非专门的烹饪典籍,但其中的第八、第九卷保存了大量珍贵的烹饪史料,撰写了有关调味料、菜肴、面食等的制作工艺。而且,文字的数量和内容的质量都远远超过了魏晋南北朝以前的任意一种烹饪典籍,其后历代的烹饪食谱,能够超过《齐民要术》者也屈指可数。

【思考讨论】

1. 中国菜系形成的主要因素有哪些?
2. 川菜主要由哪几个地方风味组成?有何特点?
3. 为什么说地方风味是中国肴馔的主要成分?
4. 民间风味有哪些主要特点?
5. 中医药膳的发展有哪些阶段?
6. 烹饪药膳有哪些常用的方法?
7. 孔子的饮食养生观念主要有哪些?
8. 烹饪中的"五味调和"主要体现在哪些方面?
9. 烹饪典籍主要分为哪几类?各有何特点?

【综合实践】

1. 请到一个著名的淮扬餐馆进行考察,并写下自己的感想体会。
2. 请写出当地公认的最有特色的菜肴并说明理由。
3. 假设你想开一家餐馆,你会选择经营哪个菜系?为什么?
4. 中国肴馔主要有哪些成分,试论述为什么会出现这种划分?
5. 请查阅几家著名的药膳馆,试分析它们的经营特色。
6. 请列举好的饮食养生习惯。
7. 请阅读一本烹饪古籍,并试着翻译其中一个小节的内容。

第五章　物质生产民俗

【导论】

　　过年为什么要吃饺子？为什么西北人住窑洞，南方人住竹楼？为什么劳动时要高唱劳动号子？探寻这些问题，可以发现其中有很多的学问，这种学问就是民俗。它在无形中支配着人们日常的生产生活，指导规范着人们的衣食住行、礼仪礼貌、待人接物……那么，究竟什么是民俗呢？民俗，即民间风俗，指一个国家或民族中广大民众所创造、享用和传承的生活文化。它起源于人类社会群体生活的需要，在特定的民族、时代和地域中不断形成、扩大和演变，为民众的日常生活服务。

　　在人类活动的诸多类型当中，物质生产活动是人类维持生存并进而谋求发展的根本所在。在各种物质生产过程中所产生的一些具有普遍意义的习惯性行为或倾向即物质生产民俗，主要包括农业民俗、渔猎畜牧民俗、工匠民俗、商贸民俗和交通民俗。

　　物质生产民俗的特征主要表现在四个方面：①地域性。人们进行物质生产所形成的风俗习惯，总是与不同的生态环境条件相适应。②季节性。人们改造自然的活动，受自然规律的制约，形成随天体运转、气象变化而变化的季节性和周期性。③功能性。物质生产民俗首先是为了满足物质生活的需求，具有直接的功能作用。④科学性。物质生产民俗是劳动人民在长期生产实践过程中，对生产对象及其规律的长期观察、感受和思考的结果，具有科学意义。

【学习要点及目标】

1. 掌握物质生产民俗的概念、分类和特征。
2. 掌握农业生产民俗的类型和特征，了解我国传统农具，理解二十四节气的意义。
3. 掌握渔业民俗、狩猎民俗和畜牧民俗的主要表现。
4. 掌握工匠特质和技艺传承，了解工匠的行业民俗。
5. 掌握交易场所民俗和商业方式民俗，了解招幌与市声的概念和分类。
6. 掌握陆路交通民俗和水路交通民俗的主要方式。
7. 了解丰富多彩的生产民俗现象，增强对历史文化和各民族民俗的认识。

【关键词】

生产民俗　农业民俗　渔文化　狩猎民俗　游牧民俗　工匠民俗　商贸民俗　交通民俗

第一节 农业民俗

农业民俗是指产生并服务于农事生产的民俗事项，是伴随着农业经济出现而逐渐形成的古老的民俗之一。这类民俗对于我国传统文化的影响最为巨大，是中国传统文化与传统民族心理形成的关键所在。

一、农业民俗的类型和特征

(一)农业民俗的类型

1. 农业耕作的时序、节令习俗

农业生产在不同地区各有差异，但整个生产过程的各个环节，对一年中的自然时序、节令的适应性却极强。从备耕、播种、防灾、田间管理到植树造林、收获、储藏，都有季节和周期规律可循。农历的二十四节气对农业生产有重要的制约作用，它是我国劳动民众根据自然气候的特征和丰富的农业生产实践创造出来的。古代典籍《荆楚岁时记》(梁·宗懔)、《风土记》(周处)、《农家月令》等都记录了农民在一年内约定俗成的耕作习俗。以种棉为例，华北黄河下游地区是"清明玉米谷雨花，谷子播种到立夏""清明早，小满迟，谷雨种棉正当时"；华中地区是"清明前，好种棉"，种棉时间比黄河中下游山西一带早些，因这里的气候温和；江浙皖等省是"清明种花早，小满种花迟，谷雨立夏正当时"。农民说"庄稼不饶人""季节不等人"，否则就影响收成。

2. 占天象、测农事的习俗

我国古代农民在生产实践中，经过长期观察、积累的经验，逐渐产生了丰富的预测天气变化的、直感的天文知识，并形成比较固定的习俗。农业生产适应天象、气候的变化规律，成为保证农业丰收的重要条件之一。这在各地农业谚语中都有反映，如河南的农谚说"立春晴一日，农夫不费力。"又如江苏农民对"岁朝看风云，以卜田事"的习俗很重视，他们说"岁朝东北风，五禾大熟。岁朝西北风，大水害农功。"这类习俗虽不一定绝对可靠，但其中包含一定的科学因素，这些是农民多年经验的汇集和智慧、心血的结晶。

3. 卜农事丰歉、祈福禳灾的习俗

农业收成的好坏，直接影响着人们的生活。因此，许多地方都在年关节令转换的时刻，占卜农事丰歉，祈求免除灾害。如各地普遍流行的正月十九(或二十五)盼丰收的"添(填)仓节"，棉区的棉农在元宵节看灯芯，盼棉花丰收；广东在除夕把盐米放在灶上，用碗盖起来，看米的聚散，占卜丰歉；陕西农民在冬至向巴山看雪占验来年收成。尽管这类习俗有不同程度的不科学成分，但它所反映的民俗心理却是共同的：希望借助超自然的神灵的庇佑获得丰收，或消除危害农业的自然灾害与恶神。

小提示

农历正月二十五俗称"填仓节",是农历正月最后的一个节日。按照民间说法,"填仓"的意思就是填满粮仓,商家尤其是粮食商非常重视这个节日,即使是不种庄稼的普通百姓,也都要买一些米面粮油等来充实自己的"粮仓"。不同的地方过填仓节的习俗各有差异。在老北京,这一天要吃盒子菜,所谓盒子菜就是从熟食铺买来的一些酱肉、熏鱼、小肚、酱鸭等。商家则要请所有的伙计大吃一顿,也是让他们下一年好好工作,预示新的一年开始,买卖兴隆。

4. 农业禁忌习俗

在农业立国的中国,有着自己独特的农业生产民俗,但因为各种文化的影响与限制,产生了许许多多的农业禁忌。例如在宁远,正月初一不能睡觉,否则对庄稼不利;立秋禁止家人在田间行走,否则秋收减产。在蚕桑生产地区,许多禁忌不仅有趣,而且也有一定的科学道理。例如,江苏农民家家都要养蚕,就把三、四月叫"蚕月"。当蚕刚出生时,怕冷风和气味污浊,蚕姑就要关蚕房门独宿,据说可以避邪护蚕。蚕室里保持清洁,各家都有门上贴红纸、不相往来的禁忌习俗,否则要冲蚕花。湖州蚕农养蚕有三条禁忌:①清明节后,蚕农要接青龙,退白虎。②担蚕以后,除自己养蚕外,闲杂人等都不能直入蚕屋和大声呼喊,以保持蚕屋安静。③正月元旦,乡人早晨起床要晚,叫"眠蚕花"。这些习俗,一方面是农民不能充分认识自然界规律的反映,另一方面也是农业生产经验的积累;要改变它,只有依靠科学技术的发展与普及。

5. 祭祀田神、先农和灶神的习俗

在我国古代,祭天,祭祖,祭山川、土谷之神等是农事活动中的一项主要内容。人们期望通过这类原始宗教信仰和仪式活动,满足生产和生活上的需求。年初元旦这一天,农民通过祭天、祭先农,盼望一年内风调雨顺,五谷丰登。天气久旱,他们祭龙神求雨。四川甚至把治水有功的秦太守李冰,神化成了祈雨祭祀的"川主之神"。许多地方在稻穗庄稼初熟时,有先摘回一些祭祀敬神的"尝新"习俗。这类习俗、信仰的产生和形成,主要原因是农业科学技术落后,战胜自然灾害的能力有限,其局限性也表现在这里。随着现代农业技术与科学的发展,禁忌似乎不需要再坚守,需要摒弃。然而农业禁忌一部分是科学与唯物的、礼仪的,一部分又是宗教信仰的延伸,其中仍有许多值得我们借鉴、吸收、探索、学习。

6. 农业生产过程习俗

这类习俗包括农业生产工具的制作和使用及具体的生产程序等,是一个较为庞大的体系。举例来说,北方产麦区在耕地时经常使用的犁分为两种:一类是由犁辕、犁铧、犁面、犁梢、犁把等组成的铁犁,这种犁又称"曲辕木犁""猪夯";另一类是新式的七寸步犁。在犁地时,人们通常借助牛、驴的力量,有时也要用人力牵引。在田间管理中,耕锄草方面分深锄、浅锄、横锄、间锄等。施肥分造肥、上粪。粪有土粪、青肥、畜肥,各有特色。在收割上,大都采用镰刀、铲刀割麦。打场时,讲究"晒场""翻场""放碌""起场""扬场""搭垛"等一系列操作习俗。这些习俗世代相沿,成为广大农民生产、生活的一部分。随着科学技术的发展,现在很多地方农田耕作均以农业机械为主。但是,往日的传

统农事风俗依然在不同地区、不同程度地被沿袭、继承着。

7. 农业娱乐风习

农业民俗来自劳动实践，也伴随生产活动自然形成娱神、娱人的具有文娱性质的民俗文化。有的是在农业生产过程中进行创作，有的是在丰收以后庆节时表演，有的是在节日民间业余文娱活动中或歌或舞，丰富多彩。清代屈大均在《广东新语》中记述说：每年春耕时，农家的妇女儿童数以十计，一起到田里插秧，一人敲起了大鼓，鼓声一响，"群歌竞作，弥日不绝"，称之为"秧歌"。"扭秧歌"最早是以唱歌的形式出现，后来发展成舞蹈和戏剧表演的形式。各地类似民俗，都与农民盼望生产丰收、农事耕作顺利和身体健康的心理有关。(扫描二维码了解农业民俗的类型)

(二)农业民俗的特征

1. 地域性、季节性

"不违农时"和"因地制宜"是农业生产的两大基本原则。不同的自然环境和气候环境是农业生产发展最基本的条件。在我国，由于气候分布有着明显的地带性，自北而南，自西而东，干湿冷热状况不同，因而土壤与植被也呈明显的地带性差异。以大兴安岭—阴山—贺兰山—青藏高原东缘一线为界，其东南部是季风区，农业生产以种植业为主，种植业民俗明显；其西北部是非季风区，自然景观以草原与沙漠为代表，农业生产以牧业为主，牧业民俗明显。在东部秦岭—淮河一线以北是旱地区，以南是水田区，反映在种植业民俗上，作物种类、耕作方式、耕作制度、生产工具和信仰禁忌等方面自然也存在差别。在季节上，农业民俗通常以一定的周期周而复始地反复出现，这个周期一般以年为单位，如二十四个节气、各种农业节庆、生产程序等；但也有以季节为单位循环的，如一年二熟制、三熟制农业，二年三熟制农业的习俗便是如此。

2. 功利性

农业生产是为了直接从自然界获取物质财富，伴随农业生产存在的一系列农业民俗现象自然主要是为了农事活动的顺利、农业生产的丰收，体现着强烈的功利性目的。尽管一些农业娱乐习俗源于娱神、娱人的需要，但最终目的在于庆祝丰收的同时，希望来年风调雨顺、五谷丰登、六畜兴旺。从技术过程到人文仪式，从时序、节令到节日娱乐，从占天象、测农事到祈福禳灾，从禁忌到信仰，无不寄托着人们对农事顺利的渴望与希求。

3. 技艺性

农业民俗包括了生产工具、技术操作与人文仪式三个方面，其中技术操作民俗实际上就是手工技艺。手工技艺的高低直接影响农业生产的状况，比如，秧扯得好坏、插得好坏，对水稻的生长影响很大。又如，关于农田灌溉，最初人类种田是靠"天河水"进行灌溉的；后来，为了抵御干旱，在淮河以南地区出现了围水习俗；再后，随着木制技术的进步，人们造出了水车(筒车与翻车)；近现代出现了更为先进的电动抽水机，灌溉方式也由以前的漫灌转变为喷灌和滴灌等多种形式。

4. 稳定性

农业生产方式与工业生产、商业交易方式相比，稳定性占据了显著位置，一些原始农业和传统农业的生产模式代代相传，相沿至今。例如，原始农业的刀耕火种习俗仍然在我国和世界一些落后地区广为存在；历史流传下来的，诸如护苗、除草、灭虫和抵御旱涝的各种方法，生产过程中对土地、用水和肥料的管理习俗，以及各种农业生产工具和设备，仍在乡村的农业生产中占据主导作用，千年不变。在农业产业化与现代化的过程中，传统农业生产习惯尽管也发生了变化，但其中许多合理的经验仍然值得借鉴与发扬。

5. 经验性

在近现代科技对农业指导以前，传统农业生产基本上是依靠农民代代积累和传承下来的经验指导，农业技术操作呈现出极大的盲目性、经验性和神秘性。无论是选种、播种、栽培和田间管理，还是收获、运输、储藏和产品加工，莫不以经验为依据。

6. 田园性

农业民俗与自然的山水风光紧密相连。在广阔的乡村，山水风光构成了乡村的自然景观，农业民俗则主要构成了乡村的人文景观，自然与人文浑然一体，形成动静结合的乡村画卷。而且在许多民族的传统农业民俗中，十分强调自然与人类的协调，如汉族的"天人合一"观念，少数民族如侗族的环保意识，更使这些民族的农业民俗表现出生态性、质朴性和田园性特征。我国农村的传统习俗与生态环境互为一体，整个田园经济在"日出而作，日落而息"的循环中呈现出宁静、朴实与和谐的氛围。

二、二十四节气

"春雨惊春清谷天，夏满芒夏暑相连，秋处露秋寒霜降，冬雪雪冬小大寒。"这首二十四节气歌在我国民间广为流传。二十四节气系统是我国农历特有的重要组成部分，起源于黄河流域，形成于春秋战国时代，经过不断地改进与完善，到秦汉年间，完全确立。二十四节气是根据太阳在黄道(即地球绕太阳公转的轨道)上的位置来划分的，能反映季节、气温、降雨、物候等方面的变化，指导农事活动。每个节气约间隔半个月的时间，分列在十二个月里面。2016年中国"二十四节气"被列入联合国非物质文化遗产代表作名录。

(一)二十四节气分类

二十四节气的命名反映了季节、气候现象、气候变化等，因此二十四节气又可以划分为如下几类。

表示寒来暑往变化的有：立春、春分、立夏、夏至、立秋、秋分、立冬、冬至八个节气；

象征温度变化的有：小暑、大暑、处暑、小寒、大寒五个节气；

反映降水量的则是：雨水、谷雨、白露、寒露、霜降、小雪、大雪七个节气；

反映物候现象或农事活动的节气有：惊蛰、清明、小满、芒种四个节气。

春分、秋分、夏至、冬至是从天文学角度来划分的，反映了太阳高度变化的转折点。

立春、立夏、立秋、立冬则反映了四季的开始。由于中国地域辽阔，具有非常明显的

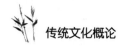

季风性和大陆性气候，各地天气气候差异巨大，因此不同地区的四季变化也有很大差异。

白露、寒露、霜降三个节气表面上反映的是水汽凝结、凝华现象，但实质上反映出了气温逐渐下降的过程和程度。

惊蛰、清明反映的是自然物候现象，尤其是惊蛰，它用天上初雷和地下蛰虫的复苏，来预示春天的回归。

(二)二十四节气命名的讲究

"立"表示一年四季中每一个季节的开始，春夏秋冬四个"立"，就表示了四个节气的开始。立春、立夏、立秋、立冬亦合称为"四立"，公历上一般在每年的2月4日、5月5日、8月7日和11月7日前后。"四立"表示的是天文季节的开始，从气候上说，一般还在上一季节，如立春时黄河流域仍在隆冬季节。

"至"是极、最的意思。夏至、冬至合称为"二至"，表示夏天和冬天的极致。夏至日、冬至日一般在每年公历的6月21日和12月22日左右。夏至，太阳直射北纬23.5度，黄经90度，北半球白昼最长。冬至，太阳直射南纬23.5度，黄经270度，北半球白昼最短。

"分"在这里表示平分的意思。春分、秋分合称为"二分"，表示昼夜长短相等。这两个节气一般在每年公历的3月20日和9月23日左右。春分、秋分，黄道和赤道平面相交，此时黄经分别为0度、180度，太阳直射赤道上，昼夜相等。

立春：春季的开始。

雨水：降雨开始，雨量渐增。

惊蛰：蛰是藏的意思。惊蛰是指春雷乍动，惊醒了蛰伏在土中冬眠的动物。

春分：分是平分的意思。春分表示昼夜平分。

清明：天气晴朗，草木繁茂。

谷雨：雨生百谷。雨量充足而及时，谷类作物能茁壮成长。

立夏：夏季的开始。

小满：麦类等夏熟作物籽粒开始饱满。

芒种：麦类等有芒作物成熟。

夏至：炎热的夏天来临。

小暑：暑是炎热的意思。小暑就是气候开始炎热。

大暑：一年中最热的时候。

立秋：秋季的开始。

处暑：处是终止、躲藏的意思。处暑是表示炎热的暑天结束。

白露：天气转凉，露凝而白。

秋分：昼夜平分。

寒露：露水已寒，将要结冰。

霜降：天气渐冷，开始有霜。

立冬：冬季的开始。

小雪：开始下雪。

大雪：降雪量增多，地面可能积雪。

冬至：寒冷的冬天来临。

小寒：气候开始寒冷。

大寒：一年中最冷的时候。

(三)二十四节气与主要农业活动

二十四节气主要是根据我国的地理气候集中反映出了黄河流域的自然季节特征，往北或往南有明显的差别，各地都有各自的节气特点。因此，节气对不同地区、不同作物具有不同的农业气象内容。下面以我国北方地区农事活动安排为例作简要介绍。

立春：俗称"打春"。民间以立春日为一年农事之始，是植物开始萌动生长，人们开始备耕之时。

雨水：入春以后，东南风始吹，雨水开始增多。雨水是果树嫁接的好时间，有"雨水节，把树接"的农谚。

惊蛰：气温上升，天气变暖，地下蛰伏的各种动物开始苏醒、蠕动。农事活动主要是育种开始。有"雨水早，春分迟，惊蛰育苗正适时""惊蛰不过不下种""惊蛰点瓜，不开空花"的农谚。

春分：春季过半，气候转暖，昼渐长，夜渐短，麦子生长迅速，开始起身，有"麦过春分昼夜忙""春分麦起身，一刻值千金"的俗谚，是麦田管理，施肥、中耕的时节。

清明：气候清新，草木茂盛，是植物播种的大好时光。有"清明前，去种棉""清明种瓜，船装车拉""清明十天种高粱""清明前后，点瓜种豆""清明种高粱，六月接饥荒"等农谚。

谷雨：每年4月20日前后，太阳到达黄经30°时开始。一般天气变暖，断霜雪，雨量也较前增多，是春作物播种出土的重要季节，开始种高粱、谷子、春玉米、红薯等早秋作物。此时枣芽萌发，春播棉花开始种植。谚曰："枣芽发，种棉花""谷雨栽秧(红薯)，一棵一筐"。

立夏：夏季之始，小麦齐穗，开始养花上浆。农谚有"立夏麦挑旗，小满麦秀齐"。此时各种候鸟相继入境，红薯芽普遍移栽下地，并继续播种早秋作物，黄瓜成熟。农谚有"四月八，鲜黄瓜""立夏种棉花，有苗无疙瘩"。

小满：部分早冬作物开始成熟。俗云："小满见三新"，即大麦、油菜、蚕茧。农民购置农器家具，做收麦前的准备工作。开始套种晚秋作物。

芒种：每年6月6日前后，太阳黄经75°时开始。农事活动主要是收割小麦，抢种晚秋，管好大秧。

夏至：夏至是农事很重要的节气，是秋田管理的紧张季节。气温升高，天气变热，开始锄头遍地。农谚有"春争日，夏争时，中耕锄草不宜迟""夏至种芝麻，头顶一朵花，立秋种芝麻，老死不开花"。

小暑：天气逐渐炎热，汛期到，作物旺长，主要是加强秋作物管理。

大暑：一年中气温最高的时期，正值伏中。谷子甩大叶，黄豆二棚楼，头二茬地均中耕完毕。注意治虫、防旱、防涝等事。

立秋：秋季开始，时在三伏之中。农事有"立秋前后，燕瓜绿豆""立秋栽葱，白露种蒜"的农谚。

处暑：暑尽天凉，炎热的天气将于是日结束。可种荞麦，俗谚云："处暑荞麦甭等肥""处暑谷渐黄，大风要提防"。

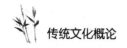

白露：时值中秋，天气转凉，夜间露水发白。农事活动开始收获高粱和早玉米，腾茬子，早耕，小麦备播，育油菜苗。

秋分：秋季的一半，此后北半球昼渐短，夜渐长。秋分后，送粪犁地，积极备播小麦，又夹带收秋，是秋季最忙时期。

寒露：进入寒露，气温明显转凉，夜有寒冷之感，开始播种小麦。农谚云："寒露到霜降，种麦莫慌张。"

霜降：以天冷，露水结成薄霜而故名。霜降无霜，主来岁饥荒。"霜降有霜，米谷满仓""十月不下霜，种地一包糠"。霜降后进入种麦高潮时节，俗云："霜降至立冬，种麦莫放松。"

立冬：立冬意味着冬天的到来，太阳黄经为225°。抓紧播种晚茬小麦。立冬日忌讳吃生冷食物，如萝卜、水果等，否则会损伤身体。

小雪：气温下降，开始飘雪花，冬播结束。开始建房屋，开展农田水利基础建设，整修道路，开展副业活动。

大雪：天寒地冻，大雪纷飞而故名。瑞雪兆丰年："麦盖三床被(大雪)，头枕蒸馍睡。"农事活动继续进行水利建设，整修道路水渠，开始磨粉，从事商业经营及商品生产等活动。大雪忌无雪，俗谚有"今年大雪把门封，来年一定好收成"之说。

冬至，太阳直射南回归线，是日交九，此后天气渐入严寒。有冬九九歌："一九二九袖装手，三九四九冰上走，五九六九河开冰走，七九八九抬头看柳，九九加一九耕牛遍地走。"农业生产上，继续进行防冻、积肥、深耕等工作。

小寒：进入严寒天气，"小寒大寒，滴水成团""小寒冻土，大寒冻河"。

大寒：进入一年中最寒冷的时候，时在十二月，准备过春节。"小寒、大寒、杀猪过年。"

(四)二十四节气与民俗活动

二十四节气为中国大众所普遍接受，日常生活中随处可见二十四节气的影响，一些节气和民间文化相结合，已经成为人们的固定节日。最著名的清明、立春、立夏、冬至都融入了节日的氛围，夏至、暑伏也与日常生活紧密相连，以至民间有"冬至饺子、夏至面"、"头伏饺子、二伏面、三伏烙饼摊鸡蛋""冬练三九、夏练三伏"的说法。在这些节令中，往往伴有丰富多彩的民俗活动。"立春"时各地的民俗活动如下。

1. 打春牛

立春标志着春天到来及一年农耕的开始，在民间则习称"打春"。河南省内乡县的"打春牛"活动包括迎春、祭祀、打春、闹春、送春等步骤，每年都举办得非常隆重热闹。古代时，每逢立春前一日，知县率众官到先农坛祭祀由钦天监颁布制作的"春牛"和"芒神"(主管树木的神)。祭祀完毕，知县在附近田地里亲手扶犁耕地一垄，表示代御亲耕，以迎春气而兆丰年。然后第二天立春日在县衙大堂前"鞭春"。大堂前设香案，摆香烛、猪羊、白酒等祭品，知县跪拜祭祀后，带领众官吏绕牛三圈，鞭打春牛(泥塑或纸糊的)，牛肚内事先填满的五谷、干果等纷纷落地，众吏役与百姓欢呼抢食，期盼五谷丰登，吉年有余。随后人们出县衙开始游街闹春，鼓乐、狮子、旱船、高跷等民间杂耍奇玩尽兴表演，将打春牛活动推向高潮。

2. 立春祭

浙江省衢州九华梧桐祖殿是当地立春民俗活动的主要场所。农历立春日为祈福日，它的主要活动有：祭拜春神句芒、迎春接福赐求五谷丰登、供祭品、扮芒神、焚香迎奉、扎春牛、演戏酬神、踏青、鞭春牛等，构成了衢州地方特有的民俗活动。村民会在"梧桐祖殿"圣像面前，摆上三牲祭品和米饭，预祝来年丰收。青年男女要头戴鲜花，贴"春牛图"、扮句芒神、迎春、鞭春、踏春、探春、采春、尝青、带春、赴庙会。整个祭祀活动保存了完整的民间立春接春、祭春仪式，表达了人们对风调雨顺、五谷丰登、财物丰盛的愿望。

3. 班春劝农

"班春"指古代地方官颁布督导农耕的政令。汤显祖任遂昌知县期间，勤政惠民，春耕时节都要率衙役带着花酒和春鞭，举行"班春劝农"仪式，奖励农桑，劝农人勤作农事。从那时起，"班春劝农"成为每年春天县衙鼓励农人春耕生产的一项重要活动。浙江省遂昌县"班春劝农"仪式较好地保留了明代风俗，一到立春时节，家家户户备香烛、制旗幡、做花灯、糊"春牛"、做春饼，备足牲畜祭祀用品敬谢"春神"。

4. 石阡说春

每年"立春"时节前后，贵州省石阡县约有 100 名"春官"，会手端"春牛"，走村串寨挨户"说春"，送印着当年日期和节气的春贴。

"石阡说春"始于唐代，是石阡侗族人世代流传的一种综合性民俗活动，主要流传于石阡县花桥镇坡背村。"说春"有着丰富的文化价值、独特的地域性以及多样性的社会功能，其语言、音乐、说唱等方面的特点，对研究当代少数民族社会教育方式有很高的艺术价值。

三、传统农具

农业生产工具的创造和发展是农业生产习俗的重要内容。传统农具是历史上发明创制、承袭沿用的农业生产工具的泛称。我国的农具经历了一个不断丰富发展的过程：从制作材料上讲，由木石发展为青铜，再进而发展为铁制；从使用功能上讲，从原始的掘挖、脱粒发展为耕地、整地、播种、中耕、灌溉、收获及加工等多种工具；从动力和结构上讲，由人力发展为畜力、水力，由简单发展为复杂。中国农业历史悠久，地域广阔，民族众多，农具丰富多彩。历朝历代的农具都不断得到创新、改进和完善，为人类文明进步做出了杰出的贡献。

(一)传统农具的种类

传统农业的精耕细作的特点，决定了农具种类的繁多。根据农业生产的一系列环节，大致可以将传统农具分为以下七类：耕地整地工具、播种栽秧工具、中耕除草工具、灌溉工具、收获工具、加工工具以及运输工具。

1. 耕地整地工具

翻耕是指通过使用犁等农具将土壤铲起、松碎、翻转的一种耕作方法，通称耕地、耕田或犁地。它在中国北方传统农业中历史悠久，应用范围广泛。耒耜是我国最古老的垦耕农具。犁起源于汉代，隋唐的曲辕犁标志着传统耕犁构造的定型。我国耕犁的一个显著特征是犁壁安装在犁铧的后方，既可破土、松土，又能翻土、灭茬、开沟、做垄(图 5-1 和图 5-2)。这种与犁铧结合在一起的铁制犁壁大约在 18 世纪传入欧洲，对欧洲犁的改革起到了推动作用。

 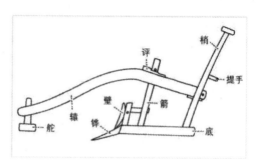

图 5-1　犁耕图(陕西三原唐·李寿墓壁画)　　　　图 5-2　唐代的曲辕犁

2. 播种栽秧工具

播种是指用手工或农具将种子播到一定深度的土层内的综合农事作业。播种适当与否，播种方式是否恰当，播种工具的选择直接影响作物的生长发育和产量。耧车是我国最早使用的播种工具，是继耕犁后我国农具发展史上的又一重大发明(图 5-3)。元代发明了粪耧，将播种与施肥(过筛后的细小粪肥颗粒)结合起来，堪称当代种肥一体化的起源。秧马发明于北宋，是农民在水田中拔秧时乘坐的木质秧凳，类似小船，人骑在背上以双脚在泥中撑行滑动，能减轻弯腰疲劳，且制作简单，今天仍有不少地方在用(图 5-4)。

图 5-3　耧车　　　　图 5-4　秧马

3. 中耕除草工具

中耕是指在农作物生长期中对其进行的表土耕作。中耕田间管理工具，主要是用于田间除草、间苗、培土作业。铁锄是最常用的旱地除草工具，春秋战国时期开始使用。耘耥是水田除草工具，宋元时期开始使用。耧锄是金元时期在北方使用的畜力牵引中耕农具，为历史上使用畜力中耕的首创。

4. 灌溉工具

商代发明桔槔，周初使用辘轳，汉代创制人力翻车(龙骨车、水车)，唐代出现筒车(水轮)，明代发明了拔车，即手摇的小型龙骨车。拔车简便灵巧，电灌普及之前南方水网地区一直应用(图 5-5~图 5-8)。

图 5-5　桔槔　　　图 5-6　辘轳　　　图 5-7　拔车　　　图 5-8　筒车

5. 收获工具

收获工具包括收割禾穗的掐刀，收割茎秆的镰刀、短镢、推镰等。镰刀是收割谷物和割草时最主要的农具。自古以来，镰刀的形状几乎没有多大的变化。它用于收获不同的作物，一镰多用，构造简单，制造也容易，使用起来很方便，是农家必备的农具之一。宋元时期，麦钐、麦绰和麦笼组成一套割麦工具，一人每天可收麦数亩，可视为古代版的小麦收割机。脱粒工具南方以稻桶、稻床为主，北方以碌碡为主，槤枷南北通用。清选工具以簸箕、木扬锨、风扇车为主(图 5-9~图 5-17)。

图 5-9　掐刀　　　　图 5-10　镰刀　　　　图 5-11　钐子

图 5-12　稻桶　　　　图 5-13　稻床　　　　图 5-14　碌碡

图 5-15　槤枷　　　　图 5-16　簸箕　　　　图 5-17　风扇车

6. 加工工具

农作物收获之后，要经过脱粒以及更细的加工方可成为食物的原料。这个环节的生产和人们的生活密切相关，主要用到的农具有脱粒工具和加工农具。最原始的脱粒方法是用手搓磨谷穗，后来演变为用木棍敲打，再后来出现了专门用来脱粒的石制石磙(图5-18)。

把农作物加工成食物原料的农具，是由远古的杵臼、石磨盘发展而来的。汉代杵臼变化形式为踏碓，石磨盘改进为磨、砻。南北朝时期出现了石碾(图 5-19～图 5-23)。杵与臼是舂捣粮食或药物的工具，石磨是用于把米、麦、豆等粮食加工成粉、浆的一种机械，人们通过借助这些硬质物体舂磨粮食，节省了力气，是农民在实际生活中智慧的体现。

图 5-18 石磙

图 5-19 杵臼

图 5-20 踏碓

图 5-21 石磨

图 5-22 砻

图 5-23 石碾

7. 运输工具

担、筐、驮具、车是农村主要的运输工具。担、筐主要在山区或运输量较小时使用，车主要使用在平原、丘陵地区，其运载量较大。

(二)传统农具的特点

首先，就地取材，具有明显的地域特点。中原地区幅员辽阔，作物种类比较丰富，为传统农具的制作提供了丰富的原材料，这也造成了各区域传统农具用材的不同。例如，同一类型锄的木柄，有的是竹制的，有的是木制的。这和不同区域农民生活的环境，以及周围作物类型有着密切的联系。

其次，尺寸不一，没有统一标准。中原地区传统农具，很多是由民间手工制作而成，多采用相互教授的形式。大范围来说，不同地域文化、不同区域制作的农具尺寸也是不一样的。就全国范围来讲，更没有一个统一的标准。所以，一把镰刀，在豫南和豫北的尺寸也会呈现出很多不同之处。

再次，因地制宜，形状千差万别。由于中国传统农具就地取材、尺寸不一的特点，使得中原地区传统农具的形状也呈现出千差万别的面貌。各地会根据自己的实际情况制作不同的农具。同一种锄也会有宽刃、窄刃之分，同一种犁有直辕、曲辕、长犁床、短犁床、无犁床之分。

随着社会的不断发展和进步，传统的农耕方式已经改变，而农耕时代的生产生活工具，也渐渐被机械化的新器具所取代，最终将退出历史舞台。尽管传统农具的消失是社会发展的必然趋势。但是，这些农具在几千年的农业发展中立下过不朽的功勋，是历史传承和时代进步的伟大见证者。

第二节 渔猎畜牧民俗

一、渔业民俗

渔业生产是一项古老的生产活动，以前的靠山吃山指的是狩猎，靠水吃水指的就是捕鱼。由于渔业生产地域具有分布性广泛的特点，又可以将渔业划分为海洋渔业、湖泊渔业、江河渔业三大类。虽然渔业生产的地域和水域特点不同，但临水而居的渔民们世代形成的渔业民俗却有着相通之处，其中以海洋渔业民俗最为典型。

(一)造船习俗

渔船对渔民有极其重要的意义，渔民一般尊称渔船为"木龙"。打造新船是渔民的头等大事，每个程序都要严格按照规矩行事。造船甚至比造房屋还要郑重其事，要择吉日开工。然后要安龙骨，即船底中央纵向的巨材，它关系到船的坚固性。自古以来，凡造船必先定龙骨。接近竣工时要给船头装上一对"船眼睛"，被称作安龙目，即在船身两侧的前面画有眼睛，它代表识途之意，而且一定要选在吉时，备牲礼向诸神叩拜。新船下水时要选择黄道吉日，进庙拜神，敲锣打鼓，鸣放鞭炮，既庆贺新船起航，又有除去船舱和海里邪气之意。如果新船初次下海，还要驾驶船只到妈祖庙或土地庙前的海面上航行一圈。渔民祭祀的目的在于祈求海神能保佑海上捕鱼平安、渔业丰收，他们带着这样虔诚的心情扬帆出海。

(二)渔具渔法

海洋捕捞是渔民最主要的渔业形式，不同的地区有不同的捕鱼方式和习俗。渔船、渔具名目繁多：渔船不断发展变化，经历了木帆船—木质机帆船—铁质船的发展过程。渔业用具十分丰富，如网具有抄网、掩网、敷网、建网、刺网、围网和拖网等类别，钓具有延绳钓、曳绳钓、手钓、竿钓等类别，还有钩刺类、笼壶类、耙具类、陷阱类等杂渔具。其中，不同捕鱼工具类别中又有不同的形状和制作方法。

各地根据所处地理条件、鱼类品种及其习性、季节等方面的具体情况而形成了不同的海上作业形式，充分体现了渔民的聪明才智。以下介绍几种捕鱼方式。

1. 沿岸海域捕鱼

沿岸海域捕鱼，即渔民在紧靠海岸的浅海地带捕鱼。古代最典型的是打桩张网，方法是在海滩修筑网位和网门，布下简单的网具，潮至而网取鲜物。有的在濒海之地筑堤围并设闸门，按时启闭。潮长时则启动闸门，鱼虾乘潮流而入，退潮时可收取。岸边捕鱼最为壮观的当属起倒网作业，起倒网需要劳动力最多，网也很大。虽在岸边，但大风大潮中作业，并非易事。

渔民自驾小船在海岸边捕鱼，只需舢板即可。福鼎、宁德、福安等地有艋艚，晋江有龟艇，最简陋的还有木排船，驾驶这样的小船随潮水涨退往返，返回时把小船扛到沙滩上搁着，隔天出海时再扛下海，或直接停泊在港口。在濒海的沙滩和港口常能看到这样的小船。渔家的妇女儿童经常从事"讨小海"的渔业活动，"讨小海"即在潮退时到沙滩、岩石上获取鱼虾、贝类等海鲜。

在沿岸海域捕鱼，捕鱼方式较为简单，不需渔船或使用小型简易的渔船便能作业。从事这类捕鱼的渔民人身风险小，安全比较有保障，但渔获量较少。沿岸捕鱼，过去多是贫苦个体农民搞的农家副业，以补贴农业收入的不足，或是无力购买大船的渔民采取的方式。现在沿岸讨捕仍是不少渔民日常的一项活动。

2. 近海海域捕鱼

近海海域捕鱼，即在近海海域的岛屿附近进行捕捞。以福建霞浦为例，渔民有多种捕取之法。一为钓法，大钓船可载重 3000 多斤，需 20 多名工人，分为两季捕讨，农历二月至五月称为"春海"，八月至来年正月称为"冬海"，捕得鱼类多为鳗鱼、带鱼等。二为网捕，所用船称为黄瓜罾，此船载重百余斤，也分春、冬两季捕讨，需船二艘，一大一小，渔民称为姑子姑母船，两船左右围捕，多捕黄瓜鱼(图 5-24)。另有用对等两艘船捕捞，称为艋船，可载重数百斤，全年都可讨捕，所捕多虾苗。还有用篾笼捕乌贼，用篮捕黄螺。五、六、七等月多风暴，小钓船、罾仔船都在内海捕取，不敢驶出外海，而大钓船因飓风也歇季，每年最盛渔季主要在三、四及十、十一等月。在近海捕鱼的周期不长，要根据潮水及渔汛情况灵活安排，渔民可利用周边岛屿作为落脚点。这种捕鱼方式的渔获量大，危险性也更大，渔船要有一定规模，大都为专业渔民。

图 5-24 传统的捕鱼网具——罾

3. 远海海域捕鱼

远海海域捕鱼，即在远离近海的区域捕捞，除国内的渔场，还远航到外洋、公海从事渔业活动。这种远洋捕捞风险较大，往往需组成集体行动。每到八、九月份，福建的数百条钓鱼船就集体前往浙江舟山钓带鱼，规模很大。由于远海作业需较大的船只和队伍，所以能进行此作业的往往是富户，大部分渔民成为船上的渔工。

4. 淡水渔业捕捞

在淡水渔业方面，各地渔民根据水流、地形特点、季节变化及水族的特性，逐渐发明创造出各种渔船、渔具以及各式渔法。如东北的旋网、挂子网、趟网，冬捕常用的大拉网，江浙一带使用的卡具、撒网，广东的吊网捕捞装置，湖北的麻罩和洪湖捕鱼工具，云贵高原的扳罾、四川的鱼笼子、虾耙、鱼罩子、鱼槺槺，重庆的溪流笼网捕鱼等。

还有一些起源较早的捕鱼方法，如敲惊、簖箔、鱼鹰或鹈鹕捕捞等，一直到近代都为渔民所使用。

小提示

鱼鹰，俗名“鱼鸭”，也称“鸬鹚”，是捕鱼的水鸟，经人工饲养、驯化而成为渔户专门的捕鱼工具。鸬鹚捕鱼是一种传统的特殊捕鱼方法。在捕鱼前，渔人们先将鸬鹚的食道即脖子处用干稻草秆捆住，不能太紧，只不让它吞食捕获到的大鱼。在捕鱼时，一旦鱼鸟抓到鱼，渔家会用一个长柄的小网兜，将鸬鹚兜到船上。故此，鸬鹚捕鱼一般有两只船，一大船生活用，鸬鹚停息，一小船专门收鸬鹚取鱼。捕到鱼后，渔夫会用小鱼奖赏鸬鹚，再将其赶入水中捕鱼。

(三)出海生产中的习俗

渔船出海俗称“开洋”或“出洋”，即出去捕鱼作业。渔民在出海之前一定会举行隆重的祭海仪式，特别是每年春节后的第一次出海。旧时渔民常要到宫庙，如妈祖庙进香，由神意定夺出海佳期。开洋节是渔民祈求出海平安和渔获丰收所举行的民俗活动。

渔船在海上生产时，必须绝对服从“老大”的权威和指挥。“老大”是“船老大”的简称，为渔船的舵手，一船之主。渔船赴远洋捕捞时，往往几十条船结成一个船帮统一行动。船帮在出海前要公推一位总老大。一般总老大所在船的桅杆上挂有显著标志，俗叫“旗船”，全帮的船都听旗船的指挥行事。江苏启东、如东、海安等地沿海渔民船上生产作业时，从起锚、扯篷、点水到打桩、系网、起网、吊货等活儿，动手必集体“打号子”，即伴随着渔捕生产过程而大声唱歌谣，协同劳动步骤，统一用力时间，达到预期劳动目的。渔民号子有“拼命号子”“自由号子”“抒情号子”等之分。

出海结束，渔船平安归来俗称“谢洋”。“谢洋”是返洋回岸，告别渔汛期的意思。对于刚刚从惊涛骇浪中闯荡归来的渔人们来说，不管生产是否丰收，只要生命和渔船一块抵岸，只要能与家人团聚，就最值得欣慰了。渔家的妇女儿童会停下一切活动，从四面八方赶到海边迎接自己的亲人。谢洋节是渔民为了感恩大海所举行的民俗活动，是渔村最热闹的时候。谢洋礼仪，除了船上岸，网入库外，还要祭海神，演庙戏，举行多种娱乐活动。

(四)生产禁忌

渔民水上作业的生产方式极易受到风浪侵袭，谋生手段的危险性高且具有很大的偶然性。所以渔民们为了图吉利形成了许多禁忌习俗,主要包括话语禁忌和行为禁忌。

话语禁忌主要是禁止讲不吉的话语。比如坐船的时候不能问开船的人"什么时间到?到了没有?"。因为"到"同"倒"谐音,渔民认为这样问船会倒在海里,不吉利。再比如盛饭不能叫"盛饭",只能叫"添饭",否则会因"盛"音近"沉",而使船只沉没。吃鱼时不能说翻过来,因为"翻"意味着"翻船"。同样,船上的"帆"渔民一般叫作"篷",也是此理。总之,一切与行船不利的字眼都在禁忌之中。

渔民的行为禁忌中,吃饭时筷子横在碗上,是渔家特别的忌讳。因为筷子一般是木制和竹制,象征着桅杆,筷子横在碗上标志着渔船遇上风浪无计可施。此外,这些禁忌还夹带着不少愚昧、落后的封建迷信观念,如在我国沿海的大部分地区,一般是禁止女子登船的。即或出于无奈而允许女子登船,也会制定出种种规矩限制女人的行动,如女子不能上船头,不能从网上迈过等。如今诸多陋习与禁忌多视为笑料并废弃。

二、狩猎民俗

狩猎是一种原始而又古老的生产方式,在人类文明的进程中发挥过重要的作用。在人类早期的生产生活中,有些部落或族群将狩猎作为获得生活资源的主要方式,如居住在内蒙古自治区与东北地区的"三少民族"(鄂伦春族、鄂温克族、达斡尔族),也有些部落或族群将其作为解决食物不足问题的主要补充手段。狩猎与农耕稻作不同,农耕风险少,即使遇到旱灾、水灾也仅是减产。但狩猎不同,由于捕获的对象是活的动物,凶猛狡猾,且多在高山密林中进行,因此狩猎是一项风险性很大的活动,需要极大的智力和勇气。猎人们在长期的狩猎活动中不断细心摸索、总结经验,创造了多种狩猎方法,发明了特殊的狩猎工具,形成了灿烂的狩猎民俗。

(一)传统的狩猎方式

猎具的制作和使用,是狩猎民俗的重要内容。生存在自然环境下的狩猎民族或群体,在他们与自然漫长的互动中创造出了各种各样的狩猎工具,这些工具一般都比较实用而且与当地的自然地理条件相适应。在一般的狩猎活动中,主要的代步工具是马,而主要狩猎的协助性动物都用狗,这在多数狩猎民族中均有表现,尤其在中国北方的少数民族中最为普遍。还有一些其他的常用工具,如枪、弓、弩、标枪等,也几乎在所有的狩猎民族或群体中使用。

狩猎的方式多种多样,按狩猎工具划分大致可分为射杀(包括用弓、弩、地箭、火药枪等)、捕杀(包括用索套、网套、陷阱、锚夹等)、诱猎(包括模拟动物叫声、放毒等)、使用动物捕猎(包括用猎犬、鹰隼等)等,此外还有烟熏、火燎等方法。按参与狩猎的人数多少则可分为个人行猎和集体围猎。下面简单介绍几种常见的狩猎方法。

1. 跟踪追随法

循动物的踪迹寻找猎取的方法。每种动物无论冬夏总会留下踪迹,猎人见到踪迹后,选好山形,看好风向循迹慢慢寻找即可。如果猎马好,且猎区山势平坦,树林又不很密,可以骑马追打,过去秋冬季猎野猪、捕捉公鹿用的就是这种方法。用这种方法也可以猎取虎、猞猁等猛兽。虎和猞猁虽跑得很快,但没有耐力,因而骑马追撵就可追上,见到虎就可以射击。猞猁如跑不动往往会上树躲避,猎人追到树下就可猎取。

2. 堵截法

猎人在动物经常走动或在其必经之地堵截而猎取的方法。动物都有自己的活动规律,例如,有的动物经常去河边喝水或吃水草,并有一定的来往路线,猎人只要一早一晚在此"守株待兔"就可以了。还有些动物如果受惊,就会不顾一切地往高山或密林深处跑,如果判断准确就可以在动物必经的地方堵截而猎取。

3. 压猎法

用木头或木板的重力作用进行捕猎的一种比较古老的方法。压猎有板猎和木头猎两种。板猎主要用于捕猎獐、狐等体形较小的野兽或鸟类,用一块长宽、轻重适中的木板,一端落地,另一端用木棍支撑,木棍设有机关并施放诱饵,当猎物进入木板下觅食时,启动机关,木板迅速下落压住猎物。木头猎主要用于捕猎熊、虎、豹、野猪等凶猛野兽。砍多根直径30~40厘米,长度2米的木头,搭一个木楼,把木头堆放在木楼上,木楼下面设置机关,施放诱饵,当野兽食用诱饵时启动机关,木楼下塌,木头将野兽压住。

4. 扣猎法

用绳索做扣子捕猎野兽或鸟类。扣子分踏扣和钻扣两种。踏扣在鸟类或小型野兽出没的地方用线或绳子做一个活套,一端固定在树干上,另一端拴在富有弹性的树枝上,活套下面设置机关,放上诱饵,当猎物取食时,触动机关,树枝弹开,活套将猎物的脚勒住。钻扣是用棕丝或马尾跋成细绳,在鸟类经常出没的地方做一个活套,周围施放诱饵,加以伪装,当鸟钻进套子取食时,脖子被活套勒住,越使劲挣扎扣子收得越紧。

5. 诱猎法

猎人用模仿动物的叫声来引诱动物而猎取的方法。云南傣族猎手善用芦苇根制成口哨,潜入林中吹奏引诱麂子,待鹿子闪现的一瞬间,开枪射杀。广西瑶族用"媒鸟"诱捕竹鸡,用"媒鸟"叫声引诱竹鸡来交配争斗而捕获它。另外,有的民族还发明了各类动物的拟声器,如鹿笛、鸡哨等,利用动物异性相互吸引或母兽保护幼兽的特殊鸣叫声诱捕动物。

> **小提示**
>
> 媒鸟,一种通过人工驯养,能够在人为授意下吸引野外其他鸟一起鸣叫从而诱捕鸟的驯鸟。各地方言又称媒头、油子等。

6. 犬猎法

用猎狗捕捉禽兽的狩猎方式。打猎时把成群的猎狗放入丛林追寻野兽的踪迹,发现野兽就狂吠不止,猎人根据猎狗的吠声判断野兽的行踪进行截击。有的野兽在猎狗追捕过程中,体力耗尽,被猎狗捉住。

> **小提示**
>
> 猎犬是一种细腰、长腿、小头、粗嘴、短毛、直尾型的白色或乳黄色的犬,也叫"细狗"。为了锻炼小幼犬的嘴唇和牙齿,蒙古族妇女故意把野兔的肉使劲地往木板子里剁,

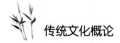

让肉丝和筋条深深剌进木纹里，小幼犬舔着吃，用牙啃，便可练得嘴厚齿坚、粗而有力。她们还给幼犬打上"腿绊子"，以防止前腿变形而影响速度。幼犬3个月开始调驯，10个月开始戴皮脖索，一岁便能观猎，但不能捕猎。经过这样的驯养，猎犬不仅体形修长、健壮，而且反应灵敏，速度极快，敢于和野狗等凶兽搏斗。

7. 鹰猎法

古老而又常用的狩猎方法。鹰素有空中狮虎之称，类似的包括鹰、鹞、隼、鸢、雕、鹗、鸳等。满族先民在很久以前就会用训好的鹰捕获野物。满族人的鹰猎可分为拉鹰、驯鹰、放鹰、送鹰几个过程，其中驯鹰最为困难。猎人把鹰带回家放在特制的鹰架上，几天不让它睡觉，以磨掉鹰的野性，这个环节又称为"熬鹰"。以后，又"过拳""跑绳"，使鹰能听见猎人的吆喝就飞到猎人手臂上。

小提示

可驯养的鹰有多种，其中最名贵的叫海东青。海东青虽然身体较小，但生性十分凶猛，能从高空向下垂直俯冲捕捉猎物。如果第一次捕捉猎物未果，便匿藏在猎物不远的地方窥视，待猎物再次出现时便疾速出击将其捕捉。

8. 围猎法

与小规模狩猎活动相比，古代还盛行大规模的围猎。据记载，古代的蒙古族、满族、鄂伦春族、鄂温克族等民族，都有在初冬季节举行大规模围猎的传统。围猎时少则几十人，多则成百上千人。部落围猎一般多由部落头领统一指挥，将狩猎人员分成若干个队伍，并指定各队围猎方位、路线、时间等，不准各行其是。围猎地点也多选在野兽较多且适合围猎的山野。围猎开始时，根据人数的多寡，决定包围圈的大小。随着包围圈的不断缩小，野兽渐渐被赶到一个便于猎杀的地点，这时猎杀开始。据史料记载，上千人的大规模围猎，包围圈可达2~3层，每次被猎杀的动物也成百上千。河北北部的围场县，历史上就是清政府指定的围场，皇帝大臣行猎，多聚于此。

(二)独具特色的狩猎习俗

1. 鄂伦春族的猎鹿习俗

猎鹿是过去鄂伦春族猎人进山打围的一项主要内容。同其他野兽相比，鹿的反应机敏，奔跑迅速，难以捕获。但是鄂伦春族猎人却自有一套自己总结出的"鹿候历"，据此在不同季节分别使用不同的猎鹿方法。在春季的"鹿胎期"，猎人们采用穷追不舍的方法。夏季的"鹿茸期"，猎人们则在夜晚鹿群到河泡子盐碱地舔食盐碱时突然袭击，运气好时一个猎手一夜就能捕获好几副鹿茸。待到秋季白露前后的"鹿尾期"成年鹿发情时，猎人又会用树枝或野草制作的鹿哨"乌力安"模仿公鹿的求偶声诱捕野鹿。冬季落雪以后的"打皮期"或"打肉期"，猎人们则由猎犬引路循着雪地上的踪迹追捕群鹿。对于嗅觉、听觉灵敏而视觉较差的犴(即驼鹿)，猎人们则趁它们到河边吃水草时，划着桦皮船悄悄接近突袭得手。捕获的鹿多了，他们还会把鹿驯养起来多方利用。自古以来，鹿就与鄂伦春族人的生活密不可分。所以，有人把"鄂伦春"的含义解释为"打鹿人"。

小提示

鹿哨称"乌力安",是用松木削成牛角形,然后纵向锯开,将木心挖开,合上后用绳扎紧(图5-25)。使用时猎人将"乌力安"细端放在唇边用力吸吮,发出的声音很像雄鹿的鸣叫声,群鹿循声而来,便可射杀。

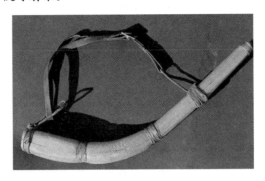

图 5-25 鹿哨

2. 满族人猎熊习俗

满族人冬季猎熊颇为奇特,因为冬天黑熊有"蹲仓"的习性,即到树洞或岩洞里去"冬眠"。一般情况下,一冬天也不出来,在洞里靠舔熊掌充饥,以维持生存。其中,住在树洞里叫"蹲天仓",住在岩石洞里叫"蹲地仓"。有经验的猎人从树洞上有没有霜,就能判断出树洞里面有没有黑熊"蹲仓"。他们找准"蹲仓"的位置后,把树洞围起来,派一个有经验的猎人贴近树干,用大斧子使劲打击之,以震醒正在酣睡的黑熊,驱使它从树洞里爬出来。因为冬天洞外白雪皑皑,洞内漆黑一片,黑熊听到击树声之后,爬到树洞口看不清外面的情况,急于向下跳,再加上它只会上树,不会下树,跳下来之后便落到雪地里,还来不及辨别方向,就被猎手们用枪或大斧击毙。

3. 瑶族捕鸟习俗。

装鸟盆,是大瑶山瑶族一种特殊的捕鸟方法。每年秋末冬初,大瑶山瑶民即用长约二尺,直径约一尺的木材,加工成长方形木盆,盆的两端留有缺口,以便流水进出,盆与盆之间有密封的竹管引水入盆,盆中央架有敷满树胶的竹棍1~2根,当鸟来盆边喝水时便被粘住。

(三)猎物分配习俗

在猎物分配中,不管是单独还是集体猎获的猎物,一般都是"见者有份"。居住在桂林山区的瑶族对围山赶猎和合伙狩猎所获猎物的分配方法是:猎物是谁打死的,猎物头就分给谁,其余平均分给所有参与打猎的人,包括那些路过见到打猎场景的人,甚至参与打猎的猎狗也得一份给他的主人。谁家猎肉煮好后,遇上的人都可以吃几块。民间认为这是"吃口",越吃越有,今后容易猎得。如果分配后将猎肉出卖而不食,就很难再打到野兽了。这些习俗相传很久,无法考证出处,也没有相关的律典记载,只是猎人之间相互口传的规则,若有人没能履行,会被认为是不道德的行为,将受到大众的谴责。

(四)狩猎禁忌

每个民族在狩猎过程中都有较多禁忌,但是从整体的狩猎文化看来,主要有几种共同的禁忌:根据当地的自然环境不同,他们有各自的禁猎期,一般春夏季节是动物的繁育期,被规定为禁猎期;对幼兽或怀孕的动物都有禁杀的规定等。鄂温克人打猎要遵守许多规矩,如不打正在交配中的动物,不打幼兽,也不打鸿雁、鸳鸯,因为这两种鸟成双成对地生活在一起,打到其中一只就会使另一只成为孤雁。如果谁违反了猎规,就会遭到老人们的责骂,受到人们的耻笑。狩猎文化中的祭拜仪式也是各种禁忌内容的表现形式,几乎所有狩猎民族在狩猎前后都有一定的祭拜仪式。

(五)狩猎生产对社会生活的影响

狩猎贯穿于北方民族生活的全部,长期的狩猎生涯,形成了北方民族独具的不同于中原民族的饮食、服饰、娱乐文化,整个生活方式都是围绕狩猎这种主要的生产方式来进行。随着历史的发展,这种生产和生活方式便逐渐衍变固定成为一种习俗,经历数代传承下来。

猎人们对捕获的动物,可谓物尽所用。除了食其肉外,用骨骼、皮张搭建暖棚,用皮张作服饰、铺盖,并利用其五脏和犄角等制土药,充分体现了先民们的勤劳智慧。

北方狩猎民族在狩猎归来分配猎物后,一般都要饮酒吃肉以示庆贺。大碗喝酒,大块吃肉,这是狩猎民族独有的豪爽,也铸就了狩猎民族博大宽广的胸怀和豪迈的性格。

东北各民族的祖先在狩猎生活中,随着对猎获兽皮的加工,制成了各种皮衣皮裤、皮帽及皮靴。皮质服装的优点是不但经久耐用,而且防寒力强,这有利于猎人在寒冷的季节行猎。

清代满族的服饰,保留很多狩猎衣着样式。满族男性服装以旗袍,即长衫、大衫为主。其结构为圆领、大襟、左衽、四面开裾,束腰窄袖,便于上马、下马,行猎时,可将带的干粮装进前襟。男式袍多以箭袖为标准款式(图5-26),即在袖口处额外接上一个长半尺的半圆形小袖头,其状如马蹄,故称"马蹄袖"。日常生活中将袖头挽起,打仗和狩猎的时候将其放下,到了冬天还可以起到御寒作用。马褂是罩在袍衫外面的短衣,适于骑马、狩猎或出征时穿用。满族有束腰的习惯,这是为了骑马方便,另外到了冬天非常寒冷,长期在山林中打猎风雪交加,为了保暖,束上腰带,免得寒风从下吹进上身,以保护体温,后来也传播到其他各狩猎民族之中。

图 5-26 箭袖

蒙古人是富有智慧的民族,在游猎生活中创造了富有智慧的娱乐休闲游戏,其根源都是狩猎文化和游牧。其中有"蒙古象棋""鹿棋"等具有游猎民族思维的休闲游戏最有代表性。还有至今流行的"那达慕"、射箭、赛马和摔跤都是狩猎文化的产物。蒙古族文化的每个角落都印着狩猎的痕迹。

三、畜牧民俗

据《史记》记载,远在3000多年前的殷商时代,我国已将马、牛、羊驯养为家畜,有了原始的畜牧业。于是,只要人们在草原上对牲畜简单地照看,就可以获得食物、衣着、住宿和交通工具等方面的生活资料,这就调动了人们利用草原进行放牧的积极性。牲畜大量繁殖,导致对饲草和牧场的需求日益扩大。当居住点周围的小范围牧场适应不了畜牧业生产发展的时候,大范围的游动放牧就开始了。人们在辽阔的草原上驱赶着畜群,逐水草而放牧,避天灾而迁徙,形成传统的游牧经济生活。蒙古高原是游牧文化的摇篮,下面以蒙古族为例,介绍游牧民的生产民俗。

(一)"逐水草迁徙"的生产方式

古人称游牧为"逐水草迁徙",实际上"逐"是循自然规律所动,按自然变化而行的行为,以天然草地放牧,遵循畜群习性及季节规律,把畜牧业的发展限制在自然承受能力之内,最大限度地利用牧草资源而又不使其被破坏。季节营地的划分是游牧业最明显的特征。营地指集中放牧牲畜的地方,是牧人对牧场的惯称。可以分为四季营地、三季营地以及两季营地。三季营地一般将牧场划分为冬春营地、夏营地及秋营地,除上述形式,也有夏秋为一季牧场的情况。冬营地不但要求植物枝叶保存良好,覆盖度大,植株高,还要求不易被雪埋;春季草场要求萌发早;夏季草场要求生长快,种类多,草质柔软;秋季的牧草要求多汁、干枯较晚,结实丰富。在每一季营地驻牧期间,牧人还要根据草场与牲畜状况,做多次迁移。游牧民每年移动的轨迹是大游牧圈。大游牧圈形成的原因与水源有无、草场优劣以及上年迁移中畜群留下来的粪便有关。游牧民以牲畜粪便作燃料,放牧地当年的牛粪浊湿不能利用,所烧的牛粪是前一年留下的,经过水洗、风干、自然发酵后,有机养分已随雨渗透到土壤中。这就要求游牧路线一般不轻易改变,每年基本都一样。草原上树木很少,生活在这里的人们一般都将牛粪、马粪等作为燃料,对草原环境的破坏程度很小。

逐水草而居虽然是蒙古民族的基本游牧方式,但这并不意味着游牧区域具有绝对随意性,各地区的牧场大体划分区域成为固定的部族或部落放牧场所,蒙古民族的季节迁移、转换营地基本限于在划定的区域内进行,以一个区域为基本核心构成游牧空间,是草原上通行的习惯。

"走敖特尔"意为"移场放牧"。"走敖特尔"实际上是跨圈移动。在水草不足或遇到自然灾害时,需要"走敖特尔"来解决牧畜的缺水缺草问题。冬营地的灾害主要是"黑白"二灾,无雪导致吃水困难,多雪覆盖则导致牲畜吃草困难。"走敖特尔"既能做到在灾年使牧畜安全度过,又能有效地使草场休养生息。

(二)牲畜牧养习俗

除去农耕和渔猎,畜牧业在我国许多地区的生产活动中都是非常重要的,有的甚至是当地的主要经济支柱,青藏地区便是如此。这是因为由于环境所限,这里的大部分地区更加适合开展畜牧业生产。

青藏地区的传统畜牧业生产方式和牲畜种类有多种类型。过去每到春季,从事游牧的藏北牧区牧民们便拿上"投石器"和"风囊",赶着牛、羊离开冬季畜养基地上路,开始了"逐水草而居"的行程。他们一般是从最近处开始,逐个山头转移。一片草场上的草被吃稀疏了,就转移到另一个更高处的草场,大约在藏历7月就到了海拔最高的草场。从7月开始,他们又开始赶着牛、羊向低处草场迁移,大致在藏历9月时,就又回到了地势较低、背风暖和的过冬基地。计算起来,他们外出游牧与定居过冬的时间大致各占半年。

同农耕活动有忙有闲的情况截然不同,从事畜牧业的牧民一年到头每天都有忙不完的活计。黎明起床,妇女们首先要给牛、羊挤奶,畜群较大时,男人和小孩也要参加帮忙。吃过早饭,男人和孩子要把牛、羊赶出去放牧,妇女则留在家中打酥油、制奶酪、晒奶渣。太阳要落山了,放牧的人们纷纷赶着畜群回转而来,妇女还要再为挤奶忙上一阵。晚饭之后,妇女们还要打酥油、熬奶渣,直到深夜。随着季节的变化,牧民们的劳动内容还不断随之变换。每年藏历1至4月,牧民们要忙着接羊羔、牛犊,养育幼畜,3、4月时,则开始搬迁牧场,4、5月要给牛、羊抓绒,还要采挖虫草和贝母。6月剪羊毛(图5-27),7月大量加工奶制品,还要采盐挖碱。9月底回到过冬基地,要开始趁牛、羊肥壮适时进行宰杀。此后,就要带着羊毛、牛羊肉、

图 5-27　剪羊毛

盐巴和土碱等外出交易,换回粮食和元根,买回茶叶和各种生活用品。11月起,牧民们除了在过冬基地照顾牲畜外,还要鞣制皮革,缝制冬衣,维修牧具。忙完这些,他们又要准备下一年的远行游牧。与游牧相对,定牧是指牧人在固定居住点附近的固定牧场放牧。过去这种放牧方式多半存在于河谷地带,其牧场一般较小,畜群也不大,实际上是农耕业的副业。在青海的日月山以东地区和西藏藏东、藏南地区,有些牲畜则不再进行外出放牧,而是关在圈栏中人工饲养。这些地区的牲畜生产规模虽然不如游牧区,但却拥有自己的特色,尤其是培养出一些令人称道的优良畜种,远近闻名。

(三)游牧生产对社会生活的影响

流动性是游牧文化的核心,它的出现不仅影响牧业生产本身,同时也影响游牧民族衣食住行等各个方面。

在服饰上,蒙古袍是最有代表性的游牧民族服饰,是北方游牧民族适应高原气候和游牧生活的一种文化创造。蒙古袍的样式是特殊的高原气候环境的产物,其形制款式处处体现着对游牧生活环境的迎合与顺应,具有极强的实用性。肥大的下摆一直垂到靴子,冬天防寒护膝,夏天防蚊虫叮咬、遮暴晒。宽松的上身部位,穿着时与身体分离,形成封闭的"小气候"。腰带系的宽而紧,使得牧民骑在马上,能始终保持腰部的稳定垂直,减少腰部的疲劳。行可当衣,卧可作被。游牧民族的翘尖平底长筒皮靴不仅在骑马时不易被马镫套脚,在套马、抓牛时,不易栽跟头,而且在野外乘骑时既能保温,又能保护小腿不被蚊虫叮咬。所有这些都是游牧民族自觉适应自然气候条件及生产、生活方式的产物。

游牧民族的饮食主要以奶制品和肉食为主,这与游牧民族独特的生活及生产方式呈现出一致性。肉食多以煮食为主,春夏季肉食丰富,便将剩余的生肉割成细条,撒上盐,放

在通风处晾干；也有人再把干肉磨成肉粉。吃不完的奶乳品分离成奶和油。奶经加工制成奶干、奶豆腐，奶酪等干制食品。这样不但能减小体积，而且不易变质，便于携带和保存。

蒙古包没棱没角，包顶也是拱形的，承受力最强，形成一个坚固的整体，面对风暴具有最大限度降低风阻的作用。包顶是圆的，存不住水，再大的雨也能直接从顶毡泻到地下流走。由于其外形为白色的球状体，具有较好的反光作用，其背面还可开风窗，将围毡撩起，可使八面来风，如坐凉亭，真正起到了冬暖夏凉之效。蒙古包是游牧民族智慧的结晶。

游牧文化也被人们称为"马背文化"。作为北方游牧民族，由于生产方式的原因，马、牛、骆驼等自古便成为他们日常生活、迁徙、行军打仗的主要交通工具。在游牧民族的传统文化中，马是非常重要的崇拜对象。在人们看来，马是非常聪明、通人性的一种动物，因此，游牧民族爱马如命。马不仅是游牧民族财富的积累，而且也是一种精神象征。在北方许多民族的祭祖仪式中，都有为先祖的亡灵献马和以马殉葬的习俗，匈奴墓陪葬物中发现大量马的遗骸和马具即是明证。

蒙古高原游牧民族有一个共同的特点，就是善待大自然。他们从不肆意破坏自然界的一草一木。在他们看来，大自然的山川湖泊、树木花草都与人类一样有生命、有灵魂，人们的幸福、平安都是山神、树神、水神等各种自然神灵保护的结果。因此，未经神的许可，禁止砍伐树木，不能随意折断树枝、刨根掘地、采摘花草等。而且在砍伐树木、刨坑挖洞之前都要通过看风水求指点，择吉日选良辰举行一定的仪式才能进行。否则，会切断地神的脉搏或伤害地神的神经，带来天灾人祸，遭到报应。禁止往水中丢弃脏物或洗澡、洗手等。在人们的意识中已经形成了水为生命之源，是神的血脉的观念。如有人犯忌，会遭闪电霹雷。在草原上，无论大人还是小孩，都严守忌俗，爱惜水源，维护自然生态环境，以求得与自然和谐相处，最终得到生存与发展。

第三节 工 匠 民 俗

工匠是古代社会手工行业发展的产物。在原始社会后期，随着生产力的发展、人口的增加、社会的进步和人们生活水平的提高，尤其是原始市场的出现和交换生活用品的需要，产生了进一步的社会分工，一些手艺超群的能人，便从最初的原始经济群体中独立出来，发挥自己的一技之长，变副业为主业，出现了各类专职工匠。各行各业的工匠，数千年来代代相传，在生产技艺方面精益求精，在技术传授方面讲究师承，且有各自不同的行话和禁忌，形成了很有特色的习俗。(扫描二维码了解工匠民俗)

一、工匠种类

工匠种类繁多，民间对他们有各种称呼，如："江湖四大门""五行八作""九佬十八匠""三十六行""七十二行""三百六十行"等。工匠技艺遍布各个生产生活领域，从事民间建筑和生产工具制造的有木匠、铁匠、泥匠、瓦匠、石匠；从事日用品打制和维修业的有陶匠、竹匠、篾匠、铜匠、锡匠、焊匠；从事服饰和日常生活服务业的有织匠、染匠、皮匠、银匠、鞋匠、剃头匠；从事文化、信仰和娱乐业的有纸匠、画匠、吹匠、塑匠、笔匠、影匠和乐器匠等。

各类工匠中，因其劳作性质的不同，有的必须常年流动，走乡串户，登门服务；有的则在市镇摆摊设点，或建立固定的作坊，悬帜出售各自的产品。他们一方面凭着自己辛勤的劳动和精湛的手艺，赚取薄利来赡养全家老小；另一方面也活跃在各个生产和经济领域，成为推动我国传统经济发展和社会进步的一支重要力量。

二、工匠特质

"工匠"一词中，"工"作"精""巧"之解，"匠"乃技艺。只有精于技艺、巧于动手的人，才可称之为"工匠"。

(一)工必尚巧

在民间，工匠一直被认为是农耕社会中手艺超群的能人，他们以一技之长赢得世人的尊敬。人们称赞他们心灵手巧，说"家有万贯，不如一艺在身"。在某种程度上，"巧"是工匠的代名词。"巧"并不只是一种简单模仿的手工操作技巧，那些在中国历史上被称为"能工巧匠"的，不只是因为他们技艺的熟练，更重要的原因就在于他们身上所具有的创造性品质。鲁班以其发明创造了曲尺、墨斗、刨子等器物而被后人尊奉为土木建筑的祖师爷，奚仲因为造车而闻名于世。此外还有"虞驹做舟""仪狄造酒""夏鲧作城"等。这些工匠的创造发明，在本质上体现了创造性思维的特质。

代表中华民族传统建筑技艺之最的榫卯结构和展现我国建筑艺术风格的斗拱和飞檐，正是中国木匠技艺传承中最精华的部分。榫卯，又称"枘凿"，民间俗称"公母"，即将梁柱的接合处，一端削出榫头，另一端凿出卯眼，相互套紧、楔牢，形成一个稳固的整体。这种结构从来不用钉，但却牢固可靠，具有良好的抗震性能，历时久远而毫不松散，民间有"墙倒，屋不塌"的说法。斗拱是我国传统木结构建筑中的一种支承构件，处于柱顶、额枋和屋顶之间，主要由斗形木块和弓形肘木纵横交错套叠而成，逐层向外挑出，形成上大下小的托座，具有惊人的负重荷载能力和明显的装饰效果。这种构件，从北京故宫和各地宏伟的寺庙建筑中都可以看到。斗拱和飞檐，作为最具东方建筑风格的代表性特征，被载入世界建筑艺术史，是我国工匠对人类建筑艺术的创造性贡献。

(二)精益求精

工匠的核心不仅仅是"精良的制造"，更是一种"态度的展现"。工匠们一辈子从事一门手艺，全身心地投入，不管制器几何，都做到每一道工序不走样，将每一件器物做到极致。他们所追求的这种精益求精、臻于极致的造物态度，正是几千年来我国工匠文化所孕育的工匠精神。百年老店北京同仁堂历经 300 多年，仍然是中国中药第一品牌。以同仁堂著名的安宫牛黄丸为例，不同质地的药材要经过粉碎、混合、制丸、包装等诸多工序，一料药大约是 480 克，必须出 160 丸、正负只许相差 1 丸，也就是误差不能超过 3 克。极品的安宫牛黄丸外裹着一层薄薄的金箔，包裹金箔时对技巧要求极高，仅裹金箔一道工序就要练习半年以上。产品的背后凝聚着工匠们精益求精的工作精神。

三、技艺传承

(一)家族传承

家族传承是指在有直系血缘关系的人群中间进行的传统手工艺技艺的传授和修习。它既是流传最久的技艺传承方式，也是技艺传承的主要方式。我国古代工匠身份固定，子承父业，工匠很小的时候就开始习艺，思想比较稳定，不会见异思迁，技艺只在家族内世袭传承。家族传承主要涉及传承人的选定和技艺传授两个方面。

在传承人的选择上往往是遵循从祖辈、父辈、子辈到孙辈的规律，其中也存在隔传的现象，同时遵从直系亲属到旁系亲属的扩展顺序。嫡长传承是家族传承中最常见的类型。在家族传承中，手工艺知识与技艺的掌握者通常希望延续家业的是最符合伦理观念、与自己血缘关系最为密切的嫡长子；嫡长子通常也会担负更大的责任，倘若家族手工艺仍受到市场的青睐，继承家业便能获得祖辈积累的口碑与稳定的收入，如果家族手工艺式微，嫡长子通常也会因坚守祖辈家业的原因，继续从事这一行业。以福州"沈绍安脱胎漆器"为例，这一家族技艺已经传承六代，有"四传四不传"家规，即"传内不传外、传长不传次、传男不传女、传嫡不传庶"，将"内、长、男、嫡"作为标准，严格规定了嫡长传承的机制。嫡长传承有着一定的优势，一是传承对象有唯一性，主辅关系明确，有利于家族手工艺的组织生产与销售经营。在技艺传授与修习上，因为传承人确定，继承人在少年时期除了接受有针对性的技艺培训，还能较早地参与组织、管理家族产业等具体事宜，为其接管家族手工艺生产做好准备。但嫡长传承过于单一的继承人选择，也会使传统手工艺面临失传的危险。所谓的"传男不传女"源于封建社会的重男轻女思想，"传内不传外"则是出于一种保守的门户之见。

(二)师徒传承

师徒传承是一种以契约关系存在于非血亲之间的，以师傅教导徒弟为主要手段的手工艺传承方式。数千年来，拜师收徒之风极盛，并形成了严格的师承制度。从拜师到出师，各行各业都有自己的一套规矩。

1. 选徒

师傅在选择徒弟时首先会考虑的是与徒弟的人情关系，徒弟往往是亲朋好友或同乡子弟。徒弟进入师门，还必须有可靠熟悉的人引荐。不过也有例外，倘若是一位手工艺声名远扬的师傅，名师的号召力会吸引四方的求艺者登门拜师学艺。再次，师傅会综合考察徒弟的人品、天资、勤奋等因素，获得师傅认可才能随师学手艺。

2. 拜师

传统学徒制有一套仪式感很强的拜师礼，首先是拜祖师、拜行业神；其次是行拜师礼；最后是师傅训话，宣布门规及赐名等。师傅在这期间会把相应的学徒应该遵循的规矩讲明，徒弟必须无条件遵守。师傅同时也是权威的化身。浙江青田石雕艺人拜师必须选定一个黄道吉日，备办鸡、鱼、肉、粉干"四礼"到师傅家，行拜师大礼，还需要专人做保，并立下学徒的文书。

3. 传艺

学徒期限一般为三年，俗称"三年满师"。头年，师父不会传授技艺，若是做出门工的建筑行业，徒弟在出工前和收工时要为师父收拾工具，到场地后为师父师兄们干些刨锯木料、拌拎泥灰、传递材料工具等杂活；若是有固定工场作坊的行业，徒弟要为师父家干些挑水、烧饭、照料小孩等家务和零散杂活儿；是年不发工钱，俗称"有吃呒工钿"。第二年，师父认为其听话吃苦、手脚勤快、人品尚可，才会让他打下手，做些粗活儿并加以指点，是年仍不发工钱，仅给月规钱。第三年，师父开始传授一些关键性的技术活儿，发给一半工钱。因受"教了徒弟丢了饭碗"等根深蒂固的传统观念和同行工匠之间竞争的制约，师父在向徒弟(尤其是外姓徒弟)传艺时，往往会留一手。徒弟也深知"师父(傅)只传三分艺，七分本事(领)靠自己""师父引进门，修行靠自身"等谚语的含义，往往会采取主动密切师徒关系、勤学苦练乃至暗中偷艺等方式学艺，以至于"青出于蓝"。

4. 出师

俗称"满师""出山"。学艺期满则进入出师阶段，师傅会对徒弟进行考核，考核通过者则可以出师，考核不合格者则需要根据学艺程度延长学艺时间。三年满师时，徒弟备酒席以答谢师父，俗称"满师酒"或"谢师酒"。吃过"出师酒"后，就算正式出师，行业中承认其为此行的正式成员，允许外出独立工作，也可授徒传艺。还有的学徒期满出师后，为进一步学习技艺，另拜师傅学习，称为"参师"。

师徒如父子，这是拜师学艺的行话。意思是说师徒关系，有如父子关系。师傅要像父亲一样关心徒弟，传授技艺；徒弟要像子女那样对待师傅，规规矩矩，恭恭敬敬。传统社会主要靠家庭伦理来维系社会稳定，学手艺也是如此。如去远乡学艺或一些特殊的艺业，弟子一入师门，全由师傅来管教，父母都无权干预，甚至不能见面。师父与徒弟身份地位是"一日为师，终身为父"，故徒弟出师后，不论是自立门户，还是另随其他工匠师傅做工，凡逢年过节及师父家举办红白喜事等，都会向师父拜年和庆贺送礼。如逢徒弟结婚生子等，师父也要送重礼贺喜。若无故不去，即表示断绝师徒关系。

(三)作坊传承

作坊传承和师徒传承比较类似，都是通过师徒关系在非血亲间进行技艺的传授与修习的传承方式。作坊中通常有许多手工艺人同时从事手工艺的制作。不同于一般的师徒传承，作坊中学徒制更类似于一种劳动用工机制，作坊招收的学徒不单单是随师学艺而且也是作坊的工人，师徒关系也相对平等。

在师徒传承中，徒弟只跟随一个师傅学习，当然能学到师傅的高超技艺，但如果师傅在选择材料、选用工具、使用手段时有所欠缺，徒弟也只能学到师傅的不足，甚至在出师以后都无法改正，这是师徒传承无法回避和消弭的劣势。而在作坊中，手工艺人们共同工作，从事同一项手工艺品制作，在过程中会有技艺的交流与总结，艺人们会互相学习他人的优点，从工具的握持姿势到新的处理材料的手段，都是艺人们相互学习的内容。最终会总结出科学、省力的技艺规范并在作坊的生产过程中加以践行，艺人的个人技艺与作坊的科学规范会达到一个微妙的平衡。作坊中学艺的学徒自学艺开始就按照作坊的科学规范学习，因而能磨炼出坦然自若的气质，出师后懂行的人一看其操作便知道他是"坊里出来的"。

在作坊传承中还特别重视学徒的天资与个人成长。一项手工艺通常有几十道甚至上百道工序,一个人要完全掌握一项手工艺的全部工序,熟练处理一项手工技艺中的全部材料,直至能够独立制作手工艺品,需要漫长的时间与反复训练。仅以檀香扇的制作为例,檀香扇制作大的工序有十三道,从零学起的话,先当3年学徒,待到3年基础工的磨炼之后,开始拉芯,这看似简单的一个步骤,学徒要能够掌握得用5~8年的时间,学得好的才能学习拉花制作精品檀香扇,再经过5~8年,才有资格接触象牙材料,制作名贵的象牙制品,从学徒到能够独立制作需要接近20年的努力。为了保证生产的效率,在作坊中分工明确,各道工序都有专门的艺人进行制作,一个学徒跟着某一师傅只能学到一道工序,许多天资一般或只愿钻研一道工序的学徒终其一生都只能从事一道工序的生产,在作坊中工作。而对于天资聪颖又肯学习的学徒,作坊中有"转益多师"的规矩,就是一个学徒在跟随一个师傅学习的同时,也向别的师傅请教,师傅都必须交给他,但是师傅却不能主动去教,只能等有意学的学徒来问。这样一种不成文的规矩对手艺人的养成大有裨益,如云锦织造大师金文,在高中毕业后进入云锦研究所做学徒,金文除了学习自己师傅的纹样设计的本事外,还向各位师傅请教,取众师之长,掌握了云锦从图案设计到织造的全部技艺,经过几十年的努力成为国家级的云锦织造大师。

第四节 商贸民俗

技术的进步和生产力的发展,促进了人们更细的社会分工和生产的专业化,使许多产品有了剩余,势必促进交换的发展。而城镇的扩大和非物质生产者的大量出现,又使整个社会从早先生产者与消费者的合一,逐步演变为生产者与消费者的分离。于是以交换为核心的商业贸易活动,便从当初原始的集市向更高层次的商业交易发展,形成了商业贸易的习俗。

一、交易场所的民俗

(一)集市

交易场所,是随商品交换经常化的要求而发展起来的。它是由人们约定俗成或按规定专门设置的、供买卖双方进行商品交换活动的接头聚会地点。它反映的是商品交换空间分布形式的民俗传承。

在中国,最古老的交易场所形式是"市",故交易场所的民俗就突出地表现为"市俗"。市的传承有古代的文献记载。《易·系辞下》称:"神农民作……月中为市,致天下之民,聚天下之货,交易而退,各得其所。"这大概是我国古代有关市俗的最早记载。另外,《史记正义·平准书》也说:"古未有市,若朝聚井汲水,便将货物于井旁货卖,故云'市井'。"这显然是古人对市之起源的追述。

古代的市,通常都设在水陆交通发达、人口聚集稠密的政治统治中心。春秋以后,市虽逐渐遍及各地城市,但时至唐代,仍有"非诸州县不得置市"的俗规。市一般有市墙与坊分隔,在四面朝街处设有市门,定时启闭。如唐代规定:"凡市,以月〔中〕击鼓三百声而众以合,日入前七刻击钲三百声众以散",市以外不得进行交易。在市中,设有"旗亭"供市政管理官员驻守,以维持市场秩序和检验货物、征收商税。对于市的管理,有按同类经营品种集中成列的俗规,即市中的"行",各行均有专门的官吏负责管理。中国古代同业经营者称"行"的习俗,即源于此。宋代以后,随商品经济的日益发达,对市的时间和地域限制(即所谓"坊市"制度),也有所突破,出现了沿街设置的店铺、摊贩和夜间叫卖的夜市。于是,城市中的商业网点布局逐渐形成,交易场所的民俗方式也趋向近代的商场和商业街区的形式发展。

然而,集中设点的大型贸易市场或商场,仍是其保留形式。如旧时北京的东安市场及天津的劝业、天祥、泰康三大商场,都多少带有古代市制的某些遗风。时至今日,各地大中城市中建置的较大型工贸个体市场,也具有旧时市制的某些特点。这种集中设点的大型贸易市场,既便于工商行政管理部门的集中管理,又便于消费者的自由购物,同时可以货比三家,体现竞争,形成良好的商业文化氛围,是我国传统市俗的重要方式。

与这种市制相对应,在我国古代,乡间贸易的初级集市,又是市俗的另一种形式。

集市的特点,是以民间小生产者和手工业者的直接交易为主,以隔日、数日或隔月一集的方式进行交换活动,其中小生产者的物物交换方式占有一定比重,如东晋的"草市",唐代岭南地区的"虚市"、蜀中的"痎市",以及宋代以后遍布各地城郊的"镇市"等。在较大的贸易集市中,还设有酒店、客店,城乡间的负运商贩,常常赶赴其中。在一些交通要道和人口集中地区,由于商品集散的扩大和人口的增加,使市集所在地又逐渐上升为市镇,成为常年开放的地方市场。此外,还有一种按一年中某一季节或年节时令定时开放集市的民俗。如宋代成都府的集市,每月都有不同内容:一月称灯市,二月称花市,三月称蚕市,四月称锦市,五月称扇市,六月称香市,七月称宝市,八月称桂市,九月称药市,十月称酒市,十一月称梅市,十二月称桃符市。其中尤以药市和蚕市著称,反映了民间经济生产和生活活动的季节性特征。其他像旧时开封的"鬼市",北京春节的"厂甸",各地年节的灯市、庙会等,也属这种习俗。另外,少数民族传统节日中的欢庆聚会,也常带有这一特点,如云南大理的"三月街"、蒙古族人民的"那达慕"大会等。

这种集市贸易的习俗,在我国乡间一直很流行,是乡民自产自销的重要场所。北方通称"赶集",南方则常称"赶场"或"趁圩"。各地一般按照约定日期在某一固定场所内举办商业贸易活动。一般每月固定几天,比如有的乡镇逢初五、初十、十五、二十、二十五、三十设集;有的乡镇逢初四、初九、十四、十九、二十四、二十九等设集。一般集与集之间相差五天,各个乡镇之间相互错开,这样让商贩可以多赶一些集市,也方便周围乡镇的村民将自己多余的货物在集市中出售,同时买进日常生活的必需品和生产用品。集市贸易时间,有的进行一整天,有的仅上午半天。按照买卖货物的种类,集市一般都有相对固定的分区,比如集市上有菜市、猪市、羊市、牛马市、鱼市、肉市、鞋市、服装市、粮食市等,每一个小市场都有相对固定的位置(图 5-28)。集市按照功能

图 5-28 菜市

分区,既方便了买卖者,同时又相对比较安全。比如春节前的几个集,鞭炮和烟花都非常热销,而卖家为了增加销售,都互相比着放鞭炮和烟花,鞭炮和烟花与其他商品区分开,也是安全的需要。

江南水乡乌镇一带还有比较特殊的水上集市。乌镇地处两省三府七县的交界处,河道密布,四通八达。四乡八邻的镇村居民习惯于在清晨摇着船早早地出来喝早茶,顺便赶个早市,把家里种的蔬菜和养的家畜带到集市买卖,贴补家用,逐渐就形成了集市,非常热闹。临河的居民只要吆喝一声,船就会摇到水阁边,不出门也可以买到新鲜的蔬菜,很受居民喜欢,所以至今仍兴盛不衰。

(二)庙会

庙会,又称"庙市"或"节场",也是集市贸易形式之一,唐代已经存在,在寺庙节日或规定的日期举行,一般设在庙内或其附近,故得此名。庙会是由古代的宗庙制度演化而来的,早期的庙会仅是一种隆重的祭祀活动。随着经济的发展和人们交流的需要,庙会在保持祭祀活动的同时,逐渐融入集市交易,并增加了娱乐性活动,过年逛庙会成了人们不可缺少的内容。很多学者将庙会称为"中国人自己的狂欢节"。

庙会上交易的商品丰富多彩,包罗万象。《京都竹枝词》中在谈到当时北京庙会的盛况时说:"东西两庙货真全,一日能消百万钱。多少贵人闲至此,衣香扰带御炉烟。"乾隆时期戴璐著的《藤阴杂记》中也说:"百货俱陈,目迷五色。"足见庙会上商品品种之全。庙会上的商品除当时工业产品外,还有祭品、土特产、奇珍异宝、饮食和玩具等。

庙会在北京盛行多年,北京人最喜欢逛的厂甸庙会,素有"文化市场"之称(图5-29)。"百货云集,灯屏琉璃,万盏棚悬,玉轴牙签,千门联络,图书充栋,宝玩填街",其中以书摊、文物摊、画摊为主,令文人学者流连忘返。据1931年春节时的大略统计,厂甸有商贩近千户。庙会上的饭店、酒馆、茶馆,多为临时茶棚设席,或露天营业,更有些小商贩游串于会场友群之中,随叫随卖,他们多以经营风味小吃为主。庙会上的玩具五花八门、种类繁多,风筝、风车、空竹、琉璃、喇叭、噗噗噔、泥人、泥鸟、皮老虎、哗啦棒等不胜枚举,也最受儿童喜欢。

图 5-29 北京厂甸庙会

二、商业方式的民俗

商业方式是指商人从事商品交换中介所采取的行为方式。它是在市场交易发展到较高阶段,即从买卖之间游离出商人阶层,并形成商品交易后才出现的民俗形态。中国传统的商业方式民俗,大致有行商、坐商、居间商三种形态。

(一)行商

中国古代商人通常有"行商""坐贾"之分。《汉书·食货志》说:"通财鬻货曰商";《白虎通义》释曰:"商之为言,商其远近,度其有亡(无),通四方之物,故谓之商也。……行曰商。"可见,行商是一种游动性的商业行为习俗。

行商的经商习俗,是把某些地方需要的商品,或当地不生产的货物,主动送到该地方去出售。在中国历史上,这种人最早被称为"旅"或"游旅",以后又称"商旅""客商"等。可见,他们是古代最早的旅行者。其中较大规模的贩运商,通常都有较为固定的贩运品种和贩运流向,如贩运粮、茶、盐、铁等,也有专门从事地方土特产品贩运的。在对边远地区或境外的长途贩运中,为保障旅途安全,还常常组织成商队进行往来,甚至携带武器。中国古代的"丝绸之路",就是由这些大规模商队所开辟的。

在城乡间的产品交换中,旧时还存在一种小本经营的贩运商民俗,日常多见的方式是走村串寨的乡间货郎或走街串巷的街头小贩。小商贩的经商方式一般都比较灵活,对现金收入较缺的村民,也可以进行赊卖或实物换货,从而起到对大商业拾遗补缺的作用。这是一种颇受民间欢迎的商业民俗方式。

然而,不管是大宗贩运的客旅商队,还是推车挑担的货郎小贩,其经商方式都以卖方向买方主动会合为特征,即将货物送到所需地方或所需人之手。因此,这类商人一般是颇受主顾们关切和欢迎的。如历史上各地城镇和乡间村寨,对于远来客商的盛情接待,通常都比较隆重,特别是沿海城市欢迎海外商人的到来,往往都像过节一样。所以,行商的经商习俗是商业民俗中较为生动活泼的内容。

(二)坐商

坐商是由市场交易发展起来的固定性的经商方式民俗,古代通称"坐贾"。《白虎通义》中释"贾"义为:"贾之为言固,固其有用之物,以待民来,以求其利者也。……止曰贾。"因此,坐商的经商特点,首先表现在其"固"上,即固定地点、固定时间、固定商品。

坐商一般都有固定的店房、固定的交易时间和特定的经营品种。古代的坐商店铺,其名称有"廛""肆""铺"等,它最早是指设在"市"中的店房,因"市"有早晚按时启闭、同业成行等要求,故其店房坐落地点、启闭时间和经营品种,也都要遵守统一的规定。宋代以后,随古代"坊市"制度的解体,店铺的设置也开始较为开放,因而其开设地点、营业时间和经营品种等也都较为灵活,但各行业一般也都有一定的惯制。

店铺经商,一般都要设在城镇闹市或行人经常过往的街区之中,根据当地居民的生活习惯,经营各种日用民需品或较高级消费品等,且一般店铺都有较为固定的经营品种及经营对象。营业的时间一般多在白天,并根据各行业情况及居民消费特点,决定其开闭店的时间。

夜间经营的主要是饮食业、客店、药铺等必需的行业。小型的坐商，大多是定点摊贩，常设于城镇街头或贸易集市之中，属不稳定的坐商形式。在城市的主要闹市街区，摊贩的设摊地点通常都有各家公认的地域范围，后来者不得侵占。如旧时天津北门外及估衣街一带的春节年货市场，就常有摊贩预先占地，贴出"年年在此"的红签，以防后到商贩挤占。

在坐商中，不管是大店还是小摊，其经营方式都具有积货待需、坐等顾客上门的特点，即由买方向卖方主动会合的特征。因此，坐商对于登门顾客的态度是十分关切的。常言所说的"拉主顾""招揽生意"等，都表现出以卖方的主动热情为特征的民俗特点。而且，由于同业商人的市场竞争，还产生了一系列招揽顾客的习俗和竞争技巧，或以价廉号召，或以质优争胜，形成各种商业宣传形式，如"年节大酬宾""削本大拍卖""独此一家，别无分店"等，用以影响消费者的购物选择。

同时，坐商待客的服务态度，也是影响其营业好坏的重要因素。因此，过去店家都普遍要求店员笑脸迎客，无论何种情况，都不许顶撞顾客或与顾客争吵；对于大宗买主，还常采用让座、敬茶、敬烟等手段殷勤招待，以拉拢主顾。今天，强调商业部门改善服务态度，也主要是指这些坐商形式的商业部门而言，这是提高商业文化意识的重要内容之一。

在坐商的发展过程中，流通货币的重要作用越来越受到重视，于是在坐商中便分离出一个专门做金融货币生意的行业，这就是过去的"银号"，即现今的银行。

(三)居间商

居间商又称"代办商"，民间则常称之为"掬客""说和人""跑合""牙商"等，现代多称作"经纪人"。这是一种纯媒介性的商俗形态。

作为居间商，其本人一般没有什么可买或可卖的商品，全凭在市场上为买卖双方"牵线搭桥"，从中获取一定的报酬。在古代，他们被称作"驵侩"或"牙郎"。《后汉书·郭太传》注说："驵，会也，谓合两家之买卖，如今之度市也。"陶宗仪《辍耕录》称："今人谓驵侩者为牙郎。本谓互郎，谓主互市事也。"可见，这种人大多不离开市场，专以撮合买卖双方成交为专职。

宋代以后，居间商行业进一步扩大，除撮合商人买卖外，连买卖奴婢、雇佣人力，都有专事中介的牙人，且有官牙、私牙之分，官府势力也插手其间。因此，牙商逐渐成为市场交易的重要角色。明清以来，牙商行业进一步固定化，甚至出现同行的垄断组织——"牙行"，这是居间商行业向组织化发展的一种典型形态。这时较大的居间商一般都有自己的店房和交通工具，专业大规模地组织各地商人成交，或换货，或买卖，或直接发展为代买、代卖、代运等业务。而且，他们往往采取垄断交易的形式，组成各种帮系，划分地域范围，采取各种手段隔断买卖双方的联系机会，以便从中要挟，使买卖双方都要给予其一定佣金，从而获取较高的收益。近代广州垄断外贸的"十三行"，以及由此发展而来的各种洋行买办，就是他们中的突出代表。所以，这些人往往被描绘得奸诈无比，而遭到人们的鄙视。当然，居间商的发展，也有沟通市场、促进商品流通的作用。

此外，在我国的商业民俗中，还有一种设在乡间的、有固定资金和店铺形式的居间商，他们一般不用货币直接交易，而是购进一定的日用品，吸引村民用农副产品与之交换，然后再将农副产品运进城中，转手换货取利。还有一些则无固定店铺，直接挑担推车，走街换货，如过去东北农村中"换瓦盆""换火柴"之类的小贩。时至今日，在一些城乡依然能看到这类商贩的影子，如在城市中以粮食换鸡蛋、以旧衣换塑料盆等现象。这种商业居间形式的存在，应该说是商品经济不甚发达、城乡间存在一定差别的反映。

牙商通常谙熟市场行情，懂得江湖口诀和商业隐语。最典型的是骡马市上的"牙子"，为买卖双方说合交易时，与交易双方总是在袖筒里捏指头议价，从不说出钱数，既保住了价格秘密，又使买卖双方有回旋余地。这种被称为"袖里吞金"的交易方式是很有特点的商业习俗之一。他们熟悉买卖双方心理，善于在双方讨价还价中调和，圆满地将生意做成，从而收取"口水费"(佣金)。

三、招幌与市声

在古代，从事商业贸易的行商坐贾们，为了使顾客了解自己经营行业的属类、宣传自己所经营商品的特点，也为了便于和同行之间展开竞争，必须借助于某种宣传方式，于是就形成了市、商特有的民俗标识。这种民俗标识主要可以分成：一种是以色彩、造型等视觉标识传播信息的招幌，一种是通过有声语言和器乐音响招徕顾客的市声。传统招幌和市声是一种弥足珍贵的民俗文化形式，是传统商业民俗文化中的精髓，是中华民俗文化宝库中彰显特色的民俗之一。

(一)招幌

1. 招幌的由来与区别

坐贾的特点是有固定的摊位，等待顾客上门，但有一件事使坐商"坐不住"，那便是如何将产品推销出去。起初这些坐贾会在所售之物上插一只草标，意味着"此物出售"。"草"表示贱的意思，这东西对我来说不"值钱"了，插上草标就要卖掉。在《范进中举》一文有对草标的描述："那邻居飞奔到集上，一地里寻不见；直寻到集东头，见范进抱着鸡，手里插个草标，一步一踱的，东张西望，在那里寻人买。"意思是范进的邻居听闻范进中举之后飞奔到集市上去寻范进，而此时范进正抱着一只鸡手里拿着草标表示"此鸡售卖"(图5-30)。

随着商业的进步，坐贾为了卖出更多的产品，草标所体现的单纯的售卖功能已经满足不了商人的需求，因此出现了招幌。招幌是"招牌"与"幌子"的通称，是古代商家以商品实物、象征物或者将商品的名称写于旗、帘上，并将之悬挂在店外的标识物。它标识店铺经营的物品内容、种类、品种、特点以及店铺的字号等，是传达商品信息、辅助经营、宣传促销和招揽顾客的一种手段。

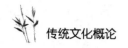

图5-30　鸡笼上插一草标表示贩卖

然而招牌和幌子虽然功能相同，但还有一定的区别。招牌最初是一种无字的布帘，之后在帘上写店铺名号，继而又以木牌代替布帘，在木牌上题写文字，多用以指示店铺的名称和字号。招牌的变化主要是店铺的名字、字体和招牌的材质(图5-31和图5-32)。

图 5-31　同仁堂招牌

图 5-32　全聚德招牌

而幌子则相对复杂，幌子分为旗帜类幌子和实物类幌子(图 5-33)。幌子的"幌"又称帷幔，是一种表明商店所售物品或服务项目的标志。初特指酒店的布招，用布帘缀于竿端，悬于门前，以招引顾客。在《水浒传》中记载："正是晌午时候，武松走得肚中饥渴，望见前面有一家酒店，门前挑着一面旗，上头写着五个字：'三碗不过冈'。"这里的"三碗不过冈"正是一种旗帜类幌子。而实物类幌子则是把要售卖的货物挂在店铺外边来告诉客人销售的商品，比如卖酒的悬挂一个酒壶，卖鱼的悬挂一条木鱼等。

图 5-33　街上的幌子

2. 招幌的分类

(1) 实物性招幌。

将本行业有代表性的样品、成品、半成品直接挂出来，是招幌的最原始形式，例如，麻铺门前挂一束长麻、草帽店前挂一顶草帽、靴店门前挂一只毡靴等。

(2) 模型性招幌。

这主要是因为所售商品实物过大、过小或较为贵重，不易悬挂，而改用实物模型为标记。如蜡烛店挂木制红漆大烛、金银首饰店挂金替或银锡模型、药店挂木制或铜制大型膏药模型等。

(3) 牌匾性招幌。

这是现代商业 LOGO 的前身，大致分为两种：一种是纯文字性的，如酱园常以二尺长的木板涂以黑漆，用金色写上"酱园"二字。最早的文字招牌只用于提示经营内容，如当铺高悬较大的"当"字，茶楼高挂"茶"字，其他像"米""酒""药""烟"等。随着商业竞争的出现，招牌的文字也进一步广告化，且以四字一句的宣传文字居多，读起来朗朗上口。如：

酒店——"太白遗风""陈年老酒"。

药店——"丸散膏丹""参茸饮片"。

茶肆——"清肺润心""香气宜人"。

饭馆——"江淮风味""南北大菜"。

布店——"湖广杂货""湖绉南绸"。

另一种是带有绘图性的牌匾招幌,如刀剪铺门前挂两块木牌,上面绘有刀、剪图案,最上角书写字号。又如,鞋铺则于木匾上绘男靴、女鞋各一只,靴与鞋下为云朵图案,上端书"内联升"(图5-34)。

(4) 象征性招幌。

招幌经过发展渐渐由实物走向抽象化。在我国,最早见于文字记载的抽象化的招幌是"酒旗"(图5-35)。《韩非子》中写道:"宋人酤酒,悬帜甚高。酒市有旗,始见于此。"另外,杜牧在《江南春》中写道:"千里莺啼绿映红,水村山郭酒旗风。"古代酒旗多为布帘,又称"青帘",形状以三角形最为多见。在远处便可遥望到是哪个酒家,所以又称"望子","幌子"便是由"望子"读音讹传而来。招幌之说源于"望子","望子"滥觞于"酒旗"。后来比较常见的饭店招幌,往往是门外挂一草板纸做的圆筒,形如面箩,上糊色纸,下垂红、黄纸穗。

图5-34 鞋铺招幌

图5-35 酒旗

3. 招幌的民俗文化内涵

(1) 民间工艺美术之花。

商家和民间艺人从朴素的生活经验出发,凭着精巧的艺术构思加工、因材施艺、量材为用,把美好的情感和愿望物化在各种材料中来表现。各种幌子自然古朴的材质,红布的幌坠与白墙、青瓦组成了具有浓郁乡土气息的氛围,体现了招幌作为民俗文化的质朴性,更在深层次上折射了人与自然共生的审美文化理念。

(2) 民间传说对招幌的阐释。

在一些传统招幌的民间传说中,"仁""德""信"的品格可见一斑。例如,东北关于罗圈幌的传说,生动地向世人展示了以"仁"为本的经营之道。相传沈州(沈阳的古称)住着石心、良女夫妇。一年春天,不知从哪儿来的逃难百姓经过这里,这对善良的夫妇热情地招待大家吃喝,门前搭了个棚子,请大家坐下来吃面条。良女看着丈夫每天吆喝得嗓子都哑了,很心疼。于是,她就把一个旧箩挂在棚子檐上,上面搭上一圈面条。这么一来,无须吆喝,来吃面条的倒比原来多了。不过,挂上去的面条被风吹干后容易掉下来,他们觉得很浪费,就改挂白布条。从此,只要他们挂出这个幌子,路过的不管有钱没钱,都能吃上热面条。面馆的生意越做越好,却招来了附近一个姓麻的恶霸财主的嫉妒。一天,他赶来50头猪要换饭幌和面摊,石心夫妇不肯,他便要求把猪放这寄宿一晚,夜里财主拿着尖刀想杀掉几头猪来敲诈,石心夫妇闻声赶来,吓得财主逃进深山。他们只见满地猪毛、猪血染红了地上的幌子。天亮后,他们索性挂出了这个红幌子,并用猪肉做了菜。从此,饭馆便开始挂红色罗圈幌。总之,从招幌的背后,可以能看到"仁""德""信"始终是传统商业文化的核心思想和商人的人格追求。

(3) 五彩缤纷的民俗画卷。

招幌作为商业民俗的重要分支,在发展和演进中起到了强烈的规范个体行为、维持社会秩序和调节社会心理的作用。在古代,商家每天早上开门第一件事就是挂幌,其中最忌讳的是没挂住而掉下来,视为"落地",被认为是很不吉利的。如果有伙计挂幌掉下来了就要被解雇,所以在很多民俗绘画作品中看到挂幌都是小心翼翼的。可见,招幌在中国人的心中已经具有了一种信仰的力量,体现着中国人趋利避害的心理。除此,招幌还有区分商业规格和口味的作用,成为人们约定俗成的东西。如在哈尔滨的市区和乡村,许多地方都可以看到挂着罗圈幌子,有一个的、两个的,还有四个的,而且颜色也不一样。哈尔滨饭店烹饪协会秘书长淳于书杰介绍说:"挂一个幌子的饭店是经营大众小吃,挂两个幌子的饭店是经营中档熘炒,像我身后挂四个幌子的饭店是南北大菜为主的哈尔滨一家名店。"

(二)市声

1. 市声内涵

市声是一种诉诸于听觉系统的商品宣传和促销方式。有关中国市声的描述性文字,始见于《韩非子·难一》:"楚人有鬻盾与矛者,誉之曰:'吾盾之坚,物莫能陷之。'以誉其矛曰:'吾矛之利,于物无不陷也。'""自相矛盾"这个成语再现了古代商贩运用叫卖吆喝的方式促销"盾"和"矛"的生动画面。可见,在当时的社会市声已普遍存在。

2. 市声分类

(1) 叫卖吆喝。

指使用人嗓的"叫卖声",它的特点是直接用口头语言传达所售商品的内容、质量、价格。俗话说,卖什么吆喝什么。明末王季重《谑庵文饭小品》卷三《游满井记》所录市肆叫卖饮食的"邀诃"(即吆喝),直观、生动地展示了叫卖者的商业心理特点,其书记载:"卖饮食者邀诃:'好火烧!''好酒!''好大饭!''好果子!'"当然,因经营内容及乡土习俗而异,叫卖吆喝不拘一格。明代浮白斋主人《笑林》中的一则笑话所表现的收旧货者的吆喝,即为另种情形:"有戴破帽破网者,途中见人呼'破帽子换铜钱',急取帽袖之;再呼'破网巾换铜钱',复急脱网巾袖之;又呼'乱头发换铜钱',乃大怒曰:'你这人无礼,忒寻得我要紧。'"其完整而有节奏的吆喝,显然是"破帽子换铜钱—破网巾换铜钱—乱头发换铜钱……"作家张恨水20世纪40年代中期旅居北平时,注意到这里的叫卖吆喝市声,如其记"禁夜市声"的《白话摸鱼儿》词后半阕写道:"谁吆唤?隔条胡同正蹲,长声拖得难贯。硬面饽饽呼凄切,听着教人心软。将命算,扶棍的,盲人锣打叮缓。应声可玩,道萝卜赛梨。央求买,允许辣来换。"可以说声声入耳,画在其间。

(2) 韵语说唱。

原始的叫卖吆喝,并非音乐,但不失音乐色彩。富有音乐色彩的叫卖吆喝市声,亦可谓是一种源于商业活动的艺术。有关韵语说唱招徕市声语料,主要是清代以来文献所录。郑振铎先生从清乾隆年间抄本《仙庄会弹词》中,曾发现苏州商人卖年画的大段说唱招徕之辞,如:"打开画箱,献过两张,水墨丹青老渔翁,老渔翁朵哈哈笑,赤脚蓬头戴笠帽,手里拿之大白条,鳞眼勿动还为跳。笔法玲珑手段高,苏杭城里算头挑,扬州城里算好老。

只卖八个钱，两张只卖十六钱……"从年画的主题、内容、质量，直唱到价格和劝买。再如卖调料摊贩的说唱，至今在许多地方仍可见到。这类唱卖套辞，从调料种类、用途、特点、劝买之类，乃至历史掌故、民间故事、人生道理，尽在其中，长者多达四五百句，历代口耳相传。例如，在安徽淮北涡河流域流传已久的《八大味叫卖歌》，长达近500句，而且是二人对唱形式，其开篇唱辞是："吸过烟来喝罢茶，以前干啥还干啥，小磨推来碾子挨，俺把材料配起来。八大味，九大香，漂江过海大茴香，有肉桂和凉姜，砂仁豆蔻都放上。还有花椒和草果，云南的胡椒再配上。……想买材料往前站，离得远了难看见。要买材料定包全，买回家里好过年。"如此一路唱去，边唱边卖，嘴里手上一齐忙活。

(3) 器乐音响。

以器物发出的音响来代替商业叫卖的一种商业习俗。中国古乐器素有吹、打、弹、拉四大类，这四大类乐器是构成传统商业器乐音响广告的基础。器乐音响不仅可以同叫卖吆喝、说唱相配合，还可以作为"代声"单独使用。尤其是对于受民俗禁忌等社会因素制约而不宜口头招徕顾客的行当，如旧时的磨刀剪匠要用串板、算命的要用镋锣、游方行医或粘扇子的要用串铃(图 5-36～图 5-38)，约定俗成的特定器乐音响成为必要的招徕广告媒介。

传统招幌和市声广告不仅是一种商品促销的招徕手段，也是一种弥足珍贵的民俗文化形式，是传统商业民俗文化中的精髓。这些商业习俗不仅能体现社会底层商贩们聪明才智，还体现了不同地区的风土人情。

(扫描二维码观看视频"市声文化")

图 5-36　串板　　　　　图 5-37　镋锣　　　　　图 5-38　串铃

第五节　交通民俗

远古时代，人们为了获取食物与保证安全，需要不断地来回奔走、迁徙。原始人群的这种经常性地来回往返，最终导致了最基础的交通设施——道路的产生。为将所采的野果和所获的猎物搬运回驻地，需要一定的运输工具来完成这一任务。最初靠手提肩扛就能完成物资运送工作，随着生产力的提高和人们交往的日益频繁，这已经满足不了现实的需要，于是先进的运输工具就应运而生了。驯养而来的牛、马等动物首先承担了这一使命，随后出现了各种车船等代步运输工具。适应于各式交通运输工具的产生和广泛应用，交通民俗也逐渐萌芽、发展、形成，远行有远行礼仪；赶车有赶车的套路；舟船有舟船的信仰。

交通民俗即指交通运输活动过程中所反映出的各种风俗习惯，而各种不同的风俗习惯又通过交通运输的两大功能——交通运输通道和交通运输工具反映出来。

一、陆路交通民俗

(一)陆上交通通道

1. 道路

道路是路的总称，因其大小、形式和用途不同，可以分为很多种类，形成多种各具特色的民俗事象。

(1) 栈道。

古人为了在深山峡谷中通行，在峭岩陡壁上凿孔，立木为柱，横木为梁，架桥连阁形成的一种通道，能通行车马，极为险要壮观，是古代交通史上的一大发明。栈道大致有三种：一为木栈，使用最广，有各种不同的形式，一般由栈、阁、栏、道、桥五部分组成。在所凿石孔内插入横木，上排檩条与木板，外边加上护栏而构成。二为石栈，与木栈不同的是将石孔内的横木换成石条，或在悬崖上开凿石梯，两旁加设护栏和攀手。三为土栈，主要用于潮湿的森林或沼泽地带，不便行走就伐木铺路，木上再杂以土石以固定路基，构成路面。

小提示

古栈道大多在汉中境内，其中褒斜道最负盛名(图 5-39)，它南起汉中褒谷口，北到眉县斜峪关，全长 235 千米，是古代关中通往巴蜀的主干道，也是兵家商旅的通行官道，曾"五里一邮，十里一亭，三十里一驿"。褒斜道的开通，沟通了中原与西南地区的联系，推动了巴蜀地区经济文化的发展，体现了我国古代劳动人民的聪明才智，在中国古代政治、军事、文化、交通、商贸、建筑、邮驿等诸多方面产生了重大影响。"明修栈道，暗度陈仓"中的栈道指的就是褒斜栈道。

图 5-39　褒斜道

(2) 纤道。

古代水上交通的陆路辅助设施，为纤夫提供拉纤的通道。这种道路曾经普遍存在于各地的水上交通线。现今不仅有如浙江萧山、绍兴、上虞的浙东运河古纤道，而且还有西南一些地区现在仍在使用的纤道。

(3) 盘山道和石阶路。

民间创造出的适合山地地形、起伏较大的道路。盘山道的形式，有石阶式，也有平面式。狭窄的盘山道只能通行人或牲畜，宽阔的盘山道可以通行各式车辆。石阶路在山地交通中应用得更广泛些，如泰山、黄山、华山的石阶路，西南地区的盘山道。

(4) 冰雪道。

在我国东北地区，人们利用冬季天气寒冷、滴水成冰的自然条件，在伐木场选择坡度适宜的谷地，以水浇坡，形成光滑的冰道，借以向山下运送木材。

(5) 平直大道。

在全国大多数地形较平坦的地区，平直的大道构成我国旧时全国的主干道。古时多为土路，雨天这类道路多泥泞，后来在小镇或居民点附近地段，铺上砖块、石块、石板，逐渐演变为接近近代公路的沙石路面(过去这种路因多走马，故而又称"马路")，在我国东部平原地区形成了纵横交错的道路网络。在民间传统上，根据路的大小和用途，分别称为街、巷、弄、胡同。

2. 桥梁

桥梁是道路的组成部分，是为了使道路跨过江河、湖泊、海峡、山谷或人工建筑物所修建的建筑物。传统的桥梁，按其建筑材料，可分为木桥、石桥、砖桥、铁桥、竹桥和藤桥；按其结构，又可分为梁桥、拱桥、浮桥、索桥等。

(1) 梁桥。

以长石板条或整木做梁，砖、木或石做柱，桥两端或与地面相平，或下斜与地面相平。我国古代著名的梁桥中，以福建泉州的洛阳桥、晋江的安平桥、陕西西安的灞桥最为著名。

小提示

风雨桥是在梁桥基础上，于桥墩建塔、亭，桥面铺木板，两旁设置栏杆，桥上建雕梁画栋的长廊式走道，内设长凳以供行人休息(图5-40)。这是侗族的一种交通民俗，流行于两湖及贵州、广西等地。

(2) 拱桥。

多以砖石为材料，利用石拱支撑桥面负荷。拱桥外形多为弧形向上拱起，减少了桥下的支撑物，增大了桥的跨度。这是我国劳动人民对世界桥梁

图5-40 侗族风雨桥

科学的一大贡献，最著名的拱桥是河北赵县的安济桥。此外，北京的卢沟桥，苏州的宝带桥，颐和园的玉带桥也颇负盛誉。

(3) 浮桥。

建筑原理与梁拱桥截然不同，是一种非常有特色的桥梁建筑。浮桥常以船、筏或浮箱连接作支撑，上铺木板，连接两岸，以载人或物，在历史上曾流行于全国，20世纪60年代初逐渐消失，被固定桥梁所替代。

(4) 索桥。

索桥是以竹篾、藤条、铁索等作索具架在河涧之上，以便通行的设施，主要流行于我国西南及西北少数民族地区。如果说梁桥和拱桥有坚实的基础，给人一种稳定可靠感的话，那么索桥仅是以索作为通行的保证，往往给人一种悬虚的动态感。它是我国少数民族地区勇敢民族精神的一种体现，也是人类征服自然、征服自我的一种创造。

溜索，是索桥最古老的形式，流行于我国西南地区的云、贵、川、藏的怒、独龙、傈僳、藏、彝等少数民族居住区。它是以竹篾、藤或铁索制作成溜索，架设于河涧较窄的地方，运送两岸的人或物。人们过溜时，用绳索将身体或物仰绑在溜板或溜索上，借助溜板在溜索上的滑行而到达对岸。溜索还分平溜和陡溜两种。平溜只架溜索一根，基本上平直，

没有倾斜，来往都可以溜渡，过溜人需要有一定的体力。陡溜是在河涧上架设两根高低互倾的溜索，一来一往，过溜顺势而下，速度很快。过溜时，可带人，也可溜渡货物和牛、马等牲畜。

竹索桥，是羌族交通设施。在江上同时架几根粗大竹索，索上铺以木板，两旁另架几根竹索作栏杆即成。著名的有横跨岷江及杂谷脑河交叉点的威州大索桥，相传建于唐代，全长100余米，宽1.5米。

藤篾桥，是独龙江上一种颇具特色的索桥建筑。用藤篾编成长几十米，宽一米左右的藤片，架在江上而成。近百年来一直是独龙江两岸的主要交通工具。

藤网桥，是居住在西藏墨脱县的门巴族和珞巴族民众用珞渝地区生长的白藤编制而成的桥梁，受蜘蛛织网的启发，分别用粗藤和细藤编织成经纬线，外形呈管网状，故名藤网桥(图 5-41)。桥长数十米至百十米，悬空十余米，随风摇摆，初过者无不感到惊心动魄，其实是比较安全的。

图 5-41 西藏墨脱县德兴乡境内的藤网桥

铁索桥，是在竹索桥、藤索桥的基础上由我国发明的。我国古代铁索桥，最著名的要数位于四川省泸定县大渡河上的铁索桥，称为泸定桥。仅从制作架设上看，这座桥即可视为世界历史上铁索桥的代表。因为红军"飞夺泸定桥"的英雄故事发生在这里，泸定桥更是闻名于世。

3. 其他设施

在各重要交叉路口及交通沿线都有凉亭、车马店、关塞、货栈、码头之类供客人歇脚、食宿、存取货物之用，它们都是民间传统交通设施中不可分割的一部分。

(二)陆上交通工具

1. 轮车类交通工具

车是我国陆上交通运输中使用历史最长、范围最广的一种交通工具。按车轮的多少可分为独轮车、两轮车、三轮车、四轮车等；按车的动力可分为人力车、畜力车、机电动力车；按车轮的质地、结构又可将车分为有辐车、无辐车、木轮车、铁轮车、胶轮车等。

独轮车，又可称"小车""鸡公车"或"一轮车""羊角车"等，它是一种木制的人力手推独轮车，车轮两侧设有货架，可载货或人。由于轻便，因此无论在平原或山地都可使用。新中国成立前在东北、华北、华中、华东、华南等地均有分布，现今在我国东北、华北、华中等地仍在使用。陕西武功等地还有一种称为"狗脊梁车"的独轮车，主要用于长途货物运输。

两轮车，又称"二轮车"，习惯上是人们对人力载人两轮车的称谓。一种是由日本传入的人力两轮车，称"东洋车"。"东洋车"曾经流行于全国大部分城镇，各地的俗称各有不同，如北京人称"洋车"、上海人称"黄包车"、广州人称"车仔"。这种"东洋车"

由于完全靠人力驱动，因此车夫工作如牛、马一样辛苦。后来这种二轮车逐步被三轮人力车所取代。另一种两轮人力车，即自行车。当自行车在我国普及以后，由于它的灵便性和经济性，能适合中国民众的需要，人们把它视为一种重要的运输工具，尤其在广大平原地区，它不但可载货，而且成为乡村载人的交通工具，俗称坐"二轮车"，也是职工上下班的主要交通工具。此外，还有一种现在仍常见到的人力两轮车，俗称"板车"，又称"浪子车""手推车"，一般用于短途搬运货物，在我国广大地区仍是一种重要的辅助运输工具。

小提示

民国初年出现了橡胶车轮的畜力车和人力车。胶轮人力车俗称"洋车"，主要用于载人，类似于今天的出租车。这种车为引人注目，招徕生意，车身涂黄漆，故又名"黄包车"（图5-42），流行于北京、天津、上海等大中城市。旧时专门有以此为业的，被称为洋车夫或拉车的。老舍先生在小说《骆驼祥子》里真实地描写了北京一个人力车夫的悲惨命运。

图5-42　黄包车

如果两轮车仅是以轮子的多少来界定的话，那它还应该包括畜力两轮车，如马车、牛车、驴车、骡车等，因为它们在历史上的作用都超过人力两轮车。当蒸汽机、内燃机、电等还没有成为车的动力之前，畜力车早已成为运输的主力军，承担起主要的运输任务。两轮畜力车，一般车体较小，由一匹马或牛、驴、骡等牵拉，车的稳定性较差，运载量不太大，但速度比人力车要快，是我国农村一种重要的运输工具。两轮马车，曾流行于全国各地，尤以北方为盛，现在小城镇及农村仍可见。达斡尔族、蒙古族称两轮牛车为"勒勒车"或"牛牛车"，陕西等地称"硬辕车"或"平头车"，它是我国最古老的交通工具之一，流行于全国各地，现在我国东部地区农村仍在使用。两轮骡车，主要流行于我国北方，如旧时北京俗称"轿车"的大鞍车实际上就是一种骡车，现在我国北方地区仍在使用。两轮驴车，流行于我国东部及北方广大地区，由于驴躯体小，力量不如牛马大，故驴车一般较轻便，运载量亦小，现在我国华东、华北、东北、西北等地区农村仍可见。

三轮车，是继两轮人力车之后的一种人力车。车由三轮组成，两轮与车体相对固定，另一轮与方向盘(车龙头)相连，以控制车的方向，由于全部使用了轮及链的传动，提高了效率，加快了车的速度。三轮车按用途还可分为载人和载物两种，载人三轮车有符合人体生理结构特征的座位，一般可坐两人，上有顶棚，可遮日挡雨。载货三轮车则相对简陋，其车体可在骑车人前，也可在后，可以是平板车，也可以是有围栏的车厢，可载重百斤至数百斤，现流行于全国城乡。

四轮车，是由畜力牵引的四轮运输工具。由于车有四轮，增加了车体自身的稳定性，因此四轮车大多用于载人，也可载物。牵引车的牲畜可以是一匹马(或牛)，也可以是多匹马(或牛)，运输量大。四轮车随着地区的差异，有不同的特点和不同的称谓。新疆的维吾尔、乌兹别克等族把四轮马车称为"哈都刻"，又名"六根棍"，是一种由六横六竖的木棍制成的简易马车，流行于我国西北地区。现在这种四轮马车已成为乌鲁木齐、吐鲁番等城市中的特殊景观，人称畜力"小巴士"，为当地居民或外地游客提供了极具民俗风情的交通工具。中原一带称四轮载物大车为"太平车",东北称为"胶轮大车"。中华人民共和国成立前,北京等城市曾有被称为"轿车"的官用四轮马车,装饰华丽,只有官员或富人才能乘坐,新中国成立后逐渐消失。

小提示

勒勒车是蒙古式的牛车,有"草原之舟"之称,是适应草原上的自然环境和蒙古族的生活习惯制造出的一种交通运输工具(图5-43)。"勒勒"是赶车的牧民吆喝牲口的声音。这种车的特点是车轮较大,轮子直径可达1.4米左右,相当于牛身的高度,轴、轮都是桦木做的,耐磕碰,车体又轻,适宜在草原、沙滩上通行。特别冬天雪深过膝,夏季草深沼泽地多,车轮大的勒勒车轻便灵活,可以免于陷入沼泽和深雪之中。车身长,一般在4米以上,车上可带篷。带上篷,车厢形若船舱,"行则为室,止则为庐",常常是一家人住在里头。

图 5-43　草原上串在一起的勒勒车

2. 动物类交通工具

动物作为一种主动行走的生物,当帮助人们将物体从一地驮运到另一地时,就具有了交通运输工具的特征,从而成为一种特有的生物交通运输工具,在我国交通运输工具中占有重要地位。能承担驮运任务的动物有马、骡、驴、牛、骆驼、牦牛、羊和驯鹿等。

有组织的驮马(用于驮运货物的马称为驮马)运输流行于云南等地,形成特殊的驮马运输组织"马帮"。至清代,已形成滇南、滇东、滇西三条马帮主要运输线路,一个马帮的马匹从十多匹至百多匹不等,驮运距离从百里至千里之外,每个马帮有一称"锅头"的帮头,有自己的防卫组织,并备有一定的自卫武器。这一运输组织在新中国成立初仍存在,现已少见。

有组织的驮牛也流行于云南等地的丘陵地区,有类似于马帮的组织,每帮有黄牛数十头,驮运距离一般在200~300公里。

驮羊,是藏族对用于驮运的绵羊或山羊的统称,藏语又称"鲁开巴",流行于西藏北部地区,用于驮运藏北盐湖所产的食盐至藏南或南部边境地区出售,换回所需之生活用品。多选体格强壮的羊为驮羊,每只羊背负10~20斤不等的食盐,形成了由数百只羊组成的极为壮观的驮队,边牧边行,走走停停,经数十天艰难的长途跋涉到达目的地后,羊就地宰杀卖掉,食盐出售,换回所需物品。

骆驼对沙漠有极好的适应性,是沙漠地区进行驮运的首选交通工具,流行于我国西北干旱地区。

驯鹿生长于我国东北北部地区,由于耐寒,性情温顺,易于饲养,善于在沼泽、深山密林中长途跋涉,可作为北方寒冷山区较理想的驮运工具,曾流行于鄂伦春族、鄂温克族地区。

3. 冰雪类交通工具

在冰雪上通行的交通工具，主要有：①狗拉雪橇，这是赫哲族冬季常用的交通运输工具，当地人又称"拖日气"，流行于东北三江平原的赫哲族聚居区，是一种轻便的雪上运输工具，一般用三五只或十几只狗牵拉前进，速度很快。②爬犁，也是一种流行于赫哲族等少数民族地区的冰雪上滑行交通工具，一般由马、牛、骡或狗牵拉。③冰床，又称"冰车""拖床"。冰床是北京地区明清时特有的一种交通工具，以木制成，因形似床，又行于冰上，故称"冰床"，现已罕见。④滑雪板，是一种系于脚上在冰雪上滑行的交通工具，流行于东北地区。

4. 其他交通工具

除上述主要的交通工具类型以外，还有一些其他的陆上交通工具。

轿子，中国古代独有的、用人力抬扛的一种交通工具。最初只是翻山越岭时才使用，而且使用的地区也不太普遍。汉代以后逐渐被上层统治者用作一种日常交通工具，而且是地位与身份的象征，比如轿子有轿夫多寡之分以及颜色式样等区别。明清两代明确地把轿子分为官轿和民轿。明朝红色轿顶的轿子是皇帝乘坐的；清代亲王的轿子为银顶、黄盖，轿夫八人，称为"八抬大轿"；民轿为黑油漆顶，两人抬轿。

滑竿，西南地区一种古老的以人抬扛的竹制交通工具，很像今天的担架。上铺柔软美观的垫褥，撑起挡雨遮阳的华丽篷布，坐卧自由随心，行路闪闪悠悠，仿佛睡在悬空的大摇篮里，格外安适舒服。乘坐者可以左顾右盼，欣赏山水风光。过去达官贵人出门，宁弃车马而不舍滑竿。(扫描二维码了解陆路交通民俗)

二、水路交通民俗

江河湖海本来是隔断人类交通的天堑，但是，当人类受到自然现象的启发，使用技术和工具征服它们用来航运的时候，江河湖海就被赋予了路的意义，成了陆路以外的重要交通通道。而且人类逐渐认识到，水路交通的运输量和速度是传统的陆路交通无法比拟的，从而不断地整治江河、开辟航线、挖掘运河、建造舟船，使水路交通的范围日益扩大，交通体系越来越完备，形成了丰富多彩的水路交通民俗。

(一)水道及其他交通设施

1. 水道

水道又可称为航道或航线。按其形成过程，可以分为天然水道和人工水道；按其所处地理位置，可以分为内河水道和海上水道。在水道中，航运安全、使用频繁的水道，又被称为黄金水道。世界各地都有众多的江河湖海，对其进行开发，就构成了交叉分布的航运网道。另外，还有各种类型的运河和水库等人工水道设施。

天然水道与河流的多少及河流的水文特性关系密切。我国东南平原地区，地势平坦、河网稠密，形成了纵横交错的天然水路运输网。素有"江南水乡"之称的江浙一带，在陆路交通不发达的历史时期，水路是主要的运输途径。西南地区地形崎岖，河流落差大，水流湍急，不适宜水上运输，历史上河流多成为当地沟通之障碍。在东北地区，冬季河流冰封，形成独具北国特色的冰上运输，河流变通途。

我国由于地势西高东低，河流多自西向东流，这给东西向的交通运输和文化交流带来极大的便利，使东西向的文化差异小于南北地区，但对南北间的运输却无多大裨益。我国劳动人民在秦代即凿灵渠，以沟通湘、漓二水，联系长江与珠江两大水系。隋代又开凿了一条举世闻名的运河——京杭大运河，它北起北京，南至杭州，长达1800多公里，沟通了海河、黄河、淮河、长江、钱塘江五大水系，构成了我国东部地区一条南北水上大动脉。

2. 其他交通设施

水路中还有很多其他设施和航运有密切的关系，如渡口、港口、船闸、航标等。在现今的旅游开发中，这些都是宝贵的民俗风情载体。

(二)水上交通工具

我国河湖众多，水上交通运输工具种类繁杂，按其结构、质地及制作的复杂程度，大致可分以下两类。

1. 船类交通工具

(1) 独木舟。

独木舟是由粗大的独木掏空为船形而成，可乘1~3人，流行于我国台湾高山族地区和纳西族的泸沽湖地区及东北的三江平原等地。纳西族制作的独木舟因形似猪槽又称"猪槽船"(图5-44)。

(2) 游船。

主要用于水上游览船只的统称。根据其功能的不同，又有不同的称呼。如画舫，是一种

图5-44　泸沽湖上的猪槽船

专门用于游览的船只，因制作精巧，雕栏画栋，流行于江浙，盛行于杭州，曾一度消失，现在旅游区内能见到装上螺旋桨的变异了的"画舫"。花船，是另一种游船，流行于浙江温州地区，形似古履，仅能乘坐4~5人。明瓦船，是旧时一种专门受雇用于上坟、探亲、游览的交通工具。船上盖有乌篷，故又称"乌篷船"，曾盛行于浙江绍兴地区，现仍多见。香船，是旧时对香客乘坐的快船的称谓，流行于江苏的苏州、无锡和浙江的嘉兴、湖州等地。

小提示

乌篷船为浙江绍兴所特有，因船篷用烟煤和桐油漆成黑色而得名。这是一种船身窄、船篷低、船体轻盈的小船，在构造上非常有讲究。船沿通常较高，船舱铺有一层红漆船板，上铺席子，还备有清制的枕头。乘客坐在舱席上，舒适平稳，又可观赏两岸风光，别有一番情调。全套船篷，一般有八扇。其中四扇固定，四扇可以开合移动。船篷用竹篾编织而成，呈拱形，中间夹着竹箬，既可遮阳，又可挡雨，牢固耐用。在第二、第四道活动的船篷移开后，两边有船沿板扣在固定的船篷上，就形成舷窗，挂上白色的窗帘，黑白相映，更显雅致。艄公头戴乌毡帽坐于船尾，双脚一屈一伸，划动船桨。

(3) 埠船。

用于运送客、货船只的统称，又称"航船""快船"。一般船只较大，小者可乘十多人，大者可乘三、四十人，并可载货。埠船一般有固定的航班和航线，定期往来于城镇乡村之间运送客人或货物。流行于江南水乡，现在仍可见到。

(4) 渔舟。

用于渔猎的一类船只，这类船只一般船体小巧，呈梭形，在水上活动自如。如"桦皮船"，是一种以桦树为船架，桦皮为帮，涂抹上由松油及桦皮油熬制成的混合油后而成的小型船只，是流行于东北北部的鄂伦春、鄂温克、赫哲等民族的民间水上交通工具，主要用于渔猎活动。"瓜皮船"，俗称"划子"，因形似切开的瓜皮而得名。可用于撒网捕鱼和鱼鹰捕鱼，所以有地方称其为"鹰舟"。瓜皮船在平时也可载物或作小型游船载人，流行于江浙一带，至今偶然仍可见到。"牛皮船"，用整张牛皮缝制而成，用时将缝制好的牛皮用木棍撑起即成，可用于打鱼撒网，也可运送少量货物和人，还可用于摆渡，流行于西藏地区。

(5) 渡船。

用于摆渡的船只的统称。渡船对船只无特殊要求，渡河的船只和工具有三种，第一种是在水流平缓、河面较宽、水深较深的河流上摆渡，船工用橹；第二种是在水流平缓、水深较浅的河流上过河，船工用篙；第三种是在水流较急的河流中摆渡，常在河流两边各立一桩，拴一条金属缆绳于桩间，再用一粗绳一端系于渡船一端系于金属缆绳之上，使渡船不因水流湍急而漂向下游，摆渡时船工扯动金属绳，使船沿绳行向对岸，故这种摆渡方法又称"扯渡"。

2. 非船类交通工具

指无船舶一般结构的水上运输工具。按制作材料的不同，可分为以下几种。

(1) 竹排。

又称为"竹筏"，是一种用毛竹为材料制作而成的民间水上运输工具。它的制作方法是将毛竹去皮，经反复涂桐油或沥青晾干后，将数根、十数根或几十根不等的经上述方法处理后的竹子，用藤条扎紧成一排(单层)或上下两排(双层)即成，可载人，也可载货，流行于秦岭、淮河以南包括西藏盛产竹子的地区，现在这些地区仍有使用。

(2) 木排。

也称"木筏"，是一种用树木制作而成的民间水上运输工具。用多根较直的木材，由藤条或麻绳扎成单层或多层，利用江河水流顺水漂流运送木料，也有用木排运送货物或人的，流行于江南林木较多的山地丘陵区。

(3) 皮筏。

指用充气的动物皮囊制成的民间水上运输工具，主要有羊皮筏和牛皮筏两种(图5-45)。制作方法也较简单，先将质地柔韧的圆木编成木排，下拴数十只整羊皮或整牛皮囊，可用于

图 5-45　黄河上的羊皮筏

运送人或物等，流行于我国青海、甘肃、宁夏境内的黄河沿岸。

小提示

在中国西北地区，为了解决渡河的问题，这里的居民自古便"缝革为囊"，制成各种渡运工具。"不用轻帆并短棹，浑脱飞渡只须臾"，这是明代李开先所作《塞上曲》中的诗句。诗中的"浑脱"就是指"革囊"这种古老的水上交通工具。在唐代以前，人们称为"革囊"。但是，这种"革囊"是缝制而成的，有缝隙，充气后容易跑气，不持久耐用。到了宋代，人们对其制作方法进行改进，将羊、牛宰后去头，从颈口取出肉和内脏，使整个皮张保持完整，这样充气一次就可以使用很长时间。这种皮筏的制作方法当时被称为"浑脱法"，从此"革囊"便改名为"浑脱"，以后人们又把"浑脱"指称皮筏。

皮筏的制作，是在一木制台架下面固定上皮囊，按其皮囊不同，可分为羊皮筏和牛皮筏两种。其中羊皮筏曾在宁夏和甘肃境内黄河流域广泛使用，成为过去黄河上游的水上主要运输工具，也是当地的一大独特景观。但无论青海还是宁夏、甘肃地区的皮筏，都有其不足之处：只能顺流而下，不能逆流而上，因此有"下水人乘筏，上水筏乘人"之说。

(4) 皮袋。

青海省一些地区的传统渡河工具。与西北地区的皮筏相似，它是用整只剥下的羊皮或牛皮吹气而成，渡河时先将衣物等装进袋内，吹气扎紧，然后抱其划水过河。(扫描二维码了解水上交通民俗)

【思考讨论】

1. 坐商习俗有哪些特点？
2. 如何看待工匠习俗中的师承制度？它有何弊端？
3. 谈谈你对二十四节气的理解。

【综合实践】

1. 简述作为一名学生，应如何践行工匠精神？
2. 围绕你家乡某一个方面的生产民俗文化展开调查，并撰写2000字以上的调查报告。

第六章 社会生活民俗

【导论】

民俗起源于人类社会群体生活的需要,在各个民族、时代和地域中不断形成、扩大和演变,为人们的日常生活服务。随时代的变迁与发展,人类在从事物质文化生产基础上形成了社会关系体制和生活系统。民俗文化的融合特性使其在促进文化交流、经济交流、社会制度的良性运行、陶冶人的身心、稳定社会生活等方面发挥了其广泛的文化功能。

中国传统的社会生活民俗作为中国民俗文化的一个组成部分,是在中华民族特有的自然环境、经济方式、社会结构、政治制度等因素的制约下孕育、发展并传承的,这些社会生活民俗不仅丰富了人们的生活,也增加了民族的凝聚力,是中华文明乃至人类社会文明的宝贵财富。

【学习要点及目标】

1. 掌握中国传统岁时节日习俗。
2. 理解四种中国传统人生礼仪文化。
3. 学习中国特色民居建筑文化。
4. 掌握中国姓氏起源与谱牒文化。
5. 掌握中国传统服饰分类及特点。

【关键词】

节日民俗　姓氏源流　谱牒文化　人生礼仪　四合院　居住民俗　传统服饰

第一节 节日民俗

传统节日是中国节日体系的重要组成部分,是中华文明在世代发展中遗留下来的宝贵遗产。中国的传统节日自古以来就和时间制度联系在一起。相较而言,中国的传统节日不是以个体的纪念日作为核心,而是通过人与自然的关系作系统的时间安排。这一建立在农业社会基础上的,融合历法、气候和阴阳观念形成的知识体系,服务于民众的物质生产、社会生活及精神信仰,是传统社会的民众实现集体文化生存的时间指南。传统节日具备着两个层次的社会意义。第一,传统节日是建立在农耕文明基础上的产物,节日安排服从于"春种、夏长、秋收、冬藏"的农业生产节律。第二,作为中国传统社会的智慧结晶,传统节日已经融入民众的日常生活之中,成为生产、生活知识传播的载体;清明祭祖、端午竞渡、中秋团圆、重阳敬老、春节欢聚等一系列节日习俗的形成显示着节日的权威属性,是规训生产、生活的道德规范。节日民俗也是一个民族最集中的文化综合体,隐藏着古老的历史记忆,蕴含着丰富的文化内涵,发挥着促进地方经济、社会发展的重要功能,千百年来吸纳、凝聚并团结着全体社会成员。

一、春节

春节,农历新年,古代又称"元日""新正""正月朔日",民间俗称"过年",是中华民族最隆重的传统节日,春节文化几千年来虽具体习俗多经变迁,但其核心内涵根脉不断,传承不衰。自汉武帝太初元年(公元前104年)始,以农历正月初一为"岁首"(即"年"),年节的日期由此固定下来,延续至今。正月初一为"岁之元、月之元、时之元",故而又称"三元",俗称"大年初一"。传统风俗上,以正月初一、初二、初三为正年,而节日活动则从除夕乃至腊月二十三,一直延续到正月十五元宵节。千百年来,人们使年俗庆祝活动变得异常丰富多彩。

(一)祭灶

古时人们认为灶王爷上天在玉皇大帝面前美言几句,便会给家里带来幸福,可保佑来年一家平安。因此,每年腊月二十三(有些地方是腊月二十四),家家户户都要祭祀灶神,请求他上天后多说好话、吉利话。这种送灶神的仪式叫作"送灶"或"辞灶"。除夕夜,还要把"灶神"再接回来。因为年三十的晚上,灶王爷还要与诸神来人间过年,那天还有"接灶""接神"的仪式。按一般地方的风俗,接送灶王爷都由男主人主持,女眷不参加,古时有"男不拜月、女不祭灶"的说法。送走"灶神"以后,便轮到祭拜祖宗,民间称"挂影"。

知识拓展

灶王爷的由来

据史料记叙,在我国民间传说的诸神中,在夏朝灶神就已经成了民间尊崇的一位大神。《论语》中就有"与其媚舆奥,宁媚与灶"的话。先秦时期,祭灶位列"五祀"之一(五祀为祀灶、门、行、户、中霤五神。中霤即土神。另一说为门、井、户、灶、中霤;或说是行、井、户、灶、中霤)。祭灶时要设立神主,用丰盛的酒食作为祭品。据古籍《礼记·礼器》孔颖达疏:"颛顼氏有子曰黎,为祝融,祀为灶神。"《抱朴子·微旨》中又记载:"月晦之夜,灶神亦上天白人罪状。"这些记载,虽众说不一,却是灶神来源的书面记述。

(二)扫尘

举行过灶祭后,便正式开始做迎接过年的准备。据典籍记载,上古就有年终扫除的习惯。据《吕氏春秋》记载,中国在尧舜时代就有春节扫尘的风俗。《清嘉录》卷十二记载:"腊将残,择宪书宜扫舍宇日,去庭户尘秽。或有在二十三日、二十四日及二十七日者,俗呼'打尘埃'。"按民间的说法:因"尘"与"陈"谐音,新春扫尘有"除陈布新"的含义,其用意是要把一切"穷运""晦气"统统扫出门。民谚称"腊月二十四,掸尘扫房子"。扫尘就是年终大扫除,北方称"扫房",南方叫"掸尘"。扫尘之日,全家上下齐动手,用心打扫房屋、庭院,擦洗锅碗、拆洗被褥。大江南北,到处洋溢着欢欢喜喜搞卫生、干干净净迎新春的气氛。可见,这一习俗寄托着人们破旧立新的愿望和辞旧迎新的祈求,也是中华民族在漫长历史中积累的在冬季讲究卫生、预防疾病的传统美德(图6-1)。

图6-1　春节习俗:祭灶、扫尘

(三)守岁

我国民间在除夕有守岁的习惯。守岁,就是在旧年的最后一天整夜不睡,熬夜迎接新一年的到来的习俗,也叫除夕守岁,俗名"熬年",是最重要的年俗活动之一。守岁之俗由来已久,最早记载见于西晋周处的《风土志》:除夕之夜,各相与赠送,称为"馈岁";酒食相邀,称为"别岁";长幼聚饮,祝颂完备,称为"分岁";大家终夜不眠,以待天明,称曰"守岁"。古时守岁有两种含义:年长者守岁为"辞旧岁",有珍爱光阴的意思;年轻人守岁,是为延长父母寿命。自汉代以来,新旧年交替的时刻一般为夜半时分。守岁从吃年夜饭开始,这顿年夜饭要慢慢地吃,从掌灯时分入席,有的人家一直要吃到深夜。根据宗懔《荆楚岁时记》的记载,至少在南北朝时已有吃年夜饭的习俗。守岁的习俗,既有对如水逝去的岁月含惜别留恋之情,又有对来临的新年寄以美好希望之意。

(四)拜年

大年初一,人们都早早起来,穿上新衣服,打扮得整整齐齐,出门去走亲访友,相互拜年,恭祝来年大吉大利。拜年的方式多种多样,有的是族长带领若干人挨家挨户地拜年;有的是同事相邀几个人去拜年;也有大家聚在一起相互祝贺,称为"团拜"。由于登门拜年费时费力,后来一些上层人物和士大夫便使用名贴相互投贺,由此发展出后来的"贺年片"。春节拜年时,晚辈要先给长辈拜年,祝长辈长寿安康,长辈可将事先准备好的压岁钱分给晚辈,据说压岁钱可以压住邪祟,因为"岁"与"祟"谐音,晚辈得到压岁钱就可以平平安安度过一岁。压岁钱有两种,一种是以彩绳穿线编作龙形,置于床脚,此记载见于《燕京岁时记》;另一种是最常见的,即由家长用红纸包裹分给孩子的钱。压岁钱可在晚辈拜年后当众赏给,亦可在除夕夜孩子睡着时,由家长偷偷地放在孩子的枕头底下。现在长辈为晚辈分送压岁钱的习俗仍然盛行。

(五)贴春联和倒贴"福"字

春联也叫门对、春贴、对联、对子、桃符等,它以工整、对偶、简洁、精巧的文字描绘时代背景,抒发美好愿望,是我国特有的文学形式。每逢春节,无论城市还是农村,家家户户都要精选一副大红春联贴于门上,为节日增加喜庆气氛。这一习俗起源于宋代,在明代开始盛行,到了清代,春联的思想性和艺术性都有了很大的提高,梁章矩编写的春联专著《楹联丛话》对楹联的起源及各类作品的特色都作了论述。

春联的贴法讲究对称。现在贴在大门上的春联一般称为门联,贴在院子里二门上的称为重门联。家里如果安装了防盗门,直接贴门上即可。春联贴在两边门框叫"框对",贴于门板上端中心部位叫"门心",贴于门楣的横木上叫"横批"。正方菱形,贴在家具、影壁上的叫"斗斤"或者"门叶"。此外还有一些"春条",如"白虎大吉"贴在石头上,"井泉龙王"贴在水缸上,"树大根深"贴在树上,"五谷丰登"贴在粮仓上。古人信奉灶王爷,认为他是一家之主,年关的时候要上天去汇报这一家的情况,所以人们也给灶王爷画像两边贴对联"上天言好事,下界降吉祥"。

在贴春联的同时,人们还要在屋门上、墙壁上、门楣上贴上各种"福"字。春节贴"福"字,是我国民间由来已久的风俗。"福"字指福气、福运,寄托了人们对幸福生活的向往,对美好未来的祝愿。为了更充分地体现这种向往和祝愿,有的人干脆将"福"字倒过来贴,表示"幸福已到""福气已到"。民间还有将"福"字精描细做成各种图案的,图案有寿星、寿桃、鲤鱼跳龙门、五谷丰登、龙凤呈祥等。

(六)爆竹

春节放爆竹这个习俗在我国已有 2000 多年的历史。中国民间有"开门爆竹"一说,就是正月初一,鸡叫头一遍时,人们就在自己院子里放爆竹。在过去没有火药和纸的时候,人们就用火烧竹子,发出爆裂的声音,以驱逐瘟神恶鬼,表达渴求安泰的美好愿望。后来,发明了火药,人们就将火药放在竹筒里或包在纸里然后燃放,声音更大,故爆竹又名为"炮仗""鞭炮"。历代文人墨客总是以最美好的诗句,赞颂新年的来临,如王安石的《元日》诗:爆竹声中一岁除,春风送暖入屠苏。千门万户曈曈日,总把新桃换旧符。诗歌描绘了我国人民欢度春节盛大的喜庆情景。爆竹声响是辞旧迎新的标志、喜庆心情的流露。

(七)压岁钱

除夕夜吃完年夜饭,长辈要给晚辈压岁钱,以祝福晚辈平安度岁。压岁钱相传起源较早,但真正流行是在明清时期。压岁钱有特制钱与一般通行钱两种。特制的压岁钱是仿制品,它的材料或铜或铁,形状或方或长。宋人王黼《宣和博古图录》中说道:"钱形长而方,上面龙马并著,俗谓佩此能驱邪镇魅。"钱上一般刻有"吉祥如意""福禄寿喜""长命百岁"等。过年给压岁钱,体现出长辈对晚辈的关爱和晚辈对长辈的尊敬,是一项整合家庭伦理关系的民俗活动。**(扫描二维码学习春节习俗微课视频)**

二、清明

清明节源于春秋战国时代,是我国汉族的传统节日之一。清明为中国二十四节气之一,时间约在每年的阳历 4 月 5 日前后。清明节后雨水增多,大地呈现春和景明之象。这一时节万物"吐故纳新",无论是大自然中的植被,还是与自然共处的人体,都在此时换去冬天的污浊,迎来春天的气息,实现由阴到阳的转化。清明时分,天气转暖,草木复萌,人们常常结伴到郊外踏青、放风筝、欣赏春光,所以清明节有时也被称作"踏青节"。清明节的礼俗相传始于古代帝王将相"墓祭"之礼,后来民间亦效仿,祭祖扫墓,经历代沿袭,形成今日之固定风俗。清明节流行扫墓,其实扫墓乃清明节前一天寒食节的内容,每逢寒食,人们即不生火做饭,只吃冷食。在北方,老百姓只吃事先做好的冷食如枣饼、麦糕等;在南方,则多为青团和糯米糖藕。

小提示

寒食相传起于晋文公悼念介子推的传说

相传春秋战国时代,晋献公的妃子骊姬为了让自己的儿子奚齐继位,就设毒计谋害太子申生,申生被逼自杀。申生的弟弟重耳,为了躲避迫害,流亡出走。在流亡期间,重耳受尽了屈辱。原来跟着他一道出奔的臣子,大多陆陆续续地各奔出路去了,只剩下少数几个忠心耿耿的人,一直追随着他,其中一人叫介子推。有一次,重耳饿晕了过去。介子推为了救重耳,从自己大腿上割下了一块肉,用火烤熟了送给重耳吃。19 年后,重耳回国做了君主,就是著名的春秋五霸之一的晋文公。

晋文公执政后,对那些和他同甘共苦的臣子大加封赏,唯独忘了介子推。有人在晋文公面前为介子推叫屈。晋文公猛然忆起旧事,心中有愧,马上差人去请介子推上朝受赏封官。可是,差人去了几趟,介子推不来。晋文公只好亲自去请。可是,当晋文公来到介子推家时,只见大门紧闭。介子推不愿见他,已经背着老母躲进了绵山。晋文公便让他的御林军上绵山寻找,没有找到。于是,有人出了个主意说,不如放火烧山,三面点火,留下一方,大火起时介子推会自己走出来的。晋文公乃下令举火烧山,孰料烧了三天三夜的大火熄灭后,终究不见介子推出来。上山一看,介子推母子俩抱着一棵烧焦的大柳树已经死了。晋文公望着介子推的尸体哭拜一阵,然后安葬遗体,发现介子推脊梁堵着个柳树树洞,洞里好像有什么东西。掏出一看,原来是一片衣襟,上面题了一首血诗:

割肉奉君尽丹心,但愿主公常清明。柳下作鬼终不见,强似伴君作谏臣。

倘若主公心有我,忆我之时常自省。臣在九泉心无愧,勤政清明复清明。

晋文公将血书藏入袖中。然后把介子推和他的母亲安葬在那棵烧焦的大柳树下。为了纪念介子推,晋文公下令把绵山改为"介山",在山上建立祠堂,并把放火烧山的这一天定为寒食节,晓谕全国,每年这天禁忌烟火,只吃寒食。此后,寒食、清明成了全国百姓的隆重节日。

清明的习俗是丰富有趣的,家家蒸清明果互赠,不仅讲究禁火、扫墓,还有踏青、荡秋千、蹴鞠、打马球、插柳等一系列风俗体育活动。相传这都是因为清明节要寒食禁火,为了防止寒食冷餐伤身,所以大家来参加一些体育活动以锻炼身体。因此,这个节日中既有祭扫新坟、生死离别的悲酸泪,又有踏青游玩的欢笑声,是一个富有特色的节日。

三、端午

(一)端午节由来

农历五月初五是端午节。"端"的意思和"初"相同,称"端五"也就如称"初五";端五的"五"字又与"午"相通,按地支顺序推算,五月正是"午"月,又因午时为"阳辰",所以端五也叫"端阳"。五月五日,月、日都是五,故称重五,也称重午。端午节的由来有多种说法,如纪念屈原说、纪念伍子胥说、纪念孝女曹娥说、古越民族图腾祭祀说和龙的节日说等。一般认为,它是为纪念中国古代诗人屈原而产生的。屈原(约公元前340年—前278年)是战国时期楚国人,他因自己的政治理想无法实现,又无力挽救楚国的灭亡,当秦国灭楚后,五月初五抱石投汨罗江自沉;江边群众得知,便纷纷驾舟打捞屈原尸体。为纪念这位伟大的爱国诗人,后人把这天定为端午节。每逢此节,民间有带香袋、吃粽子、赛龙舟习俗。香袋表示屈原的品德节操如馨谥艺、万古流芳;粽子原是防止鱼把屈原的尸体吃了,后成为节日食品;划龙舟则表示去营救屈原。

(二)端午节民俗活动

1. 赛龙舟

赛龙舟是端午节重要的活动之一。相传起源于古时楚国人因舍不得贤臣屈原投江死去,许多人划船追赶搭救。他们争先恐后,追至洞庭湖时不见踪迹,之后每年五月初五划龙舟以做纪念。后来,赛龙舟除纪念屈原之外,在各地人们还赋予了不同的寓意。

2. 系彩丝

一般为五色丝线悬挂门楣上或系于孩童的脖颈或手臂上,其用意在于"保佑安康,辟邪延寿"。古人认为青、黄、白、赤、黑五色,代表金、木、水、火、土五行。而五行之间相辅相成,循环往复,周而复始,生生不息,故"五色"具有"保佑安康,辟邪延寿"的效应与功能。

3. 佩香包

香包又叫香囊、香袋、荷包等,有用碎布缝成的,有用五色丝线缠成的,内装香料,佩在胸前,香气扑鼻。戴香包也颇有讲究。老年人想要防病健身,一般喜欢戴菊花、梅花、苹果、桃子、双莲并蒂等形状的,象征着万事如意,鸟语花香,家庭和睦。小孩多是飞禽走兽类的,如斗鸡赶兔、猴子上竿等。青年人戴香包最为讲究,热恋中的情人,特别是多情的姑娘早早就要精心制作几枚别致的香包,赶在节前送给自己的心上人。

4. 悬白艾

民谚说:"清明插柳,端午插艾。"在端午节,人们把插艾作为重要内容之一。白艾又称五月艾、端阳艾,其性温、味苦。《本草纲目》说:"艾叶气芳香,能通九窍,灸疾病。"每年五月,正是艾蒿成熟,药性最好的时候,采之入药,可以防病治病。农历五月初五,时值初夏,多雨潮湿,细菌繁殖快,人易染病,悬艾于门窗,可借助其气味,驱除邪气，消去病毒。

5. 饮雄黄

《清嘉录》卷五记："研雄黄末，屑蒲根，和酒以饮，谓之雄黄酒。又以余酒染小儿额及手足心，随酒墙壁间，以驱毒虫。"意思是说人们将雄黄泡在酒中，在小孩的耳朵、鼻子、脑门、手腕、脚腕等处抹上雄黄酒，这样据说蚊虫、五毒(蛇、蝎、蜈蚣、壁虎、蜘蛛等)不上身。《荆楚岁时记》载："端午节以菖蒲一寸九节者泛酒，以辟瘟气。"故有"饮了雄黄酒，百病都远走"的俗语。正因古代人十分重视端午用雄黄防毒虫，所以妇孺皆知的故事《白蛇传》中才有白蛇端午饮雄黄酒显原形的情景。端午节也可以说是中国的"医药节"。

端午节的活动形式还有很多，中国境内的少数民族，由于受汉族文化的影响，端午节也成为民族节日的重要内容，如苗族的龙船节，畲族五月初四过端午节，达斡尔族端午节的药泉会，羌族的端午节和人禹会，藏族的端午节赛马会，等等。**(扫描二维码学习端午节微课视频)**

四、七夕

在我国，农历七月初七的夜晚，天气温暖，草木飘香。这天是人们俗称的七夕节，也有人称之为"乞巧节"或"女儿节"，是中国传统节日中最具浪漫色彩的一个节日，也是过去姑娘们最为重视的日子。古乐府《孔雀东南飞》有句云："初七及下九，嬉戏莫相忘。"刘兰芝在被遣归之时还叮咛小姑莫忘七夕之夜的嬉戏，可见古代妇女对这个节日的重视。

(一)七夕传说

七夕节的形成与民间流传的牛郎与织女的故事有关，它最早可能在春秋战国时期出现，当时的七夕为祭祀牵牛星、织女星。两星位置相近，依傍银河两边。古人从星座位置的变化中，引出了七月七日牛郎织女会天河的奇妙联想和人格化的美丽传说。据《荆楚岁时记》记载，银河东有织女，是天帝的女儿，年年织布劳役，织成云锦天衣，极其艳丽。天帝可怜她独自一人太寂寞，就许她嫁给河西的牛郎。嫁后织女罢织，天帝一怒之下责令她回到银河东，只许她和牛郎一年相会一次。相传农历七月初七晚上，是牛郎织女一年一度鹊桥相会的时刻。

(二)七夕习俗

七夕节最普遍的习俗，就是妇女们在七月初七夜晚进行的各种乞巧活动。女孩们在这个充满浪漫气息的晚上，对着天空的朗朗明月，摆上时令瓜果，朝天祭拜，乞求天上的女神能赋予她们聪慧的心灵和灵巧的双手，让自己的针织女红技法娴熟，更乞求爱情婚姻的姻缘巧配。各个地区乞巧的方式不尽相同，各有趣味。

1. 穿针乞巧

这是最早的乞巧方式，始于汉，流于后世。《西京杂记》说："汉彩女常以七月七日穿七孔针于开襟楼，人具习之。"南朝梁宗懔《荆楚岁时记》说："七月七日，是夕人家妇女结彩楼穿七孔外,或以金银玉石为针。"五代王仁裕《开元天宝遗事》说:"七夕,宫中以锦结成楼殿,高百尺,上可以胜数十人,陈以瓜果酒炙,设坐具,以祀牛女二星,妃嫔各以九孔针五色线向月穿之,过者为得巧之侯。动清商之曲,宴乐达旦。土民之家皆效之。"

2. 喜蛛应巧

这也是较早的一种乞巧方式,其俗稍晚于穿针乞巧,大致起于南北朝之时。南朝梁宗懔《荆楚岁时记》说:"是夕,陈瓜果于庭中以乞巧。有喜子网于瓜上则以为符应。"五代王仁裕《开元天宝遗事》说:"七月七日,各捉蜘蛛于小盒中,至晓开;视蛛网稀密以为得巧之侯。密者言巧多,稀者言巧少。民间亦效之。"宋朝孟元老《东京梦华录》说,七月七夕"以小蜘蛛安合子内,次日看之,若网圆正谓之得巧。"

(三)七夕诗词

1. 宋代词人秦观的《鹊桥仙》

纤云弄巧,飞星传恨,银汉迢迢暗度。金风玉露一相逢,便胜却人间无数。
柔情似水,佳期如梦,忍顾鹊桥归路。两情若是久长时,又岂在朝朝暮暮。

这是一首咏七夕的节序词,起句展示七夕独有的抒情氛围,"巧"与"恨"则将七夕人间"乞巧"的主题及"牛郎织女"故事的悲剧性特征点明,练达而凄美。借牛郎织女悲欢离合的故事,歌颂坚贞诚挚的爱情。

2. 南朝诗人范云的《望织女》

盈盈一水边,夜夜空自怜。不辞精卫苦,河流未可填。
寸情百重结,一心万处悬。愿作双青鸟,共舒明镜前。

在这首诗中,诗人没有去精心刻画织女的外部形象,而是借助于想象着意描写织女内心的复杂感情。诗中既写了织女的无限苦闷,又写了织女的绵绵情思,更写了织女愿和牛郎化作双青鸟比翼齐飞的美丽幻想。这一连串的心理描写,集中地展现了织女忠于爱情的纯洁心灵,其形象十分感人。

五、中秋

中秋是传统大节,中秋节的核心文化内涵是庆贺团圆。中国节日时间大都与月亮的运动有关,节期以月的弦、望、晦、朔为基准。月半时节的满月,常给人以圆润丰满的美感,中秋之月是一年中最迷人的月亮。天上明月,人间情怀,人们围绕着中秋明月这一特殊天象形成了中国人特有的月亮节、团圆节。祭月、拜月、赏月、玩月、走月、跳月,中国人的心态情感在如水的月光之下,表现得生动而自然。这种人生与自然的和谐是中国人所特有的情感。

(一)中秋来源

中秋节是中国的传统佳节,又称月夕、秋节、仲秋节、八月节、八月会、追月节、玩月节、拜月节或团圆节,是流行于中国众多民族与东亚诸国中的传统文化节日,时在农历

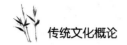

八月十五。根据史籍的记载,"中秋"一词最早出现在《周礼》一书中。到魏晋时,有"谕尚书镇牛淆,中秋夕与左右微服泛江"的记载。直到唐代初年,中秋节才成为固定的节日。《唐书·太宗记》记载有"八月十五中秋节"。中秋节的盛行始于宋代,至明清时,已与元旦齐名,成为中国的主要节日之一。

(二)中秋习俗

中秋节在各地虽然发展出不同习俗,但有些习俗是各地皆有的。赏月是各地中秋节的传统活动之一,《礼记》早有记载"秋暮夕月",意为拜祭月神,逢此时则要举行迎寒和祭月,设香案。至唐宋时期,赏月之风更盛,有祭月的仪式。中秋节也是一家团圆的日子,人们会回到家中一起吃饭、团聚,并且会祭祖,感谢祖先庇佑。也会吃特定的食品,不少都与月亮、团圆有关,这些食品同时也是祭月的祭品,如中国人、越南人、琉球人都有吃月饼的习俗;日本人则会吃"月见团子",部分地区会煎太阳蛋,都呈圆形,代表满月;朝鲜族所吃的是半月形的松片,象征月亮由亏转盈。中国南方和越南还有提灯笼的习俗,有些地区还会举办大型的彩灯会。

我国不同的少数民族中秋时节也有着丰富多彩的特色习俗。蒙古族人爱做"追月"的游戏。人们跨上骏马,在银白色月光下,奔驰在草原上。西藏一些地区的藏族同胞欢度中秋的习俗是"寻月"。男女青年和娃娃们,沿着河流,跟着倒映水中的明月,把周围河塘中的月影寻遍,然后回家团圆吃月饼。广西侗族有"行月"的习俗。中秋夜临,各山寨的芦笙歌舞队,踏着一路月光,行至临近山寨,和那儿的寨民相聚赏月,赛歌赛舞,彻夜长欢。云南彝族过中秋的传统习俗是"跳月"。入夜,该族各个村寨的男女老幼都聚集在山村中的开阔地,一个个束腰披纱的姑娘们和头缠布带的小伙子们以及老年人、小娃娃们都激情地载歌载舞,尤其是那些青年男女表达爱慕之情的对歌,仿佛月亮也听得为之动情动容,越发显得妩媚皎洁。

(三)中秋诗词

中秋诗是明月的诗,是眷恋团圆的诗,是人间美好的诗。不论是名门望族,还是萧然寒素;不论是高居庙堂,还是退隐山林,历代文人总是在不倦地寻觅着中秋的种种浓情雅趣,随意点染着节日的色彩——恬淡、热烈、优雅、狂放,写下了大量隽永优美的咏月诗词。下举几例赏析。

1. 苏轼的《水调歌头·中秋》

丙辰中秋,欢饮达旦,大醉,作此篇兼怀子由。(序)

明月几时有?把酒问青天。不知天上宫阙,今夕是何年。我欲乘风归去,又恐琼楼玉宇,高处不胜寒。起舞弄清影,何似在人间?

转朱阁,低绮户,照无眠。不应有恨,何事长向别时圆?人有悲欢离合,月有阴晴圆缺,此事古难全。但愿人长久,千里共婵娟。

此词是中秋望月怀人经典之作,表达了作者对胞弟苏辙的无限怀念。词人运用形象描绘手法,勾勒出一种皓月当空、亲人千里、孤高旷远的境界氛围,反衬自己遗世独立的意绪,和往昔的神话传说融合一处,在月的阴晴圆缺当中,渗进浓厚的哲学意味,可以说是一首将自然和社会高度契合的感喟作品。

2. 晏殊的《中秋月》

> 十轮霜影转庭梧，此夕羁人独向隅。
> 未必素娥无怅恨，玉蟾清冷桂花孤。

全诗译文为：银河泻影，佳节又中秋，月光柔柔地落满院中梧桐。而如此良夜我却羁旅他乡，一个人孤独地站在角落，无法团圆。也许嫦娥也像我一样，她也未必没有惆怅和怨恨！你看，那月宫也是清冷的，连桂树也在孤单摇曳！该诗内含两个中秋诗词中的常见意象，即"嫦娥"和"桂"。

嫦娥，在诗词中又称"娥""素娥""婵娟"，《搜神记》载有："羿请无死之药于西王母，嫦娥窃之以奔月。"传说嫦娥是后羿的妻子，因后羿射日而同被罚下凡间，这位天生丽质难自弃的仙女，思念天宫，不愿与丈夫共患难，遂偷服灵药，私自飞升了，酿成独守月宫而夜夜悔恨的悲剧。因为这个神话，后人遂将月与嫦娥合而为一，又因相传嫦娥奔月后化为蟾蜍，而称月为"圆蟾""玉蟾"。

小提示

中秋诗词中经常提到的"桂"有两种含义：一是指自然界的桂花。中秋节是农历八月十五，其时天气初秋，正是桂花盛开的季节，坐在桂花树下，呼吸着氤氲醉人的香气，观赏光辉皎洁的明月，真是一件雅事、美事、乐事，桂花的存在给中秋诗词在视觉上的美感之外，又笼上了一层沁人心脾的甜香。二是指吴刚伐桂的传说。相传月亮上广寒宫前的桂树生长繁茂，有五百多丈高，下边有一个人常在砍伐它，但是每次砍下去之后，被砍的地方又立即合拢了。几千年来，就这样随砍随合，这棵桂树永远也不能被砍光。据说这个砍树的人名叫吴刚，是汉朝西河人，曾跟随仙人修道，到了天界，但是他犯了错误，仙人就把他贬谪到月宫，日日做这种徒劳无功的苦差事，以示惩处。唐代笔记小说《酉阳杂俎》中记载了这个传说："月桂高五百丈，下有一人常斫之，树创随合。人姓吴名刚，学仙有过，责令伐树。"传说月中有桂花树，于是在后代诗文中"桂花""桂魄""桂树"又成了月亮的代称，月色也便被美称为"桂影"。

(四)中秋游艺

1. 兔儿爷

兔子居月的神话，在民间广为流传，以至兔子成为月亮的象征。民间传说，月宫里的玉兔曾在八月十五这天下凡，用仙药治好了人间的疾病，为人们祛除了灾难。所以，为报答玉兔的恩德，每到八月十五这一天，人们要祭祀它。明代出现了兔子泥塑，作为小儿女祭月时参拜的偶像，据明代纪坤的《花王阁剩稿》记载："京师中秋节多以泥抟兔形，衣冠踞坐如人状，儿女祀而拜之。"这种泥兔，北京称"兔儿爷"(图 6-2)，天津称"兔二爷"，济南

图 6-2 兔爷

俗称"兔子王",最初为中秋祭月所用,拜供之后就成了儿童的玩具。

2. 玩花灯

中秋张灯、猜灯谜,虽不如元宵节盛行,但也使节日充满了喜庆热闹的气氛。南宋《武林旧事》中,记载中秋夜节俗,就有将"一点红"灯放入江中漂流玩耍的活动。中秋玩花灯,多集中在南方。柚子是南方地区中秋节不可或缺的应节食物,也可以之作灯燃点。在柚子上遍插香烛,点燃后,圆如星球,把柚子插在高杆上(或再将竹竿撑于屋顶),称为"点天灯",广西地区也称"柚香"。在福建等地,中秋夜会在街市设灯谜,每家要在屋檐下张挂灯彩。在广西平乐,也有在屋子高处竖长杆以挂彩旗、悬纱灯的习俗,各逞繁华。在四川合川,可在一枚黄橙上插香百余支,置于高杆,竖在门外,叫作"烧天香"。(扫描二维码学习中秋节微课视频)

六、重阳

重阳是我国传统岁时节日之一,在农历九月初九。按《易经》的阴阳理论,九是阳数,两九相重,故曰重九或重阳。汉代,《西京杂记》中记西汉时的宫人贾佩兰称:"九月九日,佩茱萸,食蓬饵,饮菊花酒,云令人长寿。"相传自此时起,便有了重阳节求寿之俗。在民俗观念中,因为"九九"与"久久"同音,包含有生命长久、健康长寿的寓意。1989年,我国把每年的农历九月初九定为老人节,倡导全社会树立尊老、敬老、爱老、助老的风气,这给传统的民俗节日赋予了建设和谐社会的新内涵。重阳节从岁时节日演变成民俗节日,尽管各地有不同的过节习俗,但重阳节的核心文化价值始终是平安和谐,2000多年从未改变。

庆祝重阳节一般会包括出游赏景、登高远眺、观赏菊花、遍插茱萸、吃重阳糕、饮菊花酒等活动。登高、菊花和茱萸则成为重阳节最重要的三个意象元素。

(一)登高

登高是重阳节的核心习俗,重阳节的其他风俗活动基本都是围绕登高进行的。关于登高,民俗学上有吉日、解厄、避瘟疫三种说法。现代人则取"登高"的实践、实用之义,即强身健体,郊游散心,调节生活的节奏,至于登高的传统民俗意义在不同的民俗受众那里或强或弱地彰显出来,但是它已经不再那么重要。

(二)菊花

菊花很早就与重阳节结缘,并始终扮演着重要的节俗角色。秋季,秋风萧瑟,百花相继凋零,唯有菊花独立寒秋,因此菊花有着象征坚贞的传统,菊花作为节日宴聚的重要陈设,成为表现重阳节日气氛的重要意象。民俗多为重阳赏菊,菊花入酒,菊花做糕。菊花酒,在古代被看作是重阳必饮、祛灾祈福的"吉祥酒"。

(三)茱萸

古代风行九九插茱萸的习俗,所以重阳节又叫作茱萸节。茱萸入药,可制酒养身祛病。茱萸香味浓,有驱虫祛湿、逐风邪的作用,并能消积食,治寒热。民间认为九月初九也是逢凶之日，多灾多难，所以在重阳节人们还喜欢佩戴茱萸以辟邪求吉。茱萸因此还被人们称为"辟邪翁"。历代诗人以"茱萸"入诗者自然不少，如杜甫云："明年此会知谁健，醉把茱萸仔细看。"王维云："遥知兄弟登高处，插遍茱萸少一人。"

七、那达慕大会

"那达慕"大会，是居住在内蒙古自治区等地的蒙古、鄂温克、达斡尔等少数民族人民的盛大集会，定在每年的 7 月 11 日至 13 日举行。"那达慕"是蒙古语的音译，意思是"娱乐"或"游戏"，每年夏、秋季节举行。大会期间，各地农牧民骑着马，赶着车，带着皮毛、药材等农牧产品，成群结队地汇集于大会的广场，并在会场周围的绿色草原上搭起白色蒙古包。

(一)起源

"那达慕"有久远的历史。据铭刻在石崖上的《成吉思汗石文》记载，那达慕起源于蒙古汗国建立初期，早在公元 1206 年，成吉思汗被推举为蒙古大汗时，他为了检阅自己的部队，维护和分配草场，每年 7~8 月间举行"大忽力革台"(大聚会)，将各个部落的首领召集在一起，为表示团结友谊和祈庆丰收，都要举行那达慕。起初只举行射箭、赛马或摔跤中的某一项比赛。到元、明时，射箭、赛马、摔跤比赛结合一起，成为固定形式。后来蒙古族人亦简称此三项运动为那达慕。在元朝时，那达慕已经在蒙古草原地区广泛开展起来，并逐渐成为军事体育项目。元朝统治者规定，蒙古族男子必须具备摔跤、骑马、射箭这三项基本技能。到了清代，那达慕逐步变成了由官方定期召集的有组织、有目的的游艺活动，以苏木(相当于乡)、旗、盟为单位，半年、一年或三年举行一次。此习俗沿袭至今，每年蒙古族人民都举行那达慕。

(二)主要活动

1. 摔跤

摔跤是蒙古族特别喜爱的一种体育活动，也是那达慕上必不可少的比赛项目。蒙古语称摔跤为"博克•巴依勒德呼"，称摔跤手为"博克庆"。蒙古族的摔跤有其独特的服装、规则和方法，因此也叫蒙古式摔跤，其特点是：摔跤运动员不受地区、体重的限制，采用淘汰制，一跤定胜负。参加比赛的摔跤手人数必须是 2 的某次乘方数，如 8、16、32、64 等。比赛前先推一位族中的长者对参赛运动员进行编排和配对，蒙古长调《摔跤手歌》唱过 3 遍之后，摔跤手挥舞双臂、跳鹰舞入场，向主席台行礼，顺时针旋转一圈，然后由裁判员发令，比赛双方握手致意后比赛开始。摔跤技巧很多，可以用捉、拉、扯、推、压等 13 个基本技巧演变出 100 多个动作。可互捉对方肩膀，也可互相搂腰，还可以钻入对方的腋下进攻，或抓摔跤衣、腰带、裤带等。蒙古族摔跤的最大特点是不许抱腿。其规则还有不准打脸；不准突然从后背把人拉倒，触及眼睛和耳朵；不许拉头发、踢肚子或膝部以上的任何部位等。

2. 赛马

蒙古高原盛产著名的蒙古马，能跑善战，耐力极强。自古以来，蒙古人对马就有特殊的感情，蒙古人从小就在马背上长大，都以自己有一匹善跑的快马感到自豪。驯烈马、精骑善射是蒙古族牧民的绝技，是否善于驯马、赛马、射箭、摔跤通常是鉴别一个优秀牧民的标准。赛马为蒙古族"男儿三艺"之一，参加者有时全是少年，有时不分年龄，具有广泛的群众性。赛马项目包括：①快马赛，主要比马的速度，一般为直线赛跑，先达终点为胜；②走马赛，主要是比赛马步伐的稳健与轻快；③颠马赛，是蒙古族特有的马上竞技表演项目。

3. 射箭

射箭是那达慕最早的活动内容之一。蒙古族射箭比赛分近射、骑射、远射三种，有 25 步、50 步、100 步之分。近射时，射手立地，待裁判发令后，放箭射向箭靶，优者为胜；骑射时，射手骑马上，在马的跑动中发箭，优者为胜。比赛不分男女老少，凡参加者都自备马匹和弓箭，弓箭的样式、弓的拉力以及箭的长度和重量均不限。比赛的规则是三轮九箭，即每人每轮只许射三支箭，以中靶箭数的多少定前三名。

如今，那达慕大会除了进行男子三项竞技外，还增加了马球、马术、田径、球类比赛、乌兰牧骑演出等新的内容，同时举行物资交流会和表彰先进。举行那达慕时，牧区方圆数百里的牧民穿起节日的盛装，骑着骏马或乘坐汽车、勒勒车络绎不绝地前来参观。那达慕大会期间帐篷林立，组织大范围的物资交流大会以促进生产，晚上还举行各种形式的文艺活动。锡林郭勒盟地区举办的那达慕已成为全民健身和群众娱乐的重要活动。(扫描二维码观看那达慕微课视频)

八、火把节

火是我国彝族、白族、纳西族、拉祜族、哈尼族、普米族等西南彝语支各民族共同的崇拜物，这些民族由此也被称为"火的民族"，由祭火发展而来的火把节就是这些民族共同的节日，有着深厚的民俗文化内涵，蜚声海内外，被称为"东方的狂欢节"。不同的民族举行火把节的时间也不同，大多是在农历六月二十四前后，为期 3 天，主要活动有拜火把、点火把、耍火把、跳火把、斗牛、斗羊、斗鸡、赛马、摔跤、歌舞表演、选美等。在新时代，火把节被赋予了新的民俗功能，产生了新的形式。

(一)火把节传说意义

火把节有多种相关传说，其中之一是相传在远古的时候，有一个名叫十大力的恶魔，在人间破坏人们的幸福生活。人们发现后，纷纷上前质问。十大力蛮横地要人与他摔跤，还示威地把一头头壮牛翻倒。他的挑衅行为惹怒了一位叫包聪的彝族英雄。他走出人群，与十大力扭扯着摔了三天三夜仍不分胜负。于是人们弹着三弦，吹着短笛，拍手跺脚为包聪助威，终于击败了十大力。恶魔发怒，放出蝗虫等各种害虫来糟蹋人们辛辛苦苦种出的庄稼。于是，人们又集合起来，点燃一支支火把去烧害虫，最终烧死了所有的害虫，这一天正好是六月二十四日。后来人们为了纪念这一胜利，每年这一天，都要杀牛宰羊，举行火把节的各种活动。它反映了彝族人民不畏强暴、争取幸福生活的斗争精神。

(二)火把节节日活动

1. 接点火种

过节时,村民会竖一根高一二十米的大火把。火把用松树做杆,上捆麦秆、松枝,顶端插一面旗。旗杆用竹竿串联三个竹篾扎成的升斗,意为连升三级。每个升斗四周插着写有"国泰民安""风调雨顺"之类字画的小纸旗;升斗下面挂着火把梨、海棠果、花炮、灯具以及五彩旗。太阳落山前,各家提前吃完晚饭,扶老携幼出门观赏火把和跑马。跑马的有大人、小孩,绕火把跑三圈后,才能向远处驰骋。不跑马的,就挨家挨户欣赏各家门前的火把,看谁家火把精致美观。

2. 耍火把

火把节的高潮是耍火把。男女青年、小孩人人手持火把,在夜色中穿梭挥舞。挎包里备有松香,见人就抓出一把松香往火把上撒去,白族人称之为"敬上一把"。人们认为火苗可燎去身上的晦气,给人带来吉祥和喜气。(扫描二维码观看火把节微课视频)

第二节 民居文化

"民居"一词最早来源于《周礼》一书,为百姓居住之所。现在把中国各地的居住建筑统称为民居。中国民居所表现的多种多样的形式和不同的特点,显示了自然、社会等诸因素之间的相互作用和影响,体现了中华民族的人文精神。在长期农耕社会中形成和传承的民居及居住民俗,是东方农业文明的载体,是与自然环境相适应的产物,它们生动、形象、充分地展示着中国文化传统思想的丰富内涵。我国疆域辽阔,是多民族国家,各地区的自然环境不同,各民族的文化历史传统和生活习惯不同,故各地各族民居在平面及空间处理、构造方法和艺术风格上表现出多样的形式,民居文化及其体现的思想内涵也因此而丰富多样。

一、民居主要类型

(一)宫室式住宅

宫室式住宅又称庭院式住宅,以四合院为典型。早在西周时期,四合院的格局就已经十分完整。四合院布局一般都具有鲜明的轴向,中轴对称,左右平衡,以左为贵,对外封闭,对内向心,按东、西、南、北四面围合成一个院落,方方正正。主要建筑物如厅、堂、长辈住房等,排列在中心主轴线上;附属房屋则位次轴。轴线上的前段,一般以"前公后私""前下后上"为原则,把对外的房间与下房放在前头,呈现了"主次分明,秩序井然"的位序思想。四合院根据规模和等级的不同可划分为很多类型,最基本的类型就是一进四合院,由四面房屋围合形成的一个庭院,是四合院的基本单元。按照这种单元划分,有一进院落、二进院落、三进院落(图 6-3)、四进院落及以上。最大的四合院可达七进、九进院落(如王府)。

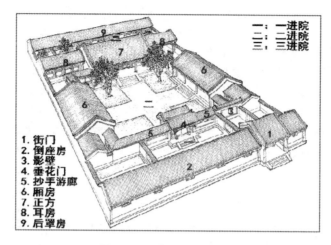

图 6-3　三进四合院平面图

宫室式住宅表现形式是多样的，除了北方的四合院，还有南方的围龙屋、土楼、"一颗印"式民居等。尽管形态不同，人们也把它们看作是宫室式的住宅。它们都具有共同的特征——围合式建筑，对外相对封闭。但因为自然环境、当地生活习俗、信仰和观念的不同，具有不同的围合建筑方式和文化特质。比如福建的土楼，有圆形(图 6-4)、五角形、半月形等，满足了因地制宜的需要，同时也保持了四面围合、祖堂居中对称的要求。

 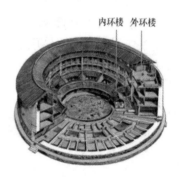

图 6-4　福建"土楼王"二宜楼

(二)干栏式住宅

干栏式民居是中国最早的居住形式之一，中国古代史书中又有干栏、高栏、阁栏等名称。此外，一般文献上所说的栅居、巢居等，大体所指的也是干栏式建筑。干栏式房子以竹木为主要建筑材料，是高架式住宅，下层放养动物和堆放杂物，上层住人，房子与地面隔离，可以有效防潮，并能防止虫、蛇、野兽的侵扰，除此之外，还具有有效地利用空间、一房多用的效能。干栏式民居在南方少数民族地区比较盛行。例如，云南地属热带雨林气候，降雨量大，为了应对潮湿多雨的气候条件，傣族民居多为竹木结构，茅草屋顶，故又称为竹楼(图 6-5)。壮族称干栏建筑为"麻栏"，采用木构的穿斗屋架。

图 6-5　傣族竹楼

(三)洞穴式住宅

洞穴式住宅可追溯到远古时代。人类生存条件艰苦，挑战众多，为了抵御灾害，寻求庇护，便找到了大自然赠与的居住地——洞穴，并为人们早期的建筑形式带来灵感。世界各地从古至今都有各式各样的洞穴式住宅。窑洞是我国洞穴式住宅的典型代表，主要分布在中国西北部黄土高原、黄河中上游地区的陕西、山西、河南、甘肃、宁夏和河北六省(自治区)。从建筑布局和结构形式上，中国窑洞可分为靠崖式、下沉式和独立式三种基本类型，在历经千百万年的发展演变中，它融入了古代的"天人合一"哲学环境观和风水观、"黄土文化"、地域和民族的风土习俗、劳动人民的创造和智慧等因素，形成了极具中华民族人文内涵的洞穴式民居和村落。**(扫描二维码学习风格迥异的洞穴式建筑课件)**

(四)帐篷式住宅

帐篷是我国古代少数民族，特别是北方游牧民族和狩猎民族的传统居住形式，古称"穹庐"或"穹闾"等，蒙古族、达斡尔族等北方少数民族的蒙古包是典型代表。蒙古包以木头、毛绳、毡子三位一体的材料，"套脑"(天窗)、"乌尼"(伞骨式辐射的椽子)、"哈纳"(网格状木围墙)三位一体的架木，幪毡(覆盖天窗的部分)、顶篷(覆盖"乌尼"的部分)、围毡(覆盖"哈纳"的部分)三位一体的苫毡，组合成一种最适合北方气候和游牧生产的独特民居。由于它基本上是一种"三段组合"的房屋，可以化整为零，材料也轻捷便携，可以反复使用，所以建造、拆卸、搬迁、修理都十分方便。蒙古包呈圆形，四周侧壁分成数块，看起来外形虽小，但包内使用面积却很大，大的蒙古包可容数百人，而且室内空气流通，采光条件好，冬暖夏凉，不怕风吹雨打，非常适合经常转场放牧的民族居住和使用。蒙古族认为白色象征着圣洁、长寿，所以蒙古包的颜色大多是白色的。包门开向东南，既可避开西伯利亚的强冷空气，也沿袭着以日出方向为吉祥的古老传统。

二、民居建筑材料

任何建筑都是凭借一定的物质材料建造而成的，民居也不例外。中国民居的建筑材料与居住地的自然环境、经济发展水平和居民生产水平密切相关，人们往往顺应自然，在充分利用天然材料的基础上，运用智慧，就地取材生产人工建筑材料，然后进行巧妙组合与搭配，从而形成不同的地方风格。事实上，民居中各种建筑材料的出现经历了一个漫长的演变过程。原始社会"构木为巢"的居住形式，从建筑材料上看，可以说是中国传统木结构建筑的起源。先秦时期的民居建筑出现了夯土台及土墙的形式，泥土继木材之后成为建筑的主要材料。两汉魏晋时期，屋顶开始使用瓦，但墙面材料和结构仍以木材为主。隋唐时，建筑技术有了很大的提高，建筑材料也更加丰富，虽然仍以木结构为主，但砖、石等墙面材料已十分普遍。

(一)土

土是遍布世界的原生材料。从最早的穴居，到后来的民居建造，土是房屋建造最重要的物质，大致可以分为两种：一种是自然状态的土，称为生土；另一种是经过加固处理的土，称为夯土。

生土是指自然界经过若干万年的沉积自然形成的原生土壤。它颜色均匀、结构细密、质地紧凑、纯净，是自然的一部分，与天地紧密相连，取之自然，返回自然，形成一个循环，是最亲民环保的一种建筑材料。生土建筑主要是指用未焙烧而仅作简单加工的原状土为材料营造主体结构的建筑，发源于中国的中西部地区，该地区干燥少雨，丰富的黄土层成为华夏文明先民初期的天然建筑材料。随着时代的进步、社会经济的发展及技术的进步，这一古老的建筑形式几乎失传。今天能够看到的中国生土建筑有形史料，大都保留在黄土高原西北方向的地域。生土不一定是最好的建材，然而却提醒人们，在技术为重的系统中，有一种智慧很早就存在于祖先的生活之中，那是一种敬仰天地的哲学，当建筑消逝后，不造成地球的负担和破坏。鉴于其突出的生态效益和普遍的地域适应性，现代生土基建材料及其建造技术已成为实现绿色建筑最为有效的途径之一，受到全球尤其是发达国家研究机构和政府的广泛关注与大力支持。

经过加固处理的土被称为"夯土"，是一种结实、密度大且缝隙较小的混合泥块。利用夯土技术建造的建筑物典型的有河南偃师二里头早期商都城遗址，有长、宽均为百米的夯土台。有考古材料证实，商、周、秦、汉时期，重要建筑的高大台基都是夯土筑成，宫殿台榭也是以土台作为建筑基底，可以说我国古代的夯土技术是非常发达的。孟子曰："舜发于畎亩之中，傅说举于版筑之间。"这里的"版筑"，就是夯土技术。传统夯土墙建造采用什么工具，与地域关系较大，但无外乎两种：北方多使用椽式模板，代表性建筑如西安、开封、南京、平遥古城墙，而南方多使用板式模板，典型代表如福建土楼(图6-6)、客家围屋、浙江夯土民居。

图6-6　福建土楼是世界上独一无二的山区大型夯土民居建筑

(二) 木

中国自古以来对于木材的运用就堪称惊艳，从恢宏大气的木结构古建筑，到古香古色的木质家具，再到小巧精致的木艺饰品，无一不体现了古人对于木材工艺的掌控，其中榫卯技术更是神乎其技，是传承了千年的智慧结晶。

中国传统木结构民居贮存了最古老的建筑语言。中国传统木结构建筑是由柱、梁、檩、枋、斗拱等大木构件形成框架结构承受来自屋面、楼面的荷载以及风力、地震力。最迟在公元前2世纪的汉代就形成了以抬梁式和穿斗式为代表的两种主要形式的木结构体系。它以立柱和纵横梁枋组合成各种形式的梁架，使建筑物上部荷载经由梁架、立柱传递至基础。墙壁只起围护、分隔的作用，不承受荷载，所以门窗等配置不受墙壁承重能力的限制，也就有了"墙倒屋不塌"的说法。这种木结构体系的关键技术是榫卯结构，即木质构件间的连接不需要其他材料制成的辅助连接构件，主要是依靠两个木质构件之间的插接。这种构件间的连接方式使木结构具有柔性的结构特征，抗震性强，并具有可以预制加工、现场装配、营造周期短的明显优势。而榫卯结构早在距今约7000年的河姆渡文化遗址建筑中就已见端倪。

中国传统木结构建筑的营造技艺，始终处于承传与变化相交织的动态发展进程中，宋代的《木经》《营造法式》、明代的《鲁班营造正式》、清代的《工程做法》和现代的《营造法原》都是对上述相关内容阶段性、地域性或专业性内容的记录和总结。

知识拓展

中华第一木楼

飞云楼位于山西省万荣县东岳庙内，为纯木质结构，被誉为"中华第一木楼"。飞云楼为元明风格建筑，高23.19米，全楼斗拱密布，玲珑精巧，与应县木塔并称为"南楼北塔"。飞云楼外观三层，内部实为五层，总高约23米。平面正方，中层平面变为折角十字，外绕一圈廊道，屋顶轮廓多变；第三层平面又恢复为方形，但屋顶形象与中层相似，最上再覆以一座十字脊屋顶。各层屋顶构成了飞云楼丰富的立面构图。飞云楼体量不大，但有四层屋檐、12个三角形屋顶侧面、32个屋角，楼木面不髹漆，通体显现木材本色。飞云楼是解店东岳庙内建筑群中的代表，民谚有"万荣有个解店楼，半截插在天里头"。因其为纯木结构，飞云楼无论大小接口，均为榫铆套之。飞云楼楼身平面呈方形，明三暗五层，十字歇山顶。底层为正方形，中央四根各高15.45米的通柱直达楼顶，支撑楼体，四周32根木柱构成棋盘式。面宽进深各五间，面积570多平方米。三层四出檐，二、三层各出抱厦一间，均设平台勾栏，又用平柱分成三小间，上筑屋顶。在抱厦的各层檐下，共345组斗拱，形态变化多端，各椽翼角起翘，全楼翘椽翼角共有32个，每个翘角尖山花向前，下用穿插枋和斜材挑承。

(三) 石

中国是世界上应用石材最早的国家之一，有着悠久的历史，是中国民族文化不可分割的一部分。如旧石器时代人类居住的天然岩洞，殷商时期的建筑遗址中已有天然石质柱础，可见早先人们对石材的认识，并已经开始将石材应用于建筑中。石材以其天然之美和坚固恒久，装饰着人们的室内外环境，形成了独特的石文化，成为民居建筑文化的重要组成部分。

石材硬度高，耐久，但开采难，自重大，运输不便，所以在我国有大量的石窟和摩崖石刻作品，利用了自然山石的创作。将开采的石材雕造成具有纪念性的饰物和建造坟墓等是随着科技的发展，开采石材、加工石材的铁工具出现后的产物。在开采、加工的工具不断改进和提高的前提条件下，石材结构的建筑物逐渐增多。

石砌房民居建筑技艺是明代青州府井塘古村的一种特有技艺，这种技艺以石材为主要材料，以木头、麦秸、泥土等为辅助材料，与当地环境、雕刻绘画、民俗和风水文化相结合，是一种看似简单实则科学复杂的技艺。它巧妙地利用地形，使石屋面河而立、因势而造、依山而建；有的石砌房墙壁本身就是自然的山体巨岩；有的院子地面是原有一整块光滑平整的青石板；有的房屋挺拔突兀，光地基就有六七米高，仿佛从山坡上长出来的，集中体现出人与自然和谐统一的生活理念。

(四)竹

中国是世界上研究、培育和利用竹子最早的国家。古代以竹造屋，由来已久。在远古时代，人们从巢居、穴居向地面居住发展的过程中，竹子是必不可少的一部分。汉代甘泉宫、宋代黄冈竹楼皆负盛名。宋初文学家王禹偁《黄冈竹楼记》一文中有述："黄冈之地多竹，大者如椽，竹工破之，刳去其节，用代陶瓦。比屋皆然，以其价廉而工省也。"体现了竹子品质优良，造价低廉而且容易加工的优点。文中也描述了用竹子建造住所具有的别致之处："夏宜急雨，有瀑布声；冬宜密雪，有碎玉声；宜鼓琴，琴调和畅；宜咏诗，诗韵清绝；宜围棋，子声丁丁然；宜投壶，矢声铮铮然；皆竹楼之所助也。"

中国南方气候湿热，雨水充沛，竹子生长繁盛，南方很多少数民族地区就选择了以竹为主的民居，自古也就有了居住在传统圆竹建筑里的习惯，清沈日霖在其《粤西琐记》中称粤西"不瓦而盖，盖以竹；不砖而墙，墙以竹；不板而门，门以竹。其余若椽、若楞、若窗牖、若承壁，莫非竹者。衙署上房，亦竹屋"。西南少数民族的竹楼房舍如傣乡的竹楼建筑便是充满地域特色的干栏式竹屋，外形别致，美观大方，一直沿用至今。

(五)砖

砖是民居建筑中运用最广泛的建筑材料，历史也非常久远。从战国时期的建筑遗址中已发现条砖、方砖和栏杆砖，品种繁多，主要用于铺地和砌壁面。真正大量使用砖开始于秦朝。秦始皇统一中国后，兴都城、建宫殿、修驰道、筑陵墓，烧制和应用了大量的砖，历史上著名的秦朝都城阿房宫中就是使用青砖铺地。青砖上还有各种装饰性纹理图案，至今仍有珍贵的艺术和历史价值。东汉时期，佛教传入中国，给中国的砖建筑带来了一个划时代的转变。在佛教流行期间，用砖砌筑的砖塔在中国各地出现，从而成为一个砖建筑的象征。建于北魏正光年间(公元 520—524 年)的河南省登封县的嵩岳寺塔，是中国现存的砖塔中最古老的砖塔建筑。

古代有两种制砖方法，第一种是烧制，制砖工人用模板做出砖块模型，然后放在砖窑里烧，这类砖的质量和硬度比较高，只有地主和官家才用得起。第二种是晾晒，做好的砖不用经过烧制，直接晾晒成型，这类砖被称为"泥砖"，是普通家庭建造房子最主要的材料。在中国古代，青砖因性能优良且能保存上千年而备受统治者青睐，被广泛用于建造大型建筑、地下陵墓。但是因其烧制工艺复杂，能耗高、产量小、成本高，难以实现自动化和机械化生产，所以当大型工业化制砖设备问世后，红砖得到了突飞猛进的发展，而青砖除个别仿古建筑仍使用外，已基本退出历史的舞台。

(六) 瓦

瓦是重要的屋面防水材料，它的使用始于西周早期。1976年，在陕西岐山县凤雏村发现了一组大型建筑基址，根据对一根炭化木柱所做的放射性碳素测定，其年代为公元前1000年左右的西周早期。在屋顶堆积中发现少量的瓦，推测当时只用于屋顶重要部位和部分屋脊上。同时，在陕西扶风县召陈村也发现了大型西周建筑基址群，从出土陶器判断，上层建筑是在西周中期修建的。在遗址中发现很多类型的板瓦、筒瓦，还有半瓦当。到了秦汉我国已形成了独立的制陶业，并在工艺上做了许多改进，如改用瓦榫头使瓦间相接更为吻合，取代瓦钉和瓦鼻。西汉时期工艺上又取得明显的进步，使带有圆形瓦当的筒瓦由三道工序简化成一道工序，瓦的质量也有较大提高，因此称"秦砖汉瓦"。

小提示

板瓦是仰铺在房顶上，筒瓦是覆在两行板瓦之间，而瓦当是屋檐前面筒瓦的瓦头。瓦当是中国古建筑的重要构件，主要有防水、排水、保护木制飞檐和美化屋面轮廓的作用。瓦当上刻有文字、图案，也有用四方之神的"朱雀""玄武""青龙""白虎"做图案的。瓦当的图案设计优美，字体行云流水，极富变化，有云头纹、几何形纹、饕餮纹、文字纹、动物纹等，春秋末期和战国时期，各国瓦当的图案不同，反映出各国独特的文化艺术风格等。如秦国流行各种动物图案的圆瓦当，有奔鹿、立马、四兽、三鹤等；赵国为三鹿纹与变形云纹圆瓦当；燕国主要有饕餮、双龙、双鸟和山云纹等半瓦当。瓦当在战国开始从半圆形向整圆形演化，至东汉时全部为圆形。秦汉瓦当图案很丰富，并有很多文字瓦当，如汉长安地区建筑的瓦当，有的以"长乐未央""长生无极"等吉语作纹饰；有的宫殿、官署往往用其名称作纹饰，如"上林""左弋"等。瓦当是精致的建筑艺术品，属于中国特有的文化艺术遗产。

屋瓦种类繁多，依据不同的标准，有着不同的分类。如果以瓦的材料来分，有青瓦、琉璃瓦、石板瓦、铜瓦、铁瓦、银瓦、木瓦、竹瓦等多种类型。民居建筑中使用较多的是青瓦、石板瓦、木瓦、竹瓦等。

青瓦是指不上釉的青灰色的瓦，它是瓦件中最为普通的一种瓦，在清代北方官式建筑中也称为布瓦或片瓦。青瓦是用泥土烧制成的，具体制作时先用泥土加入清水做成泥浆，然后制成圆形的陶坯，再把坯筒剖成两部分，入窑烧制，这就制成了青瓦。在对圆形坯筒做剖割时，四剖或六剖做成的青瓦称为板瓦，从中间对剖做成的叫筒瓦。可见"瓦解"一词是从瓦的制作方法上得来的。普通的建筑屋顶上一般都覆盖青瓦。

琉璃瓦又称缥瓦，是在陶瓦表面施彩色釉而制成的一种瓦，其颜色有黄、绿、蓝、黑等多种，属于比较高贵的瓦件。琉璃的使用在战国时期就已经出现，但那时还没有琉璃瓦出现。琉璃瓦最早见于汉明器上，颜色鲜艳、富丽堂皇。到南北朝时琉璃瓦已经出现在建筑的屋顶上了；唐宋以后琉璃瓦逐渐盛行，并存在实物可证；明清两代时开始大量生产琉璃瓦。琉璃瓦被广泛应用在官式建筑的屋顶上，尤其是京城，更是到处一片金碧辉煌的琉璃瓦件，正如唐代诗人杜甫所描绘的"碧瓦朱甍照城郭"。

将石片铺设在屋面上使用，起着瓦的作用，因此称石板瓦。石板瓦应用在建筑上主要是民间建筑中，其他建筑上一般不覆盖石板瓦。具体做法是将较为规整的小块薄石片有序地排列在建筑的屋面上。应用石板瓦的建筑也因此被称为石板房。

铜瓦、铁瓦、银瓦均属于金属瓦，它们分别是用铜片、铁片和银片做成瓦的形式覆盖在建筑的屋面上，这种金属瓦的使用多见于宗教建筑上。关于铜瓦应用的记载有《汉武故事》中的"起神屋，以铜为瓦，漆其外"，以及《旧唐书》中的"五台山有金阁寺，镂铜为瓦，涂金于上，光耀山谷"等。屋面覆盖铜瓦的实例见于河北承德普陀宗乘之庙的万法归一殿，以及须弥福寿庙的妙高庄严殿等。屋面覆盖铁瓦的建筑在山东泰山和四川峨眉山一带的寺院建筑中也存在。根据文献资料记载，屋面覆盖银瓦的建筑在唐代已经出现，但是已经没有具体的实物可考。金瓦并不是说整个瓦全部是由金子做成的，而是在铜片上包以赤金，做成鱼鳞形状，钉在建筑屋顶网板上，称为金瓦。

知识拓展

糯米灰浆——古代建筑中的黏合剂

距今大约1500年前，古代中国的建筑工人将糯米和熟石灰以及石灰粉混合，制成浆糊，然后将其填补在砖石的空隙中，制成了超强度的"糯米灰浆"。科学家们在中国长城(明长城)的城墙黏合物中发现了糯米的成分，糯米灰浆被认为是长城的主要黏合材料，而这种强度很大的黏合材料也被认为是万里长城千年不倒的原因。

糯米灰浆可能是世界上第一种使用有机和无机原料制成的复合砂浆，比纯石灰砂浆的强度更大、更具耐水性。糯米砂浆是现存修复古代建筑的最好材料。糯米砂浆被认为是历史上最伟大的技术创新之一。

三、民居建筑饰物

(一)鸱尾

在我国古建筑的屋脊上，可以很容易看到一些神兽的造型，这就是人们所说的吻兽。吻兽是中国古建筑中屋脊兽饰的总称。鸱尾是指正脊两端的饰物，它是吻兽的一种，象征辟除火灾。据《太平御览》载："唐会要目，汉相梁殿灾后，越巫言，'海中有鱼虬，尾似鸱，激浪即降雨'，遂作其像于尾，以厌火祥。"北宋吴楚原亦在《青箱杂记》记载："海为鱼，虬尾似鸱，用以喷浪则降雨。"我国古代的房屋建造，主要采用木结构，于是人们便在屋脊的两端做上翘鸱尾形(图6-7)，以魇火取吉。

(二)照壁

初入一所古代宅院，首先看到的是一堵墙壁，乃照壁，又称影壁或屏风墙，是中国古代传统建筑特有的部分。按建筑材质分，有琉璃照壁、砖雕照壁、石制照壁和木制照壁等。照壁具有挡风，遮蔽视线的作用，墙面若有装饰则造成对景效果，给庭院增加气氛，祈祷吉祥。照壁有的是单独建筑的，有的是镶在厢房山墙上的，其正面通常是大幅书法作品，上书"福""禄""吉""寿"等象征吉祥的字样，也有的是绘上吉祥的图案，如松鹤延年、喜鹊登梅、麒麟送子等，营造出一种书香翰墨的气氛，增加住宅气势。也有的农家，采用五谷丰登、吉祥如意、福如东海的字样或图画(图6-8)。

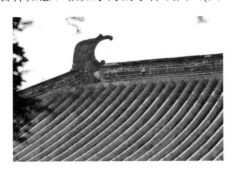
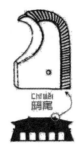

图6-7　鸱尾

图6-8　照壁

虽然照壁已经不会出现在现代住宅中，但作为传统民居建筑的一部分，对于建筑学和人文学有着重要的意义，具有很高的建筑审美价值和文化价值。

(三)雕饰

雕刻艺术在中国古代民居建筑中被广泛采用，包括砖雕、木雕和石雕等。通常砖木结构的房屋建筑，石雕、砖雕大量出现于墙壁上，而木雕则伴随着窗棂、门扇、檐板而存在。

1. 砖雕

砖雕是中国传统建筑的一种装饰艺术，尤其以民间建筑最为花样繁多，是古代中国建筑雕刻中很重要的一种艺术形式。它是以物质生产为基础，伴随着建筑的发展，砖制材料在建筑中的应用而出现的，是在满足当时人们朴素的精神需求、信仰追求和审美要求等社会生活的需要而创造的艺术形式。

砖雕是在东周瓦当、空心砖和汉代画像砖的基础上发展而来。汉代画像砖是墓室预制构件的大型空心砖，它是在湿的泥坯上用印模捺印各种图像，后来逐渐发展形成砖雕，成为墓室壁砖雕面的装饰品。在河南、山西、甘肃等地发掘的北宋墓室，三面墙壁均以砖雕贴砌而成。墓室内的砖雕数量、质量以及所选用的题材，都取决于墓室主人的社会地位。至明代，砖雕由墓室砖雕发展为建筑装饰砖雕。

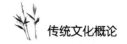

在民居建筑中，砖雕多用于大门门楼、山墙墀头、照壁等处，表现风格力求生动、活泼。砖雕成品之所以能经受数百年的日晒雨淋，是因为它是经过复杂的工艺流程制作而成的。砖雕从原料的选取到全部工序完成要经过30多个环节。首先是要烧制出青砖。从原料的选取到出窑，要经过选土、制泥、制模、脱坯、凉坯、入窑、看火、上水、出窑9道工序，烧制砖的窑体积非常小，据说是为了"好看火、易操作、出好货"。烧砖时一般不用"大火"，初点窑用的是"小火"，行话称其为"热窑"。热窑一天后才转为"中火"，一般烧一窑砖的时间是三天三夜。通常在烧完后会用"柳罐"将池水汲上窑顶，泼于覆盖在砖块顶部的土层上，让水经过土层渗透过滤，将全窑中的砖块淋透为度。色彩以青灰色为最好，砖太脆硬不易雕刻，太灰白则不经久耐用。"成砖"上水后，打开"窑门"与"窑顶"散热冷却两天两夜后出窑。成砖出窑时，须对焦砖、裂砖、变形砖进行严格剔除。一窑成砖中，大抵可筛选八成的雕砖成品。

2. 木雕

我国木雕在原始社会就已经产生，距今7000多年前的浙江余姚河姆渡文化中，就已经凸显了木雕工艺的端倪，如果追溯更远一些，穴居先民用石刀、骨刀在木头上刻纹记事，就是后世木雕技艺的发端。漆器的发明使木雕技艺大大地向前推进。南北朝时佛教兴起，大量江南寺庙、楼台、木雕菩萨的出现，使我国木雕艺术发展到新的高峰。到了明清，木雕艺术品类繁杂，由于各地的民俗、文化和资源条件，取材不一，工艺不同，出现了各种不同名称的木雕。一些名家、名匠的弟子传承，形成了诸多具有浓郁地方特色、各有千秋的流派。最为著名的是泉州木雕、东阳木雕、乐清黄杨木雕、广东潮州金漆木雕、福建龙眼木雕、北方木雕等。浙江东阳木雕为中国四大木雕之首，其以平面浮雕为主，采用多层次浮雕、散点透视、鸟瞰式等构图，布局充实丰满，层次分明，主题突出，题材以民间历史故事与传说为主，造型柔和精致、玲珑剔透。

小提示

博 古

所有的吉祥器物统称博古。瓷器上绘有的暗八仙、如意、贡果、花瓶、琴、棋、书、画等具有吉祥寓意的物件都可以叫作博古纹。北宋大观年间宋徽宗命大臣绘制宣和殿所藏古器，修成《宣和博古图》三十卷。后人因此将绘有瓷、铜、玉、石等古代器物的图画，叫作"博古图"，有时以花卉、果品等装饰点缀。"博古图"有博古通今、崇尚儒雅之寓意，常用于书香门第或官宦人家的宅第装饰。

3. 石雕

石雕，指用各种可雕、可刻的石头，创造出具有一定空间的可视、可触的艺术形象，借以反映社会生活、表达艺术家的审美感受、审美情感、审美理想的艺术。中国石雕艺术源远流长，有着辉煌的成就。在建筑史上，古代石雕有着独特的艺术魅力，各个时期及不同地方，又有不同的特征，随着社会的发展与对外交往，不断吸收外来艺术的优点，使其更加精彩。石雕发展的历史是艺术不断深化的过程，是文化内涵不断丰富的历史，它以形象生动的作品，展现出实实在在的人类历史，反映了古代石雕匠人的智慧及雕刻技艺水平。

石雕讲究造型逼真，手法圆润细腻，纹式流畅洒脱，为古代建筑群增添了绚丽无比的艺术装饰效果，从而形成了带有民族特色的中国古代民间传统的石雕艺术。在古代民居建筑中，石器雕刻纹饰起着装饰作用，题材多为世俗内容，分为人物、动物和花卉等。例如，雕有古松树，其长青，寓意长寿，双鹿的"鹿"与"禄"同音，竹分有节，寓意节节高。这些雕刻艺术在描绘生活、抒发情感、表现追求的同时，展现了古代建筑设计师和工匠的精湛技艺，为中国传统民居文化添上了绚丽的一笔。

知识拓展

徽州三雕

徽州建筑素有"无宅不雕花"的美誉，凡有建筑处，都可看到匠师的三雕艺术。特别是在建筑雕刻艺术的综合运用上，徽州人融石雕、砖雕、木雕于一体，使整个建筑精美如诗，温婉内敛，融古雅、简洁、富丽于一体，至今仍保持着独有的艺术风采，被人称之为"徽式三雕"，被列入第一批国家级非物质文化遗产名录。"徽州三雕"是具有徽派风格的砖雕、石雕、木雕三种地方传统雕刻工艺的简称，主要用于民居、祠堂、庙宇、园林等建筑的装饰，以及古式家具、屏联、笔筒、果盘等工艺雕刻，具有浓厚的地方文化色彩，集中展现了中国古代民居建筑雕饰的精湛技艺和文化艺术价值。

"徽州三雕"的历史源于宋代，到明清时期达到极盛。明代初年，徽派木雕已初具规模，雕风拙朴粗犷，以平面淡浮雕手法为主，一般只有平雕和浅浮雕，借助于线条造型，而缺乏透视变化，但强调对称，富于装饰趣味。清代雕刻细腻繁复，构图、布局吸收了新安画派的表现手法，讲究艺术美，多用深浮雕和圆雕，提倡镂空效果，有的镂空层次多达十余层，亭台楼榭，树木山水，人物走兽，花鸟虫鱼集于同一画面，玲珑别透，错落有致，层次分明，栩栩如生，显示了雕刻工匠高超的艺术才能。徽派"三雕"以歙县、黟县、婺源县最为典型，保存也相对较好。木雕代表作为黟县的宏村承志堂和木雕楼，尤其是承志堂里的雕梁木雕"百子闹元宵"；石雕代表作为歙县的棠樾牌坊群和黟县西递的"松石""竹梅"姐妹石雕漏窗，尤其是姐妹石雕漏窗，左右各一，成双成对，更达到了"无字诗、画意对"的艺术佳境；砖雕代表作为屯溪滨江长廊里的"五百里黄山图"大型砖雕，无论从入画景点之多、画幅面积之大、透视层次之众还是雕刻手法之全来看，都是登峰造极的绝世佳作。"徽州三雕"是中国民间情趣与文人情趣的完美结合，三雕反映了新安理学的影响，强调了社会教化功能，重视审美中的情感体验与道德伦理的自然融合，融汇了秦汉以来中原文化艺术的优秀传统，同时又吸收了徽州地域文化丰富的营养，因而产生了既玲珑别透，又清新雅致的独特面貌。

传统的石雕、木雕、砖雕艺术再现了生活的本质，以艺术形象和艺术感染力来展示中华民族的传统美德，使人们在艺术享受中感受到警醒和陶冶，同时又能感受到古文化的魅力。雕刻工匠们将传统的文化信念和人世情怀，都凝聚在古建筑里的每一个雕件上，谱写出不负光阴不负卿的匠心追求。这些经年累月、俯仰可见的文化氛围，经久不息，熏陶着一代又一代人的高尚情操和修养。(扫描二维码欣赏中国古代民居建筑中的三雕饰物)

(四)门当

门当一般称为门鼓石，分为方形和圆形两种，文官的家用方形的"门当"，武官的家用圆形的"门当"，其后尾是门枕石。狮子形和石虎形的门当(图 6-9)，是过去四合院门前最常见的。除装饰作用外，门当还起到固定大门的作用。门当石一般放置于古代传统建筑大门两侧，是用于显示古代主人等级和身份地位的门庭装饰艺术品，与门簪、门槛、门扇、门框一起产生古朴典雅的整体艺术装饰美感，有吉祥、祈福、辟邪之象征。门当的表面刻有很多精美的图案，表达了主人希望长寿、富贵、驱魔、夫妻美满、家族兴旺的美好心愿，与建筑物相互辉映，和谐统一，对门庭起到画龙点睛的作用，成为传统民居建筑中不可或缺的一部分。

图 6-9　门当

小提示

门当与户对

户对是置于门楣上或门楣双侧的砖雕、木雕，形状有圆形与方形之分，圆形为文官，方形为武官。典型的户对为圆形短柱，短柱长一尺左右，与地面平行，与门楣垂直。它位于门户之上，且取双数，有的两个一对，有的四个两对，故名"户对"。户对大小与官品大小成正比。一到五品可以有六个，六到七品可以有四个，七品以下只能有两个，普通大户人家也可以有两个。有"户对"的宅院，必须有"门当"，这是建筑学上的和谐美学原理。因此，"门当""户对"常常同呼并称，后成了社会观念中男女婚嫁衡量条件的常用语。

(五)月洞门

在中国传统建筑中，"圆"早就有着广泛的运用，最具代表性的便是月洞门(图 6-10)。月洞门又称月亮门或月门，从其名称可以推知其式样，如同一轮明月，呈正圆形。在我国大型住宅中分为跨院、东院或西院，在这些部位常常选用月洞门，作为院与院之间的出入通道。另在我国的园林之中，也广泛采用月洞门，供人们观景与往来，给人们新奇而美的感受，不仅透过门洞引入另一侧的景观，而且凸显了空间的层次感，形成空间渗透及空间的流动，以达到园中有景、景中有景、移步换景的作用，兼具实用性与装饰性。

图 6-10　月洞门

(六)铺首

铺首是含有避祸求福意义的传统建筑门饰，是门扉上的环形饰物，大多冶兽首衔环之状(图 6-11)。它在民间门扉上应用很广。民用的铺首一般安装在最主要的大门上，造型简单，呈圆形，多为铁制或铜制，客人来访，可用门环轻击铺首，发出清脆的金属之声。户主闻之，便开门迎客。最讲究的要数帝王宫殿大门上的铺首，铜制鎏金，形象多为虎、螭、龟、蛇，这些图案的寓意是星宿守门，能预知凶吉，也有用瞪目张口的狮头作为铺首的，既有守门之意，又显示了皇家建筑的雄伟与庄严。中国早在汉代便已使用铺首，至今已逾 2000 年。

图 6-11　铺首

四、民居陈设物件

陈设艺术是建筑文化的重要组成部分，是一个时代的物质和精神形态相结合的产物，具有十分深厚的文化内涵。我国古代民居的陈设布局是在传统文化的发展中形成的，是人们的审美意识在传统文化中的表现方式之一。

(一)屏风

屏风，中国传统建筑物内部挡风用的一种家具，所谓"屏其风也"。屏风作为传统家具的重要组成部分，一般陈设于室内的显著位置，起到分隔、美化、挡风、协调等作用，呈现出一种和谐、宁静之美。

屏风最早产生于西周，设计在天子宝座后面，作为名位和权力的象征。《史记》中有载："天子当屏而立。"经过不断的演变，屏风逐渐普及民间百姓家，作为防风、隔断、遮隐的实用器具，还起到点缀环境和美化空间的功效，并衍生出多种表现形式。当今屏风主要分围屏(图6-12)、座屏、挂屏、桌屏等形式。屏风按题材又可分为历史典故、民间传说、宗教神话、山水花鸟等高雅别致的屏风样式。

图6-12　屏风：围屏

(二)太师椅

在中国古典家具中，有一种以官衔命名的家具十分特别，这就是太师椅。太师椅是古家具中唯一用官职来命名的椅子，最早使用于宋代，流行于清代，最初的形式是一种类似于交椅的椅具，其靠背板、扶手与椅面间都呈直角，体态宽大，装饰繁缛，看起来庄重严谨，是权力和地位的象征(图6-13)。

图6-13　太师椅

(三)床榻

历经几千年的发展，中国的床从无足的席，到高足的床榻；从简单的造型与制作，到追求舒适、美观和华丽，中国床的演变反映的正是千年文化风俗的流传。按造型分，中式床大抵有四种，即榻、罗汉床、架子床、拔步床。

1. 榻

中国自古就有榻，多指比床窄而小些的四周没有围栏的卧具。作为古代女子小憩用的榻，"贵妃榻"榻面较为狭小，可坐可躺，制作精致，形态优美。明清贵妃榻精细打磨的技法可谓已到了炉火纯青的地步，围栏、扶手、榻腿上爬满了繁复的雕花儿，每个细节的设计更是精益求精。在榻中最为秀美、最引人遐思的便是"贵妃榻"，又名"美人榻"（图6-14）。

图6-14 贵妃榻

2. 罗汉床

罗汉床，围栏多用小木做榫攒接而成，也有用三块整板做成。罗汉床有大小之分，大的罗汉床可供坐卧，作用相当于现在的沙发。古人一般都把罗汉床陈设于厅堂待客，中间放置一几，两边铺设坐垫，典雅气派，形态庄重，十分考究。简练的设计和自然质朴的木材纹理，是罗汉床最大的魅力。刚劲的腿足、优美的弧度、爽利硬朗却绝不笨拙生硬的线条，使罗汉床成了文人雅士们的心头最爱(图6-15)。

图6-15 罗汉床

3. 架子床

架子床，也叫棚架床，因床顶有架，故名架子床。架子床大多三面设矮围子，正中无围，便于上下，四角有立柱，上承床顶，顶盖四周装楣板，床面两侧和后背装有围栏。架子床的围栏常用小木块作榫拼接成各式几何图样，也有的在正面床沿上多安两根立柱，两边各装方形栏板一块。正中是上床的门户。床屉分两层，用棕绳和藤皮编织而成，下层为棕屉，上层为藤席，棕屉起保护藤席和辅助藤席承重的作用(图6-16)。

4. 拔步床

拔步床，又叫八步床，是体型最大的一种旧式大床，前面有碧纱厨及踏步。拔步床造型奇特，体积庞大，结构复杂，就如同把架子床安放在一个木制平台上一样，平台前沿长出床的前沿二三尺，四角立柱大都镶以木制围栏。更有甚者在两边安上了窗户，使床前形成一个回廊，廊中置一脚踏，两侧可以放置小桌凳、灯盏等。拔步床虽在室内使用，却很像一幢独立的小屋子，就像古代建筑一样，至于工艺，通常都采用木质髹漆彩绘，因而显得金碧辉煌(图 6-17)。

图 6-16　架子床

图 6-17　拔步床

(四)楹联

楹联，是世界上唯有汉语言文字才能构成的一种特有的文字形式。其内容丰富，风格多样，以四、五、七言及数十言为多见，内容包括写景、抒情、言志、修身养性、耕读传家等各个方面，寄寓着古贤先哲的志趣情操，可谓字字玑珠，具有丰富的内涵和深刻的表现力，是家家户户必不可少的陈设，也是中华民族的文化瑰宝。在传统村落，古色古香的楹联随处可见，形成了颇具特色的楹联文化(图 6-18)。

图 6-18　晋商民居的楹联匾额

(五)案几

案的起源很早。在桌子出现以前，案是人们日常生活中必不可少的家具。后来人们常将几案、桌案连称，几、案、桌在中国古代家具中属于同一类范畴，均可在其上搁置器物。

作为搁设物品的家具，案的造型特征与桌最为接近，人们有时几乎将桌、案混为一谈。案与桌最大的区别在于腿足位置。案的案面两端悬空，四足缩进安装，一般使用夹头榫和插肩榫两种榫卯结构，而且从整体比例上讲，案更多呈细长条状。案的种类有食案、书案、奏案、毡案、欹案等。

几是一种狭长面、下有足，常设于座侧，以便凭倚或搁置物件的家具，多木制，也有石制。几与案是相对而言的，一般多把似案而小者称为几，如炕几、茶几、香几等。几类家具与传统文化最为密切的当属礼文化。《周礼·司几筵》中关于几的礼制就提到："司几筵掌五几、五习之名物，便其须知与其位"，五几的不同装饰代表不同的地位等级，行使不同的礼仪。人们常把几和案并称，譬如唐代诗人丘为《寻西山隐者不遇》诗中："扣关无僮仆，窥屋唯案几。"

> **小提示**
>
> **举案齐眉**
>
> 举案齐眉的典故最早出自《后汉书·梁鸿传》："为人赁春，每归，妻为具食，不敢于鸿前仰视，举案齐眉。"意思是说，送饭时把食案举得跟眉毛一样高。后形容夫妻互相尊敬、十分恩爱。食案是人们进餐时的用具，和盘很相似，它们的区别是盘没有足，食案下面安有很矮的足，颜师古说："无足曰盘，有足曰案。"一般来说食案的形状都比较小，而且很轻巧，使用也很方便。通过举案齐眉的故事，可以折射出古代很有文化礼仪。

第三节 人生仪礼

人生仪礼主要指围绕着人的生命历程中的几个重要环节所经过的具有一定仪式的行为过程，在中国社会具有久远的历史传统与丰富的仪式表现。人生仪礼决定因素不只是人的年龄和生理变化，而且是在生命过程的不同阶段上，生育、家庭、宗教等社会制度对个人的地位规定和角色认可，也是一定文化规范对人进行人格塑造的要求。人生仪礼是将个体生命加以社会化的程序和阶段性标志，"帮助"人们成功或顺利地度过这些关键时刻，完成人生角色的转换，具有开启人的文化生命的功能。人生仪礼既是社会物质生活的反映，也是文明的一种表现形式，体现着文明发展的历程，是中国传统文化的重要组成部分。民俗界认为人生礼仪主要包括彰显人伦的诞生礼、成年礼、结婚礼和丧葬礼四种，它们是中国传统礼仪的重要组成部分，也是最具有生命力的部分。

一、诞生礼

从妇女未孕时的求子到婴儿周岁，一切礼仪都围绕着长命的主题。诞生礼主要包括"洗三""满月""周岁"等。

(一)洗三

"洗三"为古时风俗，一般是在婴儿出生之后第三天举行的庆贺仪式，也叫作"三朝"或"三朝洗儿"，自隋唐已开始盛行。到了明代，文献中正式出现"洗三"一词。"洗三"一生只有一次，且是平生头一次洗浴，古人对此十分重视。这种重视，从古人的诗歌中可窥一斑。白居易有诗道："洞房门上挂桑弧，香水盆中浴凤雏。""玉芽珠颗小男儿，罗荐兰汤浴罢时。"明代韩日缵也有"兰汤浴罢彩绷成"的诗句。这些诗中提到的"香水""兰汤"还表明古人在"洗三"时在清水中添加了药材。孙思邈在《千金方》中称："儿生三日，宜用桃根汤浴，桃根、梅根、李根各二两，枝亦得。咀，以水三斗煮二十沸，去滓，浴儿，良，去不祥，令儿终身无疮疥。"由此看来，"洗三"时水中添加药材，不但可以去不祥，还可以祛皮肤病(图6-19)。

图6-19 洗三礼

经过多年的流传，"洗三"风俗已经发生了变化，并以新的方式和内容存在。有的地方会把准备好的陈皮、艾叶、花椒、金银花和益母草用清水熬成药水给婴儿洗澡。洗澡前，把澡盆放在床沿旁，试好水温，澡盆内放些葱、桂圆、长生果，意在祈愿婴儿将来聪明、折桂、长寿。有的地方还会在给婴儿洗浴的同时唱喜歌，预祝婴孩长大成人之后能够读书成才，身体健康。由"礼"演绎为"俗"的"洗三"风俗，说明了民俗的群体性和传承性。从古至今，无论皇家子弟，还是贫苦人家，都有对婴儿健康成长、吉祥顺遂等多方面的期盼，这也是人们进行"洗三礼"的原因。

(二)满月

产妇在生产后的一个月内不能做事，不能出门，叫作"坐月子"，这期间婴儿不能被抱出户。到了一个月，婴儿已经适应了离开母亲的环境，所以在婴儿满月的时候家人就会举行庆贺仪式，称为做满月，或为弥月之喜，许多亲友都来参加宴会。这一天要剃掉婴儿的头发，称作"理胎发"。因为小孩满月是小孩第一次理发，民间叫剃"满月头"，祝福孩子快快长大，头发长得更黑更密。这一天家里人还要把婴儿抱出来让大家见见面，抱到院内外转一圈，叫作"见世面"。

(三)周岁

"周岁"除了宴请宾客之外，这一天特别举行检验孩子天赋和卜测未来前途的"抓周"仪式(图6-20)。孩子的身边摆放着各种物品，任由孩子抓取，以判断孩子未来的志趣。"抓周"历史悠久，正式记录这个仪式的文字资料是南北朝时期的文学家和教育家颜之推所著《颜氏家训》："江南风俗，儿生一期(即一周岁)，为制新衣，盥浴装饰，男则用弓、矢、纸、笔，女则用刀、尺、针、缕，并加饮食之物及珍宝服玩，置之儿前。观其发意所取，以验贪廉愚智，名之为试儿。"到了宋代，这一风俗已从江南传遍各地，在全国范围盛行开来。"抓周"的习俗反映了人们向往美好生活的愿望，形式随着时代的改变而不断变化，唯一不变的就是父母对孩子们的殷切期望，到近现代，已经很少有人专门去"抓周"预测孩子的未来，更多的是把它当作一种游戏，既是对先辈的缅怀，又可以增加童趣。

图6-20　抓周

二、成年礼

成年礼是标志个体具有从家庭进入社会的能力和资格而举行的人生仪礼，在不同的民族、不同的地域呈现出不同的样态，有的过程十分隆重而且带有考验的性质。中国的成年礼最早见于文献记载的是《仪礼》中所记述的"冠礼"与"笄礼"，冠笄之礼是士阶层的成年礼。"士"是贵族的最低一级，从封建社会等级构成看，它处在贵族与平民之间，有着融合上下层文化的复杂的阶层属性，因此在礼仪文化上较有代表性，当然它主要属于上层文化范围。虽然士冠礼大规模施行的时间并不很长，但它在文化史上有着重要的示范意义，后世的文人学士常常通过对《仪礼·士冠礼》的文本阐释，不断地重构着这一古礼的现代意义。

(一)冠礼

《仪礼》是中国最早的礼仪专书，它记载了上古冠、婚、丧、祭、乡、射、朝、聘八礼，冠礼居于首位。冠礼作为朝廷嘉礼之一，从礼仪典章上看，它很少缺失，人们主要将其作为礼制文化建设的一部分，即"礼义之始"来认识。一般是男子二十岁行冠礼，即在男子二十岁时，由主持仪式者为男子戴三次帽子，称为"三加"，分别为"缁布冠"(布做的帽子)、"皮弁"(皮做的帽子)、"爵弁"(据说是没有上綖的冕，色似雀头赤而微黑，用于祭祀)象征冠者从此有了治人的权利、服兵役的义务和参加祭祀活动的资格(图 6-21)。传统冠礼中还有"命字",即由长辈或嘉宾为冠者取新的字号,如苏轼,名轼,字子瞻。名是出生时就有了,字则是在冠礼中加的。

图 6-21　由左及右依次为：缁布冠、皮弁、爵弁

(二)笄礼

笄礼,俗称"上头""上头礼",主要是由女性家长为行笄礼者改变发式,就是将头发挽起来,用笄簪上,表示从此结束少女时代,可以嫁人,是对人生责任、社会角色的提醒。笄,即盘头发用的簪子。自周代起,规定贵族女子在订婚(许嫁)以后出嫁之前行笄礼。一般在十五岁举行,如果一直待嫁未许人,则年至二十也行笄礼。唐代诗人韩偓的《新上头》："学梳松鬓试新裙,消息佳期在此春。为要好多心转惑,遍将宜称问傍人。"正是描写一位正行加笄礼、即将出嫁的女子的言行情态,写得颇有情趣和富于哲理。

《仪礼》中的"士冠礼",虽然属于贵族的礼制,但它作为人生礼仪的一部分,与其他礼仪制度一样都经历了"因俗制礼"的历史演变过程。一种社会制度无论它是上层还是下层,都有相应的文化渊源。士冠礼应该说来源于远古氏族社会的成人仪式。人类社会初级阶段大都经历过以心理、生理为主要考验内容的"过关"仪式,如奥马哈等地方的北美印第安人男孩的入世仪式就是独自一人在荒野进行斋戒和祈祷。这种与日常生活相隔离的仪式生活是一个人从幼年向成年过渡的必经阶段,它或长或短,或繁或简,或惨烈或文雅,或庄严或随意,无论其形式如何变化,它的社会标志意义是一致的,那就是"生物人"变成"社会人"。

冠笄之礼是我国传统的成人仪礼,是重要的人文遗产,对于个体成员的成长也具有十分重要的激励和鼓舞作用。这种传统意义的成年礼在现在民间,大多已与婚礼或幼子养育习俗相结合。

三、结婚礼

婚姻是维系人类自身繁衍和社会延续的最基本制度,也是维系宗法制度的重要环节。在《礼记·昏义》中有述："婚姻合两姓之好,上以事宗庙,而下以继后世。"在重伦理的中国社会,通过婚姻形成的夫妻关系历来被视为人伦之本。婚姻制度是人类社会出现最早的社会制度,它决定着一个社会最基本的生活样式。而一个婚姻要被国家和社会认可,需要经过特定的程序。

结婚礼属于过渡仪式,在这个过渡仪式中,一对男女向人们宣告他们没有违反禁忌,他们有能力承担起未来家庭责任。因此,婚礼便有了两个核心功能：展示功能和认可功能。中国古代民间婚礼仪式的核心是周朝制定的"三书六礼"。"三书"是结婚过程中所用的三个文书；"六礼"是结婚必经的六个程序,即纳采、问名、纳吉、纳征、请期、亲迎六个规模大小不等的仪式，只有六礼齐备，婚姻关系才能够成立。自西周以后，"三书六礼"的基本框架一直没有大的改变。到了北宋时期，朱熹将"六礼"简化为"三礼"，也即在今天尚在流传的求婚、订婚和结婚三大程序。

(一)纳采

纳采，婚姻程序的开始，就是现代人所理解的提亲，出自《仪礼·士昏礼》："昏礼，下达纳采。用雁。"郑玄注："将欲与彼合婚姻，必先使媒氏，下通其言，女氏许之，乃后使人纳其采择之。"其礼物用雁。

知识拓展

为什么纳采要送雁

雁自古多有人文属性。雁是信使的象征，雁是感情专一的象征，雁还是远征劬劳的象征。《仪礼·士昏礼》所记有"纳采、问名、纳吉、纳征、请期、亲迎六礼，"除纳征以外都要用"雁"。古代新郎帽子上常插一雁羽，就是象征信守婚约、感情专一。《白虎通·嫁娶》："贽用雁者，取其随时而南北，不失其节，明不夺女子之时也；又是随阳之鸟，妻从夫之义也；又取飞成行，止成列也，明嫁娶之礼，长幼有序，不相逾越也。又昏礼贽不用死雉，故用雁也。"意思是说雁随着季节的改变而南飞北还，定时而且有规律，这象征了婚嫁有时，不可耽搁。雁是一种"随阳"之鸟，喜欢往暖和的地方飞；古者夫为阳，妻为阴，用雁为礼，有夫唱妇随、不离不弃之意。大雁飞徙，必成行列，则嫁娶之礼要长幼有序，不可逾越。

(二)问名

《仪礼·士昏礼》："宾执雁，请问名；主人许，宾入授。"郑玄注："问名者，将归卜其吉凶。"问名，就是女方家里对男方合意，则把女儿的名字和生辰八字告知男方，让男方计算两人命相是否合适，民间常与纳采礼合并。

(三)纳吉

纳吉又称文定，男方问得女方名字和八字后，即在祖庙占卜，预测婚姻是否顺利，将卜婚的吉兆通知女方，并送礼表示要订婚的礼仪。

(四)纳征

纳征又称过大礼，即男方同意后，男方家的女性亲戚同媒人一起，在大婚前两周到一个月的时间内，送聘金、礼金及聘礼到女方家中，如囍饼、饰物、祭品等，作为正式下聘订盟之礼物，女方家也须回礼。完成纳征仪式后，婚约便正式定立。

(五)请期

请期俗称"送日头"，就是男女两家商定结婚日期，是由男方委请择日师择定吉日良时，再准备婚期吉日书和礼品给女方家，请媒人征求女方家意见。女方受礼及同意后，便可确定婚期。

(六)亲迎

亲迎就是现在的迎亲。在结婚之日，新郎与媒人和亲友一同前往女方家里迎娶新娘。婚礼这个阶段是最隆重的，有很多程序和仪式，比如新郎前往女方家之前会先到女方家的祖庙行拜见之礼，然后以花轿接新娘回到男方家里，举行拜天地祖先等仪式，最后送入洞房。

知识拓展

婚俗中的吉祥图像

在六礼中，从最开始的纳采(也即说媒)到亲迎，可以说处处可见到吉祥图像。这些图像一方面是为了征求神灵的同意，让这段婚姻光明正大；另一方面也是男女双方为了祈求婚姻的幸福美满。

在婚姻的筹备阶段，女方家里会做几床新被子，而被子上的图案都是精挑细选的，都绘有龙凤呈祥、百年好合的图像(龙和凤自古以来就被认为是吉祥的象征)。有些则是绘有莲花，莲生贵子，莲与连同音，运用谐音的方式，表达美好的愿望。更多的则是绘有鱼戏莲，鱼戏莲是表达爱情的，若是鱼游莲叶间，表达的是美好的爱情；若是鱼在莲叶上，则表达的是期望早生贵子。这些被褥的颜色又是很鲜艳的，表达喜庆的场面及心情。枕头上也会绘上百子图、五子登科、鸳鸯戏水等图案，以祈求吉利。

在男方的家中，会贴上大红的喜字，尤其在新房内，是极为讲究的。首先，床头会贴上娃娃图，多以两个男孩为主，这也是期望新人能够早生贵子、传宗接代。还会有双喜贴在门上，或者开门即可看到的地方。在堂屋中间会有一个方形彩灯，彩灯四面分别绘上"鸾凤和鸣""观音送子""状元及第""合家欢"图案，以祈求吉祥如意。

四、丧葬礼

丧葬礼仪是人生最后一次须通过的礼仪或"脱离"仪式，标示一个人最终脱离社会，标志人生旅途的终结。《礼记·曲礼》曰"君子行礼，不求变俗"，强调行礼必须依俗。儒家文化以"人"为中心展开，在人生重要节点上将个体生命加以社会化的规范和阶段性标识。在我国古代，受儒家"厚葬"思想的影响，人们普遍把丧葬看作一件大事，通过一系列礼仪制度表达对逝者的哀悼、思念、依恋、评价等，通过生者与往者的情感沟通以及个人对于社会的担当等不同的礼仪形式指点人生方向。

古代丧葬礼俗在政治、经济、文化的共同作用下沿袭、发展与演变。作为一种重要的文化现象和一个时代的社会群体行为，丧葬礼整合了社会的礼仪习尚与世风民俗，礼与俗彼此交替吸收，互相融合，不断发展，体现出社会的道德规范、社会等级差异和人们的精神品质。在传统殡葬礼仪中很多内容都包含着丰富的珍惜生命、敬畏生命、劝慰人节哀顺变、引领人正确面对死亡的功能，发挥着报本反始、敬祖感恩等诚敬人心人性的道德教化作用。

生，事之以礼；死，葬之以礼，祭之以礼。

——《论语》

凡生于天地之间，其必有死，所不免也。孝子之重其亲也，慈亲之爱其子也，痛于肌骨，性也。所重所爱，死而弃之沟壑，人之情不忍为也，故有葬死之义。葬也者，藏也，慈亲孝子之所慎也。

——《吕氏春秋·节丧》

丧葬仪式不仅是为死者服务，同样也是生者亲属朋友之间沟通与互动的一个媒介。丧葬仪式不仅是死者生前身后荣誉的一种象征，同样也是社会对参与仪式的亲属德行能力进行评价的标尺。历史上，由于时代、民族、地域的不同，丧葬仪式和丧葬方式都有差异。我国历史上曾实行过的葬法有：天葬、水葬、火葬、土葬、墓葬、岩洞葬、崖葬、悬棺葬、塔葬、风葬、衣冠葬、复合葬等。新中国成立后，我国人民的殡葬仪式在继承传统丧葬仪式中好的部分的同时，增加了许多更科学、卫生、礼仪的内容。缅怀哀思的形式和时间也更讲求礼仪，如为死者开追悼会，安葬后每年春季到墓地扫墓，向子女讲述继承长辈勤劳、节俭以及热爱祖国、热爱民族的优良传统等，都是对先人缅怀和悼念很好的形式。

第四节 姓氏谱牒

姓氏与谱牒是人类对民族渊源及血脉关系的一种追溯。中国是世界上最早使用姓氏的国家，姓氏的使用迄今已有5000多年的历史，经过发展演变、延续传承成为一种博大精深的传统文化，是中华文明的重要标志和中华民族文化宝库中的重要组成部分，不仅是维系民族凝聚力和向心力的纽带，也是海内外炎黄子孙寻根问祖的重要依据。

一、姓氏的来历

(一)姓氏的起源

姓氏是代表每个人及其家族的一种符号。据传，姓氏最早起源于图腾崇拜。原始人相信自然界万物有灵，对图腾的崇拜开始产生，他们将动物和植物当作本部族的保护神来祭祀，并将它们作为部族特有的徽号或标志，后来逐渐演变成了最古老的的姓氏。在氏族社会，姓、氏开始产生。

1. 姓

中国古人克服恶劣的生存环境，逐步认识自然，认识人类自身，慢慢地在历史中产生了姓的认识，产生了血缘"姓"群体标志。中国的"姓"诞生于1万年前的旧石器时代早期智人、晚期智人阶段，源于母系氏族社会，实际上也是氏族的徽帜，是借以分辨血缘家族的符号，故最初的姓，皆系女旁示意，如姬、姜、姚、子、姒、嬴等。姓从开始出现，就被人们用作"别婚姻"的标志。《左传·僖公二十三年》："男女同姓，其生不蕃。"在原始社会时期，人们认为"同姓是一家"，在氏族社会中，"同姓不婚"，实际上就是说，同一氏族内部的人不得通婚。古人已经知道血缘近的结婚后，对下一代遗传不利，因此同姓不婚的约定俗成一直为我国历代所遵循。

🔖 知识拓展

名、字、号

在姓氏还没有产生的时候，古人最先使用的是一个"名"。名是一个人的标志性符号，即一个人的代称。名，最早起源于氏族社会，常与姓连用。儒学经典《周礼》中记载："婚生三月而加名。"字，又称"表"，是除了名之外古人的又一称呼。南北朝时期的文学家颜之推在其著作《颜氏家训》中写道："古者，名以正体，字以表德。"字，是一个与名相关联的称谓，即别名，多用来表示一个人的品德。

古人一般都有名字，《礼记·檀弓上》说："幼名、冠字。"《疏》云："始生三月而始加名，故云幼名，年二十有为父之道，朋友等类不可复呼其名，故冠而加字。"又《仪礼·士冠礼》："冠而字之，敬其名也。君父之前称名，他人则称字也。"名是幼时起的，供长辈呼唤。男子到了二十岁成人，要举行冠礼，这标志着本人要出仕，进入社会。女子长大后也要离开母家而许嫁，未许嫁的叫"未字"，亦可叫"待字"。十五岁许嫁时，举行笄礼，也要取字，供朋友呼唤。由此可见，古人在自称的时候用名，在称呼他人的时候则用字，以表示尊敬。

号，是指中国古代人于名、字之外的自称。据记载，号在春秋时期就已出现。相对于名、字，号的选取比较自由，无须受到家族、辈分、制度等方面的影响，可根据个人喜好而取。古人的号一般分为两种，一种是自号，也就是自称的；另一种就是别人送的号。比如诸葛亮，他有个字叫孔明，然后又号称卧龙；还有唐代诗人白居易，他的名字叫作白居易，他的字是乐天，他还有个号是香山居士；苏轼字子瞻，别号东坡居士。

2. 氏

在先秦时期，标志部族、宗族的徽号，除了姓之外，还有氏的称谓。氏是姓所衍生的产物，即姓的分支。《通鉴外纪》对此有非常明确的论述："姓者，统其祖考之所出；氏者，别其子孙之所自分。"也就是说，姓表示宗族的起源、出处，是原有的大宗的称号；氏是后起的、分支的，小宗的族号。在母系社会末期，随着生产力的发展和人口的繁衍，氏族活动的范围不断扩展，氏族组织中不断分出一些小的群体，迁居到新的地方。为了区分这些新生的，小的社会群体，并维系与原有氏族组织的联系，于是便有了"氏"这一名称，成为占有土地、区分地域的标志。除了"因土命氏"外，由于社会不断分工，不同阶层的人因其从事的职业、技艺和身份不同，而形成了不同的集团，获得了各种"氏"的称号。随着生产力的发展，社会财富不断积累，社会分工日益明确，职业技艺日益专业，男子的优势日益明显，这一时期，男性取代女性占主导地位，父系大家族的杰出人物成为社会主流的支配力量和各行业的权力象征。如：伏羲氏，以打猎为主的部落，会结网捕鱼捕鸟和围猎，发明了八卦；轩辕氏，会制造车辆，并驯化马、牛等动物拉车的部落，懂得了利用牲畜之力；燧人氏，会制造火种的部落；神农氏，会种植庄稼的部落，发明了农业和医药；有巢氏，会盖房子的部落。

氏从父系始祖继承，且只有男子才称氏。从父系氏族社会开始，姓与氏并行的双轨制度得以确立。夏、商、周三代，姓氏一分为二，"氏"代表官职、居地、职业，同一姓可以衍分许多氏，例如，夏代国君以姒为姓，以夏为氏；商代国君以子为姓，以商为氏；周代国君以姬为姓，以周为氏，形成"同姓异氏，一姓多氏"的社会格局。如"风姓"，以鸟为自己氏族的图腾，分支是凤鸟氏、玄鸟氏、青鸟氏、丹鸟氏、祝鸠氏、鹘鸠氏等子部落。《说文解字》段玉裁注"氏"说："姓者，统其上也；氏者，别于下者也。"《通志·氏族略序》说："三代以前，氏公而为二，男子称氏，女子称姓。氏所以别贵贱，贵者有氏，贱者有名无氏。"姓源于母系氏族社会，氏是父系氏族社会的产物。

小提示

由上述可以总结：在先秦时期，"氏"是：①古代标志男性氏族部落的称号；②图腾的徽号；③氏族部落居住地的称谓；④氏族部落分支的称谓。"姓"是始祖正姓；"氏"是后裔的庶姓，是社会地位尊卑、贵贱的标志。

(二)姓氏的发展

春秋、战国时期，这是一个大动荡、大变革的时期，诸侯国或战或灭，自立王侯者，时有所闻，亡国失氏者，降为庶人。这一时期，氏不断增多，氏已不再是贵者的特权，当男子逐渐都有氏时，氏就成为人们相互之间加以区别的标志，而原来很少的姓被大量的氏淹没，氏就取代了过去姓的地位，姓与氏的区分逐渐弱化。到了秦朝，秦始皇统一文字、货币、度量衡，实行"三公九卿制"和"郡县制"，贵族没有了领地，"氏"就名存实亡，此后，姓氏不再是贵族的专属，平民也可以拥有自己的姓，慢慢地，姓和氏就合二为一了，氏姓不分，或说氏姓合一。这种"姓氏合一"的结果，使原先用以明贵贱的"氏"完全融入原始的姓中，极大地丰富和扩展了姓的数量和内涵，形成当今姓氏的基本形态，姓氏体系基本定型，历朝历代虽有发展变化，但都基本上遵循了姓氏合一这一模式。

为区分先秦时期和秦汉以来姓氏发展的不同历史阶段和文化内涵，人们把先秦姓氏统称为"古姓"，把秦汉以来的姓氏统称为"今姓"。姓氏制度基本稳定之后，宋代流传的普及读物《百家姓》上面有1968个姓。实际上，根据有关资料记载，我国自古至今出现过8000余个姓，现今存在的只有3000个左右，常见的只不过有300多个。

知识拓展

有趣的姓氏

表示数字的姓氏有：壹、贰、叁、肆、伍、陆、柒、捌、玖、拾、零、百、千、万、亿等。比如熟知的伍子胥就姓伍；而陆姓，历史上有陆游、陆羽、陆贾等。

表示时令的姓氏：春、夏、秋、冬、阴、阳、日、月、秒、分、时、旬、季、年、岁等。比如女革命家秋瑾等。

表示方向方位的姓氏：东、西、南、北、上、下、左、右、前、后、高、低等。如后羿射日的后羿；写《红楼梦》后四十回的高鹗等。

表示天干地支的姓氏：甲、乙、丙、丁、戊、己、庚、辛等。比如黄海海战里面的丁汝昌。

表示各行各业的姓氏：工、农、商、学、兵、艺、师、陶、医、铁、干等。比如田园诗人陶渊明；商鞅变法的商鞅。

表示各种颜色的姓氏：赤、橙、黄、绿、青、蓝、紫、红、黑、白、灰、乌等。比如唐代诗人白居易。

二、姓氏文化的内容

姓氏文化包括姓氏渊源、世系流派、迁徙开基、家族繁衍、郡望和堂号、谱牒文化、祠堂文化、陵墓、名人文化等。

(一)祠堂

祠堂是家族的圣殿，是家族权威的象征。祠堂既是祭祖敬宗之处，也是收宗睦族(入谱、定名、序齿)之所，还是实行家族奖惩(科举捷报、接受封诰及责罚不肖子孙)之地。其宗旨书于墙壁(入孝出悌、崇德报功、慎终追远)；其荣誉悬诸牌匾(显亲扬名、光宗耀祖)。

(二)祖墓

祖宗陵墓如同祠堂，亦是家族之象征。族人借此缅怀先祖，追忆先人，表达孝思与亲情。因此，祖墓同是团结族群、凝聚人心之所在，族人以此为精神寄托。

(三)名人

名人是家族的荣誉和骄傲，各个姓氏都世代相传地加以记载和颂扬。谱牒和祠堂中载的人物包括：开基先祖和树立声望的祖宗，有重大历史功绩和良好品质的先人，科举中成就功名或仕宦有政绩的人物，也有受朝廷旌表的忠孝节烈、寿考人物以及其他有声望的人物。这些构成谱牒的重要内容，占有相当大的篇幅。

(四)艺文著述

艺文著述，反映家族人物的才学与艺术，或见于撰著，或形于题咏，或镌刻于祠、墓，或播于口碑；另有作为家训族规载于谱牒，劝勉后人的。这些都是家族文化的重要内容。

(五)郡望

每个姓氏都有自己的发祥之处和树起声望之地，因此形成了郡望。郡望即地望、郡姓。"郡望"一词，是"郡"与"望"的合称。"郡"是行政区划，"望"是名门望族，"郡望"连用，即表示某一地域范围内的名门大族。历代的姓氏书中，其中有一类是以论地望为主(如唐代柳芳的《氏族论》和南朝刘义庆的《世说新语》)。《百家姓》刻本，也往往在每个姓氏前面注明"郡望"。例如，魏晋至隋唐在我国北方形成的"四大郡望"：范阳(今北京至河北省保定一带)卢氏、清河(今河北省清河一带)崔氏、荥阳(今河南省郑州一带)郑氏、太原(今山西省太原一带)王氏。

(六)堂号

各姓氏还因祖上名人的活动产生重要社会影响，形成典故轶闻，故而以之为堂号，堂号是郡望的进一步分化与发展。堂号本意是厅堂、居室的名称。由于古代同姓族人多聚族而居，往往几代同堂，堂号就成为这一同姓族人的共同徽号。如谢姓"宝树堂"、郑姓"带草堂"、王姓"三槐堂"、杨姓"四知堂"、周姓"爱莲堂"、张姓"金鉴堂"等；林氏还有"西河堂""济南堂""晋安堂"之别。堂号既是姓氏分支的标志，又是姓氏历史文化的徽号，具有激劝的作用。**(扫描二维码观看微课了解中华姓氏)**

三、谱牒文化

每个姓氏或家族，都有自己的历史，其发展过程大多载在本家族的谱牒之中，或流传于口碑之上。由于个人或家族的迁移，姓氏人口的分布从发源地逐渐扩散到各地，甚至全世界，但人们始终不忘寻找宗脉源流，追求血脉亲情的归属感。一部谱牒，常常使人们因能认祖归宗而热泪盈眶，激动不已。

(一)谱牒含义

谱牒又称族谱、宗谱、家乘、家谱、家传、房谱、支谱、谱系等，是一种记录家族迁徙、发展的事迹和家族人物的世系、传记的书，是以特殊形式组织、编写的家族生活史。它以一定的形式记载了该宗族历史，其形式和内容集中了档案学、历史学和文化人类学等学科的旨要，有"记录先世，弘扬家史""敦宗睦族，凝聚血亲"的功能。谱牒与国史、地方志并称为中华民族的三大文献。

(二)谱牒的起源与发展

谱牒源于历史上记载古代帝王、诸侯世系、事迹的谱学著作，早在魏晋南北朝时期(220—589)就已产生，隋唐时期(581—907)开始逐渐从官方流传到民间。在我国现存的古籍中，记载周代以前世系最完整、最权威的是汉司马迁的《史记》。《史记》中专门记载并较为突出的有以下两个方面。

1. 《五帝本纪》

《五帝本纪》是汉代文学家、史学家司马迁创作的一篇文章，列于《史记》首篇，记载的是远古传说中被后人尊为帝王的五个部落联盟首领——黄帝、颛顼、帝喾、尧、舜的事迹。该篇也记载了黄帝、颛顼、帝喾、帝尧、帝舜五人的世系。由于"五帝同祖"，因而该篇实际上记录了公孙姓轩辕氏的世系。

2. 《殷本纪》

《殷本纪》出自《史记卷三·殷本纪第三》。20世纪初，王国维通过甲骨研究，佐证了《殷本纪》的可信性。该篇记载了子氏家族自得姓以后的历代世系，商始祖契因其母简狄吞鳦卵而生("鳦"，是"燕"的古写，即玄鸟。商族为东夷分支，所以玄鸟生商，当由夷族鸟图腾推衍而来)。舜封之于商，赐姓子氏。此外，《史记·三代世表》也以表的形式记载了五帝的世系和夏、商两朝的世系。

中国谱牒产生后，经过夏、商、周发展到唐代，由于它主要是为宗族制度服务的，从商周宗法分封制的推行直到唐代，以社会的上层人物杜撰谱牒为多，官修谱牒发展到了极盛时代。到了清代，宗族制度已趋完备，作为宗族制度不可缺少的要素，族谱、族规、族田、祠堂等传布极广，修谱活动日益频繁，族谱体例日趋完备，内容更为丰富。

(三)谱牒的内容

谱牒所记载的家族史以父系家族世系、人物为中心，一般分为世系图、家谱正文、附录三个部分。世系图记录着本族中每个人的名字，是查证谱中某人的世系所承、属于什么时代、父亲是何人的图标。有北宋(960—1127)欧阳修创立的欧式、北宋文学家苏洵创立的苏式、宝塔式和牒记式四种基本记述格式。家谱正文，是按世系图中所列人物的先后次序编订的，一般概括性地介绍人物的字号、父讳、行次、时代、官职、封爵、享年、卒日、谥号(有地位的人去世后被授予的称号)、婚配等。附录则记述了家族的迁徙、家族文化、家规、家训、郡望、堂号(家族的称号)等内容。

一部完整的谱牒就是一部宗族、家族史或宗族、家族百科全书。通过这部谱牒，可以了解到该家族的历史沿革，世系繁衍，人口变迁，居地变迁，婚姻状况，该家族成员在科第、官职等政治生活中的地位、作用和事迹，该家族的经济情况和丧葬、礼典、家规、家法等典章制度等。而谱牒也正是将这些内容以书、图、志、表、史的形式记录下来，成为与正史、地方志并列的又一文史宝库。但由于社会、历史原因，加上修谱人知识能力所限，致使谱牒内容多有失真，历来受到治史修志专家的诟病，认为谱牒"出自闾巷，家自为说，事非经典，苟引先贤，妄相假托"，而怀疑其价值。事实并非全部如此，谱牒所记明、清以来的内容大多可以采信，因为"地近则易核，时近则迹真"。(扫描二维码观看微课了解谱牒文化)

第五节 传统服饰

服饰是人类文明的重要组成部分，它伴随着人类文明的起源而诞生，因人类文明的发展而完善。作为一种文化符号，它反映了一个国家或民族在物质文明和精神文明方面所能达到的深度与广度。中国传统服饰有着悠久的历史，在数千年的发展演变中，形成了具有中国气派的、体现着中华民族独特神韵的服饰文化遗产。中国历朝历代的服饰，记录着历史和社会生活，反映着民俗风情和社会制度，承载着审美观念和民族精神。

一、秦汉服饰

秦汉是我国长期大一统的时代。秦王朝建立后，秦始皇就开始推行"书同文，车同轨，兼收六国车骑服御"等一系列措施，建立起包括衣冠服制在内的制度。秦汉时男女服装沿袭了战国时的深衣形式。

(一)深衣

深衣，顾名思义穿着时能将全身遮蔽，藏于深邃，雍容典雅。深衣来源于先秦经典《礼记》的《深衣》篇，狭义概念上是一种特定服饰款式的名称，其上衣、下裳分开裁剪并缝合到一起，且有一定的制作规范，以玄色为尊，分为曲裾和直裾。按《礼记·玉藻》记载，深衣为古代诸侯、大夫等阶层的家居便服，也是庶人百姓的礼服，汉代以来的朝服绛纱袍也是深衣制。秦汉妇女以深衣为尚，其礼服为曲裾绕膝式和直裾式，衣襟绕转层数比战国时的深衣有所增多，下摆部也有所增大(图6-22)。但是凡穿深衣的妇女，腰身都裹得很紧，另缀一根绸带系扎，或系于腰间，或束在臀部，由衣襟末端的地位而定。曲裾绕膝深衣分为窄袖和宽袖二式。

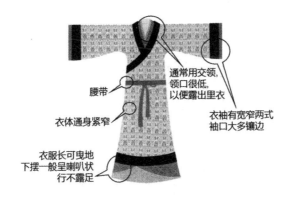

图 6-22　秦汉妇女的曲裾深衣示意图

(二)明月珠与倭堕髻

"头上倭堕髻，耳中明月珠。缃绮为下裙，紫绮为上襦。"是汉乐府诗《陌上桑》中的诗句，描写了汉代女子秦罗敷的美丽与机智。从诗中可以看到，罗敷穿的是丝绸做的襦裙，其中提到的"倭堕髻"是当时女子较为流行的发式。除了倭堕髻，还有凌云髻、垂云髻、堕马髻、盘桓髻等(图6-23)，普通女子髻上没有装饰且顶发向左右平分，十分简洁但却很美。"明月珠"是女子的耳饰，是指悬挂在耳边的小珠子等亮闪闪的饰物。

图 6-23　汉代女性发髻

知识拓展

马王堆汉墓，位于湖南省长沙市芙蓉区东郊 4 公里处的浏阳河旁的马王堆乡，是西汉初期长沙国丞相、轪侯利苍的家族墓地。马王堆汉墓出土的各种丝织品和衣物，年代早，数量大，品种多，保存好，极大地丰富了中国古代纺织技术的史料。一号墓边箱出土的织物，大部分放在几个竹笥之中，除15件相当完整的单、夹棉袍及裙、袜、手套、香囊和巾、袱外，还有46卷单幅的绢、纱、绮、罗、锦和绣品，都以荻茎为骨干卷扎整齐，以象征成匹的缯帛。三号墓出土的丝织品和衣物，大部分已残破不成形，品种与一号墓大致相同，但锦的花色较多。最能反映汉代纺织技术发展状况的是素纱和绒圈锦。薄如蝉翼的素纱襌衣，重不到 1 两，是当时缫纺技术发展程度的标志。用作衣物缘饰的绒圈锦，纹样具立体效果，需要双经轴机构的复杂提花机制织，其发现证明绒类织物是中国最早发明创造的，从而否定了过去误认为唐代以后才有或从国外传入的说法。而印花敷彩纱是中国首次发现的古代印花丝织品实物，表明当时在印染工艺方面达到了很高的水平。

二、唐代服饰

隋唐五代是中国封建社会大发展、大繁荣时期。这一时期南北统一、国运昌盛，各民族之间文化、贸易往来交流频繁，民众思想观念开放，服饰、妆容等也呈现出绚丽多彩的面貌。

(一)襦裙

唐代是中国封建社会的鼎盛时期，经济发达，文化繁荣，对外交流盛况空前。唐代人的衣着服饰也体现着当时的时代风貌。

唐代服饰面料丰富多彩，有锦、罗、丝等众多绚丽的面料，当时的纺织技术和印染工艺都达到了较高的水平，白居易《缭绫》生动描绘了当时的衣衫色彩之艳："织为云外秋雁行，染作江南春水色。广裁衫袖长制裙，金斗熨波刀剪纹。异彩奇文相隐映，转侧看花花不定。"唐代刺绣也很发达，其做工精致，色彩华丽，主要用于服饰。发达的染织工业和刺绣业使这一时期的服装色彩鲜艳、质地柔软、样式华贵大方，尤其是妇女的服装，在此基础上还增加了服饰的时装性。在唐代，最为流行的女性服装为"襦裙服"(图 6-24)，是指唐代女子上穿短襦或衫，下着长裙，佩披帛，加半臂(即短袖)的传统装束。襦裙装中的图案一般多采用缠枝花纹、宝相花纹，以及吉祥瑞兽，其中宝相花纹又称团花纹，以牡丹作为主体，多取富贵祥和之意。

图 6-24　唐代不同时期的襦裙式样

(二)步摇与梳栉

唐代以梳高髻为美，女子对发型的偏爱和重视可以说达到了登峰造极的程度，各种发髻名目繁多，有云髻、丫髻、螺髻、双垂髻、乌蛮髻、三角髻、峨髻等近百种。与发型相对应，唐代的发饰也是十分华丽且层出不穷，步摇、梳栉与簪子(搔头)是典型代表(图 6-25)。

白居易《长恨歌》有"云鬓花颜金步摇""翠翘金雀玉搔头"之句。唐代的步摇是有弹簧的:"流苏带缀饰,步摇有弹簧"。梳栉也是唐代"白富美"们最时尚的、最具代表性的头饰之一。

图6-25　唐代发饰:步摇和梳栉

(三)鱼袋

鱼袋是唐宋时期官员佩戴的证明身份之物。因为鱼目昼夜不闭,有"常备不懈"的寓意,因而用来做官员的装饰。朝官与地方官吏常用一种三寸长短的鱼形饰物,作为彼此联络的凭证。鱼形饰物用金、银、铜等材料制成,上面刻有文字,分成两片。一片留在朝廷,另一片由地方官吏保存。如遇升迁等事,即以此合符为证,实际上就是古代虎符的变形。唐代规定,三品以上服紫,四品、五品服绯(朱红),六品、七品服绿,八品、九品服青。三品以上官的鱼袋以金饰之,称为金鱼袋。五品以上官的鱼袋以银饰之,称为银鱼袋。这些象征官阶的"银青紫金",演化为象征官阶高低不同的另一个功能。唐韩愈《示儿》诗称:"开门问谁来,无非卿大夫。不知官高卑,玉带悬金鱼。"唐代低级官员出使外国时,常会借高级官员的紫金鱼袋抬高身份,谓之"借紫"。

《唐会要》卷三一《鱼袋》条记:"神龙元年(705)九月十七日敕嗣王、郡王有阶卑者,许佩金鱼袋。"自此鱼袋之制延及诸王。到了宋代,官服基本上沿袭唐代,也给出任地方长官者越品借服并赐鱼袋。宋代不用鱼符,只饰鱼形于袋上。

知识拓展

佩龟与金龟婿

这个美称出自唐代诗人李商隐的《为有》诗:"为有云屏无限娇,凤城寒尽怕春宵。无端嫁得金龟婿,辜负香衾事早朝。"写一贵族女子在冬去春来之时,埋怨身居高官的丈夫因为要赴早朝而辜负了一刻千金的春宵。将丈夫称为"金龟婿",与唐代官员的佩饰有关。据《新唐书·车服志》载,唐初,内外官五品以上,皆佩鱼符、鱼袋,以"明贵贱,应召命"。鱼符以不同的材质制成,"亲王以金,庶官以铜,皆题其位、姓名。"装鱼符的鱼袋也是"三品以上饰以金,五品以上饰以银"。武后天授元年(690年)改内外官所佩鱼符为龟符,鱼袋为龟袋。金龟既可指用金制成的龟符,还可指以金作饰的龟袋(图6-26)。后世遂以金龟婿代指身份高贵的女婿。但在现代汉语中,其"贵"的含义正在逐渐减弱,而"富"的含义却有逐日加强之势。

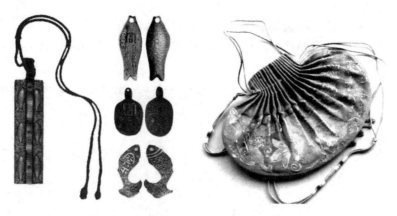

图 6-26 金鱼袋、鱼符、龟符

三、宋代服饰

宋代，农工商得到快速发展，国与国之间的交流日趋频繁。这一时期中国对外贸易的不断发展对汉服的文化和传统产生了重要影响。在儒学复兴、理学构建和对外政策的妥协文化氛围下，民众的审美观念也发生了改变，趋于理性、内敛、含蓄。

(一)褙子

宋代人服装颜色多崇尚淡青、墨绿、白等素雅色系，融合在婉约的宋词中就非常贴合，特别是到了南宋时期，随着政治中心南移，这些淡雅的颜色与江南的四季变换更能够融为一体。"嫩麹罗裙胜碧草。鸳鸯绣字春衫好。"(晏几道《蝶恋花》），"墨绿衫儿窄窄裁"(黄机《浣溪沙》)等对这些绿色系服饰的描绘，与如今的江南风景也是非常协调的。

宋代女性服饰以窄腰为美。最常见的宋代褙子款式，是以直领对襟为主，衣长不等，前襟不施襻纽，衣服两侧开衩，或从衣襟下摆至腰部，或从腋下一直开到底，还有根本不开衩的款式，流行窄袖(图 6-27)。宋代女性服饰追求整体和谐及色彩的清新、典雅和自然。发髻高高的，拉长身体曲线，以苗条修长为时髦。宋代女子开始缠足，追求一种纤巧病态的美。

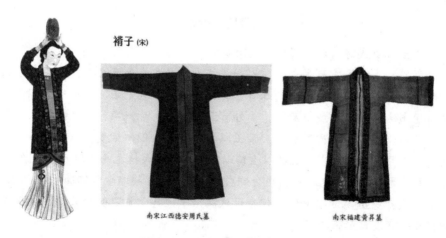

图 6-27 宋代女子服饰：褙子

(二)铺翠冠儿和捻金雪柳

"中州盛日,闺门多暇,记得偏重三五。铺翠冠儿,捻金雪柳,簇带争济楚。"此句出自宋代女词人李清照《永遇乐·落日熔金》,描写了作者同闺中女伴们戴上嵌插着翠鸟羽毛的时兴帽子和金线捻丝所制的雪柳,插戴得齐齐整整前去游乐的画面。冠,帽也,"铺翠冠儿"就是以翠鸟羽毛装饰的帽子,一说是镶翡翠珠子的冠。"捻金雪柳"就是用白色的绢制成的头饰,上面再加以金饰。

宋代女子特别爱戴冠,是非常流行的头部装饰。北宋时期社会经济繁荣,女性的冠饰也种类繁多,具有独特的风韵。冠的材质五花八门,有珠冠、花冠、角冠、团冠、山口冠、垂肩冠等多种冠饰,最广为人知的还要数珠冠和花冠。从佩戴的场合上可分为礼冠和便冠。据史料记载可知,花树、博鬓、凤凰、翠鸟、游龙和珠旒等都是后妃礼冠上的主要装饰物。

四、清代服饰

清代是我国服装历史上改变最大的一个时代,服装文化上呈现满、汉两大服饰体系并存交融的现象,形制较为庞杂和繁缛,常有变化。时至今日,它对国内外产生了"一代优美服饰"的影响。

(一)氅衣

氅衣为清代的妇女服饰,氅衣(图 6-28)与衬衣款式大同小异。衬衣为圆领、右衽、捻襟、直身、平袖、无开衩的长衣。氅衣的左右两侧自腋下开裾,直至下幅,开衩的顶端饰有云头,穿着时虽大气、飘逸,但行走时易露出腿部,有失端庄仪表。因此,氅衣不能贴身单独穿用,必须穿在衬衣或便袍外面。如果不是冬日外出,氅衣的外面不再套穿其他服饰。也正为如此,氅衣面料的绣工或是做工都比其他服饰更为讲究,纹样华丽,品种繁多,边饰精美,并有各自的含义。

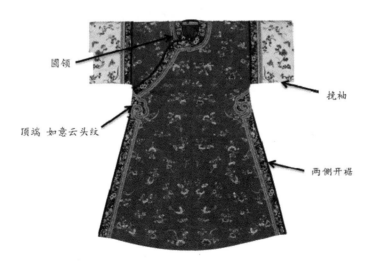

图 6-28 氅衣

(二)云肩

云肩,也叫披肩,起源于秦汉、魏晋时期,盛行于明清直至民国,是妇女用来装饰肩部和领部的一种装饰物,常用四方四合云纹装饰,并多以彩锦绣制而成,宛如雨后云霞映日,晴空散彩虹,故称之谓云肩(图6-29)。早期云肩多数形似翅膀坠于肩头两侧,大约在宋金时期围绕脖子一周的云肩逐渐成为主流。到清代时,云肩普及社会的各个阶层,特别是婚嫁时成为青年妇女不可或缺的衣饰。发展到后来,云肩多在岁时节令或婚嫁时佩戴。

图6-29 云肩

云肩的结构是围绕颈部中心放射或旋转为骨架,有四方、八方等不同量的放射形态,目的在于表达对太阳的崇拜并以此来象征四时八节,顺应古代造物讲究四方四合、八方吉祥的祝颂理念。清朝的云肩形式丰富多样,有四合如意、四合柳叶、对开云肩、八方云肩、条带状云肩等。云肩上的刺绣图案题材丰富,有的是"一年景"四季花果,四周垂吊着绿色长穗,恰似大自然的森林一般,笼罩住人的主体,有"天人合一"的深刻内涵;还有的绣有婴孩嬉戏于花间,比拟儿孙富贵、天伦之乐;并蒂莲花比拟爱情忠贞。每件云肩都各自有一个主题,都离不开人们对生活的美好祝愿,具有较高的艺术研究价值。

(三)旗袍

旗袍由满族妇女的长袍演变而来。由于满族称为"旗人",所以称之为"旗袍"。满族妇女的旗袍,有单、夹、衬绒和丝棉袍之分,其特点是腰身宽松、平直,袖口宽大,衣长至脚踝。到了清朝后期,"元宝领"用得十分普遍,领高盖住脸腮碰到耳,袍身上多绣以各色花纹,领、袖、襟、裾都有多重宽阔的滚边。后来满汉文化不断交流和相互影响,满族的服饰也慢慢发生了变化。清末,旗袍的风格由简洁变为繁复,讲究装饰,还采用汉族的刺绣工艺和吉祥纹样,颜色、品种、图案都十分丰富。后来,旗袍吸收了西方的剪裁,强调女子腰身曲线的旗袍出现了,但保留了具有传统特色的元素,例如细致的盘扣,精美的绣花。

知识拓展

盘　扣

人类祖先在生产生活时,为了使衣服贴身保暖而不散落,便借助于绳子或带子,打结或系扣来紧束衣服。而这绳结带扣就是盘扣的雏形。盘扣的真正成型与运用,与满族旗人的风俗习惯对中原地区的影响,以及"唐装"和旗袍的流行密不可分。这是中国传统服饰史上，继"胡服骑射""开放唐装"之后的第三次突变。现在人们衣服上的纽扣，从功能上来说是盘扣的延伸，而盘扣又经历了中国古代绳、结、带、扣长期多样的演变。在这个演变过程中，每个时期都具有鲜明的中国服饰特点，它蕴含着中华民族聪明智慧和创造精神。盘扣的制作工艺考究，造型细腻优美，品种花样繁多(图 6-30)，极富想象力，作为一种用来美化服装的手段，是中华传统民族文化的结晶。

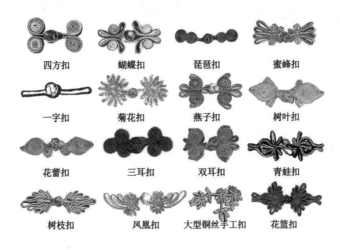

图 6-30　各式精致的盘扣

【思考讨论】

1. 那达慕大会是怎样形成的？
2. 除了四合院，还有哪些宫室式民居？具有哪些典型的特点？
3. 讨论中国古代女子的服饰变化与成长礼仪之间的关系。

【综合实践】

1. 请自行总结本章的知识点。
2. 运用所学知识，完成下列任务：
① 请简述谱牒含义及内容。
② 调研和分析四合院中的房屋分配方式。
③ 品读《红楼梦》中体现的明、清服饰文化。

第七章 精神生活民俗

【导论】

民俗是一国一族固有的传承性生活文化的总和,是最根本的基础文化,是民族群体共同文化共同心理素质的集体体现。不同的民族,人们所共有的精神生活也千差万别,世代锤炼便形成了精神生活民俗。在人类文化意识的历史长河中,精神生活民俗是一种无形的心理文化现象,它们往往分散于个体之中,属于特定的文化领域。

中国是一个具有悠久精神生活民俗传统的国家,中国传统的精神生活民俗是中国文化的一个组成部分。中华上下五千年的历史孕育出了如传统吉祥文化、民间游艺、音乐曲艺、书画文学、中华武术等社会精神活动,本章便从以上几方面对中国传统的精神生活民俗进行详细的介绍。

【学习要点及目标】

1. 了解中国吉祥文化的内涵,正确认识中国劳动人民的生活价值观。
2. 了解中国传统民间游艺,增加对传统民族文化的认知与理解。
3. 了解中国古典音乐及戏曲,不忘民族精粹,培养文化自信。
4. 了解中国文学及书法、绘画艺术,感受不同时代中国人民审美的变化,提高审美创造能力。
5. 了解中华武术,感受阴阳变化、内外兼修的中华武术哲学思想。

【关键词】

精神生活 吉祥 游艺 文学 艺术 中华武术

第一节 吉祥文化

灿烂辉煌的中华文明延续数千年,自古先人们祈福于自然,寻求与天地万物的和谐与统一,他们借物喻智,附会象征,把对生活的热爱,对河清海晏、国泰民安的期盼,对子孙后代的祝福,对未来的美好向往,寄托在风俗、语言、图画和日常什物中,甚至寄托在心理定式、价值取向、行为方式中,并以如此细微的元素为经纬,编织出了一幅幅色彩绚丽的锦绣画卷,最终汇集成了独特而丰富的吉祥文化。

如今吉祥文化已经成为中华民族之树的一条重要的根茎,成为中国人身上的标签之一,也是中国人相同血脉的一种延续。中国人对未来生活的美好期盼始终离不开"福、禄、寿、喜、财和平安",本节便从这几方面对中国传统的吉祥文化做一个简单的介绍与梳理。(扫描二维码了解中国吉祥语言)

一、福文化

中国人对"福"的理解自古并不十分明细,但也许正是因为笼统,才能容纳下人们对美好生活的期盼和愿望。从古到今,中国人都在用各种形式来展现"福"的存在,无论是习俗、规矩还是图案,"福"变得无处不在。

(一)福星

民间观念中,福星是掌管世人幸福的神明。而对于福星的来历,有多种版本。如"天官下凡""松滋张仙""太岁"等,尽管众说纷纭,但却阻碍不了民间祈求幸福的本意初衷。中国成语"福星高照"便寄托着民间对"福星"的追崇及对幸福生活的美好祝福。

(二)"福"字

一个"福"字,蕴含着无尽的吉祥。每逢新岁来临,民间家家户户便会贴挂"福"字。其中不乏倒贴的做法,其意为借谐音"福倒了"寓意"福到了"。早在清代康熙、乾隆两朝就有新年御赐"福"字给臣子的习惯,其寓意为"赐福苍生""福归天下"。乾隆时期曾有大臣王际华把历年所得的二十四幅"福"字悬于厅堂之上,并把该厅堂命名为"二十四福堂"。

(三)蝙蝠

在民间的"福"文化中,蝙蝠出现的频率极高,无论是年画、器皿还是建筑、家具的装饰雕花上,蝙蝠的形象都随处可见(图 7-1)。蝙蝠被当作吉祥之物,主要归因于中国汉字的传统谐音文化,"蝠"与"福"同音,人们就把抽象的"福"寄托于具象的蝙蝠形象里,在吉祥图案中,红色蝙蝠最常见,因为它的谐音代表着汹涌而来的福气——"洪福"。

图 7-1 带有蝙蝠形象的画作及年画

二、禄文化

"禄"原指古代官吏的俸给，也就是"俸禄"，是古代王朝政府按规定给予各级官吏的报酬。后来"禄"又被引申为前程、功名、事业和仕途、官场因得势而获得的享受，进而被民间当作是养命之源，是福，是善，围绕着这些含义，形成了一整套的"禄"文化。

(一)禄星

民间传说中主宰仕途官运之神，其信仰源头来自古代的星辰崇拜。《史记·天官书》中云，北斗之上有六星，统称为文昌宫。宫中所有的星神都能主宰人的功名利禄，禄星原为文昌宫的第六星。后来传说晋代的官员张亚子战死后，被四川梓潼百姓当作雷神祭祀，即张仙。道教将文昌星和梓潼神同尊为主管功名利禄之神，二神逐渐合二为一，经过道教的演绎，禄神成了被玉帝任命为掌文昌府及人间功名、禄位之事的神明，称梓潼帝君、文昌帝君或文曲星君。

(二)孔雀

孔雀的形象除了民间赋予它的众多吉祥寓意以外，还与古代的官禄文化相联系。作为珍禽异鸟，孔雀的图案以衣补子的形式，被明、清两代文官官服所选用，借以象征"文明天下"，也因此在民间表达升官意愿时也常借取孔雀的图案(图7-2)。

图7-2 绣有孔雀的明清文官官服

(三)鹿

作为传统意义上的瑞兽，鹿除了象征吉祥、长寿外，还因为与"禄"谐音，而应用于官禄文化中(图7-3和图7-4)。

(四)槐树

旧时民间有在庭院中种植槐树的习俗，这和祈望家中后人扬名仕途有一定的关系。在古代，朝廷种三槐九棘，三公面对槐树而坐，九卿面对九棘而坐。因此在表征"禄"寓意的图画或图案中常见槐树。

图 7-3　鹿禄招财摆件　　　　　图 7-4　山东滕县前掌大商代墓葬出土的玉鹿

(五)猴

猴子的形象被民间广为利用，尤其是在表达官禄愿望时，主要是其谐音"侯"的缘故。周代的管制把爵位分为五等，从高到低分别是公、侯、伯、子、男。此后历代，省却了伯、子、男等爵位，却大多保留了公、侯的爵位。官场上的人们把封公封侯当成了作为人臣的终极荣耀，也正是基于这样的理想，猴子的形象也就成了这种渴望的特定借代表达方式。

(六)凤毛麟角

凤凰和麒麟都是传说中的珍禽异兽，是吉祥的化身。成语中的"凤毛麟角"，常用来比喻极其珍稀的事物或难得的人才。根据这样的寓意，将凤凰和麒麟同置一画之中，就成了民间祈盼家中子孙成才的潜台词。**(扫描二维码了解中国麒麟文化)**

三、寿文化

古人对寿命有浓重的惜求情结，认为人类的寿命是"天赋之命""非人力所能为者"。中国人自古眷恋人世，由于当时医疗不发达，战乱频发，"长寿"对于大多数人来说都是无比珍贵且祈求的愿望，"寿"文化也由此在民间吉祥文化中得到了充分的发展。

(一)寿星

寿星崇拜出现的时间比较早，是由古代星宿崇拜中南极老人和寿星演变而来的。寿星即东方七宿之首的角、亢二宿；南极老人也就是南极星。大约在东汉时，人们在祭祀南极老人星时，也举行敬老活动，这样南极老人星就渐渐与人的寿命相联系。唐宋以后，寿星与南极老人星逐渐统一为寿星形象，成为民间传说中掌管人间生命年寿的神仙。

(二)寿桃

在传统的祝寿文化中，"寿"很早就与"桃"产生了关联。《神异经·东荒经》载："东方有树，高五十丈，叶长八尺，名曰桃。其子径三尺二寸，和核羹食之，令人益寿。"后来，神话传说中又有了王母娘娘在自己生日这天，用蟠桃款待应邀赴宴的各路神仙一说，据说那蟠桃三千年一开花，三千年一结果，吃后可以长生不老。民间便取其吉祥寓意，将桃子视为祝寿的必备之物。由于桃子应季而生，不是四季都有，人们便以面食蒸制桃子作为替代。民间祝寿的吉祥画中也都离不开桃子图案。

(三)灵芝

灵芝有"仙草""瑞草"的别称，在民间传说中，它有起死回生、长生不老之功效，被视为象征如意、长寿等美好意思的吉祥之物。因此，它在传统文化中被广泛应用。例如，吉祥器物"如意"的头部就是灵芝的形状变化而来的。

(四)松

松树苍劲挺拔，长青不老，具有极其顽强的生命力，被誉为"百木之长"。《论语》中写道："岁寒，然后知松柏之后凋也。"道教中说寿过千年的松树，所流松脂会变成茯苓，服用茯苓者可长生不老。松树便也成了"寿"文化的象征。

(五)鹤

在古人眼中，鹤为仙禽，有"白羽之宗"的美称，说它由天地之灵气化生，《相鹤经》称鹤"寿不可量"；《淮南子》注："鹤寿千岁，以极游"，是长寿的象征。中国古代文化常将鹤和松树连在一起，认为服松脂可登仙，登仙后可化鹤，即所谓"千岁之鹤依千年之松"。民间常用松树、仙鹤比喻长寿之人，也蕴含飞升登仙、长生不老之意。

(六)乌龟

龟，古有"甲虫之长"之说，是长寿的象征(图 7-5)。《龟经》载："龟一千二百岁，可卜天地终结。"龟与鹤齐名，民间常用"龟鹤齐龄"来作为祝寿时的吉祥用语。龟、鹤这两种动物也常被融入长寿题材的图案之中，《抱朴子·对俗》中有："知龟鹤之遐寿，故效其道引以增年。"(扫描二维码了解"龟"文化)

图 7-5　龟鹤摆件

四、喜文化

"喜"在汉语中有许多含义,包括高兴、快乐。旧时在民间,喜事的覆盖面很宽泛,婚嫁为喜、生子为喜、获得功名为喜、高寿龄者逝去亦为喜(白喜)。

(一)喜神

喜神又称"吉神",无具体的神名,但可以根据天干地支、日子时辰和八卦方位来计算喜神出现的具体方位。古时迎喜神是一件农事风俗,由皇家举行仪式,按喜神方位,赶神牛到郊区以迎喜神,在此过程中,牛要披红挂彩,佐之以鼓乐;司牛官要鸣鞭,称为"鞭春",以祈好年景。

民间祭祀喜神大多为春节的大年初一和婚庆的时候。通常用红纸写上"福""喜"或"吉利之神"等字,并祭拜之。旧时也称祖先遗像为"喜神",在过年时须隆重祭拜,在传承不忘祖先之信念的同时,也祈求祖先保佑全家安康(图7-6)。

图7-6 喜神画像

(二)百合

百合在民间备受喜爱,其原因有四:一是花形清雅,幽香怡人;二是传说中百合有驱邪的功效,人们在室内摆置,有预防邪气侵害的意思;三是"百合"二字容易让人联想起"百年好合""百事和合"的意思;四是百合在民间有"送子仙"的别称,据说接到百合这种花的姑娘以后定能生男孩,因此百合常在姑娘婚礼或生日时被奉作礼物。新婚夫妇也要同饮百合汤。百合的形象也被绘制或刺绣在各种婚庆用品上,以表达对新婚夫妇的美好祝福。

(三)鸳鸯

鸳鸯是游禽的一种,喜雌雄共处,游则成双,眠则交颈,因此,人们将其视为终生和睦相处、不离不弃、忠贞不渝的恩爱象征,鸳鸯的形象也由此被广泛应用于婚礼的各种装饰物上。

(四)蝴蝶

在花丛中成双成对嬉戏追逐的蝴蝶,最能引起人们对爱情美好的想象,梁山伯与祝英台的爱情故事,最终也是以双双化蝶收尾,因此,蝴蝶成了民间美好爱情的象征。旧时民间双飞蝶的形象也经常出现在新婚以及表达爱情的织物、家具等物品的装饰上,作为爱情和婚姻美满和谐的表征。

(五)比翼鸟

传说比翼鸟是一种雌雄双宿双飞的禽鸟,它们互相依靠,形影不离,缺少一个另一方便不能存活,因此人们常借比翼鸟比喻夫妻的恩爱和爱情的美满。比翼鸟最早起源于《山海经》,《山海经·海外南经》中云:"比翼鸟在(结匈国)其东,其为鸟青、赤,两鸟比翼。一曰在南山东。"又《西山经》云:"崇吾之山有鸟焉,其状如凫,而一翼一目,相得乃飞,名曰蛮蛮,见则天下大水。"比翼鸟作为上古神兽,早在几千年前已经被用于比喻美好爱情。唐代大诗人白居易还曾以诗句"在天愿作比翼鸟,在地愿为连理枝"来比喻唐明皇与杨贵妃的爱情。民间结婚时张贴的喜联也多包含"比翼鸟"的名字(图7-7)。

图7-7 比翼鸟摆件及剪纸作品

(六)凤凰

凤凰亦作"凤皇",古代传说中的百鸟之王。雄的叫"凤",雌的叫"凰",总称为凤凰,常用来象征祥瑞,凤凰齐飞,是吉祥和谐的象征。凤凰齐飞的形象也用来比喻婚姻爱情的和谐美满。凤凰作为上古神兽,出自《山海经》:"丹穴之山……有鸟焉,其状如鸡,五彩而文。名曰凤凰,首文曰德,翼文曰义,背文曰礼,膺文曰仁,腹文曰信。是鸟也,饮食自然,自歌自舞,见则天下安宁。"古有"凤求凰"比喻男女相爱,男子追求女子,也象征对美满幸福姻缘的向往和歌颂。

(七)青梅竹马

唐代"诗仙"李白"郎骑竹马来,绕床弄青梅,同居长干里,两小无嫌猜。"原是一首歌颂爱情的叙事诗,经过流传,"青梅竹马,两小无猜"也成了比喻童年相伴玩耍,长大后厮守终生成为夫妻的成语。也由此,民间出现了借"梅花"代"青梅","竹子"代"竹马",并由梅花和竹子构成吉祥图案,寓意对两小无猜、终成眷属的新婚夫妇的美好祝愿。若图案中再添一对喜鹊,则成了"竹梅双喜",其寓意与"青梅竹马"相近。

(八)石榴

石榴果实中多子,民间取其特性,便把它当成了子孙繁盛的象征。民间遇婚嫁之事时互赠石榴,也寄托着祝新婚夫妇"早生贵子"的美好祝福。相传早在北齐时代,皇帝高洋娶妃时,新娘的母亲就曾献上两个大石榴,有臣子解释其中的含义道:石榴丰硕多子,王妃的母亲是在祝福皇帝多子多孙。石榴也由那时起成了带有吉祥寓意的象征。

(九)蔓草

蔓草以其绵延生长的特性,早在隋唐时期便被人们选为"子孙茂盛、家族长久"的象征,因此它又有"唐草"之称。在民间,家族后代的子孙绵延尤为重要,蔓草由此也常出现在装饰纹样中(图7-8和图7-9)。

图 7-8　唐 李勉双鱼蔓草纹银盘

图 7-9　清 乾隆青花五彩蔓草纹盘(官窑)

(十)枣、栗、桂圆和花生

在旧时的婚俗中,有四样东西经常出现:枣、花生、栗子和桂圆,按照谐音这四样东西的寓意成了"早生贵子"或"立生贵子"。其中花生除了谐音"生"外,还有儿女双全的寓意。

五、财文化

在中国传统文化中,人们在对财富的态度上分为两种:一种认为财富是万恶之源而避之;另一种认为财富是万福之基而趋之。前者多半是深受儒家道德思想影响的儒雅清高之士;后者多为官宦商贾和民间百姓。千百年来,世人对财富的渴望融杂于世俗生活的方方面面,并创造出了一整套的财富文化,成为传统文化不可或缺的组成部分。

(一)财神

民间神祇中,财神是一位掌管财运的神仙,百姓渴望富足的心情在财神信仰中被表现得淋漓尽致。人们依据各自的偏重,创造出了一个财神群体,通过他们表达着对财富的理解和获得财富的道德准则,财富是给予、仁义、智慧、勤恳、公正以及善良的化身。

(二)水

水可以绵延不尽，可以畅行四面八方，可以泽被万物，所以中国人有用"水"象征财富和生气的传统。如果靠水而居，就称之为"明堂聚水"；有水绕门而过，则喻意财源滚滚、生气不绝；就连梦里梦见水，都会被解释成是发财的征兆。这种观念在旧时一副商家常用的楹联上可以得到充分的体现：生意兴隆通四海，财源茂盛达三江。

(三)聚宝盆

在民间的财富观里，聚宝盆是有着神奇魔力的宝中之宝，它的奇妙之处在于对财宝的无限复制与再生，有了它，财富自然取之不尽，用之不竭。关于聚宝盆的传说有很多，最著名的则与明初的富翁沈万三有关。《挑灯集异》载：明初沈万三在发迹之前，见到渔翁要拿百余青蛙开刀，心中不忍，便买下来，放在池子中。一夜间青蛙喧鸣不已。天亮后沈万三到池边见青蛙蹲踞在一个瓦盆的边缘上，就把瓦盆捡了回来，用作洗手盆。他的妻子偶然间把银首饰掉到盆中，片刻之时盆中满是银首饰，用金首饰来做试验，结果还是一样，沈万三从此富甲天下。

(四)象

古人相信象与财富有着密切的关系，他们认为大象善于吸水，水是财富的象征，若摆放一青铜大象在家中，则大、小财源均为己所纳。

(五)金蟾

蟾蜍俗称"癞蛤蟆"，把蟾与财富联系起来，是由于蟾蜍的体表突出物酷似重叠堆积的钱币。为了神化其表征意义，人们将蟾蜍的形象稍加改造，创造出具有灵性的"三足金蟾"，并说它的口中能吐出金钱，直到今天，金蟾依旧被民间当作旺财的灵物。现在，在一些商铺中也经常能见到三足金蟾的形象：背上有金钱或北斗星，口中衔铜钱，头顶太极图，脚踏元宝山，周围是写有"招财进宝、一本万利、二人同心、三元及第、四季平安、五谷丰登、六合同春、七子团圆、八仙上寿、九世同居、十全富贵、干隆通宝、宣统通宝"等吉利话的铜钱。

(六)鱼

"鱼"在旧时人们的财富观念中占有重要的位置，人们认为：鱼生活在水中，水是财富的象征，"鱼"又与"余"同音，由此衍生出"财中有鱼，富而有余"的寓意来，这也正是"鱼"在传统习俗中被视为隐喻富足之物的原因所在。

中国人喜爱鱼，连鱼身上的鳞片也被视为吉祥的象征，古时的吉祥纹样"鱼麟锦"就是例证。这种观念由来已久，早在原始时期的彩陶上，便出现了许多优美生动的鱼形装饰图案。鱼的形象也出现在商周时众多的玉佩、青铜器上。湖南马王堆出土的汉墓帛画上还有两条大鱼用脊背驮负大地的图像。除此之外，金鱼谐音"金、余"，鲤鱼谐音"利、余"也被民间赋予了富裕丰足的内涵。

(七)白菜

白菜古名"菘",元代始称白菜,最早见于汉代张仲景的《伤寒杂病论》,宋人陆佃在他所著的《埤雅》中解释说:"菘,凌冬晚凋,四时常见,有松之操,故字从松。"历史上,白菜颇得文人墨客的偏爱。在诗人笔下,白菜表达着他们"大味若淡"的素朴之情和对人生质朴纯美意境的寄托。所以歌咏菘的句子很多:唐代杜甫有"奴肥为种菘",罗隐有"叶长春菘阔";宋代苏东坡有"白菘类羔豚,冒土出熊蹯",陆游有"江湖霜雪薄,众岁富嘉蔬,菘韭常相续。"张大千、齐白石等国画大师喜画白菜。齐白石在《白菜辣椒》上题识:"牡丹为花之王,荔枝为果之王,而大白菜是蔬菜之王。"民间则取白菜的谐音"百财"寓意财源茂盛,并以玉白菜(谐音"遇百财")为致贺或馈赠的吉祥物品。

(八)貔貅

貔貅是中国古代神话传说中的神兽,雄性名为"貔",雌性名为"貅"。它的形象是龙头、马身、麟脚,整体看上去像狮子。独角的貔貅也被称为"天禄",两角的貔貅被称为"辟邪"。古人因其形象威猛,常将其当作守护兽。尤其是近代,民间认为貔貅除了有镇宅辟邪的作用外,还能趋财旺财。

六、平安文化

从古至今,"平安是福"的观念深入国人的心目。无论是出门在外还是平常居家,无论是年终还是岁首,为了远离鬼魅,远离一切能让身心受到伤害的事物,人们虔诚地期盼着可以平安过日子,这种期盼也渗透到了人们生活的各个方面,并延续了千年。

(一)四方神

中国古代有四灵镇四方的说法,四灵也就是四方神,分别是东方青龙、西方白虎、南方朱雀、北方玄武。

该说法大约起源于殷商时期。那时,人们把天空的星辰按照东南西北的大致方位连缀成图像,并想象成鸟形、龙形、虎形和龟形。后来天相学中的二十八宿体系形成后,人们又按七宿一组,并配相应的动物图案,形成了早期的"四象"说。到了春秋战国,又按五方配五色,给配上了青、白、朱、玄四色。到汉代,人们又为"四象"赋予了神的灵性,称为"四灵"。在汉瓦当(图 7-10)、铜镜、画像石、墓室壁画以及印章上经常能见到四方神的图像,道教兴起后,也将"四灵"当成了本教系的"卫护神",为其所用。

(二)灶神

灶神是和寻常百姓的生活联系最多的一位民间神灵,因地域和文化背景的差异,灶神在民间亦有不同的称谓,最正统的说法是"东厨司命九灵元王定福神君",除此之外还有"灶君""灶王爷""司命真君""护宅天尊"等,不一而足,足见其在民间信仰中的重要程度。

灶神的职责是"受一家香火,保一家康泰。察一家善恶,奏一家功过"。在一年中,灶神会随时记录一家人的言行,到腊月底,便要上天向玉皇大帝禀报。所以家家户户都会举行"谢灶"仪式来送灶神,百姓之所以多选腊月二十三谢灶,也是希望沾染贵气,并期盼灶神来年再保家宅平安。

图7-10 西汉 四方神瓦当

(三)门神

门神是民间信仰中最重要的神祇之一,贴门神的风俗最早可追溯到汉代以前。贴门神的习俗反映了人们期盼美好生活,借门神以驱鬼魅,保佑平安的愿望。经过长期的演变,民间出现了包括神荼、郁垒、秦琼和尉迟恭等众多的门神形象(图7-11)。

图7-11 民间门神图

如孙膑、庞涓、韩信、钟馗、赵云、马超、薛仁贵、哼哈二将等也都曾被人们当作门神,后来,门神形象和名称逐渐模糊,正如《燕京岁时记》所载:"门神皆甲胄执戈,悬弧佩剑,或谓为神荼、郁垒,或谓为秦琼、敬德。其实皆非,但谓之门神可矣",只要能驱鬼镇邪就谓之门神。

(四)爆竹

古人把竹子放在火里,认为竹子燃烧时爆发出的"噼啪"声可以驱鬼,因此人们称之为"爆竹"。火药出现以后,人们用纸卷火药,点燃后可以产生巨响,这也被称为"爆竹"。

宋代时爆竹已经被普遍用于节日以及迁居、开业等喜庆场合，除驱鬼辟邪的功能外，被更多地加入了渲染喜庆氛围的成分。

(五)屏风

屏风起于周代天子专用的器具"扆"，因其上饰有斧纹，也称为"斧扆"或"黼扆"，是天子座后的装饰屏障，经过演化成为古时室中的分隔和遮挡用具。因"屏"与"平"谐音，所以也被民间视为保平安的器物，旧时风水说上有"屏风化煞"的说法。

(六)玉器

《礼记》上云："古之君子必佩玉；君子无故，玉不去身，君子于玉比德。"千百年来，玉被中华民族视为吉祥之物，具有驱邪避凶的魔力，有定惊、趋吉避凶之效，能保佩戴者平安吉祥、富贵长寿。玉石分为软玉和硬玉，传统上中国古代的玉多是软玉，如白玉、青白玉、碧玉和墨玉；硬玉则具有玻璃光泽，如翡翠等。

小提示

玉在中国传统文化中占据着重要的地位，以玉为中心载体的玉文化，深深地影响了古代中国人的思想观念，成为中国文化不可缺少的一部分。玉在中国国家产生的过程中也扮演过十分重要的角色，起过极大的推动作用，华夏文明因玉而始。玉石见证了中国的历史发展，与国家的神权政治息息相关。比如原始先民崇拜玉，春秋诸子辩论玉，大汉天子痴迷玉等，中国的玉在历史长河中早已成为中华民族的文化符号。

(七)虎

古人对虎有着复杂的情感，一方面畏惧其凶残，另一方面又敬重其威猛。正因此，民间便衍生出虎能镇鬼辟邪之说。这种观念在《山海经》中就有体现，书中有神荼、郁垒绑恶害之鬼去喂虎的说法。东汉应劭的《风俗通义·祀典》里也说："画虎于门，鬼不敢入"，"虎者，阳物，百兽之长也。能执搏挫锐，噬食鬼魅。今人卒得恶遇，烧虎皮饮之。击其爪，亦能辟恶。此其验也。"由此，在民间传统文化中，虎一直扮演着镇祟辟邪，保佑平安的角色。民间为保小儿平安，也时常让小孩子穿虎头娃，戴虎头帽，以求能够健康平安(图7-12)。

图 7-12　玉虎和虎头鞋

(八)石狮子

在汉章和元年(公元87年),安息国派使臣给汉章帝刘炟送来狮子,狮子才开始进入中国人的视野。早期石雕狮子的形象被皇家垄断,是宫殿、帝王陵寝的守护兽。元代以后石狮子才出现在民俗当中,明清以后狮子的造型逐渐固定下来,雄狮多在爪子下面踏着一个"绣球",雌狮脚下则踩着一个幼狮。无论皇家、官衙还是民间,石狮子都被当成驱魔、辟邪、纳吉的"瑞兽"。

第二节 民间游艺

民间游艺,顾名思义,就是娱乐、游玩,也就是通过一定的活动或手段,能够满足人们视听和身心需求,以达到愉心悦目的所有一切精神文化活动,其中包括各种游戏、杂艺、歌舞和体育竞技活动等内容。"游艺"一词源于《论语》"志于道,据于德,依于仁,游于艺。"孔子要求学生要熟悉"六艺",即"礼、乐、射、御、书、数",以之来陶冶身心。

一、民间游戏

民间游戏是指流传于广大民众生活中的嬉戏娱乐活动,俗语称"玩耍"。游戏是游艺民俗中最常见的、最普遍的、最有趣味的娱乐活动。它是一种积极的参与性的娱乐,这里不需要观众,需要的是参与;注重情感的调适,身心的愉悦;人们只有全身心地投入,才能获得乐趣。

(一)斗百草

斗百草,又称斗草,是一种由采草药演变而成的民间儿童游戏,起源时间无考,汉以前不见斗草之戏(《历代社会通俗事物考·尚秉和》)。斗百草为节日习俗,端午踏青、采药归来,带回名花异草,以花草种类多、品种奇为比赛对象。每年端午结群出郊外采药,插艾于门上,以解溽暑毒疫,衍成定俗,收获之余,往往举行比赛,以对仗形式互报花名、草名,多者为赢,兼具植物知识、文学知识之妙趣,儿童则以叶柄相勾,捏住相拽,断者为输,再换一叶相斗。图7-13为清代金廷标《群婴斗草图轴》。

图7-13 清 金廷标《群婴斗草图轴》

(二)放风筝

放风筝是民间传统游戏之一,在古时,大都于春风和煦的二、三月放飞风筝。风筝又称风琴、纸鹞、鹞子、纸鸢,起源于中国,是古代劳动人民发明的一种通信工具。第一个风筝是鲁班用竹子做的,后来只有皇宫里才有纸鸢。风筝是一种比空气重的,能够借助风力在空中飘浮的制品。晚唐人们在纸鸢上加竹笛,纸鸢飞上天以后被风一吹,发出"呜呜"的声响,好像筝的弹奏声,于是人们把"纸鸢"改称"风筝"。南宋时风筝制作工艺获得发展,在当时,已有放风筝比赛,比赛常在春游时进行,比赛方法据《武林旧事》卷三"西湖游幸"载:"竞纵纸鸢,以相勾引,相牵剪截,以绝线者为负。"即两根风筝线绞在一起,以先绞断者为输。

(三)骑竹马

骑竹马,古代一种儿童游戏。竹马,典型的式样是一根杆子,一端有马头模型,有时另一端装轮子,孩子跨立上面,假作骑马。《后汉书·郭伋传》中有"始至行部,到西河美稷,有童儿数百,各骑竹马,道次迎拜。"后又因"竹马"是儿时游戏,因此又被用作歌咏儿童生活与友谊的典故。如前蜀韦庄在《途次逢李氏兄弟感旧》中的诗句:"晓傍柳阴骑竹马,夜隈灯影弄先生。"讲的就是儿时骑竹马游戏的友谊。图 7-14 为清代焦秉贞《百子团圆图册》中的骑竹马。

图 7-14　清 焦秉贞《百子团圆图册》(节选)

(四)荡秋千

秋千是中国古代北方少数民族创造的一种游戏运动,春秋时期传入中原地区,因其设备简单,容易学习,故而深受人们的喜爱,很快在各地流行起来。汉代以后,秋千逐渐成为清明、端午等节日进行的民间习俗活动并流传至今。《艺文类聚》中有"北方山戎,寒食日用秋千为戏"的记载。唐代王建在《秋千词》中也如此形容荡秋千时女子的飘逸身姿:"身轻裙薄易生力,双手向空如鸟翼。下来立定重系衣,复畏斜风高不得。旁人送上那足贵,终赌鸣珰斗自起。回回若与高树齐,头上宝钗从堕地。眼前争胜难为休,足踏平地看始愁。"

(五)斗蟋蟀

斗蟋蟀也称"秋兴""斗促织""斗蛐蛐",是用蟋蟀相斗取乐的娱乐活动,于每年秋末举行。斗蟋的寿命仅为百日左右,这就将斗蟋蟀的季节限定在了秋季。而在古代汉字中,"秋"这个字正是蟋蟀的象形。中国蟋蟀文化历史悠久,源远流长,是具有浓厚东方色彩的中国特有的文化生活，也是中国的一种民间艺术。斗蟋蟀始于唐代，盛行于宋代。清代时，活动益发讲究。在民间斗蟋蟀已不是少数人的赌博手段，它和钓鱼、养鸟、种花一样，成为广大人民群众彼此交往、陶冶性情的文化生活。

(六)跳百索

跳百索即跳绳，是一人或众人在一根环摆的绳中做各种跳跃动作的运动游戏。这种游戏唐代称"透索"，宋称"跳索"，明称"跳百索""跳白索""跳马索"，清称"绳飞"，清末以后称作"跳绳"，是一种古老的汉族民俗娱乐活动。魏晋以后，历代都有跳绳活动的记载。唐代段成式在《酉阳杂俎·境异》中记录："八月十五日，行像及透索为戏。"可见，唐代不仅有跳跃穿过绳索的游戏，还将这种游戏专门命名为"透索"，这也是跳绳活动有专用名称的开端。南宋以后，跳绳活动发展为杂技百戏，还有了"跳索"的名称，宋代吴自牧《梦粱录·宰执亲王南班百官入内上寿赐宴》中记载："百戏呈拽，乃上竿、跳索、倒立、折腰、弄碗、踢磬瓶、筋斗之类。"明代的跳索渐渐成为一种民俗，每逢佳节，民间都有跳绳活动，而且出现了多人轮跳的游戏方式。跳绳在清代是一项冬季的户外活动，深受儿童喜爱。

(七)投壶

投壶是从先秦延续至清末的汉民族传统礼仪和宴饮游戏，是指将没有箭镞的箭矢投入壶中，以投入多者为胜，而输者则被罚酒的风雅游戏。投壶礼来源于射礼。由于庭院不够宽阔，不足以张侯置鹄；或者由于宾客众多，不足以备弓比耦；或者有的宾客的确不会射箭，故而以投壶代替弯弓，以乐嘉宾，以习礼仪。宋吕大临在《礼记传》中云："投壶，射之细也。燕饮有射以乐宾，以习容而讲艺也。"

投壶所用的箭是用不去皮的柘木制成，既没有羽，也没有镞，只将一头削尖。壶一般为酒器，也有专用的壶，壶中装有小豆，防止"矢之跃而出也"。投壶一般在厅堂中进行，投者与壶相距20～30米。宾主轮流投掷，每次各投4支箭，以投中多者为胜。投壶时还多有音乐伴奏。图7-15为明《宣宗行乐图》中的投壶。

图7-15 明《宣宗行乐图》(局部)

(八)九连环

九连环是中国传统民间智力玩具(图7-16)。它用九个圆环相连成串,以解开为胜。据明代杨慎《丹铅总录》记载,曾以玉石为材料制成两个相互贯穿的圆环,"两环互相贯为一,得其关捩,解之为二,又合而为一"。后来,九连环以铜或铁代替玉石,成为妇女儿童的玩具。它在中国差不多有2000年的历史,卓文君在给司马相如的信中有"九连环从中折断"的句子,清代《红楼梦》中有林黛玉巧解九连环的记载,周邦彦也留下关于九连环的名句"纵妙手、能解连环。"九连环流行极广,形式多样,规格不一。其制作时,用金属丝制成圆形小环九枚,九环相连,套在条形横板或各式框架上,其框柄有剑形、如意形、蝴蝶形、梅花形等,各环均以铜杆与之相接。玩时,依法使九环全部联贯于铜圈上,或经过穿套全部解下。其解法多样,可分可合,变化多端。得法者需经过81次上下才能将相连的九个环套入一柱,再用256次才能将九个环全部解下。**(扫描二维码了解九连环)**

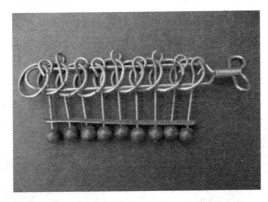

图7-16 九连环

二、民间杂艺

(一)柔术

柔术是中华民族源远流长的一种艺术表现形式,它正式形成于春秋战国时期,成熟于隋代,唐代进入宫廷,汉代曾经一度鼎盛。新中国成立后,正式命名为杂技柔术,它与中国的戏剧艺术一样,门派、品种繁多,民族文化底蕴深厚。中国的柔术渊源流长,柔术表演有反弓和倒挈面戏。反弓是演技者向后反弓腰背,以手掌和脚掌支撑身体;倒挈面戏是难度较大的柔术动作,它要求技人的头从身后弯曲置于两足之间,用双手握住足胫,整个身体团成圆球,对表演者柔软性的要求就更高了。在汉初,柔术作为新奇的杂技节目,被列于乐府,用于招徕胡人。西汉早期的山东无影山杂技俑中也有一俑在做倒挈面戏的表演,说明民间艺人有的已经掌握了这一技艺。

(二)口技

口技是杂技的一种艺术形式。它是用口的部位模仿社会生活和大自然中的声音,让观众聆听到和谐、美妙、动听的音符,从而起到愉悦心灵、健身快乐的目的。传说口技多以模仿飞禽、走兽、家禽、昆虫等动物的声音见长。我国春秋时期,就有了口技的雏形,成语"鸡鸣狗盗"就是有关口技的典故。其实自从有了语言,人们在口头交流中为了使语言更加形象生动,常用的象声词就蕴含着口才的技巧。诸如"咕咚一声"(掉到井里了),"噗嗤一声"(笑了)等,这些象声词增加了语言的形象性。至于以口技作为一种表演形式,宋代大科学家沈括的《梦溪笔谈》中就有记载:"世人以竹木乐骨之美为叫子,置入口中吹之,能做人言。"我国最早、最有成就的口技是宋代的《百禽鸣叫》,是当时最有名的节目。宋元戏剧中的"犬吠""鸡叫"之类的舞台效果大多是口技者在台后发音的。宋代帝王太后的生日,百官上朝祝寿,往往先表演口技。清代文学家林嗣环创作的散文《口技》更是生动形象地描绘了口技的艺术魅力和艺人精妙绝伦的技艺。口技是中国也是世界的宝贵文化艺术遗产之一。

(三)顶碗

顶碗是中国的传统杂技(图 7-17)。演员头部顶一摞瓷碗,表演劈叉、金鸡独立、别元宝、倒立等技巧动作。早在 2000 年前的汉代,中国就有顶碗表演。河南南阳汉墓出土的石砖上,就刻有"顶碗单手倒立"的生动形象。顶碗在表演形式上,分为单人表演和多人(双人或三人)表演两种类型。"顶碗"作为中国传统杂技,流传至今已经日新月异,并惊艳四座,获得了国际上的赞美。

图 7-17 顶碗

(四)变戏法

戏法是中国的一种民间艺术,按门当儿讲,叫作"彩门",也叫"彩立子"。戏法在民间分为两种,一种是大戏法,一种是小戏法。大戏法也称为"落活",表演很精彩,一个人身穿长袍,用毯一蒙,能变出很多的东西,像带水的、带火的、天上飞的、地下跑的、草里蹦的、吃的用的,叫人明知东西带在身上可就是不知道怎么带着的,火带在身上着不了,水带在身上洒不了,还能来去自如等。而小戏法是看手上的功夫,手头得快,一帮人围着看,手里的东西来去自如,看不出破绽。如"仙人摘豆""三仙归洞""金钱抱柱""空盒变烟""巧变鸡蛋""平地砸杯""木棍自立"等,以上这些戏法全都是中国的老艺人们在实践中研究出来并取得很好的艺术效果的一些艺术形式,这种艺术形式有很高的艺术价值。

戏法其实也属于魔术的一种,距今约有 4000 年历史。在中国作为一种艺术形式进行表演,最早出现公元前 108 年,西汉武帝刘彻举行了以"鱼龙曼延"(魔术)和"百戏"(歌舞杂技)为主的表演招待外国使臣;明清时期,魔术鲜见于宫廷,主要存在于民间,分"撂地"(流浪艺人画地为台表演)和"厅堂"(艺人受召于富贵人家表演)两种方式。与现代魔术多依赖于道具表演所不同的是,在民间"撂地"为生的古典戏法,着重强调演员本身的手法技巧,以"夹带藏掖"为手段、以"口彩相连"(即边说边变)为表演特色;而四周皆观众的表演空间,也要求戏法必须可被四面围观而不能失托,这一点是西方现代魔术舞台化表演无法比拟的。古典戏法现已入选第三批国家级非物质文化遗产名录推荐项目名单。

(五)舞狮子

舞狮子,又称"狮子舞""狮灯",是中国优秀的传统民间艺术,迄今已有1500多年的历史。民间每逢佳节或隆重庆典,都以舞狮来助兴,表演者在锣鼓音乐下,装扮成狮子的样子,做出狮子的各种形态动作。狮子在中国人心目中为瑞兽,象征着吉祥如意,从而在舞狮活动中寄托着民众消灾除害、求吉纳福的美好意愿。舞狮历史久远,《汉书·礼乐志》中记载的"象人"便是舞狮的前身;唐宋诗文中多有对舞狮的生动描写,如唐代段安节《乐府杂寻》中说:"戏有五方狮子,高丈余,各衣五色,每一狮子,有十二人,戴红抹额,衣画衣,执红拂子,谓之狮子郎,舞太平乐曲。"唐代诗人白居易《西凉伎》诗中说:"西凉伎,西凉伎,假面胡人假狮子。刻木为头丝作尾,金镀眼睛银帖齿。奋迅毛衣摆双耳,如从流沙来万里。"诗中描述的就是当时舞狮的情景。

(六)转碟

转碟,又称"耍花盘",在中国已有2000多年的历史,是中国杂技的传统节目之一。表演时,最基本的形式是演员们用一根长约一米、粗如铅笔的竹竿顶在光滑脆硬的瓷盘底部,不停地摇动竹竿,依靠这种动作不断调整盘子的重心,保持平衡并使之晃动旋转,看上去似迎风而立的荷叶,又若飞舞的彩蝶,优美而抒情。

(七)舞流星

舞流星是中国杂技的传统节目,常见的有水流星、火流星两种。水流星是在一根彩绳的两端,各系一只玻璃碗,内盛色水。演员甩绳舞弄,晶莹的玻璃碗飞快地旋转飞舞,而碗中之水不洒点滴。火流星是在彩绳的两端各系一只铁丝络,里面装满燃着的木炭,舞动时,像两团火球上下跳动,互相追逐。唐代诗人杜甫在《剑器行》中有"来如雷霆收震怒,罢如江海凝青光"的诗句,是诗人回忆6岁时(公元717年)观看著名表演艺人公孙大娘舞流星的生动写照,形容流星舞动时的速度、声势和停顿之后的平静。舞流星是一种体现力与美、速度与技巧的杂技节目。20世纪60年代,艺术家们又创造了电池灯彩流星和流星盘,舞弄起来如节日之夜的焰火,礼花四溅,欢快热烈。舞流星的共同特点是:只有在急速的舞动中方显美妙。

三、民间体育竞技

作为人类体育文化的重要组成部分,民间体育有着悠久的历史和浓郁的民族特色。民间体育是伴随着人类体育活动的出现而适时产生的。在其发展、演变过程中,受一定的自然环境和社会历史发展进程以及民间各种因素的影响,显示了其独具的特征:①民间体育是流传在民间的,这一特征使其在整个体育文化中表现出了自己的鲜明风格。②民间体育具有民族气息、地方色彩,是传统的体育形式。这一特征又使其严格与近代西方体育形式相区别。这些正是民间体育在结构上深刻层次特征的体现。中国的民间体育内容丰富,形式多样,地方特色浓厚,简便易行,如拔河、皮条、踢毽子、抽陀螺等都颇具特色,是历史悠久的民间体育形式,受到广大人民群众的欢迎和喜爱。

(一)拔河

拔河为双方各执绳子一端进行角力的体育活动,属于中国的传统运动项目(图 7-18)。拔河在中国有悠久的历史。早在春秋战国时期,就有拔河这项活动,不过在那时不叫拔河,而称为"钩强"或"牵钩",后演变为荆楚一带民间流行的"施钩之戏"。《隋书·地理志》称,故楚地南郡、襄阳一带"有牵钩之戏,云从讲武所出。楚将伐吴,以为教战,流迁不改,习以相传。钩初发动,皆有鼓节,群噪歌谣,振惊远近。俗云:以此厌胜,用致丰穰,其事亦传于他郡。"这里的"牵钩之戏",实际上是当时配合水战的一种军事技能。后来,楚国的这项水军"教战"项目逐渐普及民间,广为流传。唐代拔河活动较多,且进一步规范。《新唐书·兵志》载:"六军宿卫皆市人,富者贩缯采,食粱肉,壮者为角抵、拔河、翘木、扛铁之戏。"说明到了唐代,正式有了拔河之名,而且拔河已经成为广泛流行的"风俗"活动,民间通常在每年的农历正月十五举行盛大的拔河活动。宋代的拔河活动也偶有记载,宋梅尧臣《江学士画鬼拔河篇》记:"分明八鬼拔河戏,中建二旗观却前。"元代以后,关于拔河的记载很少见到,大概是拔河活动衰落所致。清朝末年,西方的拔河运动传入中国,被列入学校体育课与课外体育活动的内容。此后,中国古代的拔河形式逐渐消失。

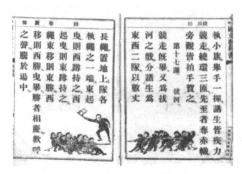

图 7-18 拔河

(二)赛龙舟

赛龙舟是中国端午节的习俗之一,也是端午节最重要的节日民俗活动,在中国南方地区普遍存在。在北方靠近河湖的城市也有赛龙舟习俗,但大部分是划旱龙舟舞龙船的形式。关于赛龙舟的起源,主要跟祭祀有关,有祭曹娥,祭屈原,祭水神或龙神等祭祀活动。赛龙舟的起源可追溯至战国时代,当时被称为"龙舟竞渡",人们在急鼓声中划刻成龙形的独木舟,做竞渡游戏,以娱神与乐人,此时的龙舟竞渡是祭仪中半宗教性、半娱乐性的节目。赛龙舟前通常会举行各种祭祀、纪念之仪式,一般都是点香烛,烧纸钱,供以鸡、米、肉、供果、粽子等。如今这些含有迷信色彩的仪式已很少见,但在过去,人们祭祀龙神庙时气氛很严肃，多祈求农业丰收、风调雨顺、去邪祟、禳灾异、事事如意，也保佑划船平安，用人们的话说"图个吉利"，这也表达着人们内心良好的愿望。2011年5月23日，赛龙舟经国务院批准列入第三批国家级非物质文化遗产名录。

(三)摔跤

中国传统的摔跤作为沉淀千年的传统体育项目距今已经有5000多年的历史，古代称为角力、角抵、相扑、争跤等。据南朝人任昉著的《述异记》中记载：秦汉间说，蚩尤氏耳鬓如剑戟，头有角，与轩辕斗，以角抵人，人不能向。今冀州有乐名蚩尤戏，其两两三三，头戴牛角以相抵，汉造角抵戏，盖其遗制也。由此说，我国古代摔跤始于黄帝时代。公元前11世纪，周朝初年，摔跤作为练兵的一项军事科目出现。摔跤在古代属于徒手搏斗的范围，是军事作战的一种技能。到了周代(公元前1046年—前256年)，摔跤被列为正式体育项目(图7-19)。秦汉以后，摔跤从单一的军事目的走向了民间，成了供人欣赏的娱乐活动。皇家有了专门的摔跤组织，这种组织一直延续到清朝的"善扑营"。元、明、清时代，摔跤融入了满族和蒙古族的技艺，逐渐形成现代中国式摔跤的雏形。当发展至清末时，中国摔跤术已达到较高水平。当时食俸禄的布库(满族语，摔跤者)叫官跤，又叫官腿；民间消遣的个人称私跤或私练。此时，这项活动的名称繁多，如掼跤、争跤、摔跤、摔角、率角，而最普通的称摔跤。辛亥革命后，摔跤运动在宫廷中日趋衰落，只是在民间流传，并且涌现出比较有名的摔跤名家。1949年新中国建立后，中国式摔跤又获得了新生。1953年，中国式摔跤被列入国家体育运动竞赛项目，并举行了全国比赛。

图7-19　古代摔跤图

(四)蹴鞠

蹴鞠，又名"踢鞠""蹴球""蹴圆""筑球""踢圆"等，"蹴"有用脚蹴、踢、踢的含义，"鞠"最早系外包皮革、内实米糠的球。因而"蹴鞠"是指古人以脚蹴、踢、踢皮球的活动，类似今日的足球(图7-20)。据史料记载，早在战国时期中国民间就流行娱乐性的蹴鞠游戏，而从汉代开始成为兵家练兵之法，宋代又出现了蹴鞠组织与蹴鞠艺人，清代开始流行冰上蹴鞠。因此，可以说蹴鞠是中国古代流传久远、影响较大的一朵体育奇葩。2006年5月20日，蹴鞠已作为非物质文化遗产，经国务院批准列入第一批国家级非物质文化遗产名录。

图 7-20　古时蹴鞠图

第三节　音乐曲艺

中国传统文化源远流长，在漫长的历史发展长河中，勤劳智慧的中国民众创造了丰富多彩、绚丽多姿的文化，人们的精神世界也不断丰富，音乐和戏曲则是其中璀璨的明珠。

一、中国音乐

中国音乐可以追溯到黄帝时代，曾经对中国周边地区的音乐产生了深远的影响。从孔子传六艺再到近代的西方音乐，中国音乐又在吸收外来音乐要素的过程中不断充实发展。中国素称"礼乐之邦"，古代音乐在人格养成、文化生活和国家礼仪方面有着很重要的作用和地位。

(一)上古音乐

距今 6700 年至 7000 余年的新石器时代，先民们已经可以烧制陶埙，挖制骨哨(河南舞阳县贾湖遗址的骨笛溯源于距今 8000 年左右，是全世界最古老的吹奏乐器。其中的一支七孔骨笛保存得非常完整，专家们进行过实验，发现仍然能使用该骨笛演奏音乐，能发出七声音阶。但中国古代基本上只使用五声音阶)。这些原始的乐器无可置疑地告诉人们，当时的人类已经具备对乐音的审美能力(图 7-21)。

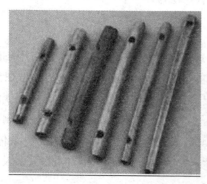

图 7-21　骨笛和陶埙

根据古代文献记载,远古的音乐文化具有歌、舞、乐互相结合的特点,葛天氏氏族中的所谓"三人操牛尾,投足以歌八阕"的乐舞就是最好的说明。当时,人们所歌咏的内容,诸如"敬天常""奋五谷""总禽兽之极"反映了先民们对农业、畜牧业以及天地自然规律的认识。这些歌、舞、乐互为一体的原始乐舞还与原始氏族的图腾崇拜相联系。例如,黄帝氏族曾以云为图腾,他的乐舞叫作《云门》。关于原始的歌曲形式,可见《吕氏春秋》所记涂山氏之女所作的"候人歌"。这首歌的歌词仅只"候人兮猗"一句,而只有"候人"二字有实意。这便是音乐的萌芽,是一种孕而未化的语言。

(二)古代音乐

汉族的古代"诗、歌"是不分的,即文学和音乐是紧密相联系的。现存最早的汉语诗歌总集《诗经》中的诗篇当时都是配有曲调,为民众口头传唱的。这个传统一直延续下去,到汉代,官方诗歌集成就叫《汉乐府》,唐诗、宋词当时也都能歌唱。甚至到了今天,也有流行音乐家为古诗谱曲演唱,如苏轼描写中秋佳节的《水调歌头》。

但古代汉族对音乐家比较轻视,不像对待画家,因为中国画和书法联系紧密,画家属于文人士大夫阶层,在宋代时甚至可以"以画考官"(其实也是因为宋徽宗个人对绘画的极度爱好)。而乐手地位较低,只是供贵族娱乐的"伶人"。唐代时著名艺人李龟年也没有什么政治地位,知道他也是因为他常在唐诗中出现,受人赞扬。汉族古代的士大夫阶层认为,一个有修养的人应该精通"琴棋书画",所谓的"琴"就是流传至今的古琴。不过古琴只限于独自欣赏,不能对公众演出。图7-22为唐代教坊和古人奏琴图。

图 7-22 唐代教坊和古人奏琴图

(三)古代乐理

汉族的古代音乐属于五声音阶体系,五声音阶上的五个级被称为"五声",从宫音开始到羽音,依次为:宫—商—角—徵—羽;如按音高顺序排列,即为:1—2—3—5—6(宫—商—角—徵—羽)。唐代时使用"合、四、乙、尺、工"。

其中,"宫"音为五音之主、五音之君,统率众音。《礼记·乐记》曰:"宫为君、商为臣、角为民……"而以宫音为主音的调,结声构成的调(式)名,便称为宫调。五音的第二级音,为"商"音。通常相当于今首调唱名中的 re 音。古人认为"商,属金,臣之象","臣而和之"。有以商音为主音、结声构成的调(式)名,如唐代段安节的《乐府杂录·别乐识五音轮二十八调图》中的"入声商七调"。"角"为五音之第三级,居"商"之次,通常相当于今首调唱名中的 mi 音。古人以为"角属木,民之象"。有以角音为主音、结声构成的调(式)名,如《乐府杂录·别乐识五音轮二十八调图》中的"上声角七调"。"徵"为五音之第四级，居"角"之次，通常相当于今首调唱名中的 sol 音。"羽"为五音之第五级，居"徵"之次，通常相当于今首调唱名中的 la 音。古人以为"羽属水，物之象"。有以羽音为主音、结声构成的调(式)名，如《乐府杂录·别乐识五音轮二十八调图》中的"平声羽七调"。

(四)音乐名曲

1. 广陵散

《广陵散》，又名《广陵止息》。它是中国古代一首大型琴曲，中国音乐史上著名的的十大古曲之一。据《晋书》记载，《广陵散》源自西晋嵇康游玩洛西时，为一古人所赠。而《太平广记》里更有一则神鬼传奇，说的是嵇康好琴，有一次，嵇康夜宿月华亭，夜不能寝，起坐抚琴，琴声优雅，打动一幽灵，那幽灵遂传《广陵散》于嵇康，更与嵇康约定：此曲不得教人。公元 263 年，嵇康为司马昭所害。临死前，嵇康俱不伤感，唯叹惋："袁孝尼尝请学此散，吾靳固不与，《广陵散》于今绝矣！"。今存《广陵散》曲谱，最早见于明代朱权编印的《神奇秘谱》(1425 年)，谱中有关于"刺韩""冲冠""发怒""报剑"等内容的分段小标题，所以古来琴曲家即把《广陵散》与《聂政刺韩傀曲》看作是异名同曲。

2. 高山流水

《高山流水》是中国古琴曲，属于中国十大古曲之一。传说先秦的琴师俞伯牙一次在荒山野地弹琴，樵夫钟子期竟能领会这是描绘"峨峨兮若泰山"和"洋洋兮若江河"。俞伯牙惊道："善哉，子之心而与吾心同。"钟子期死后，俞伯牙痛失知音，摔琴绝弦，终生不弹，故有高山流水之曲。"高山流水"比喻知己或知音，也比喻乐曲高妙。后世分为《高山》《流水》二曲；另有同名筝曲《高山流水》，与古琴曲无传承关系。

3. 梅花三弄

《梅花三弄》又名《梅花引》《梅花曲》《玉妃引》。根据《太音补遗》和《蕉庵琴谱》所载，相传原本是晋朝桓伊所作的一首笛曲，后来改编为古琴曲。琴曲的乐谱最早见于公元 1425 年的《神奇秘谱》。《梅花三弄》全曲共十段，分两大部分。第一部分为前六段，采用循环再现手法；第二部分为后四段，描写梅花静与动两种形象。乐曲通过梅花的洁白芬芳和耐寒等特征，借物抒怀，歌颂具有高尚节操的人。

4. 霓裳羽衣曲

《霓裳羽衣曲》是唐代歌舞的集大成之作，它是一个带有宗教意识的、表现仙女姿态的艺术珍品。《霓裳羽衣曲》由唐玄宗作曲，在开元、天宝年间曾盛行一时，安史之乱后，宫廷就没有再演出，后失传。

五代时，南唐后主李煜和昭惠后曾一度整理排演，但那时宫廷传存的乐谱已经残缺不全。南宋期间，姜夔曾发现商调霓裳曲的乐谱十八段。

5. 阳春白雪

《阳春白雪》是古典名曲，为中国著名十大古曲之一，表现的是冬去春来，大地复苏，万物欣欣向荣的初春美景，旋律清新流畅，节奏轻松明快。相传这是春秋时期晋国的乐师师旷或齐国的刘涓子所作的古琴曲。现存古琴谱中的《阳春》和《白雪》是两首器乐曲，《神奇秘谱》在解题中说："《阳春》取万物知春，和风淡荡之意；《白雪》取凛然清洁，雪竹琳琅之音。"

(五)古代乐器

1. 骨笛

于20世纪80年代在河南舞阳考古发现的骨笛，是现存距今年代最古老的一种具有纯粹音乐意义的管乐器(图7-23)。骨笛管体设七孔，可吹出七声音列。骨笛至今仍在藏族、塔吉克族、柯尔克孜族等少数民族间流行。

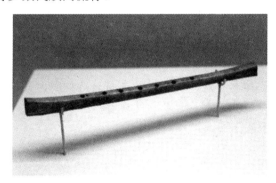

图7-23　新石器时代骨笛

2. 箫

箫又称洞箫，是一种非常古老的单管竖吹乐器。古代单独所称的"箫"实际上是现在的排箫。汉代也称为"羌笛"，简称"笛"。魏晋南北朝时，箫已用于独奏、合奏，并在伴奏相和歌的乐队中使用。宋代以后，由于竖笛和横笛常被后人混淆，为了区别两者，改排箫为"古箫"，称单管竖吹的为"箫管"，简称"箫"，至此才把排箫、洞箫(图7-24)和横笛三者明确区分。

图7-24　洞箫和排箫

3. 古琴

古琴是中国最古老的弹拨乐器之一，也称为瑶琴、玉琴、七弦琴，20世纪初为区别西方乐器才在"琴"前面加了"古"字，被称作"古琴"。古琴音乐追求清淡、和雅的品格，虚静高雅的韵味，体现了汉文化的丰富内涵和深远影响。传说中有"伏羲作琴""神农作琴"等，可见古琴在中国有着悠久的历史。

古琴一般长约三尺六寸五(约 120~125 厘米)，象征一年 365 天，宽约 6 寸(约合 20 厘米)，厚约 2 寸(约合 6 厘米)。琴体下部扁平，上部呈弧形凸起，分别象征天地，整体形状依凤身形而制成，其全身与凤身相应(也可说与人身相应)，有头、颈、肩、腰、尾、足。制作古琴的材料则一般为桐木。

小提示

古人常曰"琴棋书画"。琴、棋、书、画是中国传统文人生活的象征，其中这里的"琴"就指古琴。古琴是我国最古老的拨弦乐器，有着3000多年的历史，早在春秋时期的《诗经》中就有记载"窈窕淑女，琴瑟友之""我有嘉宾，鼓瑟鼓琴"等，之后的唐、五代、宋、元、明、清等各代的名诗名画中更是处处可见古琴的身影。历代无论是文人雅士，还是士大夫，琴都已经成了一种精致的生活方式，融入了他们的生活，在中国古代的文人世界里，古琴更多的只为三五知己弹奏交流，或是弹奏者与天地神明、自我内心的怡情对话，"高山流水"的成语典故便是由此而来。古琴也是现存唯一的中国文人音乐，在千百年的流传当中，始终在活态地传承着。

4. 箜篌

箜篌是十分古老的弹弦乐器，最初称"坎侯"或"空侯"，在古代包括卧箜篌、竖箜篌、凤首箜篌三种乐器。卧箜篌与琴、瑟相似，远在春秋战国时的楚国就已经有了。汉代卧箜篌被作为"华夏之声"的代表乐器列入《清商乐》中，当时有五弦十余柱，以竹为槽，用水拨弹奏。在古代皇室乐中，箜篌是不可缺少的，而且在演奏中还是主要乐器之一。竖箜篌的来源可追溯到古代亚述、巴比伦、希腊等十分流行的竖琴，形如半截弓背，有曲形共鸣槽，设在向上弯曲的曲木中，并有脚柱和肋木，张着20多条弦，竖抱于怀中，从两面用双手的拇指和食指同时弹奏，因此唐代人称演奏箜篌又叫"擘箜篌"。凤首箜篌在东晋时自印度经中亚传入中原，明代后失传(图 7-25)。因其以凤首为饰而得名，其形制与竖箜篌相近，音箱设在下方横木的部位，呈船形。

图 7-25　凤首箜篌

5. 二胡

二胡始于唐朝，称"奚琴"，迄今已有1000多年的历史。它最早发源于我国古代北方地区的一个少数民族，原本叫"嵇琴"和"奚琴"。最早记载嵇琴的文字是唐代诗人孟浩然的《宴荣山人池亭诗》："竹引携琴入，花邀载酒过。"二胡作为一种中国传统拉弦乐器，又名"南胡""嗡子"，也是中华民族乐器家族中主要的弓弦乐器(擦弦乐器)之一。

二胡的构造比较简单，主要由琴筒、琴皮、琴码、琴杆、千斤、弦轴、琴弦和弓杆、弓毛九个部分组成，其中琴筒是二胡的重要部分。二胡是通过弓的推拉运动，擦弦后振动琴皮发音。二胡名曲有《二泉映月》《良宵》《听松》《赛马》《葡萄熟了》等。(扫描二维码了解中国古代乐器)

二、中国戏曲

中国戏曲是一门融合多种艺术门类的综合性艺术。因此，它的起源和形成过程也就是它所融合的各种艺术元素不断发展和逐渐融合的过程。中国戏曲的形成最早可追溯到秦汉时代，从秦(公元前221—前206年)、汉(公元前206—220年)俳优作为中国戏曲早期源起，中间经历汉代百戏，唐代(618—907年)参军戏，直到宋代南戏、元代杂剧，是一门艺术由简单到复杂、由低级向高级的发展过程。其形成过程相当漫长，到了元宋之际才得成型。成熟的戏曲要从元杂剧算起，经历明、清的不断发展成熟而进入现代，经历800多年繁盛不衰。

(一)中国五大戏曲剧种

中国戏曲与希腊悲剧和喜剧、印度梵剧并称为世界三大古老的戏剧文化，经过长期的发展演变，逐步形成了以"京剧、越剧、黄梅戏、评剧、豫剧"五大戏曲剧种为核心的中华戏曲百花苑。

1. 京剧

京剧，又称平剧、京戏，是中国影响力最大的戏曲剧种，分布地以北京为中心，遍及全国各地。京剧源自清代乾隆年间，乾隆五十五年(1790年)起，原在南方演出的三庆、四喜、春台、和春四大徽班陆续进入北京，与来自湖北的汉调艺人合作，同时接受了昆曲、秦腔的部分剧目、曲调和表演方法，又吸收了一些地方民间曲调，经过不断的交流、融合，最终形成京剧。京剧在文学、表演、音乐、舞台美术等各个方面都有一套规范化的艺术表现形式。京剧的唱腔属板式变化体，以二簧、西皮为主要声腔。京剧伴奏分文场和武场两大类，文场以胡琴为主奏乐器，武场以鼓板为主。京剧的角色分为生、旦、净、丑、杂、武、流等行当(后三行已不再立专行)。京剧流经全国，影响甚广，有"国剧"之称，是中华民族传统文化的重要表现形式，其中的多种艺术元素被用作中国传统文化的象征符号。2006年5月，京剧被国务院批准列入第一批国家级非物质文化遗产名录。著名的京剧作品有《玉堂春》《长坂坡》《群英会》《打渔杀家》《打金枝》《拾玉镯》《挡马》《金玉奴》等。

2. 越剧

越剧是中国第二大剧种，有第二国剧之称，也称绍兴戏，又被称为是"流传最广的地方剧种"，在国外被称为"中国歌剧"。越剧发源于绍兴嵊州，先后在杭州和上海发展壮大，流行于全国，流传于世界，在发展中汲取了昆曲、话剧、绍剧等特色剧种，经历了由男子越剧到女子越剧为主的历史性演变。越剧长于抒情，以唱为主，声音优美动听，表演真切动人，唯美典雅，极具江南灵秀之气；多以"才子佳人"题材为主，艺术流派纷呈，公认的就有十三大流派之多。主要流行于浙江、上海、江苏、福建、江西、安徽等广大南方地区，以及北京、天津等大部北方地区，鼎盛时期除西藏、广东、广西等少数省、自治区外，全国都有专业剧团存在。2006年5月20日，越剧经国务院批准列入第一批国家级非物质文化遗产名录。著名的越剧曲目有《梁山伯与祝英台》《红楼梦》《西厢记》《祥林嫂》等。

3. 黄梅戏

黄梅戏，原名黄梅调、采茶戏等，起源于湖北黄梅，发展壮大于安徽安庆。黄梅戏是"中国五大戏曲剧种"之一，也是安徽省的主要地方戏曲剧种，在湖北、江西、福建、浙江、江苏、香港、台湾等地也有黄梅戏的专业或业余演出团体，受到广泛的欢迎。黄梅戏是由山歌、秧歌、茶歌、采茶灯、花鼓调，先于农村，后入城市，逐步形成发展起来的一个剧种。它吸收了汉剧、楚剧、高腔、采茶戏、京剧等众多剧种的因素，逐渐形成了自己的艺术特点。黄梅戏唱腔淳朴流畅，以明快抒情见长，具有丰富的表现力；表演质朴细致，以真实活泼著称。一曲《天仙配》让黄梅戏流行于大江南北，在海外亦有较高的声誉。2006年5月20日，黄梅戏经国务院批准列入第一批国家级非物质文化遗产名录。

4. 评剧

评剧，流传于中国北方，是汉族传统戏曲剧种之一，也是广大民众所喜闻乐见的剧种之一，位列中国五大戏曲剧种。它是在清末河北滦县一带的小曲"对口莲花落"基础上形成，先于河北农村流行，后进入唐山，称"唐山落子"。20世纪20年代左右流行于东北地区，出现了一批女演员。20世纪30年代以后，评剧表演在京剧、河北梆子等剧种影响下日趋成熟，出现了李金顺、刘翠霞、白玉霜、喜彩莲、爱莲君等流派。1950年以后，《小女婿》《刘巧儿》《花为媒》《杨三姐告状》《秦香莲》等剧目在全国产生很大影响，出现新凤霞、小白玉霜、魏荣元等著名演员。至今评剧仍在华北、东北一带流行。评剧有东路、西路之分，而以东路评剧为主。2006年5月20日，评剧经国务院批准列入第一批国家级非物质文化遗产名录。

5. 豫剧

豫剧，是中国五大戏曲剧种之一，发源于河南开封。豫剧是在河南梆子的基础上不断继承、改革和创新发展起来的。中华人民共和国成立后，因河南简称"豫"，故称豫剧。豫剧以唱腔铿锵大气、抑扬有度、行腔酣畅、吐字清晰、韵味醇美、生动活泼、有血有肉、善于表达人物内心情感著称，凭借其高度的艺术性而广受各界人士欢迎。因其音乐伴奏用枣木梆子打拍，故早期得名河南梆子。据文化部统计，除河南省外，湖北、安徽、江苏、山东、河北、山西、陕西、青海以及新疆、台湾等省市区都有专业豫剧团分布。2006年5月20日，经国务院批准，豫剧被列入第一批国家级非物质文化遗产名录。有名的豫剧曲目有《花木兰》《朝阳沟》《刘胡兰》《李双双》《小二黑结婚》等。

(二)戏曲脸谱

脸谱，是中国传统戏曲演员脸上的绘画，用于舞台演出时的化妆造型艺术。不同行当的脸谱，情况不一。"生""旦"面部妆容简单，略施脂粉，叫"俊扮""素面""洁面"。而"净行"与"丑行"面部绘画比较复杂，特别是净，重施油彩，图案复杂，因此称"花脸"。戏曲中的脸谱，主要指净的面部绘画。而"丑"，因其扮演戏剧角色，故在鼻梁上抹一小块白粉，俗称小花脸。在戏曲中，不同颜色的脸谱代表着不一样的人物性格特征。各色脸谱及画脸谱见图7-26。

图7-26 各色脸谱及画脸谱

1. 红色脸

红色脸谱象征忠义、耿直、有血性，如"三国戏"里的关羽、《斩经堂》里的吴汉。但它也具有一定的讽刺意义，表示假好人。

2. 黑色脸

黑色脸谱表示性格严肃，不苟言笑，为中性，代表猛智，如"包公戏"里的包拯。又象征威武有力、粗鲁豪爽，如"三国戏"里的张飞、"水浒戏"里的李逵、"杨排风"中的焦赞。

3. 白色脸

白色脸谱则表示奸诈多疑，含贬义，代表凶诈，如"三国戏"里的曹操、《打严嵩》中的严嵩，秦桧等。

4. 黄色脸

黄色脸谱表示人物性格勇猛、暴躁，有名的如典韦。

5. 蓝色脸

蓝色脸谱表示人物性格刚直，桀骜不驯，如《上天台》中的马武、《连环套》里的窦尔敦。

6. 紫色脸

紫色脸谱表示人物肃穆、稳重，富有正义感，如《二进宫》中的徐延昭、《鱼肠剑》中的专诸。但通常蓝色脸面色不好，较为丑陋。

7. 金色脸

金色脸谱象征威武庄严，常表现神仙一类角色，如《闹天宫》里的如来佛、二郎神。

8. 银色脸

银色脸谱多表现奸诈多疑或威武庄严，主要用于鬼怪或神仙一类的角色，如《攻潼关》中的木吒。

9. 绿色脸

绿色脸谱则表现人物勇猛、莽撞、冲动，如《白水滩》里的徐世英。

第四节 书画文学

中华民族灿烂的文学艺术是古代各族人民智慧的凝结，是文学家和艺术家不断创新的结果，也是中国古代经济与政治在意识形态上的反映。它不仅丰富了我国各族人民的精神生活，创造了辉煌的中华文明，也为中国近现代文化的发展奠定了坚实的基础，同时为世界文化的发展与人类文明的进步作出了重大的贡献。

一、古典文学

中国古典文学以唐宋诗词及四大名著为代表，现代文学以鲁迅小说为代表，当代文学则以具有独立思想的中国自由文学为标志。

(一)古典诗词

1. 我国第一部诗歌总集——诗经

诗歌在中国源远流长，绵延数千年，其光辉灿烂的成就是中国传统文化的一个重要组成部分，是中华艺苑中的一朵奇葩。

《诗经》是我国第一部诗歌总集，原本称为《诗》或《诗三百》，汉代以后才尊为《经》。它记录了从西周初年到春秋中叶(公元前11世纪—前6世纪中)500余年间的诗歌共305篇，包括《国风》(分为十五国风)160篇、《小雅》74篇、《大雅》31篇、《颂》(分为周颂、鲁颂、商颂)40篇，都可以配乐演唱。《诗经》的篇章大都具有鲜明的时代感和人民性，善用赋、比、兴的表现手法，句式以四言为主，多用重章叠句，为后世文学创作奠定了深厚的人文基础和艺术底蕴。(扫描二维码欣赏中国诗经名句)

2. 楚辞

"楚辞"是战国后期楚国大夫屈原开创的一种新诗体(图7-27)。楚辞句式长短参差，以六言、七言为主，多用"兮"字。屈原运用这种形式创作了《离骚》《九歌》《九章》等不朽诗篇，成为我国文学史上第一位伟大诗人。其代表作《离骚》，是我国古代文学史上最为宏伟瑰丽的长篇抒情诗。宋玉、唐勒、景差等是继屈原之后出现的楚辞作家。楚辞的出现，标志着中国诗歌从民间集体歌唱发展到诗人独立创作的更高阶段。《诗经》和楚辞，是后世诗歌发展的两大源头，在文学史上并称"风骚"，共同开创了我国古代诗歌现实主义和浪漫主义并驾齐驱、融会发展的优秀传统。

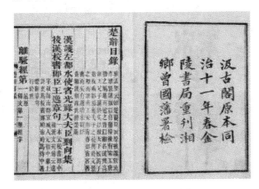

图 7-27　楚辞古卷

3. 秦汉乐府诗

汉代前期，文人诗坛相对寂寥，民间乐府颇为活跃。"乐府"本是古时掌管音乐的行政机关，后将乐府所收集与编辑的可以配乐演唱的歌辞也称为"乐府"，于是"乐府"又成为诗体的名称。汉乐府民歌是汉乐府的精华。汉乐府民歌《诗经》民歌"饥者歌其食，劳者歌其事"的现实主义传统，多"感于哀乐，缘事而发"，通俗易懂，长于叙事，富有生活气息，句式以杂言和五言为主，杂言长短不拘，表现灵活；无言音节单双配合，节奏、韵律富于变化，增加了表现的容量，体现了诗歌艺术的新发展。《陌上桑》和《孔雀东南飞》是乐府民歌中最优秀的作品，也是叙事诗的代表作。《孔雀东南飞》是我国诗歌史上第一篇思想性和艺术性高度统一的长篇叙事诗，共 353 句，1765 字，被称为"长诗之圣""古今第一首长诗"。在汉乐府的影响下，文人五言诗逐渐发展成熟，其标志是东汉末年出现的《古诗十九首》。这是一组由寒门文人创作的抒情短诗，情调感伤，言短情长，委婉含蓄，质朴精练，艺术表现更加圆熟，代表着汉代五言诗的最高成就，被誉为"一字千金""实五言之冠冕"。

4. 魏晋南北朝诗词

汉末魏晋时期，文人的诗歌呈现了"五言腾涌"的大发展局面，"三曹"父子和王粲等"建安七子"组成邺下文人集团。他们的诗作大多反映社会动乱和人民疾苦，抒写理想壮志的现实内容，具有雄健深沉、慷慨悲凉的艺术特色，此被后世称道"建安风骨"。

西晋太康年间，诗风"缛旨星稠，繁文绮合"。诗坛上活跃着"三张二陆两潘一左"。其中陆机、张协、潘岳等人的作品追求华丽词藻，开中国诗歌雕琢堆砌的流风；左思则独树一帜，继承建安文学传统，抒写建功立业、功成身退的阔大胸怀，其《咏史》8 首借咏史来抒怀，情调高亢，笔力矫健，被誉为"文典以怨""左思风力"。至东晋，玄言诗泛滥。东晋末年陶渊明把田园生活的题材带进了诗歌，开拓了一个全新的诗歌表现领域，使诗坛骤添异彩。陶诗韵味醇厚，风格自然冲淡，对唐代山水田园诗派产生了直接的影响。

南北朝时期，南方诗人中，谢灵运尽全力精细刻画山水景物，他的诗追求对偶工整，刻意雕琢，开创了山水诗派，实现了玄言诗向山水诗的转变。与他同时代的鲍照则继承和发扬汉乐府反映现实的优良传统。由南入北的庾信却是集南北文学之大成的作家，其代表作《咏怀》诗二十首内容充实，情谊真挚，风格苍凉沉郁，他的五言新体在声律上已暗合唐代的五言律诗和五言绝句，加上他的诗对仗工整，用典繁而精妙，因而对唐代人的影响最为直接。南北朝时期也是乐府民歌发达的时期。南朝民歌几乎全是情歌，体制短小，多用双关隐语，语言清新自然，情调婉转缠绵，代表作是《西洲曲》；而北朝民歌则较南朝民歌在题材上更为广泛，语言质朴，风格直率豪放，代表作是《木兰诗》。图 7-28 为魏晋时期的竹林七贤图。

图 7-28　竹林七贤图

5. 唐诗

我国古典诗歌发展到唐代，诗体完备，流派各异，名家辈出，进入了辉煌灿烂的全盛时期。唐诗的形式和风格是丰富多彩、推陈出新。它不仅继承了汉魏民歌、乐府传统，而且大大发展了歌行体的样式；不仅继承了前代的五言、七言古诗，还发展为叙事言情的长篇巨制；不仅扩展了五言、七言形式的运用，还创造了风格特别优美整齐的近体诗。

不同时期的唐诗有不同的特点与发展。初唐时期的代表作家是"初唐四杰"王勃、杨炯、卢照邻、骆宾王。此外，陈子昂也是初唐有名的诗人，他是第一个举起诗歌革命大旗的作家。在文风上，初唐时期的诗人作品中气象万千，雄浑博大，已经从南北朝争相纤构狭小的宫体诗中逐渐走了出来，开辟了新的世界。

盛唐时期经济繁荣，国力强盛，唐诗发展至顶峰时期，题材广阔，流派众多，出现了"边塞诗派"和"田园诗派"等。伟大的浪漫主义诗人李白和伟大的现实主义诗人杜甫，即是这一时期最杰出的代表，他们的诗雄视千古，为一代之冠，在他们的笔下，无论五律七律、五绝七绝还是古风歌行皆达到很高的艺术成就，正如韩愈所说"李杜文章在，光焰万丈长"。

中唐时期，分为前期与后期，前期处于低潮，后期则重现繁荣景象。前期代表诗人刘长卿、韦应物、卢纶、李益等，后期则出现了"新乐府诗派""韩孟诗派"，其中白居易、元稹倡导新乐府运动，白居易也提出"文章合为时而著，歌诗合为事而作"的进步理论主张。

晚唐国势衰危，诗风趋于卑弱，感伤色彩较浓，唯杜牧、李商隐成就最高，有"小李杜"之誉。

6. 宋词

诗歌发展到宋代以词作最盛，文学成就最高。宋词是一种相对于古体诗的新体诗歌之一，词句有长有短，便于歌唱，因是合乐的歌词，故又称曲子词、乐府、乐章、长短句、诗余、琴趣等。宋词最初始于南朝梁代，形成于唐代而极盛于宋代。宋词是中国古代文学皇冠上光辉夺目的明珠，在古代中国文学的阆苑里，以姹紫嫣红、千姿百态的神韵，与唐诗争奇，与元曲斗艳，历来与唐诗并称双绝，被称为代表一代文学之盛，后有同名书籍《宋词》。

7. 元曲

在元代，戏剧、散曲、话本等俗文学空前兴盛。其中元曲是元代文学最为璀璨的明星，包括杂剧和散曲。

元杂剧是一种新的戏曲形式，它是在北曲的基础上把唱、念、歌舞结合起来表演故事的一种综合性的舞台艺术，标志着元代文学的最高成就。元杂剧的发展，以成宗大德年间为界，分为前后两个时期。前期的中心在大都，产生了关汉卿、王实甫、白朴、马致远等杰出的作家，是元杂剧的鼎盛时期。后期的中心南移杭州，杂剧创作渐呈衰微趋势，但仍然出现了一些优秀作家和作品。

(二)辞赋散文

1. 诸子散文

春秋末至战国，是封建社会的初步确立时期。此时，历史散文的创作很发达，或以年为序，或以国为别。这些史著不仅总结了国家成败之理，也对散文的发展做出了贡献。《春秋》还只是简略的大事记，到《左传》《国语》则有了具体的情节、逼真的对话和人物的音容笑貌，到《战国策》则更多地以夸张的笔法、巧妙的情节，描写了人物的神态与个性。它们开创了真实性与形象性相结合的史笔传统，为后世散文、小说、戏剧的创作提供了重要的经验和丰富的题材。由于天子失权，诸侯争雄，士阶层兴起，私人讲学、著述之风大兴，此时涌现出了许多思想家和政治家，他们代表不同阶层和集团，主张各异，互相辩难，形成了诸子百家争鸣的局面。现存的诸子散文著作主要有《论语》《墨子》《孟子》《庄子》《荀子》《韩非子》《吕氏春秋》等。这些著作把我国的论说文从简短的语录体推进到对话式的论辩，再进而为专题性的论文，并且很重视逻辑性和语言技巧，大量运用寓言和比喻、排比、夸张、映衬等修辞手法。荀子还采用隐语形式写成了《赋篇》，开创了说理和咏物赋的先河。

2. 汉代散文

汉代散文可分为史传文、政论文、赋三类。

汉代史传散文作家，西汉有司马迁，东汉有班固。司马迁的《史记》既是伟大的史学著作，又有极高的文学性，鲁迅称为"史家之绝唱，无韵之《离骚》"。《史记》在综合前代史书各种体制的基础上，创立了纪传体通史，其中以人物为中心的纪传散文，通过展示人物活动，再现了丰富复杂的历史画面。《史记》的人物描写和文章结构艺术，不仅对后代传记文，而且对小说创作也有极大的影响。《汉书》在史传文学的发展上仍然有贡献。班固笔法精密，重视规矩绳墨，行文谨言有法；在塑造人物形象上，也有不少优秀篇章。

汉代政论文作家，以西汉的贾谊、晁错最为杰出。贾谊的代表作有《治安策》《过秦论》，晁错的代表作有《论贵粟疏》。东汉的政论文继承了西汉的传统，但文章气势不如西汉，著名的作品有王充的《论衡》。

汉代还涌现出一种有韵的散文——汉赋，它的特点是散韵结合，专事铺叙。从赋的形式上看，在于"铺采摛文"；从赋的内容上说，侧重"体物写志"。汉赋的内容可分为5类：一是渲染宫殿城市；二是描写帝王游猎；三是叙述旅行经历；四是抒发不遇之情；五是杂谈禽兽草木。其中前二者为汉赋之代表。赋是汉代最流行的文体。在两汉400年间，一般文人多致力于这种文体的写作，因而盛极一时，后世也经常把它看成是汉代文学的代表。汉初，枚乘的《七发》是汉赋正式形成的第一篇作品。西汉后期最著名的赋家是扬雄，《甘泉》《河东》《长杨》《羽猎》四赋是他的代表作。从扬雄开始到东汉，辞赋中出现了新的题材，即京都赋，代表作是班固的《两都赋》、张衡的《二京赋》，还有后来西晋时左思的《三都赋》。东汉中后期，小赋兴起。小赋多以抒情为中心，且都带有尖锐的批判性，代表作有张衡的《归田赋》、蔡邕的《述行赋》、赵壹的《刺世疾邪赋》、祢衡的《鹦鹉赋》，这些赋短小精悍，不再是主客对话的形式，而是作者的直接描写，这种转变也为魏晋以后的辞赋奠定了基础。

3. 魏晋南北朝散文

魏晋南北朝时期文学的自觉和文学创作的个性化，使文学出现新的变化。文化的价值受到高度重视，对各种体裁的区分，特别是其风格特点有了比较明确的认识。散文的题材扩展了，山水景物成了文学表现的新内容，文章中的抒情成分大大加强。传统大赋走向衰落，从东汉中后期兴起的抒情小赋占据了主导地位，并因为骈文的流行增加了骈俪的成分，并在魏晋南北朝时期兴盛一时。

4. 唐宋散文

唐宋两代是中国古代散文发展的高峰期，以"唐宋八大家"为代表的唐宋散文家，既继承了先秦两汉散文的优良传统，又吸收了六朝文学抒情写景、语言修辞方面的艺术经验，并加以融合、发展，使文章的体裁样式增多、艺术提高，出现了许多脍炙人口的名篇。

初唐时期除奇句单行的古文外，唐宋骈文也有一些优秀的作品。唐乘六朝和隋之后，骈体文盛行的局面一开始还没有多大改变，初唐王勃的《滕王阁序》、骆宾王的《代李敬业传檄天下文》可算骈文中的双璧。中唐时期，各方面社会矛盾尖锐，危机深重，一些士大夫迫切要求在政治上进行改革，与此相伴的是复兴儒学成为强大思潮。韩愈、柳宗元等人尖锐批判六朝以来的骈文，提倡更为实用的上继先秦两汉文体的散文，并称为"古文"，而与骈文对立。在他们实际创作和理论倡导下，中唐时文风大变，清新流畅的新文体基本上取代了几百年来骈文的统治地位，文学史家称这场文体革新为"唐代古文运动"。晚唐时期，时局动荡，随后是五代十国长达半个世纪的割据分裂。韩愈、柳宗元等一批中唐散文作家去世后，古文创作缺乏有力的后继者，以李商隐为代表的骈体文仍居优势。

北宋年间，边患严重，社会矛盾加深，进而形成了以欧阳修为代表，包括曾巩、王安石、苏洵、苏轼、苏辙等在内的文学集团，一度中断的韩柳古文传统得到了继承与发扬。宋代散文平易自然，流畅宛转，比唐文更宜于说理、叙事和抒情。唐文奇特，结构上纵横开合，波澜起伏，词语上也追求新奇；宋文从容，曲折舒缓，不露锋芒，语言则以明白如话见长。欧阳修是宋代散文文风的创立者,他提倡学习韩文,但不是机械模仿。他取法韩文文从字顺的一面,对其奇险的一面弃而不取。韩文重气势,欧文重风神;韩文雄放,欧文绵邈,有跌宕唱叹的韵致。继欧阳修之后,领导宋代古文运动取得完全胜利的是苏轼,他的创作代表了宋代散文的最高成就。苏轼的散文豪放自然,多姿多彩。如《赤壁赋》在昼夜变换、游览与情绪变化过程中,把写景、诵诗、问答、议论水乳交融地汇为一体,摆脱了赋体的拘束,流传自如,堪称优美的散文诗。唐宋八大家中的宋代六家,除欧阳修、苏轼外,曾巩的文章委曲周祥,完整严谨;王安石的文章识见高超,挺拔劲峭;苏洵的文章纵横驰骋;苏辙的文章汪洋淡泊,他们都达到了很高的水平(图7-29)。

图7-29　唐宋八大家

唐宋的散文是在先秦两汉散文和六朝散文基础上发展和提高的,各类文章丰富多彩,艺术水平也超越前代。

5. 元明清散文

元明清三代,戏曲、小说兴盛起来,而诗文等封建社会的正统文学成就已不能和唐宋相比。

元代散文园地寂寞,缺少名家和名篇。明、清两代,实行文化专制,妨碍散文的发展。两代用于科举考试的八股文,是骈文的别支,形式死板,严重束缚作者的创作自由,给文学发展带来负面的影响。至于一般的散文,有正宗的古文,有稍稍偏离正宗的以晚明小品文为代表的各类杂文。

明代开国之初的刘基、宋濂是当时的主要散文作家。刘基的散文以短篇寓言著称,《卖柑者言》讽刺元末官僚"金玉其外,败絮其中";宋濂的散文简练典雅,《送东阳马生序》自述早年在贫寒中求学的艰苦,真实动人。

明末清初,爱国主义思想在诗文中有突出表现,顾炎武、归庄、屈大均、侯方域、魏禧、邵长衡等都是重要的作家;清代康熙、乾隆年间兴起的桐城派是一个著名的散文流派,由安徽桐城人方苞开创,同乡刘大櫆、姚鼐等继承发展;清代中期,与桐城派异趣的散文家有袁枚、郑燮、沈复等。袁枚等人以才运笔,抒发性灵,他们的不少文章具有小品文的风采,感情真挚,生动清新,抒张人情,彰显个性。

二、中国书法

中国书法是一门古老的汉字书写艺术,从甲骨文、石鼓文、金文(钟鼎文)演变而成大篆、小篆、隶书,至定型于东汉、魏、晋的草书、楷书、行书等,书法一直散发着艺术的魅力。中国书法是一种很独特的视觉艺术,汉字是中国书法中的重要因素,因为中国书法是在中国文化里产生、发展起来的,而汉字是中国文化的基本要素之一。以汉字为依托,是中国书法区别于其他种类书法的主要标志。

(一)开创先河的秦代书法

春秋战国时期,各国文字差异很大,是发展经济文化的一大障碍。秦始皇统一全国,丞相李斯主持统一全国文字,使之整齐划一,这在中国文化史上是一项伟大功绩。

秦统一后的文字称为秦篆,又叫小篆,是在金文和石鼓文的基础上删繁就简而来(图 7-30)。著名书法家李斯的代表作为秦泰山刻石,历代都有极高的评价。秦代是继承与创新的变革时期。《说文解字序》说:"秦书有八体,一曰大篆,二曰小篆,三曰刻符,四曰虫书,五曰摹印,六曰署书,七曰殳书,八曰隶书。"基本概括了此时字体的面貌。

图 7-30　秦篆刻石《峄山刻石》秦相李斯书

秦代尚有诏版、权量、瓦当、货币等文字,风格各异。秦代书法,在我国书法史上留下了辉煌灿烂的一页,与雄伟的万里长城和壮观的兵马俑一样,气魄宏大,堪称开创先河,是中华民族无穷智慧的结晶。

(二)隶书大盛的汉代书法

隶书的出现是汉字书写的一大进步,是书法史上的一次革命,不但汉字趋于方正楷模,而且在笔法上也突破了单一的中锋运笔,为以后各种书法流派奠定了基础。

汉代从公元前 202 年到公元 220 年这 422 年,是汉字书法发展史上关键性的一代。汉代分为西汉和东汉,两汉年间,书法由籀篆变隶分,由隶分变为章草、真书、行书,至汉末,我国汉字书体已基本齐备(图 7-31)。因此,两汉是书法史上继往开来,由不断变革而趋于定型的关键时期。隶书是汉代普遍使用的书体。汉代隶书又称为分书或八分,笔法不但日臻纯熟,而且书体风格多样。刘勰《文心雕龙·碑》说:"自后汉以来,碑碣云起。"因此,东汉隶书进入了形体娴熟、流派纷呈的阶段,在目前所留下的百余种汉碑中,表现出琳琅满目、辉煌竞秀的风貌。在隶书成熟的同时，又出现了破体的隶变，发展成为章草。书法艺术的不断变化发展，为以后晋代流畅的行草及笔势飞动的狂草开辟了道路。另外，金文、小篆因为实用面越来越小而渐趋衰微，但在两汉玺印、瓦当和嘉量上还使用，并使篆书别开生面。康有为曾说："秦汉瓦当文，皆廉劲方折，体亦稍扁，学者得其笔意，亦足成家。"

(三)完成书体演变的魏晋书法

从汉字书法的发展上看，魏晋是完成书体演变的承上启下的重要历史阶段，是篆、隶、真、行、草诸体咸备俱臻完善的一代。汉隶定型化了

图7-31　东汉《熹平石经》蔡邕主持刻制

迄今为止的方块汉字的基本形态。隶书产生、发展、成熟的过程就孕育着真书(楷书)，而行草书几乎是在隶书产生的同时就已经萌芽。真书、行书、草书的定型是在魏晋200年间。它们的定型、美化无疑是汉字书法史上的又一巨大变革。这一书法史上了不起的时代，造就了两个承前启后、巍然绰立的大书法革新家——钟繇、王羲之，他们揭开了中国书法发展史的新的一页，树立了真书、行书、草书美的典范，此后历朝历代，乃至东邻日本，学书者莫不宗法"钟王"，盛称"二王"(王羲之及其子王献之)，甚至尊王羲之为"书圣"(图7-32)。又有王珣(羲之侄)善行书，有《伯远帖》传世(图7-33)。

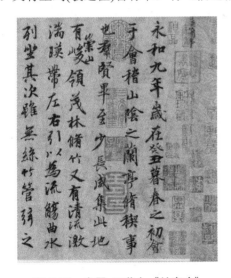

图7-32　东晋　王羲之《兰亭序》

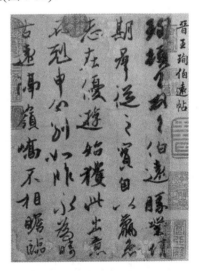

图7-33　东晋　王珣《伯远帖》

(四)书学鼎盛的唐代书法

唐代的建立结束了西晋以来近300年的割据动乱局面，国初20年形成了文治武功的"贞观之治"，此后从武则天到唐玄宗开元时期更是呈现出超越两汉的空前兴盛气象。

唐代文化博大精深、辉煌灿烂，达到了中国封建文化的最高峰，可谓"书至初唐而极盛。"唐代墨迹流传至今者也比前代多，大量碑版留下了宝贵的书法作品。整个唐代书法，

对前代既有继承又有革新。初唐书家有虞世南、欧阳询、褚遂良、薛稷、陆柬之等，此后有创造性的还有李邕、张旭、颜真卿、柳公权、释怀素、钟绍京、孙过庭(图 7-34 和图 7-35)。唐太宗李世民和诗人李白也是值得一提的大书法家。楷书、行书、草书发展到唐代都达到了一个新的境地，时代特点十分突出，对后代的影响远远超过了以前任何一个时代。

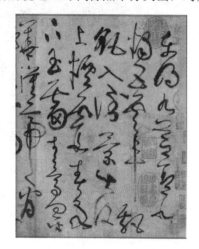 

图 7-34　唐　张旭草书　　　　　　　　图 7-35　唐　颜真卿《多宝塔碑》

(五)帖学大行的宋代书法

半个世纪的五代十国分裂混乱局面结束后，国家复归统一。公元 960—1279 年的 300 多年间，书法发展比较缓慢。宋太宗赵光义留意翰墨，购募古先帝王名臣墨迹，命侍书王著摹刻禁中，厘为十卷，这就是《淳化阁帖》。"凡大臣登二府，皆以赐焉。"帖中有一半是"二王"的作品。所以宋初的书法，是宗"二王"的。此后《绛帖》《潭帖》等，多从《淳化阁帖》翻刻。这种辗转传刻的帖，与原迹差别就会越来越大。所以同是宗王从帖，宋代人远逊唐代人。因此，一些评家以为帖学大行，书道就衰微了。这是宋代书法不景气的原因之一。其次，如米芾《书史》所指出的"趋时贵书"也造成了宋代书法每况愈下。宋代书法家按自己对书法艺术的理解去继承，但革新的不太多，此为宋代书法不景气的原因之二。总之，帖学大行和以帝王的好恶、权臣的书体为转移的情势，影响和限制了宋代书法的发展。宋代为后世所推崇者有苏轼、黄庭坚、米芾和蔡襄四大家(图 7-36 和图 7-37)。四家之外，宋徽宗赵佶独树一帜，亦堪称道。

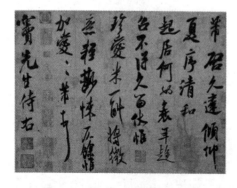 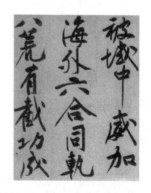

图 7-36　北宋　米芾《清和帖》　　　　图 7-37　北宋　黄庭坚《砥柱铭》

(六)基本书体介绍

1. 楷书

楷书,也叫正楷、真书、正书。由隶书逐渐演变而来,更趋简化,横平竖直。《辞海》释义为"形体方正,笔画平直,可作楷模"。楷书始于汉末,通行至现代,长盛不衰,其根本原因,就在于它的楷模作用。楷书的产生,紧扣汉隶的规矩法度,而追求形体美的进一步发展,汉末、三国时期,汉字的书写逐渐变波、磔而为撇、捺,且有了"侧"(点)、"掠"(长撇)、"啄"(短撇)、"提"(直钩)等笔画,使结构上更趋严整。书法史上以楷书著称的四位书法家合称楷书四大家,即唐代的欧阳询(欧体)、颜真卿(颜体)、柳公权(柳体)和元代的赵孟頫(赵体),他们对东亚书画史产生了深远的影响,把我国书法艺术推向了一个历史高潮,也为后世书法写作奠定了坚实的基础(图 7-38 和图 7-39)。

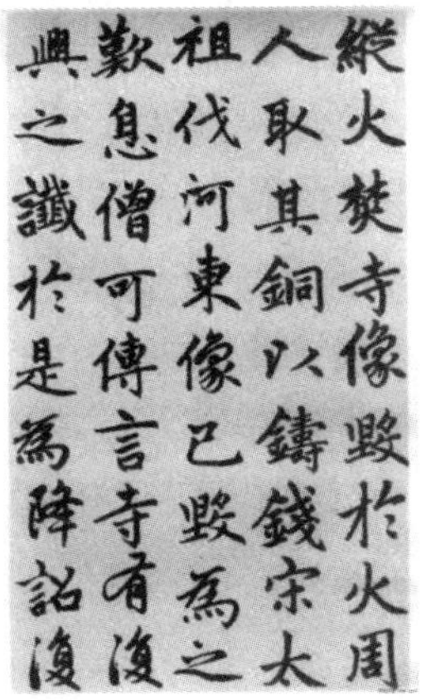

图 7-38　元　赵孟頫楷书《胆巴碑》 　　　图 7-39　初唐　欧体楷书《千字文》

2. 隶书

隶书起源于秦朝,在东汉时期达到顶峰,书法界有"汉隶唐楷"之称。隶书也叫"隶字""古书",是在篆书基础上,为适应书写便捷的需要产生的字体。隶书的出现是汉字书写的一大进步,也是书法史上的一次革命,分"秦隶"(也叫"古隶")和"汉隶"(也叫"今隶")。隶书结体扁平、工整、精巧。到东汉时,撇、捺、点等笔画美化为向上挑起,轻重顿挫富有变化,具有书法艺术美。风格也趋多样化,讲究"蚕头燕尾""一波三折",极具艺术欣赏价值。

3. 行书

行书是介于楷书与草书之间的一种书体,大约出现于东汉末年,书写自由,字体随和,极富诗意的同时又不失个性的体现。其中,王羲之创作了被誉为"天下第一行书"的《兰亭序》,颜真卿创作了"天下第二行书"《祭侄文稿》,苏轼创作了"天下第三行书"《寒食帖》,王珣创作了《伯远帖》,王献之创作了《鸭头丸帖》等。这些照亮书法艺术星空的经典之作,是历经漫长岁月淘洗留下的艺术精髓,是中华民族对人类审美领域的独特贡献。

4. 草书

草书，是为书写便捷而产生的一种书体，始于汉初，其特点是"存字之梗概，损隶之规矩，纵任奔逸，赴速急就，因草创之意，谓之草书"。初期的草书，打破隶书方整规矩严谨，是一种草率的书写，称为"章草"。汉末，章草进一步"草化"，脱去隶书笔画行迹，上下字之间笔势牵连相同，偏旁部首也做了简化和互借，称为"今草"。到了唐代，今草写得更加放纵，笔势连绵环绕，字形奇变百出，称为"狂草"，亦名大草(图7-40和图7-41)。

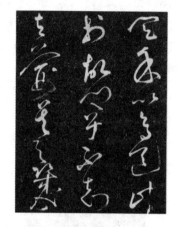 

图7-40　唐　张旭草书《李青莲序》　　　　图7-41　毛泽东《忆秦娥·娄山关》

小提示

作为政治家、军事家、革命家的毛泽东亦是一位文采风流、经纶满腹的诗人和书法家。毛泽东在他的书法爱好中，偏爱最能"达其性情，形其哀乐"(孙过庭语)的草书。从毛泽东的大量墨迹中可以看出，他尤其喜欢怀素的狂草，于怀素草书取法尤多。他曾将影印本《怀素自叙帖》作为珍贵礼物赠给日本前首相大平正芳，这也透露出其喜好怀素的一个重要信息。由于毛泽东特殊的政治地位、极大的个人天赋以及突出的书法艺术实践成就，他的书法重兴了草书艺术，承继了重绝之学，对草书艺术的发展作出了巨大贡献。

(七)文房四宝

古时的先人在创造灿烂的书画艺术的同时，也创造了四种精良的文化用品，即文房四宝——笔、墨、纸、砚。"工欲善其事，必先利其器"，文房四宝也伴随着书画艺术的发展而不断丰富自身，日趋完备，二者互相作用，互相促进，相得益彰，在我国文明史上占有同等重要的位置，可谓是世界文化史上的两项瑰宝。

1. 笔

笔居文房四宝之首，多称为书具之主，这里的笔多指毛笔(图7-42)。毛笔笔头多用动物的毛发加工而成，极富弹性，易于提按顿挫，便于四方挥洒，能八面出锋，书写而成的文字能给人以点画粗细曲直的线条美，疾徐涩迟的节奏韵律美，浓湿干淡的变化墨色美等多种美感，不仅对中华民族文化的发展起到了重要的作用，同时对整个世界文化的发展也建立了不朽的功勋。

毛笔多以兽毛制成,初用兔毛,后亦用羊、鼬、狼、鸡、鼠等动物毛,笔管以竹或其他质料制成,头圆而尖,用于传统的书写和图画。如今实物发现,最早的毛笔出现在战国时期。毛笔分为硬毫、兼毫和软毫,我国最有名的笔是出自浙江湖州的湖笔、蜀中的川笔、河南的太仓毛笔、河北的侯店毛笔、湖南湘阴的长康毛笔以及江西的文港毛笔。

2. 墨

墨为文房四宝之一,和笔一样都有着悠久的历史(图 7-43)。在我国传统的书法中,素来注重笔墨技巧,除笔之外,墨的运用占有极为重要的位置。墨分色墨和彩墨两大类。色和彩原是两个截然不同的概念,古时人们将黑、白称为色,而把朱、紫、橙、蓝、绿等称为彩,故色墨即黑墨,彩墨为朱墨及其他色彩的墨。墨的主要原料是烟料、胶以及中药等,有名的墨流派有安徽徽墨、蜀中川墨及上海胡开文。

图 7-42　毛笔

图 7-43　墨

3. 纸

纸是人类必不可少的重要书写材料,也是文房四宝之一,和印刷术、指南针、火药并称为我国古代四大发明(图 7-44)。纸的创造和运用,不只为我国文化的延续、繁荣和发展提供了重要的物质条件,同时也为世界文化的传播交流起到了极大的促进作用。其影响打破了时空的局限、国域的界限,这是中华民族对世界文明所作出的引以为豪的卓越贡献。

纸的种类很多,按其用途,除书画用纸外,主要分为印刷纸、包装纸、工业技术用纸以及提供加工用的原始纸等类。按其重量分类,一般规定每平方米重 200 克以下的称为"纸",每平方米达 200 克左右的可分为厚纸、卡纸或薄纸板。各种纸张又根据使用的特殊需求,具有不同特性和平滑、粗糙、透明的表面。总之,纸在人类生活中越来越显示出举足轻重的作用。纸的普遍使用,不但促进了书籍文献资料的猛增和科学文化的传播,也促进了书法艺术的发展、繁荣和汉字字体的变迁。

4. 砚

砚为我国独有的砚墨和调色器具,被称为"文房四宝"之一(图 7-45)。而"文房四宝"之中,笔不能长久,笔老如草,老不能输;纸置久必酥脆,难以书写存放;墨陈失去胶性,易散碎,缺少光泽;唯砚坚固,千年不朽。现在的砚仍是书画家进行艺术创造必不可少的文房益友。砚台本身集雕刻、书法、绘画等诸艺术于一体，不仅是一种具有实用价值的文化用品，也是一种具有观赏价值的工艺美术品，在我国几千年的文化史中，起着记载、传播、弘扬文化和装饰、美化、丰富生活的重要作用。中国四大名砚之称始于唐代，它们是端砚、歙砚、洮砚、红丝砚。宋代澄泥砚兴起，今日称之为四大名砚的是端砚、歙砚、洮砚、澄泥砚，加上红丝砚，应是五大名砚。但事实上，中国古砚品种繁多，远不止这些，如松花石砚、玉砚、漆砂砚等，在砚史上也均占有一席之地。

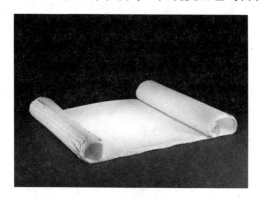
图7-44 宣纸

图7-45 砚台

三、中国绘画艺术

在中华民族绵延数千年的文化传统中发展起来的中国绘画艺术，以其独特的面貌屹立于东方大地。在漫长的历史进程中，形成了一套自身独有的审美体系、创作理念和表现形式。中国绘画具有独特鲜明的民族风格和完整的画学体系，是华夏文化与创造的结晶，是民族精神的闪光。美术史家把中国的绘画与希腊的雕刻、德国的音乐称为世界文化史上鼎足而立的三大艺术，又因其源远流长，博大精深，被称为国粹。

(一)中国绘画的历史

中国绘画与中国传统文化息息相关，体现着热爱自然、忍耐细致的民族性格，诠释了儒、道、释的哲学思想。原始的绘画艺术，具有一定的文字功能和符号意义，反映了先民社会生活的信息及相关的图腾崇拜。进入商周时期，手工业生产规模扩大，青铜器得到了极大的发展，青铜文化集中反映了当时的文化特征。及至秦汉时期，在继承了前代绘画的基础上，绘画有了长足的发展，绘画的种类也增多了，包括壁画、帛画、秦汉画像石及画像砖、器物上的装饰绘画等；在内容上，反映了广泛、丰富的社会生活；在形式上，以相对写实的艺术风貌冲破装饰风格的羁绊，扫除西周时代的陈旧格式，呈现出崭新面貌；在思想上，要求绘画具有"恶以戒世，善以示后"的教化作用。

魏晋南北朝是我国历史上战乱频繁时期，动荡的社会促进了精神领域的全速发展，并给这个时代的艺术打上了鲜明的时代烙印。在内容上以生活为主，注重人的因素，体现出人文主义的精神。在题材上，继承汉代的神话和历史故事题材，同时，新的绘画题材如肖像画、文学题材绘画、风俗画、花鸟画兴起，山水画也成为独立的画科。在风格上，从汉代的雄浑、粗朴、古拙转为严谨精密、体韵飘然的风尚。隋唐时期统治者提倡绘画，许多著名画家云集宫廷。由于经济文化的迅速发展,各题材竞立并存,中国古代绘画进入绚丽多彩的时期,此时人物画开始以世俗生活为内容,山水画也日益兴盛起来。

两宋绘画经历 300 多年,题材、风格、技法都有大发展,艺术水平和表现力达到新境界。绘画内容,转向生活中的形象描写,注重真实的具体描写。表现自然景物的山水画和花鸟画在宋代充分发展,成为中国古代绘画艺术中占有特别重要地位的体裁。元代诗、书、画三位一体的绘画格局确立,成为元画基本的审美要求。

明代的绘画艺术,最主要的特点是画派纷呈,名家辈出,可归结为以两宋画院风格为代表的院体画和以元代黄公望、吴镇、王蒙以及倪瓒为代表的文人画两大传统的发展变异(图 7-46)。明初在相当一段时期里,追求雍容华丽和雄劲阳刚的"院体"与"浙派"占据了画坛的主导地位。明末,传教士的来华,带进了西方古典主义的油画、版画及其他工艺美术品,促使了中国艺术家对中西美术进行比较和对西画方法的斟酌去取。

图 7-46 明 张宏《松下闲话图》

清代绘画发展的前期山水画、花鸟画和人物画都直承晚明的余绪而向前发展,名家辈出,流派纷呈。以"四王"为代表的"正统派"继承晚明董其昌的文人画传统,重视师古人胜于师造化;"四僧"则重视独特个性的抒发,适应了市民文化思潮,影响了清代中期的非正统派绘画。到中后期正统派绘画的风格化和模式化日益衰落,扬州、江浙等经济文化名城中涌现出一批敢于突破传统、强调师法自然的画家群体,使绘画摆脱了正统派的桎梏而向多方面探索。

(二)中国绘画的题材

中国绘画根据题材可以分为人物、山水、花鸟三类,人物画表现的是人类社会,人与人的关系;山水画表现的是人与自然的关系,将人与自然融为一体;花鸟画则是表现大自然的各种生命,与人和谐相处。中国画之所以分为人物、花鸟、山水三大类,其实是因艺术升华的哲学思考,三者之合构成了宇宙的整体,相得益彰,是艺术之为艺术的真谛所在。

1. 人物画

以人物形象为主体的绘画之通称。我国的人物画,历史悠久。据记载,商、周时期已经有壁画。东晋时的顾恺之专尚画人物画,在我国绘画史上第一个明确提出"以形写神"

的主张(图 7-47)。唐代阎立本、吴道子、韩干等也擅长人物画,为人物画做出了卓越的贡献。唐以后画人物画的画家就更多了,历代都有。

图 7-47　东晋 顾恺之《洛神赋图》

中国的人物画,是中国画中的一大画科,比山水画、花鸟画出现得早,大体分为道释画、仕女画、肖像画、风俗画、历史故事画等。人物画力求人物个性刻画得逼真传神、气韵生动、形神兼备,其传神之法,常把对人物性格的表现,寓于环境、气氛、身段和动态的渲染之中,故中国画论上又称人物画为"传神"。历代著名人物画有东晋顾恺之的《洛神赋图》卷、唐代韩滉的《文苑图》、五代南唐顾闳中的《韩熙载夜宴图》、北宋李公麟的《维摩诘像》、南宋李唐的《采薇图》、梁楷的《李白行吟图》、元代王绎的《杨竹西小像》、明代仇英的《列女图》卷、张宏的《击缶图》和《布袋罗汉图》、曾鲸的《侯峒曾像》等。

2. 山水画

山水画,即以描写山川自然景色为主体的绘画。山水画(俗称风景画、风光画或彩墨画)是专门的艺术学科,历史悠久。山水画在魏晋南北朝已逐渐发展,但仍附属于人物画,作为背景的居多;隋唐始独立,如展子虔的设色山水,李思训的金碧山水,王维的水墨山水,王洽的泼墨山水等;五代、北宋山水画大兴,作者纷起,如荆浩、关仝、王诜、米芾、米友仁等的水墨山水,王希孟、赵伯驹、赵伯骕的青绿山水,南北竞辉,形成南北两大派系,达到高峰。自唐代以来,每一时期都有著名画家专尚从事山水画的创作,尽管他们的身世、素养、学派、方法等不同,但是都能够用笔墨、色彩、技巧,灵活经营,认真描绘,使自然风光之美欣然跃于纸上,其脉相同,雄伟壮观,气韵清逸。元代山水画趋向写意,以虚带实,侧重笔墨神韵,开创新风。明清及近代,续有发展,亦出新貌,表现上讲究整体气韵和表达意境,其中以张宏为代表的苏州画家在文人山水画方面另辟蹊径,创作出了富有生活气息的绘画作品,他们在继承吴门画派风格和特色的基础上,加以创新,师自然造化,悟出了绘画的真谛,在画中体现出超凡脱俗的精神境界,使山水画活起来(图 7-48)。

图 7-48　明　张宏《华子冈图》

3. 花鸟画

在魏晋南北朝之前，花鸟作为中国艺术的表现对象，一直是以图案纹饰的方式出现在陶器、铜器之上。那时候的花草、禽鸟和一些动物具有神秘的意义，有着复杂的社会意蕴。人们图绘它并不是在艺术范围内的表现，而是通过它们传达社会的信仰和君主的意志，艺术的形式只是服从于内容的需要。一般说花鸟画在唐代独立成科，属于花鸟范畴的鞍马在这一时期已经有了较高的艺术成就，如今所能见到的韩干的《照夜白》、韩滉的《五牛图》以及传为戴嵩的《半牛图》等，都表明了这一题材所具有的较高的艺术水准(图 7-49)。

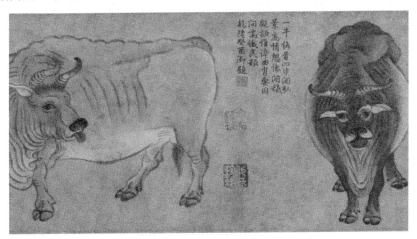

图 7-49　唐　韩滉《五牛图》(局部)

花鸟画的画法大致可分两类：工笔花鸟、写意花鸟。昆虫亦有工、写之分。表现的方法有：白描、勾勒、勾填、没骨、泼墨等。花鸟画的学习步骤不外乎临摹、写生、创作。表现的主题有：竹、兰、梅、菊、牡丹、荷花等；禽鸟有：鸡、鹅、鸭、仙鹤、杜鹃、翠鸟、喜鹊、鹰等；昆虫有：鹦鹉、蝴蝶、蜂、蜻蜓、蝉等；杂虫有：蝈蝈、蟋蟀、蚂蚁、蜗牛、蜘蛛等。

(三)中国绘画的表现形式

中国绘画按表现方法有工笔画、写意画等(图 7-50)。

图 7-50　工笔画和写意画

1. 工笔画

工笔画，亦称"细笔画"，属中国画技法类别的一种。工笔画属于工整细致一类的画法，要求"有巧密而精细者"(北宋韩拙《山水纯全集》)，其中中国绘画中水墨、浅绛、青绿、金碧、界画等艺术形式均可表现工笔画。如宋代的院体画、明代仇英的人物画等都是采用工笔的形式表现。

2. 写意画

写意画，即是用简练的笔法描绘景物。写意画多画在生宣上，纵笔挥洒，墨彩飞扬，较工笔画更能体现所描绘景物的神韵，也更能直接地抒发作者的感情。写意画主张神似，董其昌有论："画山水唯写意水墨最妙。何也？形质毕肖，则无气韵；彩色异具，则无笔法。"明代徐渭题画诗也谈到："不求形似求生韵，根据皆吾五指裁。"如今写意画已是影响最大、流传最广的画法。

(四)中国绘画的工具

所谓书画不分家，中国传统的绘画也惯用"笔、墨、纸、砚"。其中，中国绘画所用的毛笔，又根据绘画的表现方式而不同。根据笔锋大小的不同，可分为小、中、大等型号，不同型号的毛笔以其笔锋的长短，性能各异，画出的线条或婀娜多姿或凝重厚实。而国画中常用的制墨原料有油烟、松烟两种，制成的墨称油烟墨和松烟墨。油烟墨墨色黑而有光泽，能显出墨色浓淡的细致变化，宜画山水画；松烟墨黑而无光，多用于翎毛及人物的毛发，山水画则不宜用。

除了"笔、墨、纸、砚"外，还有最重要的颜料。传统中国画颜料依其制色原料，主要可分为矿物颜料、植物颜料、金属颜料、人工颜料。其中，矿物性颜料从矿石中磨炼出，色彩厚重，覆盖性强，常用的有石绿、石青、朱京(又称为辰京，以色彩鲜明成朱红色者较佳)、赭石(又称为土朱，从赤铁矿中出产，呈浅棕色)等，部分植物性颜料如花青、藤黄、胭脂等，也在中国绘画中较常使用。

(五)中国绘画的载体

中国字画可写在纸、绢、帛、扇、陶瓷、碗碟、镜屏等物上，常见的有下列几种。

1. 绢本

将字画绘制在绢、绫或者丝织物上，称为绢本，是中国画最常使用的材料。古画卷本虽多，但易被虫蛀和折损，反而纸本更易保存。绢本看起来较名贵，但底色不及纸本洁白，由于绢本绘画前期准备功夫较多，故不及纸通行。

2. 纸本

中国字画用纸大致可以分为两种，一种容易受水的是生宣，另一种是生宣加了矾水，不易受水，即熟宣。

3. 壁画

古人在墓穴、洞穴、寺壁、宫廷等绘制大幅壁画，不少壁画遗留至今，成为国宝。至今我国仍大量保存着著名的佛教壁画和道教壁画遗迹，这些遗迹有部分已经被列入了世界文化遗产的保护名录，作为我国古代文明的见证。

其中我国陕西咸阳秦皇宫壁画残片，距今已有2300年历史。唐代是我国壁画的兴盛时期，那段时期是我国壁画艺术的高峰期，创作出了很多古今闻名的壁画，如敦煌壁画、克孜尔石窟等。到了宋代以后，壁画逐渐衰落。直到1949年新中国成立后，中国壁画才逐渐得到恢复与发展。

4. 折扇

我国扇画艺术的历史源远流长，据晋代的有关文献记载可将扇子的起源推至尧舜时期。但扇与书画成为一体，最早见于晋代王羲之书六角竹扇的轶事，而扇画的艺术高峰应为宋代。

扇画是中国画传统形式之一，历代画家屡有建树，形成各自独特的风格，古代的扇面画有不少佳作。明代蓝瑛的"秋江客棹"，远是山，近是舟，青是松，红是枫，读之陡生超凡脱俗之感；米万钟的"水阁江天"也能一展胸襟；清代吴历的"春雁江南"，扇上不仅画好，诗也题得好："陌头柳色暗鬖鬖，欲写离情忍泪缄，春雁可怜齐向北，那堪游子在江南。"图7-51为明仇英《扇面之二》。

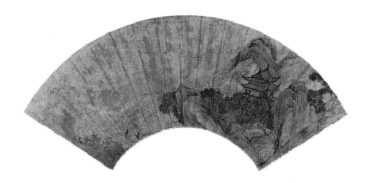

图7-51 明 仇英《扇面之二》

5. 陶瓷

陶瓷绘画，是我国悠久的"国粹"，陶瓷绘画也称为"彩陶"。早在距今7000年左右的半坡文化时期，陶上便出现了最早的彩绘。而瓷上作品相对纸本更具张力。彩陶艺术中融合了艺术家的各种创作思想、风格、语言，出现了风格各异而又多姿多彩的艺术珍品，是我国不可多得的文化瑰宝。2006年5月20日，彩陶制作技艺经国务院批准列入第一批国家级非物质文化遗产名录。图7-52为鱼纹彩陶盆。

图7-52　鱼纹彩陶盆(西安市半坡村出土)

小提示

纵观书法绘画艺术作品，总能看到"印章"。自宋元时期起，书画便与印章密不可分，到了明清时期，印章更是书画作品中不可缺少的部分。书画上的印章有两种：第一类是书画家自己盖在作品上的印章，一般来讲不会太多，多是一枚或一对姓名章，或斋馆印章；第二类便是闲章，闲章少则一两枚，多也不过几枚。说起"印章"，自然就不得不提中国的"篆刻"艺术。中国篆刻是书法(主要是篆书)和镌刻(包括凿、铸)结合，以石材为主要材料，以刻刀为工具，以汉字为表象并由中国古代的印章制作技艺发展而来的一门独特的镌刻艺术。明清时期，流派篆刻逐渐兴起，至今已有近500年的历史。而明清流派篆刻是由古代印章发展而来的，古代印章以独特的风貌和高度的艺术性，为篆刻艺术奠定了优良的基础，所以篆刻艺术史可以上溯到2000多年前的春秋战国时代(公元前770—前221年)。2009年，中国篆刻被列入《人类非物质文化遗产代表作名录》。

第五节　中华武术

中华武术，泛指中华民族在日常生活中结合社会哲学、中医学、伦理学、兵学、美学、气功等多种传统文化思想和文化观念，逐步形成的独具民族风貌的武术文化体系。武术在我国有悠久的历史。

一、武术的起源

中华武术是中华民族文化的组成部分，也是民族传统体育的主要内容，具有与中华民族同样悠久的历史。

在原始社会，人类为了生存，已开始用棍棒等原始工具作为武器同野兽进行斗争，一是为了自卫，二是为了猎取生活资料。后来人们为了互相争夺财物，进而制造了更具有杀伤力的武器。这样，人类不仅制造了武器，而且逐渐积累了一定的攻防格斗的技能。

商周时期，铜、铁武器相继出现，武器的种类更加丰富，武术的技击性进一步突出，同时武术的健身作用也受到重视。这时比试武艺的形式已经广泛出现，更加推动了武术的发展。

秦时盛行角抵和手搏，比赛时有裁判，有赛场，有一定的服装。汉时，有了剑舞、刀舞、双戟舞、钺舞等。这都说明，汉时的武舞已经有明显攻击性，有招法，又多以套路的形式出现。汉代是武术大发展的时期，这时已经形成了多种技术风格的流派。

唐代时，统治阶级开始实行武举制，并授予武艺出众者以相应称号，如"猛殷之士""矫捷之士"等。这一通过考试选拔人才的制度，促进了社会上练武活动的发展。

宋代出现了民间练武组织，见于记载的有"锦标社"(射弩)、"英略社"(使棒)等。这些社团因陋就简，在街头巷尾打场演武，十分热闹。

明代是武艺大发展的时期，出现了不同风格的技术流派，拳术、器械都得到了发展，特别是在理论上总结了过去的练武经验，具有代表性的著作有《纪效新书》《武篇》《耕余剩技》等。

清代统治者禁止练武，民间则以"社""馆"的秘密结社形式传授武艺。其中，著名的拳种如太极拳、八卦拳、形意拳、八极拳、劈挂拳等，多在清代形成。

二、太极拳

太极拳是国家级非物质文化遗产，是以中国传统儒、道哲学中的太极、阴阳辩证理念为核心思想，集颐养性情、强身健体、技击对抗等多种功能为一体并结合易学的阴阳五行之变化、中医经络学、古代的导引术和吐纳术形成的一种内外兼修、柔和、缓慢、轻灵、刚柔相济的汉族传统拳术(图7-53)。

图7-53　太极拳

传统太极拳门派众多，常见的太极拳流派有陈式、杨式、武式、吴式、孙式、和式等派别，各派既有传承关系，相互借鉴，也各有自己的特点，呈百花齐放之态。由于太极拳是近代形成的拳种，流派众多，群众基础广泛，因此成为中国武术拳种中非常具有生命力的一支。

太极拳基本内容包括太极养生理论、太极拳拳术套路、太极拳器械套路、太极推手以及太极拳辅助训练法。其拳术套路有大架一路、二路、小架一路、二路，器械套路有单刀、双刀、单剑、双剑、单锏、双锏、枪、大杆和青龙偃月刀等。

三、少林武术

少林是中华武术中体系最庞大的门派，武功套路高达700种以上，又因以禅入武，习武修禅，又有"武术禅"之称。少林武术发源于嵩山少室山下丛林中的"少林寺"，该寺建于北魏孝文帝时期，根据《魏书》记载："又有西域沙门名跋陀，有道业，深为高祖所敬信。诏于少室山阴立少林寺而居之，公给衣供。"

少林武术起源于金末元初，觉远上人西行至甘肃兰州结识西北武术高手李叟，在返回途中认识山西武术名家白玉峰，并将二人带回少林寺。李叟教大小红拳、棍术和擒拿，白玉峰传授自家武学并把寺院的十八手发展至一百八十手。从此开始少林武术流传寺院，成就了少林武术的发展。

少林寺因武艺高超，享誉海内外，"少林"一词也成为中国传统武术的象征之一，如古龙小说中的"七大门派"即为"少林、武当、昆仑、峨嵋、点苍、华山、南海"等派别，其中少林位居第一门派。少林武术作为一种人文文化现象，作为一种人体形态文化或是作为健身、御敌、竞技专案，在中国早已家喻户晓、妇孺皆知，已成为中华文化的宝贵遗产。

四、咏春拳

咏春拳是一门中国传统武术，是一个积极、精简的正当防卫系统、合法使用武力的拳术(图 7-54)。较其他中国传统武术，咏春拳更专注于尽快制服对手，以此将当事人的损害降至最低。

咏春拳以"中线理论"等理论基础为内容，是颇具特色的南拳拳术，强调使用正确的观念、意识及思维方式来导出肢体的灵活应用。其内容主要包括"小念头""寻桥"和"标指"等，主要练习方式为双人对练的"黐手""黐脚"等。咏春拳辅助器材有贴墙沙包、三星桩等，训练器械有木人桩、刀、棍等。2014 年 11 月 11 日，"咏春拳"被列为第四批国家级非物质文化遗产。叶问和李小龙都是练习、传承咏春拳的著名代表人物。

图 7-54　咏春拳

【思考讨论】

1. 太极拳蕴含着什么样的文化哲学内涵？请简要说明。
2. "工笔画"与"写意画"有什么区别？
3. 名词解释：雅乐和俗乐。

【综合实践】

1. 请自行总结本章的知识点。
2. 运用所学知识，完成下列任务：
① 请列出本章的思维导图。
② 说一说你所喜欢的文学作品，并写一篇读书笔记。
③ 你的家乡有什么样的地方戏剧呢？请以幻灯片的形式介绍你家乡的地方戏剧。

参 考 文 献

[1] 王霞晖. 中国元素[M]. 北京：中国轻工业出版社，2015.
[2] 王娟. 中国民俗文化[M]. 北京：中央广播电视大学出版社，2006.
[3] 占春. 中国民居[M]. 合肥：黄山书社，2014.
[4] 张志云. 中华文化元素—服饰[M]. 长春：长春出版社，2016.
[5] 陈勤建，周晓霞. 略论民俗与民族精神[J]. 上海行政学院学报，2004.
[6] 王学泰. 中国饮食文化史[M]. 北京：中国青年出版社，2012.
[7] 杜莉等. 筷子与刀叉：中西饮食文化比较[M]. 成都：四川科学出版社，2007.
[8] 王升. 古往今来话中国：中国的饮食文化[M]. 芜湖：安徽师范大学出版社，2012.
[9] 王恺等. 中国的文化元素[M]. 芜湖：安徽师范大学出版社，2013.
[10] 孙立彬. 黄帝内经二十四节气饮食[M]. 芜湖：安徽师范大学出版社，2013.
[11] 宋立达. 具像吉祥：图说中国传统吉祥文化[M]. 北京：金城出版社，2007.
[12] 孙敦秀. 中国文房四宝[M]. 桂林：漓江出版社，2014.
[13] 谭春虹. 中华文化常识全典[M]. 北京：中国纺织出版社，2016.
[14] 王欣. 中国古代乐器[M]. 北京：中国商业出版社，2015.
[15] 李萍等. 古往今来话中国：中国的民俗文化[M]. 芜湖：安徽师范大学出版社，2013.
[16] 文龙. 中国酒典[M]. 长春：吉林出版集团有限责任公司，2010.
[17] 周卫东. 中国酒文化大典[M]. 北京：国际文化出版公司，2009.
[18] 钟敬文. 民俗学概论[M]. 北京：高等教育出版社，2010.
[19] 王衍军. 中国民俗文化[M]. 广州：暨南大学出版社，2008.
[20] 苑利，顾军. 中国民俗学教材[M]. 北京：光明日报出版社，2003.
[21] 张伯山，张维夏. 正在消失的中国古文明[M]. 北京：国家行政学院出版社，2012.
[22] 赵熠. 中原常见传统农具简介[J]. 时代报告(学术版)，2012，(4):64-65.
[23] 刘景景，陈洁. 我国淡水鱼文化的类型和特征[J]. 中国渔业经济，2020，38(04):1-8.
[24] 牟倩. 传统手工艺知识体系剖析[D]. 南京大学，2018.
[25] 乌丙安. 工匠的规矩与准绳[J]. 中华手工，2017(05):100-101.
[26] 梁琳. 传统手工技艺类非物质文化遗产学校传承研究[D]. 湖南农业大学，2016.
[27] 兰宇. 瑶族狩猎文化研究[D]. 广西民族大学，2016.
[28] 徐心希. 福建海洋民俗文化的积淀与传承[A]. 福建省炎黄文化研究会.中华文化与地域文化研究——福建省炎黄文化研究会20年论文选集[第三卷][C]. 福建省炎黄文化研究会，2011:11.
[29] 牛清臣，何雨格. 北方渔猎民族的狩猎文化探索[J]. 学理论，2011(15):129-130.
[30] 王明霞，关露，刘英超. 长白山与满族的狩猎习俗[J]. 黑龙江民族丛刊，2010(06):124-128.
[31] 王海荣. 论北方游牧民族民俗特征及功能[A]. 呼和浩特市人民政府、内蒙古自治区社会科学院、内蒙古自治区社会科学联合会.中国·内蒙古第四届草原文化研讨会论文集[C]. 呼和浩特市人民政府、内蒙古自治区社会科学院、内蒙古自治区社会科学联合会:内蒙古自治区社会科学院，2007:14.
[32] 李勇. 近代苏南渔业发展与渔民生活[D]. 苏州大学，2007.
[33] 朱晓芳. 明清以来福建沿海渔民研究[D]. 福建师范大学，2007.

[34] 何旭,林红. 渔俗文化浅论——兼论"中国开渔节"对渔俗文化的传承与创新[J]. 宁波经济(三江论坛), 2005(05):41-43.

[35] 色音. 游牧民族的畜牧文化[J]. 大自然, 2004(01):37-40.

[36] 扎格尔. 蒙古族狩猎习俗[J]. 内蒙古师范大学学报(哲学社会科学版), 2002(01):3-7.

[37] 易向阳. 我国交通民俗的主要类型及其地理分布[J]. 镇江市高等专科学校学报, 1997(01):68-73.

[38] 波·少布. 蒙古族的狩猎习俗[J]. 黑龙江民族丛刊, 1995(04):89-92.

[39] 周玲. 简论蒙古族的生产习俗[J]. 长春师范学院学报, 1994(01):63-69.

[40] 王锐. 中国商俗文化刍议(Ⅰ)[J]. 天津商学院学报, 1992(04):64-70.

[41] [美]邓迪斯. 民俗解析[M]. 户晓辉编译. 桂林：广西师范大学出版社, 2005.

[42] 高丙中. 民俗文化与民俗生活[M]. 北京：中国社会科学出版社, 2000.

[43] 苑利, 顾军. 中国民俗学教程[M]. 北京：光明日报出版社, 2003.

[44] 邵万宽. 中国饮食文化[M]. 北京：中国旅游出版社, 2016.

[45] 马健鹰, 薛蕴. 烹饪学概论[M]. 北京：中国纺织出版社, 2008.

[46] 赵建民, 梁慧. 中国烹饪概论[M]. 北京：中国轻工业出版社, 2014.

[47] 路新国. 中医饮食保健学[M]. 北京：中国纺织出版社, 2008.

[48] 宋子安. 东溪试茶录[M]. 北京：中国农业出版社, 1981.

[49] 赵荣光. 中华饮食文化概论[M]. 北京：高等教育出版社, 2018.

[50] 陶立璠. 民俗学[M]. 北京：学苑出版社, 2003.

[51] 钟敬文. 民俗学概论[M]. 上海：上海文艺出版社, 1998.

[52] 张揖. 广雅疏证[M]. 上海：商务印书馆, 1936.

[53] 张华. 博物志校证[M]. 北京：中华书局, 1980.

[54] 陈祖槼, 朱自振. 中国茶叶历史资料选辑[M]. 北京：中国农业出版社, 1981.

[55] 陈寿. 三国志·吴书·韦曜传[M]. 北京：中华书局, 1959.

[56] 房玄龄等. 晋书·陆纳传[M]. 北京：中华书局, 1974.

[57] 顾炎武. 求古录影印本[M]. 台北：台湾商务印书馆, 1983.

[58] 王国维. 王国维学术随笔[M]. 北京：社会科学文献出版社, 2000.

[59] 《时令·养生·美食》微课程, 超星泛雅课程平台.

[60] 《中国元素》课程, 中国大学MOOC平台, 江苏爱课程平台.

[61] 《酒俗》课程, 微知库平台.